中高职教育贯通培养模式教材
会计精品专业建设成果教材

企业会计岗位实务

主编 姜 萍 晏利平 马 睿

中国财富出版社

图书在版编目（CIP）数据

企业会计岗位实务/姜萍，晏利平，马睿主编．—北京：中国财富出版社，2017.12
（中高职教育贯通培养模式教材）
ISBN 978-7-5047-4884-3

Ⅰ.①企… Ⅱ.①姜…②晏…③马… Ⅲ.①企业管理—会计—职业教育—教材 Ⅳ.①F275.2

中国版本图书馆 CIP 数据核字（2017）第 315164 号

策划编辑	葛晓雯	责任编辑	葛晓雯		
责任印制	石　雷	责任校对	杨小静	责任发行	敬　东

出版发行	中国财富出版社		
社　　址	北京市丰台区南四环西路 188 号 5 区 20 楼	邮政编码	100070
电　　话	010-52227588 转 2048/2028（发行部）	010-52227588 转 321（总编室）	
	010-68589540（读者服务部）	010-52227588 转 305（质检部）	
网　　址	http://www.cfpress.com.cn		
经　　销	新华书店		
印　　刷	中国农业出版社印刷厂		
书　　号	ISBN 978-7-5047-4884-3/F·2849		
开　　本	787mm×1092mm　1/16	版　次	2018 年 5 月第 1 版
印　　张	43.25	印　次	2018 年 5 月第 1 次印刷
字　　数	762 千字	定　价	98.00 元（含活页手册）

版权所有·侵权必究·印装差错·负责调换

新疆商贸经济学校
《企业会计岗位实务》教材编委会

主 编：姜 萍 晏利平 马 睿

编 委：（排序不分先后）
　　　　艾来提·托合提　郭爱梅
　　　　木塔力甫·买买提　张海燕

新疆维吾尔自治区中等职业教育
会计精品专业建设成果教材
"企业会计岗位实务"建设专家指导委员会

雪拉提·哈吉　新疆商贸经济学校　党委书记

叶德明　新疆商贸经济学校　校长

阿力甫江·木提拉　新疆商贸经济学校　高级讲师、副校长

邵清东　北京络捷斯特科技发展股份有限公司　总经理

陈利军　新疆财经大学　教授

田　斌　新疆财经大学　讲师

古佳娜　新疆商贸经济学校　高级讲师

苑美华　新疆商贸经济学校　高级讲师

前　言

会计是人类生产活动的衍生物，经济越发展，会计越重要。现如今企业对会计在专业实力、综合素质和实践经验方面都有着更大的期望和更高的要求，为适应现代企业的挑战，本书以完全仿真的资料为基础，以实际工作中的业务流程和操作步骤为依据，以任务为载体，参照企业实际的会计岗位设置情况，主要编写了往来核算岗位实务、存货核算岗位实务、固定资产核算岗位实务、职工薪酬核算岗位实务、资金核算岗位实务、财务成果核算岗位实务和总账报表岗位实务基础会计岗位实务内容，建立了以会计岗位需求为体系的学习新模式，缩短了学习与就业、培训与工作的距离。

本书特点：

（1）针对性。本书以培养岗位会计技能为目标，根据不同的岗位需求给出详细的企业环境并作为任务背景，同时给出具体可操作的详细任务，然后详细说明该任务的具体实施步骤，最后配有对应的技能题作为练习和考核。

（2）实用性。本书的内容突出技能操作，强化实习教学，并尽可能地结合了理论与实践，找到它们在知识点上的内在联系，帮助读者更快、更有效地提高会计核算能力，大量的图表令内容简洁明了，更加贴合实际。

（3）仿真性。本书注重模拟实际工作环境，所列业务、所需凭证等资料尽可能地与实际情况相符合。

（4）新颖性。本书的内容以工作任务为载体，按照工作任务和工作过程的逻辑关系进行过程设计，条理清楚，体例新颖，小图标的出现使全书生动、活泼。

（5）易读性。本书的内容一目了然、好读好懂。例如，在解决一项任务时，不仅给出了详细的任务实施步骤，还给出了相应的理论基础和思考过程，详细说明了每一个步骤为什么这么做。

笔者希望读者能够通过本书的学习，提高会计账务处理的能力，同时也能引发对会计的兴趣，因为兴趣是最好的老师，有了兴趣，会计才不会显得那么枯燥，才能不仅仅是"有借必有贷，借贷必相等"那样的无趣。另外，本书还赠有配套课件，便于教学。

本书由姜萍、晏利平、马睿担任主编,全书由晏利平、马睿拟定编写大纲,姜萍审定大纲并总纂定稿,明确指导思想和具体要求。具体章节编写分工为:晏利平编写了岗位一任务一、三、五、八,岗位二,岗位六,岗位七;马睿编写了岗位一任务二、四、六、七、九,岗位三,岗位四,岗位五。

本书无论在内容上还是在编写体例上均做出了新的尝试,既可以作为中等职业院校、高等职业院校财会专业的教材与教辅资料,也可以作为企业会计岗位培训教材,对在职财会人员提高业务水平也同样富有指导价值。

本书的编写过程得到了新疆商贸经济学校领导的高度重视和支持、专业建设专家指导委员会的悉心指导以及北京络捷斯特科技发展股份有限公司方面的技术支持,在此一并表示感谢。由于编者水平和实践经验有限,书中可能存在疏漏与不足之处,恳请读者批评指正。

编　者

2017 年 9 月

目 录

岗位一　往来核算岗位实务 ··· 1
　任务一　认知往来核算岗位 ··· 1
　任务二　核算应收账款 ··· 5
　任务三　核算应收票据 ·· 26
　任务四　核算预收账款 ·· 42
　任务五　核算其他应收款 ··· 54
　任务六　核算应付账款 ·· 68
　任务七　核算应付票据 ·· 77
　任务八　核算预付账款 ·· 89
　任务九　核算其他应付款 ·· 104

岗位二　存货核算岗位实务 ··· 111
　任务一　认知存货核算岗位 ··· 111
　任务二　按实际成本核算原材料 ···································· 114
　任务三　按计划成本核算原材料 ···································· 130
　任务四　核算库存商品 ··· 147
　任务五　核算周转材料 ··· 155
　任务六　核算委托加工物资 ·· 172
　任务七　清查存货 ··· 184

岗位三　固定资产核算岗位实务 ···································· 192
　任务一　认知固定资产核算岗位 ···································· 192
　任务二　取得固定资产 ··· 195
　任务三　核算固定资产折旧 ·· 214
　任务四　处置固定资产 ··· 221
　任务五　清查固定资产 ··· 246
　任务六　核算无形资产 ··· 254

岗位四　职工薪酬核算岗位实务 262
任务一　认知职工薪酬核算岗位 262
任务二　核算货币性职工薪酬 264
任务三　核算非货币性职工薪酬 274

岗位五　资金核算岗位实务 282
任务一　认知资金核算岗位 282
任务二　核算资金筹集业务 283
任务三　核算对外投资业务 301

岗位六　财务成果核算岗位实务 315
任务一　认知财务成果核算岗位 315
任务二　核算收入 316
任务三　核算费用 329
任务四　核算利润 344

岗位七　总账报表岗位实务 354
任务一　认知总账报表岗位 354
任务二　编制资产负债表 356
任务三　编制利润表 367

参考文献 375

岗位一　往来核算岗位实务

任务一　认知往来核算岗位

瞄准靶心

能够认知往来核算岗位的职责和工作内容。

能够认知往来核算岗位主要往来业务的业务流程。

横扫千军

步骤一：什么是往来核算岗位

往来核算会计属于会计岗位中的专项会计，由企业经济信用产生，能够对企业内、外部不同经济主体间发生的往来业务进行具体核算。

步骤二：认知往来核算岗位的工作职责

要想胜任往来业务的核算工作，必须明确一名往来核算会计人员的工作职责是什么。作为一名往来核算会计人员，其工作职责主要包括：

(1) 负责办理往来款项的结算业务。办理应收及预付款项、应付及预收款项的结算。

(2) 负责往来结算业务的明细核算。对于办理结算的应收及预付款项、应付及预收款项业务，进行明细核算。

(3) 负责做好各种往来款项的清理、催收、对账工作。做好应收及预付款项催收计划，及时对应收款项进行催收，对预付款项进行催货清理；做好应付及预收款项计划，对应付款项的付款进度有效控制，对预收款项积极跟踪、按时处理。

(4) 做好往来账款的账龄分析，编制分析报告。对应收款项做好监控工作，及时根据企业应收账款资料编制应收账款账龄分析表。

(5) 做好有关往来业务原始凭证的审核、记账以及签章。对于应收及预付款项、应付及预收款项的往来业务，进行有关原始凭证的审核，相关经济业务办理记账以及签章。

（6）熟练操作往来账款管理系统。能够进行会计电算化操作，利用应收、应付账款管理系统进行资料的录入、分析等。

（7）建立健全往来财务管理制度。建立健全应收及预付款项、应付及预收款项的财务管理制度，包括应收及预付款项、应付及预收款项的管理与核算办法。

步骤三：认知往来核算岗位的核算范围

广义的往来会计岗位的核算范围包括资金核算、工资核算、往来核算和税务核算，而狭义的往来会计岗位的核算范围指购销往来和其他往来业务，主要包括应收账款、应付账款、预收账款、预付账款、其他应收款、其他应付款的核算。

在日常经济业务中，为了加强对企业往来款项的管理，并对往来款项的发生、结算情况进行核算和监督，我们设置了一系列往来结算账户进行管理，主要的往来结算账户相关说明如表1-1-1所示。

表1-1-1　　　　　　　　主要的往来结算账户相关说明

主要的往来结算账户	相关说明
应收及预付款项账户	设置"应收账款""应收票据""预付账款"以及"其他应收款"账户等
应付及预收款项账户	设置"应付账款""应付票据""预收账款"以及"其他应付款"账户等
其他账户	设置"坏账准备""资产减值准备"账户等

步骤四：认知往来核算岗位的业务流程

往来岗位的核算范围如此广泛，需要处理的经济业务如此之多，面对具体的工作时又该如何开展呢？

（1）应收账款/其他应收款的业务流程（如图1-1-1所示）。

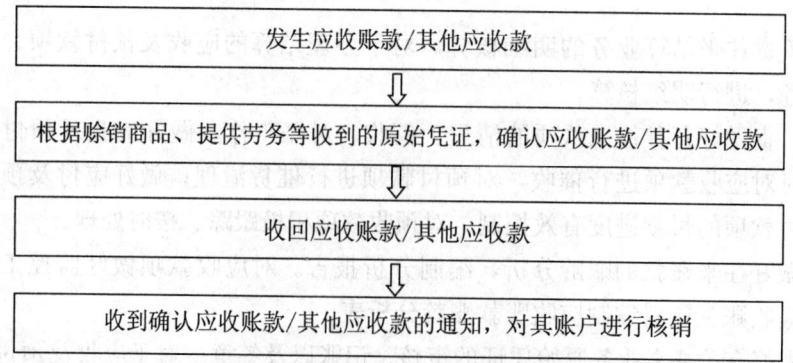

图1-1-1　应收账款/其他应收款的业务流程

(2) 应收票据的业务流程（如图1-1-2所示）。

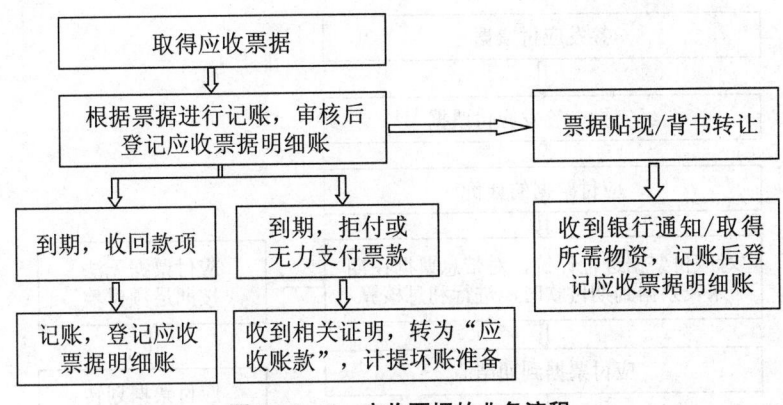

图1-1-2 应收票据的业务流程

(3) 预付账款的业务流程（如图1-1-3所示）。

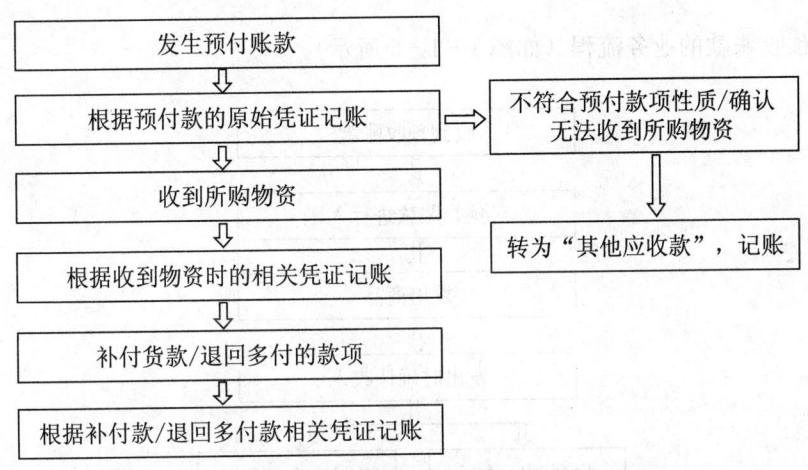

图1-1-3 预付账款的业务流程

(4) 应付账款的业务流程（如图1-1-4所示）。

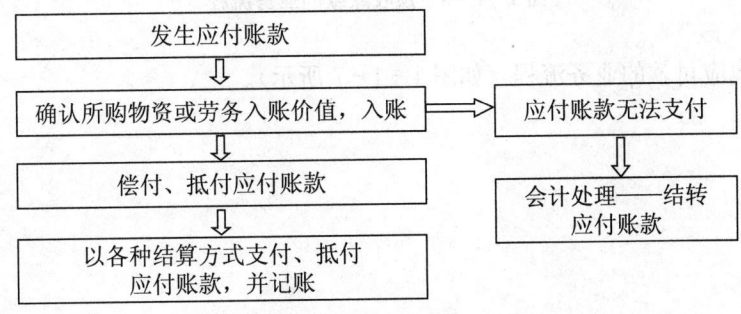

图1-1-4 应付账款的业务流程

(5) 应付票据的业务流程（如图1-1-5所示）。

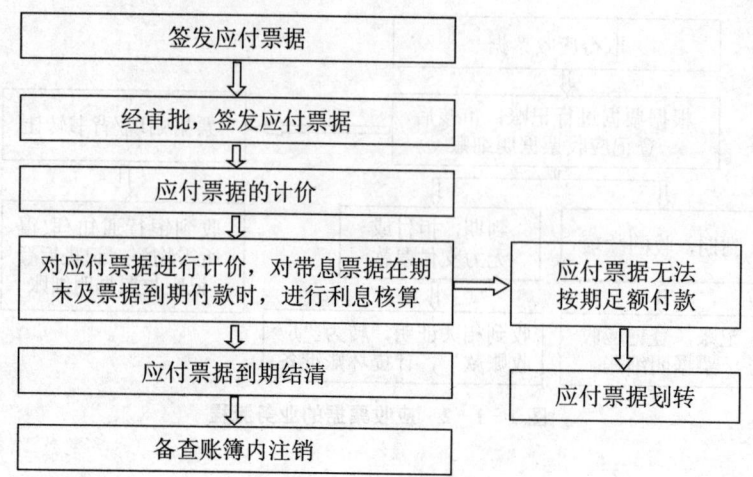

图1-1-5 应付票据的业务流程

(6) 预收账款的业务流程（如图1-1-6所示）。

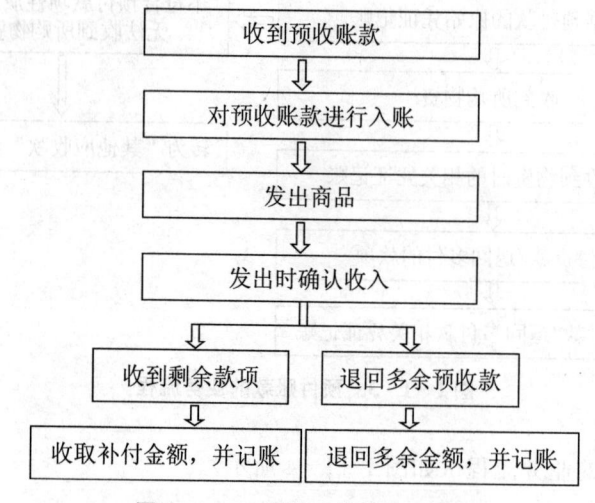

图1-1-6 预收账款的业务流程

(7) 其他应付款的业务流程（如图1-1-7所示）。

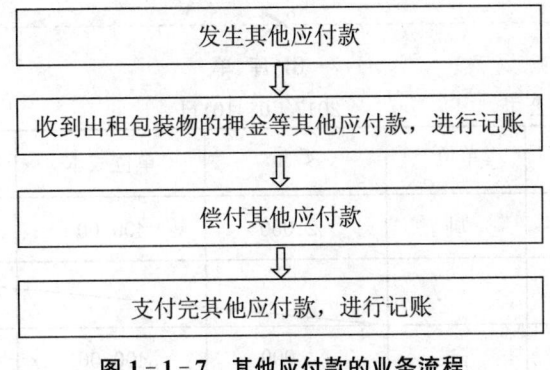

图 1-1-7 其他应付款的业务流程

任务二 核算应收账款

◎ 瞄准靶心

能够进行应收账款取得业务的核算。
能够进行应收账款收回业务的核算。

✎ 军令如山

新疆彭洪有限公司的地址在新疆维吾尔自治区伊犁市伊宁5号院1631室,属于增值税一般纳税人,企业通过"应收账款"账户核算销售与收款业务。假设新疆彭洪有限公司应收账款账户的期初余额为0,对应收账款相关业务进行会计处理。

2017年3月发生的销售与收款业务摘录如下:

(1)3月1日,采用委托收款的方式销售给长风有限公司A材料2 000吨,如图1-2-1所示。经双方商定按每吨500元结算,已开出增值税专用发票如图1-2-2所示。托收手续已办理完成,如图1-2-3所示。

· 5 ·

出 库 单

收货单位：长风有限公司　　　　2017年03月01日　　　　编号：0001

产品名称	单位	数量	单位成本	总成本
A材料	吨	2 000	400.00	800 000.00
合计	—	2 000	400.00	800 000.00

仓库负责人：×××　　　　保管员：×××　　　　提货人：×××

图1-2-1

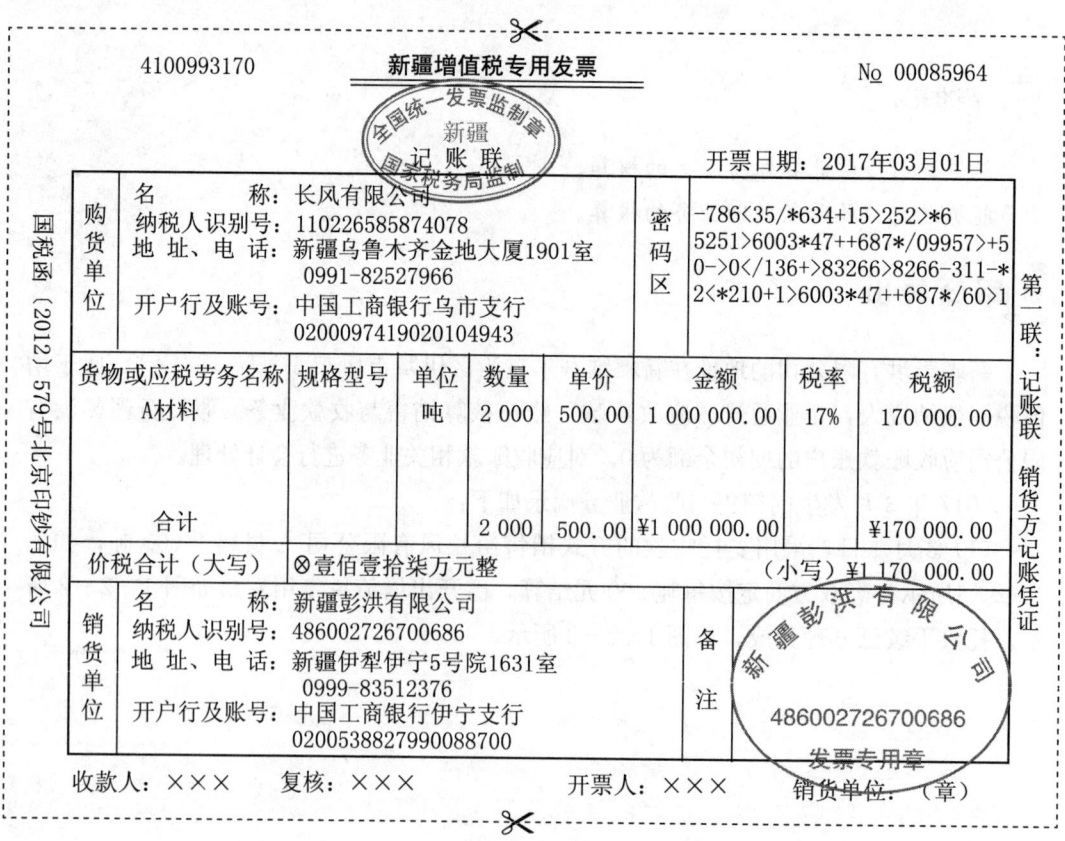

图1-2-2

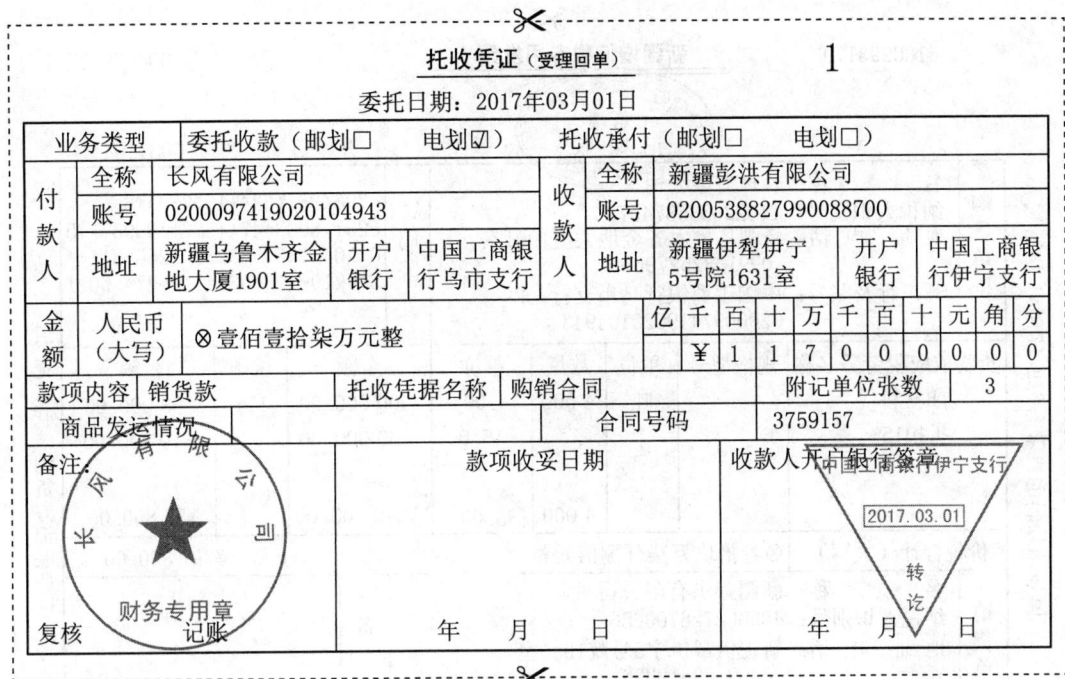

图 1-2-3

(2) 3月4日，销售给长风有限公司B材料4 000吨，如图1-2-4所示。根据商议的折扣条件，长风有限公司可得到15%的商业折扣，该企业向长风有限公司开出增值税专用发票，如图1-2-5所示。款项尚未收到。

出 库 单

收货单位：长风有限公司　　　2017年03月04日　　　编号：0002

产品名称	单位	数量	单位成本	总成本
B材料	吨	4 000	80.00	320 000.00
合计	—	4 000	80.00	320 000.00

仓库负责人：×××　　　保管员：×××　　　提货人：×××

图 1-2-4

```
           4100993170              新疆增值税专用发票                       No 00085964

                                                                     开票日期：2017年03月04日
   购  名        称：长风有限公司
   货  纳税人识别号：110226585874078          密  -786<35/*634+15>252>*6
   单  地 址、电 话：新疆乌鲁木齐金地大厦1901室   码  5251>6003*47++687*/09957>>5
   位           0991-82527966                区  0->0</136+>83266>8266-311-*
       开户行及账号：中国工商银行乌市支行            2<*210+1>6003*47++687*/60>1
                0200097419020104943
```

货物或应税劳务名称	规格型号	单位	数量	单价	金额	税率	税额
B材料		吨	4 000	100	400 000.00	17%	68 000.00
折扣15%				-15.00	-60 000.00		-10 200.00
合计			4 000	85.00	¥340 000.00		¥57 800.00

价税合计（大写）	⊗叁拾玖万柒仟捌佰元整	（小写）¥397 800.00

```
   销  名        称：新疆彭洪有限公司
   货  纳税人识别号：486002726700686         备
   单  地 址、电 话：新疆伊犁伊宁5号院1631室    注
   位           0999-83512376
       开户行及账号：中国工商银行伊宁支行
                0200538827990088700

   收款人：×××    复核：×××    开票人：×××    销货单位：（章）
```

图 1-2-5

（3）3月9日，销售给易安有限公司 C 材料 1 000 吨，如图 1-2-6 所示，约定单价为 200 元/吨，开出增值税专用发票如图 1-2-7 所示。同时，销售合同中规定付款条件为 2/10，1/20，n/30。款项尚未收到。

出 库 单

收货单位：易安有限公司　　　2017年03月09日　　　编号：0003

产品名称	单位	数量	单位成本	总成本
C材料	吨	1 000	150.00	150 000.00
合计	—	1 000	150.00	150 000.00

仓库负责人：×××　　　保管员：×××　　　提货人：×××

图 1-2-6

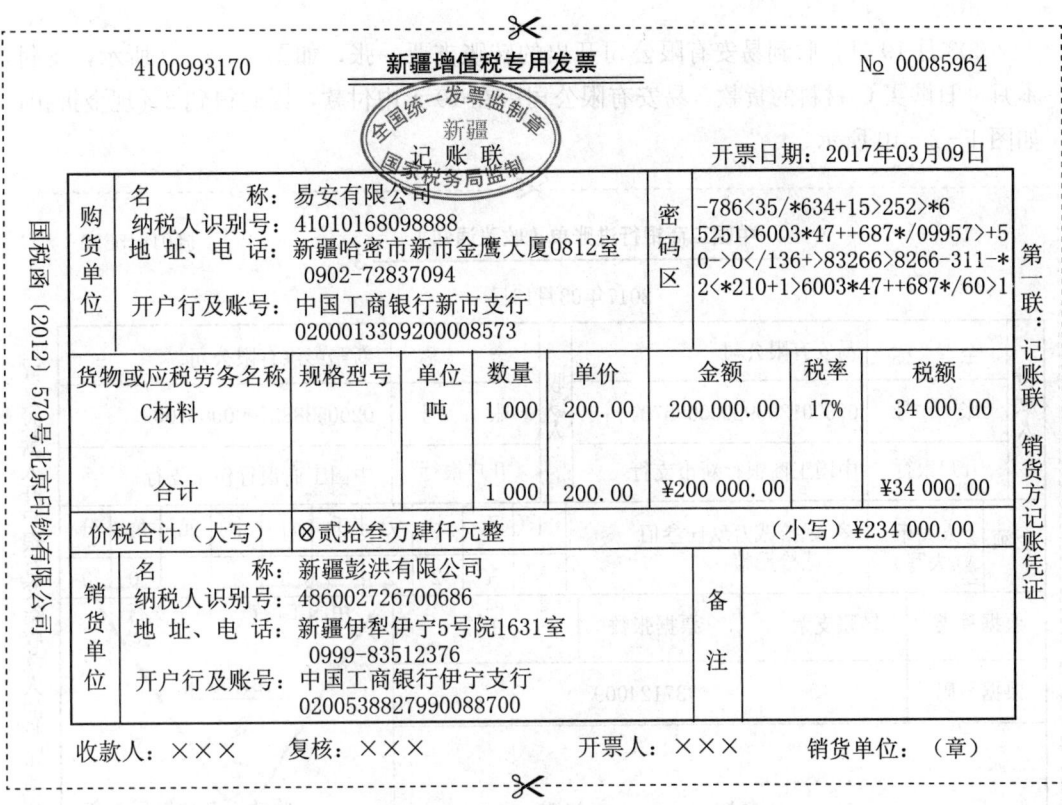

图 1-2-7

(4) ①3月17日，收到银行转来销售 A 材料给长风有限公司的托收凭证收账通知，如图 1-2-8 所示。

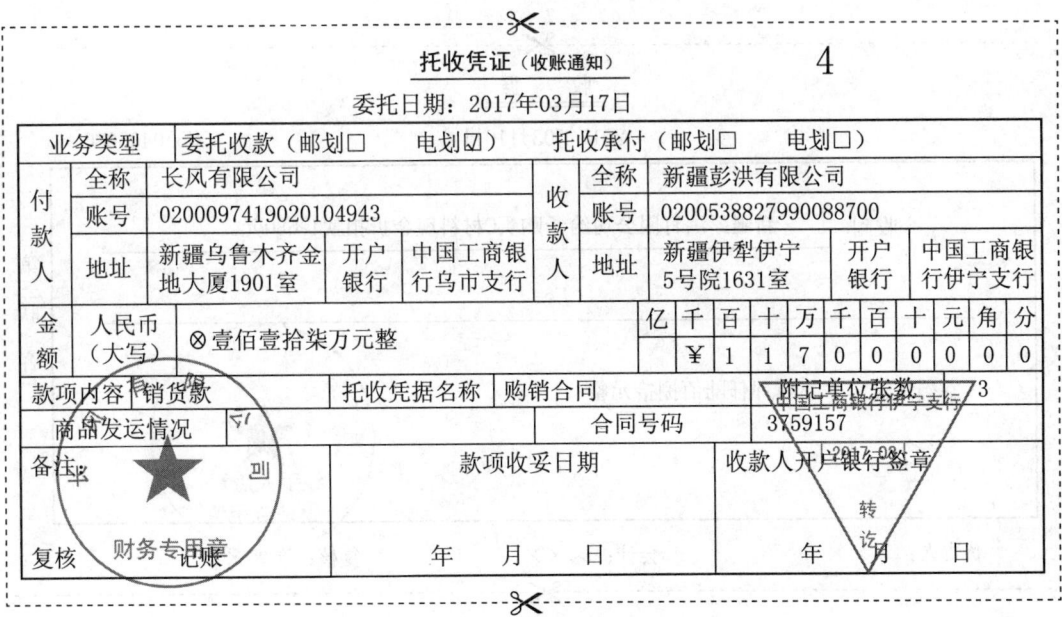

图 1-2-8

②3月19日，收到易安有限公司开出的转账支票一张，如图1-2-9所示，支付本月9日购买C材料的货款，易安有限公司因在10天内付款，因此得到2％现金折扣，如图1-2-10所示。

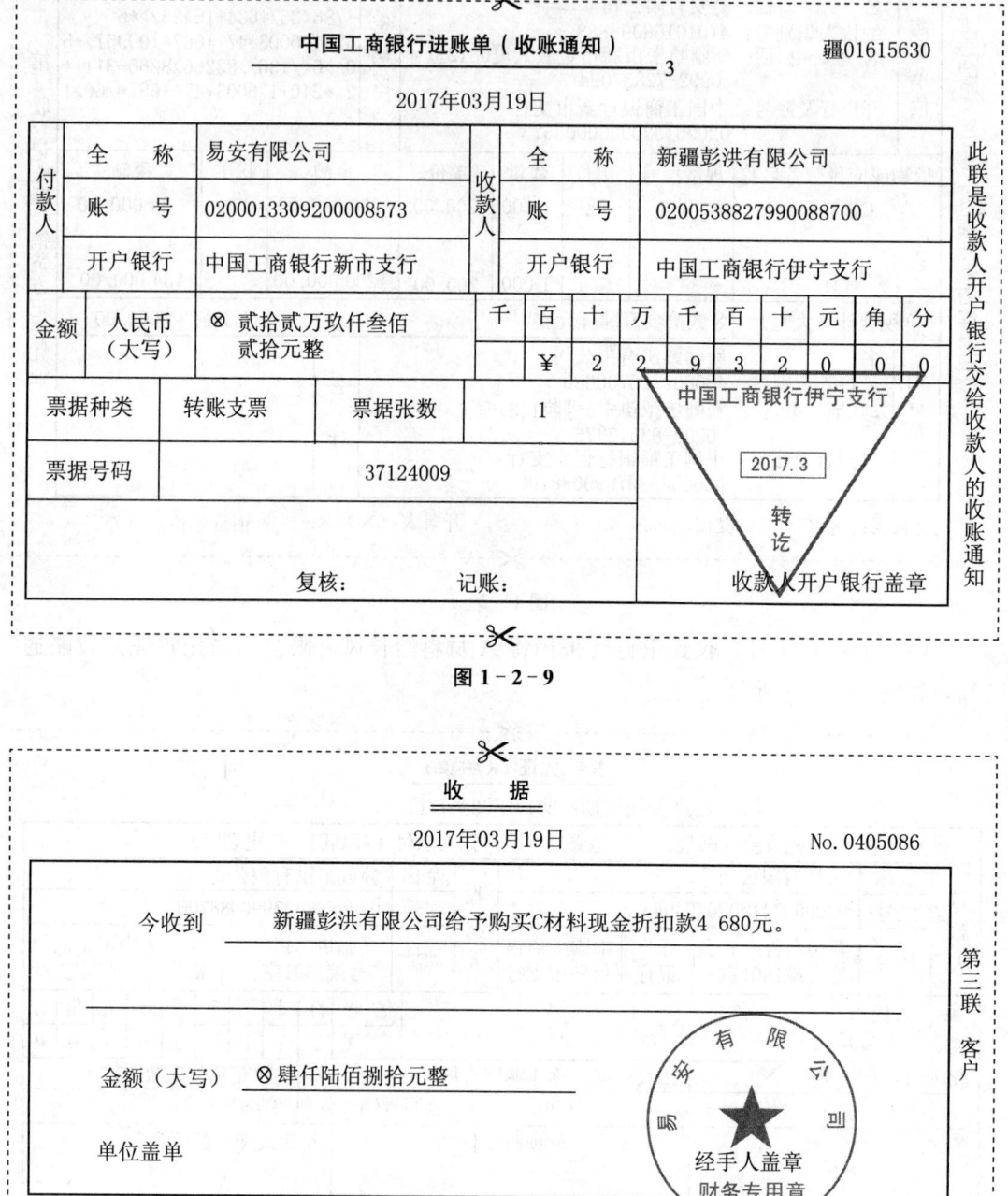

图1-2-9

图1-2-10

业务1：采用委托收款方式销售A材料，款项未收

1. 分析委托收款方式下销售商品取得应收账款业务

应收账款通常按实际发生额计价入账，包括货款、相关税费以及代购货单位垫付的运杂费等。销售A材料2 000吨，每吨500元，委托银行收款，增值税专用发票上记载的销售款为1 000 000元，增值税额170 000元，因此导致应收账款增加，借记"应收账款"账户，同时增加主营业务收入和应交税费，贷记"主营业务收入"账户与"应交税费——应交增值税（销项税额）"账户。

2. 编制会计分录并填制记账凭证

根据以上分析可知，这笔业务属于销售材料委托收款的情况，在填制通用记账凭证时注意按顺序编号，本凭证编号为"01号"；时间为"2017年3月1日"；"摘要"栏要简明扼要的说明该经济业务内容，该经济业务是委托收款方式下销售A材料，所以可以填写为"销售A材料"；"附件"为原始凭证的张数3张，填制凭证如图1-2-11所示。

记 账 凭 证

2017年03月01日　　　　　　　　　　　　　记字01号

摘　要	一级科目	二级或明细科目	√	借方金额	贷方金额
销售A材料	应收账款	长风公司		1 170 000.00	
销售A材料	主营业务收入	A材料			1 000 000.00
销售A材料	应交税费	应交增值税（销项税额）			170 000.00
合　计				¥1 170 000.00	¥1 170 000.00

附件叁张

会计主管：×××　　记账：×××　　审核：×××　　出纳：×××　　制单：×××

图1-2-11

业务2：通过商业折扣方式销售B材料，款项未收

1. 分析商业折扣情况下销售商品取得应收账款业务

应收账款通常应按实际发生额计价入账，计价时还需考虑商业折扣和现金折扣等因素。商业折扣是指企业可以从商品标价中扣减一定数额，此项扣减数额通常用百分

数来表示，如 15%、20%、25%等，扣减后的净额才是实际销售价格。商业折扣在销售发生时即已发生，因此企业只需按扣除商业折扣后的净额确认收入，不需单独做账务处理。

此业务中，销售 B 材料 4 000 吨，由增值税专用发票上的记载内容可知，未扣除折扣的销售款为 400 000 元，增值税税额为 68 000 元；扣除折扣后的销售款为 340 000 元，增值税税额为 57 800 元。因在发生商业折扣情况下，企业只需按扣除 15%商业折扣后的净额确认收入，所以借记"应收账款"账户，金额为 397 800 元；贷记"主营业务收入"账户，金额为 340 000 元，贷记"应交税费——应交增值税（销项税额）"账户，金额为 57 800 元。

2. 编制会计分录并填制记账凭证

根据以上分析可知，这笔业务属于商业折扣条件下，销售材料形成应收账款的情况，在填制通用记账凭证时注意按顺序编号，本凭证编号为"02号"；时间为"2017年3月4日"；"摘要"栏要简明扼要的说明该经济业务内容，该经济业务是销售 B 材料，所以可以填写为"销售B材料"；"附件"为原始凭证的张数 3 张，填制凭证如图 1-2-12 所示。

记账凭证

2017年03月04日　　　　　　　　　　　　　　　　记字02号

摘　　要	一级科目	二级或明细科目	√	借方金额	贷方金额
销售B材料	应收账款	长风公司		397 800.00	
销售B材料	主营业务收入	B材料			340 000.00
销售B材料	应交税费	应交增值税（销项税额）			57 800.00
合　　计				¥397 800.00	¥397 800.00

附件叁张

会计主管：×××　　记账：×××　　审核：×××　　出纳：×××　　制单：×××

图 1-2-12

业务3：通过现金折扣方式销售 C 材料，款项未收

1. 分析现金折扣情况下销售商品取得应收账款业务

现金折扣是指企业为了鼓励客户在一定时期内早日偿还货款给予的相应折扣。现金折扣通常发生在以赊销方式销售商品及提供劳务的交易中，一般用"折扣/付款期限"表示，如 2/10、1/20、n/30。企业发生的应收账款在有现金折扣的情况下采用总价法入账，发生的现金折扣作为财务费用处理。

此业务中，增值税专用发票上记载的销售款为 200 000 元，增值税税额为 34 000

元,新疆彭洪有限公司采用总价法确认"应收账款"入账价值,应借记"应收账款"账户,贷记"主营业务收入"账户,"应交税费——应交增值税(销项税额)"账户。

2. 编制会计分录并填制记账凭证

根据以上分析可知,这笔业务属于现金折扣条件下销售材料的情况,在填制通用记账凭证时注意按顺序编号,本凭证编号为"03号";时间为"2017年3月9日";"摘要"栏要简明扼要的说明该经济业务内容,该经济业务是销售C材料,所以可以填写为"销售C材料";"附件"为原始凭证的张数2张,填制凭证如图1-2-13所示。

记 账 凭 证

2017年03月09日　　　　　　　　　　　　　　　记字03号

摘　　要	一级科目	二级或明细科目	√	借方金额	贷方金额
销售C材料	应收账款	易安公司		234 000.00	
销售C材料	主营业务收入	C材料			200 000.00
销售C材料	应交税费	应交增值税(销项税额)			34 000.00
合　　计				¥234 000.00	¥234 000.00

附件贰张

会计主管:×××　　记账:×××　　审核:×××　　出纳:×××　　制单:×××

图 1 - 2 - 13

业务4:收到销售货款

1. 客户不享受折扣情况下收回应收账款业务

(1)分析客户不享受折扣情况下收回应收账款业务。这笔业务属于收到银行转来的销售货款的情况,客户不享受折扣,收回应收账款时应借记"银行存款"账户,贷记"应收账款"账户。

(2)编制会计分录并填制记账凭证。在填制通用记账凭证时注意按顺序编号,本凭证编号为"04号";时间为"2017年3月17日";"摘要"栏要简明扼要地说明该经济业务内容,该经济业务是收到长风公司货款,所以可以填写为"收回长风公司欠款";"附件"为原始凭证的张数1张,填制凭证如图1-2-14所示。

记账凭证

2017年03月17日　　　　　　　　　　　　　　　　记字04号

摘　要	一级科目	二级或明细科目	√	借方金额	贷方金额
收回长风公司欠款	银行存款			1 170 000.00	
收回长风公司欠款	应收账款	长风公司			1 170 000.00
合　计				¥1 170 000.00	¥1 170 000.00

会计主管：×××　　记账：×××　　审核：×××　　出纳：×××　　制单：×××

附件壹张

图 1-2-14

2. 销售货款在10天内收到

（1）分析客户享受折扣下收回应收账款业务。这笔业务属于收到银行转来的销售货款的情况，客户享受现金折扣时，应扣除2%的现金折扣，折扣后的货款，借记"银行存款"账户，金额为229 320元；现金折扣部分的货款借记"财务费用"，金额为4 680元；并贷记"应收账款"账户，金额为234 000元。

（2）编制会计分录并填制记账凭证。根据以上分析可知，这笔业务属于收到银行转来的销售货款的情况，在填制通用记账凭证时注意按顺序编号，本凭证编号为"05号"；时间为"2017年3月19日"；"摘要"栏要简明扼要地说明该经济业务内容，该经济业务是收到易安公司购买C材料的货款，所以可以填写为"收回易安公司欠款"；"附件"为原始凭证的张数2张，填制凭证如图1-2-15所示。

记账凭证

2017年03月19日　　　　　　　　　　　　　　　　记字05号

摘　要	一级科目	二级或明细科目	√	借方金额	贷方金额
收回易安公司欠款	银行存款			229 320.00	
收回易安公司欠款	账务费用			4 680.00	
收回易安公司欠款	应收账款	易安公司			234 000.00
合　计				¥234 000.00	¥234 000.00

会计主管：×××　　记账：×××　　审核：×××　　出纳：×××　　制单：×××

附件贰张

图 1-2-15

业务5：登记应收账款明细账、总账

应收账款明细账应采用三栏式明细账，根据以上分析，登记"应收账款明细账""应收账款总账"。

1. 填写期初余额

该企业应收账款账户本期的期初余额为0，根据明细账与总账的平行登记原则，应分别在"应收账款"总分类账及其所属明细分类账中填写，该任务中涉及的应收账款明细账账户有"长风公司"和"易安公司"，即分别在"应收账款——长风公司"明细账、"应收账款——易安公司"明细、"应收账款"总账的第一行中注明，具体填写方法："年月日"栏填"2017年3月1日"；"凭证字号"不填；"摘要"栏填"期初余额"；"借方""贷方"栏不填；"借或贷"栏填"平"，"余额"栏中的"元、角、分"填写数字"0"。如图1-2-16、图1-2-17、图1-2-18所示。

应收账款　明细账

明细科目：长风公司

2017年		凭证字号	摘要	借方	贷方	借或贷	余额	√
月	日			亿千百十万千百十元角分	亿千百十万千百十元角分	平	亿千百十万千百十元角分	
3	1		期初余额			平	0 0 0	

图1-2-16

应收账款　明细账

明细科目：易安公司

2017年		凭证字号	摘要	借方	贷方	借或贷	余额	√
月	日			亿千百十万千百十元角分	亿千百十万千百十元角分	平	亿千百十万千百十元角分	
3	1		期初余额			平	0 0 0	

图1-2-17

总　账

会计科目：应收账款

2017年		凭证字号	摘要	借方	贷方	借或贷	余额	√
月	日			亿千百十万千百十元角分	亿千百十万千百十元角分	平	亿千百十万千百十元角分	
3	1		期初余额			平	0 0 0	

图1-2-18

2. 根据经济业务发生的次序依次填写本期的发生额

（1）由业务1所填制记账凭证中的"一级科目"与"二级或明细科目"可知，该业务涉及的是"应收账款——长风公司"科目，所以应在"应收账款——长风公司"明细账与"应收账款"总账中登记，登记内容要求与记账凭证内容一致，具体登记方法如图1-2-19所示。

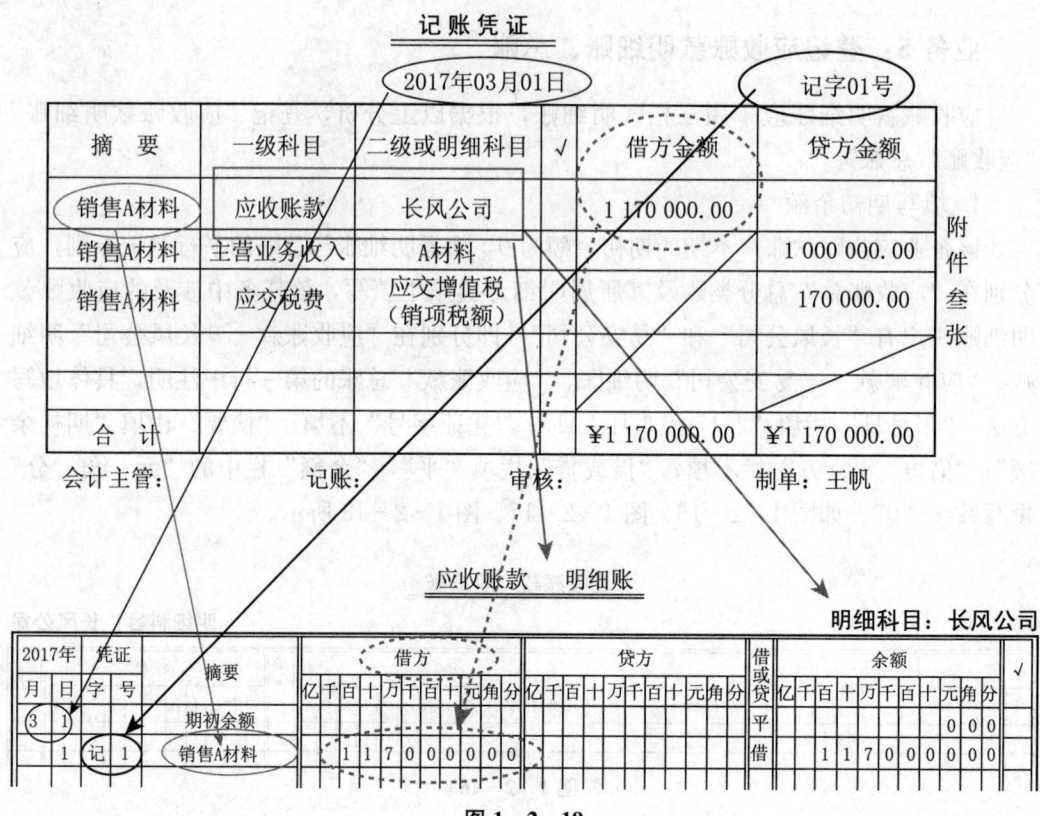

图1-2-19

"日期"栏填"3月1日",月可以省略;"凭证字号"栏中"字"填"记","号"填"1";"摘要"填"销售A材料";金额应填写借方金额"1 170 000";"借或贷"栏填"借";"余额"栏填"1 170 000"。总账的登记方法与明细账相同,登记结果如图1-2-20、图1-2-21所示。

应收账款　明细账

明细科目:长风公司

2017年		凭证		摘要	借方										贷方										借或贷	余额										✓
月	日	字	号		亿	千	百	十	万	千	百	十	元	角	分	亿	千	百	十	万	千	百	十	元	角	分		亿	千	百	十	万	千	百	十	元	角	分	
3	1			期初余额																							平									0	0	0	
	1	记	1	销售A材料			1	1	7	0	0	0	0	0	0												借			1	1	7	0	0	0	0	0	0	

图1-2-20

总 账

会计科目：应收账款

2017年		凭证		摘要	借方										贷方										借或贷平	余额										✓
月	日	字	号		亿	千	百	十	万	千	百	十	元	角	分	亿	千	百	十	万	千	百	十	元	角	分		亿	千	百	十	万	千	百	十	元	角	分	
3	1			期初余额																							借									0	0	0	
	1	记	1	销售A材料			1	1	7	0	0	0	0	0	0												借			1	1	7	0	0	0	0	0	0	

图 1-2-21

（2）由业务 2 所填制记账凭证中的"一级科目"与"二级或明细科目"可知，该业务涉及的是"应收账款——长风公司"科目，所以应在"应收账款——长风公司"明细账与"应收账款"总账中登记，登记内容要求与记账凭证内容一致，具体登记方法：

"日期"栏填"3月4日"，月可以省略；"凭证字号"栏中"字"填"记"，"号"填"2"；"摘要"填"销售B材料"；金额应填写借方金额"397 800"；"借或贷"栏填"借"；"余额"栏应加上上一笔余额，填"1 567 800"。总账的登记方法与明细账相同，登记结果如图1-2-22、图1-2-23所示。

应收账款 明细账

明细科目：长风公司

2017年		凭证		摘要	借方										贷方										借或贷平	余额										✓
月	日	字	号		亿	千	百	十	万	千	百	十	元	角	分	亿	千	百	十	万	千	百	十	元	角	分		亿	千	百	十	万	千	百	十	元	角	分	
3	1			期初余额																							借									0	0	0	
	1	记	1	销售A材料			1	1	7	0	0	0	0	0	0												借			1	1	7	0	0	0	0	0	0	
	4	记	2	销售B材料				3	9	7	8	0	0	0	0												借			1	5	6	7	8	0	0	0	0	

图 1-2-22

总 账

会计科目：应收账款

2017年		凭证		摘要	借方										贷方										借或贷平	余额										✓
月	日	字	号		亿	千	百	十	万	千	百	十	元	角	分	亿	千	百	十	万	千	百	十	元	角	分		亿	千	百	十	万	千	百	十	元	角	分	
3	1			期初余额																							借									0	0	0	
	1	记	1	销售A材料			1	1	7	0	0	0	0	0	0												借			1	1	7	0	0	0	0	0	0	
	4	记	2	销售B材料				3	9	7	8	0	0	0	0												借			1	5	6	7	8	0	0	0	0	

图 1-2-23

（3）由业务 3 所填制记账凭证中的"一级科目"与"二级或明细科目"可知，该业务涉及的是"应收账款——易安公司"科目，所以应在"应收账款——易安公司"明细账与"应收账款"总账中登记，登记内容要求与记账凭证内容一致，具体登记方法：

"日期"栏填"3月9日"，月可以省略；"凭证字号"栏中"字"填"记"，"号"填"3"；"摘要"填"销售C材料"；金额应填写借方金额"234 000"；"借或贷"栏填

"借";"余额"栏应填"234 000"。总账的登记方法与明细账相同,登记结果如图 1-2-24、图 1-2-25 所示。

应收账款　明细账

明细科目：易安公司

2017年		凭证字号	摘要	借方 亿千百十万千百十元角分	贷方 亿千百十万千百十元角分	借或贷平	余额 亿千百十万千百十元角分	√
月	日							
3	1		期初余额			平	0 0 0	
	9	记3	销售C材料	2 3 4 0 0 0 0 0		借	2 3 4 0 0 0 0 0	

图 1-2-24

总　账

会计科目：应收账款

2017年		凭证字号	摘要	借方 亿千百十万千百十元角分	贷方 亿千百十万千百十元角分	借或贷平	余额 亿千百十万千百十元角分	√
月	日							
3	1		期初余额			平	0 0 0	
	1	记1	销售A材料	1 1 7 0 0 0 0 0		借	1 1 7 0 0 0 0 0	
	4	记2	销售B材料	3 9 7 8 0 0 0 0		借	1 5 6 7 8 0 0 0 0	
	9	记3	销售C材料	2 3 4 0 0 0 0 0		借	1 8 0 1 8 0 0 0 0	

图 1-2-25

(4) 由业务4所填制的"记字4号"记账凭证中的"一级科目"与"二级或明细科目"可知,该业务涉及的是"应收账款——长风公司"科目,所以应在"应收账款——长风公司"明细账与"应收账款"总账中登记,登记内容要求与记账凭证内容一致,具体登记方法：

"日期"栏填"3月17日",月可以省略；"凭证字号"栏中"字"填"记","号"填"4"；"摘要"填"收回长风公司欠款"；金额应填写贷方金额"1 170 000"；"借或贷"栏填"借"；"余额"栏填"397 800"。总账的登记方法与明细账相同,登记结果如图 1-2-26、图 1-2-27 所示。

应收账款　明细账

明细科目：长风公司

2017年		凭证字号	摘要	借方 亿千百十万千百十元角分	贷方 亿千百十万千百十元角分	借或贷平	余额 亿千百十万千百十元角分	√
月	日							
3	1		期初余额			平	0 0 0	
	1	记1	销售A材料	1 1 7 0 0 0 0 0		借	1 1 7 0 0 0 0 0	
	4	记2	销售B材料	3 9 7 8 0 0 0 0		借	1 5 6 7 8 0 0 0 0	
	17	记4	收回长风公司欠款		1 1 7 0 0 0 0 0	借	3 9 7 8 0 0 0 0	

图 1-2-26

总 账

会计科目：应收账款

2017年		凭证		摘要	借方									贷方									借或贷平	余额									√
月	日	字	号		亿	千	百	十	万	千	百	十	元	角	分	亿	千	百	十	万	千	百	十	元	角	分		亿	千	百	十	万	千	百	十	元	角	分	
3	1			期初余额																							平									0	0	0	
	1	记	1	销售A材料				1	1	7	0	0	0	0	0												借				1	1	7	0	0	0	0	0	
	4	记	2	销售B材料					3	9	7	8	0	0	0												借				1	5	6	7	8	0	0	0	
	9	记	3	销售C材料					2	3	4	0	0	0	0												借				1	8	0	1	8	0	0	0	
	17	记	4	收回长风公司欠款																1	1	7	0	0	0	0	0	借					6	3	1	8	0	0	0	

图 1-2-27

由业务 4 所填制的"记字 5 号"记账凭证中的"一级科目"与"二级或明细科目"可知，该业务涉及的是"应收账款——易安公司"科目，所以应在"应收账款——易安公司"明细账与"应收账款"总账中登记，登记内容要求与记账凭证内容一致，具体登记方法：

"日期"栏填"3月19日"，月可以省略；"凭证字号"栏中"字"填"记"，"号"填"5"；"摘要"填"收回易安公司欠款"；金额应填写贷方金额"234 000"；"借或贷"栏填"平"；"余额"栏的"元、角、分"填"0"。总账的登记方法与明细账相同，登记结果如图 1-2-28、图 1-2-29 所示。

应收账款 明细账

明细科目：易安公司

2017年		凭证		摘要	借方											贷方											借或贷平	余额											√
月	日	字	号		亿	千	百	十	万	千	百	十	元	角	分	亿	千	百	十	万	千	百	十	元	角	分		亿	千	百	十	万	千	百	十	元	角	分	
3	1			期初余额																							平									0	0	0	
	9	记	3	销售C材料					2	3	4	0	0	0	0												借					2	3	4	0	0	0	0	
	19	记	5	收回易安公司欠款																2	3	4	0	0	0	0	0	平									0	0	0	

图 1-2-28

总 账

会计科目：应收账款

2017年		凭证		摘要	借方											贷方											借或贷平	余额											√
月	日	字	号		亿	千	百	十	万	千	百	十	元	角	分	亿	千	百	十	万	千	百	十	元	角	分		亿	千	百	十	万	千	百	十	元	角	分	
3	1			期初余额																							平									0	0	0	
	1	记	1	销售A材料				1	1	7	0	0	0	0	0												借				1	1	7	0	0	0	0	0	
	4	记	2	销售B材料					3	9	7	8	0	0	0												借				1	5	6	7	8	0	0	0	
	9	记	3	销售C材料					2	3	4	0	0	0	0												借				1	8	0	1	8	0	0	0	
	17	记	4	收回长风公司欠款																1	1	7	0	0	0	0	0	借					6	3	1	8	0	0	0	
	19	记	5	收回易安公司欠款																2	3	4	0	0	0	0	0	借					3	9	7	8	0	0	0	

图 1-2-29

3. 计算期末余额

根据期初余额与本期发生额计算期末余额，分别得出"应收账款"总账和其所属的明细分类账的期末余额，若是月末为本月合计数，若是年末则为本年合计数。

（1）"应收账款——长风公司"明细账3月期末余额的登记，"日期"栏填"3月31日"；"凭证字号"栏不填；"摘要"栏填"本月合计"；"借方金额"栏填借方的合计数"1 567 800"；"贷方金额"栏填贷方合计数"1 170 000"；"借或贷"栏填"借"；"余额"栏为"期初余额＋本期借方发生额合计－本期贷方发生额"，合计为"397 800"；还应在"本月合计"栏划通栏单红线。登记结果如图1-2-30所示。

应收账款　明细账

明细科目：长风公司

2017年		凭证字号	摘要	借方 亿千百十万千百十元角分	贷方 亿千百十万千百十元角分	借或贷平	余额 亿千百十万千百十元角分	√
月	日							
3	1		期初余额			借	0 0 0	
	1	记1	销售A材料	1 1 7 0 0 0 0 0 0		借	1 1 7 0 0 0 0 0 0	
	4	记2	销售B材料	3 9 7 8 0 0 0 0		借	1 5 6 7 8 0 0 0 0	
	17	记4	收回长风公司欠款		1 1 7 0 0 0 0 0 0	借	3 9 7 8 0 0 0 0	
3	31		本月合计	1 5 6 7 8 0 0 0 0	1 1 7 0 0 0 0 0 0	借	3 9 7 8 0 0 0 0	

图1-2-30

（2）"应收账款——易安公司"明细账3月期末余额的登记，"日期"栏填"3月31日"；"凭证字号"栏不填；"摘要"栏填"本月合计"；"借方金额"栏填借方合计数"234 000"；"贷方金额"栏填贷方合计数"234 000"；"借或贷"栏填"平"；"余额"栏为"期初余额＋本期借方发生额合计－本期贷方发生额"，合计为零。还应在"本月合计"栏划通栏单红线，登记结果如图1-2-31所示。

应收账款　明细账

明细科目：易安公司

2017年		凭证字号	摘要	借方 亿千百十万千百十元角分	贷方 亿千百十万千百十元角分	借或贷平	余额 亿千百十万千百十元角分	√
月	日							
3	1		期初余额			借	0 0 0	
	9	记3	销售C材料	2 3 4 0 0 0 0 0		借	2 3 4 0 0 0 0 0	
	19	记5	收回易安公司欠款		2 3 4 0 0 0 0 0	平	0 0 0	
3	31		本月合计	2 3 4 0 0 0 0 0	2 3 4 0 0 0 0 0	平	0 0 0	

图1-2-31

（3）"应收账款"总账3月期末余额的登记，"日期"栏填"3月31日"；"凭证字号"栏不填；"摘要"栏填"本月合计"；"借方金额"填借方合计数"1 801 800"；"贷方金额"填贷方合计数"1 404 000"；"借或贷"栏填"借"；"余额"栏为"期初余额＋本期借方发生额合计－本期贷方发生额"，合计为"397 800"。还应在"本月合计"栏划通栏单红线，登记结果如图1-2-32所示。

总　账

会计科目：应收账款

2017年		凭证		摘要	借方 亿千百十万千百十元角分	贷方 亿千百十万千百十元角分	借或贷平	余额 亿千百十万千百十元角分	✓
月	日	字	号						
3	1			期初余额				0 0 0	
	1	记	1	销售A材料	1 1 7 0 0 0 0 0		借	1 1 7 0 0 0 0 0	
	4	记	2	销售B材料	3 9 7 8 0 0 0 0		借	1 5 6 7 8 0 0 0	
	9	记	3	销售C材料	2 3 4 0 0 0 0 0		借	1 8 0 1 8 0 0 0	
	17	记	4	收回长风公司欠款		1 1 7 0 0 0 0 0	借	6 3 1 8 0 0 0	
	19	记	5	收回易安公司欠款		2 3 4 0 0 0 0 0	借	3 9 7 8 0 0 0	
3	31			本月合计	1 8 0 1 8 0 0 0	1 4 0 4 0 0 0 0	借	3 9 7 8 0 0 0	

图 1-2-32

应收账款的账务处理

（1）企业因销售商品或提供劳务发生应收账款时，按应收金额，借记本科目，按照实现的营业收入，贷记"主营业务收入""其他业务收入"等，按增值税专用发票上注明的增值税，贷记"应交税费——应交增值税（销项税额）"科目；收回应收账款时，借记"银行存款"等科目，贷记本科目。

（2）企业代购货单位垫付的包装费、运杂费，借记本科目，贷记"银行存款"等科目；收回代垫运费时，借记"银行存款"，贷记本科目。

（3）企业收到债务人清偿债务的现金金额小于该项应收账款账面价值的，应按实际收到的现金金额，借记"银行存款"等科目，按重组债权已计提的坏账准备，借记"坏账准备"科目，按重组债权的账面余额，贷记本科目，按其差额，借记"营业外支出"科目。

收到债务人清偿债务的现金金额大于该项应收账款账面价值的，应按实际收到的现金金额，借记"银行存款"等科目，按重组债权已计提的坏账准备，借记"坏账准备"科目，按重组债权的账面余额，贷记本科目，按其差额，贷记"资产减值损失"科目。

（4）企业接受的债务人用于清偿债务的非现金资产，应按该项非现金资产的公允价值，借记"原材料"、"库存商品"、"固定资产"、"无形资产"等科目，按可抵扣的增值税税额，借记"应交税费——应交增值税（进项税额）"科目，按重组债权的账面余额，贷记本科目，按应支付的相关税费和其他费用，贷记"银行存款"、"应交税费"等科目，按其差额，借记"营业外支出"科目。

（5）将债权转为投资，企业应按应享有股份的公允价值，借记"长期股权投资"科目，按重组债权的账面余额，贷记本科目，按应支付的相关税费，贷记"银行存款"、"应交税费"等科目，按其差额，借记"营业外支出"科目。

战术提升

新疆制造公司为增值税一般纳税人,增值税税率为17%。企业通过"应收账款"账户核算销售与收款业务,2016年6月发生了以下几笔与应收账款相关的业务。

(1) 6月1日,采用委托收款的方式销售给长风有限公司 A 材料一批,经双方商定按每件 100 元结算,已开出增值专用发票,托收手续已办妥。原始凭证如图 1-2-33、图 1-2-34、图 1-2-35 所示。

出 库 单

收货单位:长风有限公司　　　2016年06月01日　　　编号:0001

产品名称	单位	数量	单位成本	总成本
A材料	件	2 000	60.00	120 000.00
合计	—	2 000	60.00	120 000.00

仓库负责人:×××　　　保管员:×××　　　提货人:×××

图 1-2-33

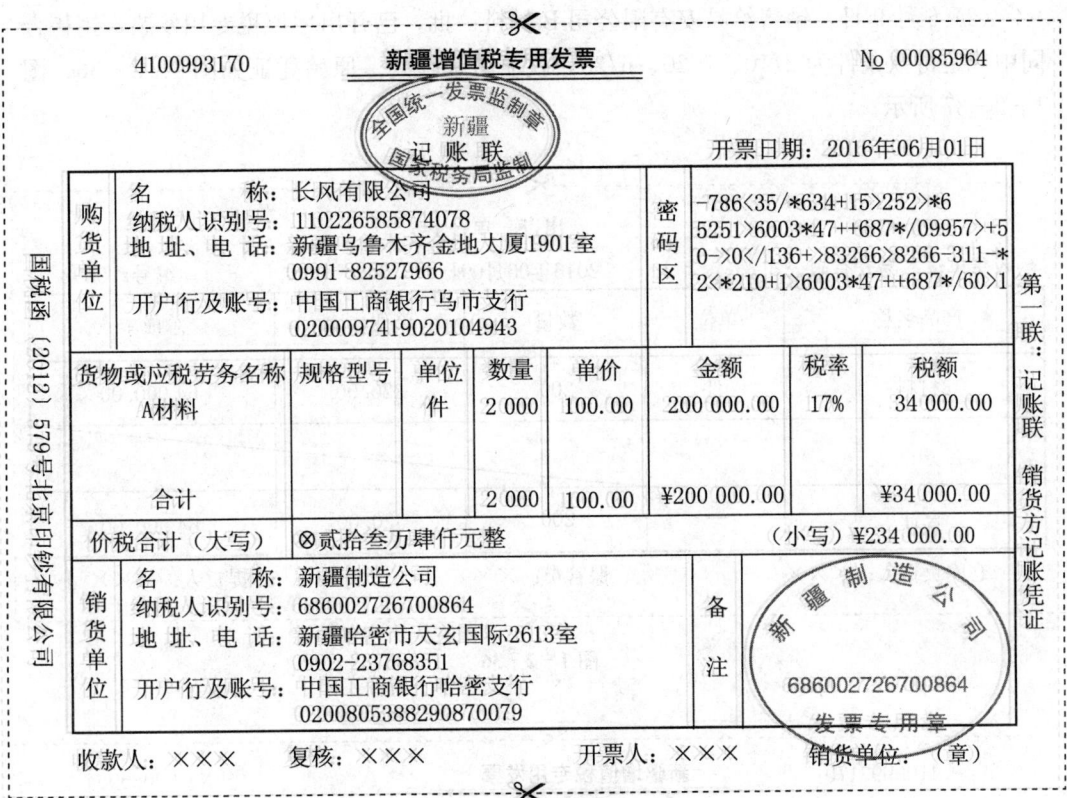

图 1-2-34

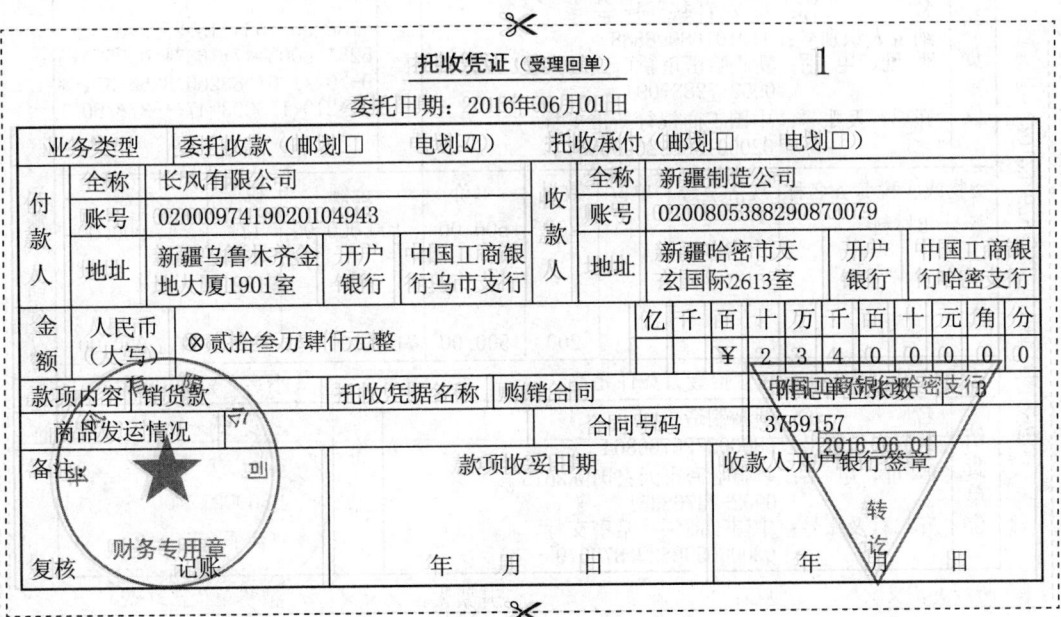

图 1-2-35

(2) 6月9日，销售给易安有限公司B材料一批，已开出增值税专用发票，销售合同中规定付款条件为2/10、1/20、n/30，款项尚未收到。原始凭证如图1-2-36、图1-2-37所示。

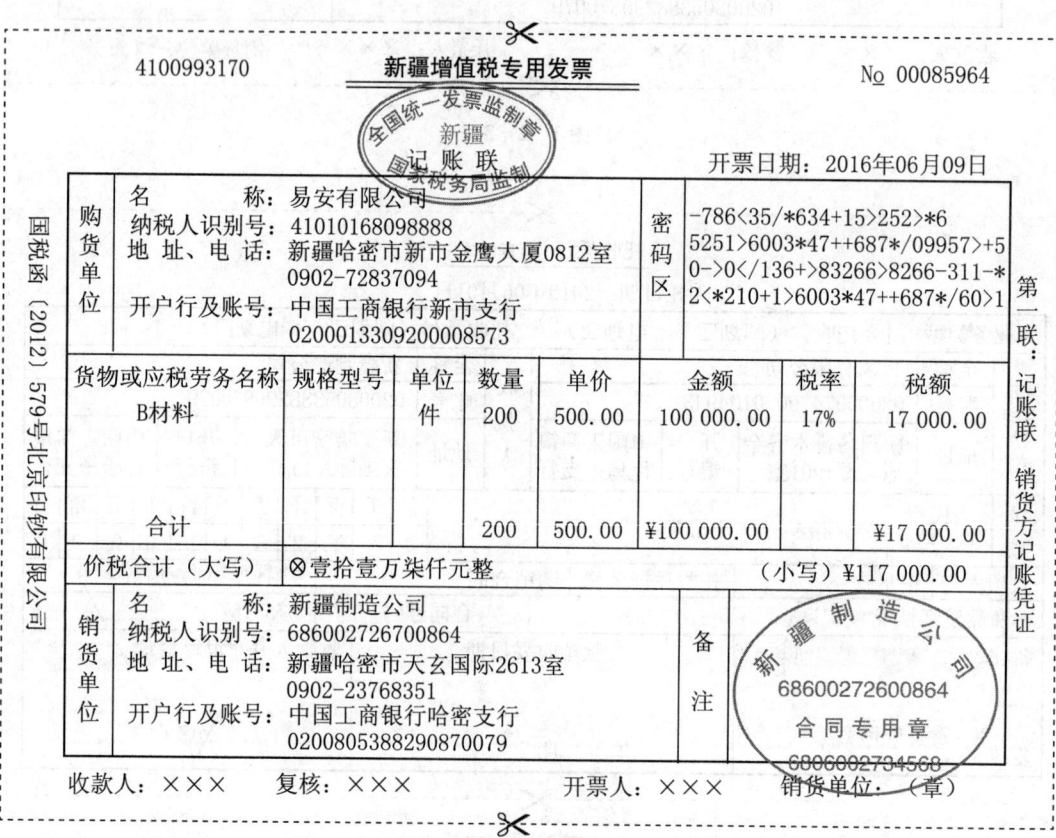

图1-2-36

图1-2-37

(3) 6月18日,收到销售A材料的款项。原始凭证如图1-2-38所示。

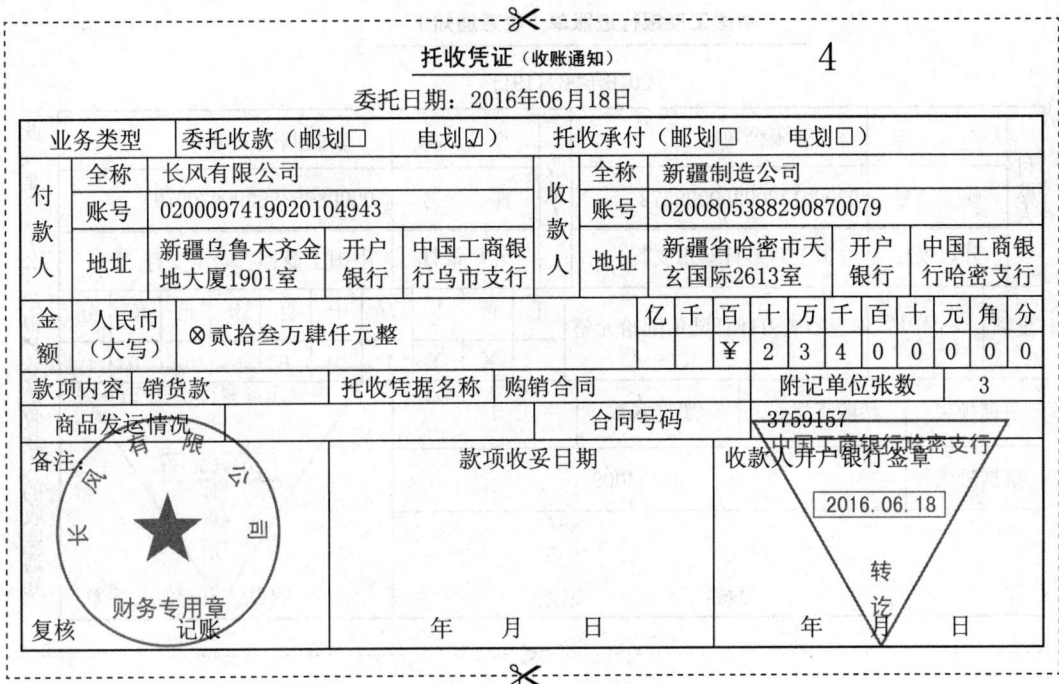

图1-2-38

(4) 6月19日,收到易安有限公司开出的转账支票一张,支付本月9日购买B材料的货款,易安有限公司因在10天内付款,因此得到2%的现金折扣,如图1-2-39、图1-2-40所示。

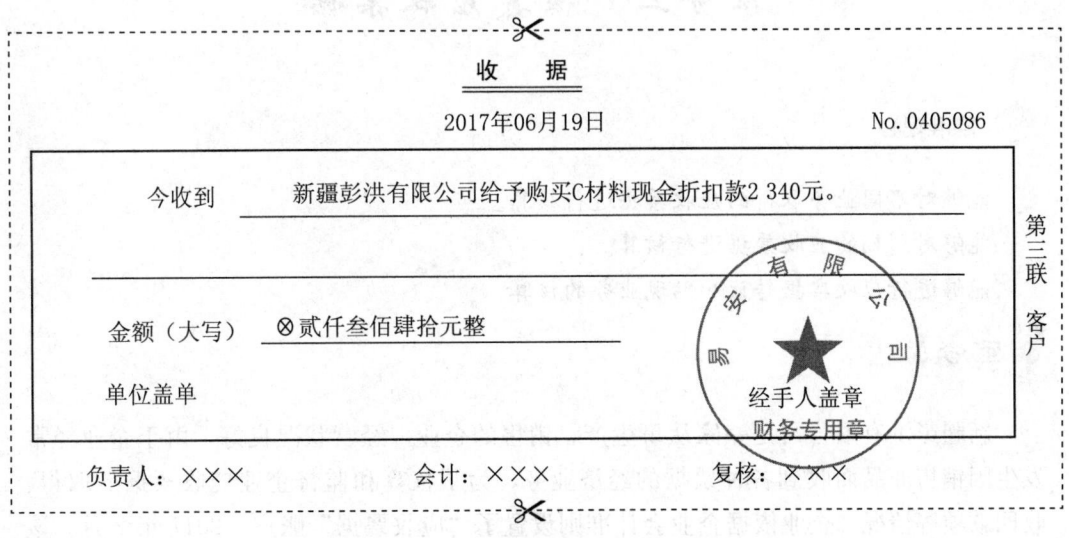

图1-2-39

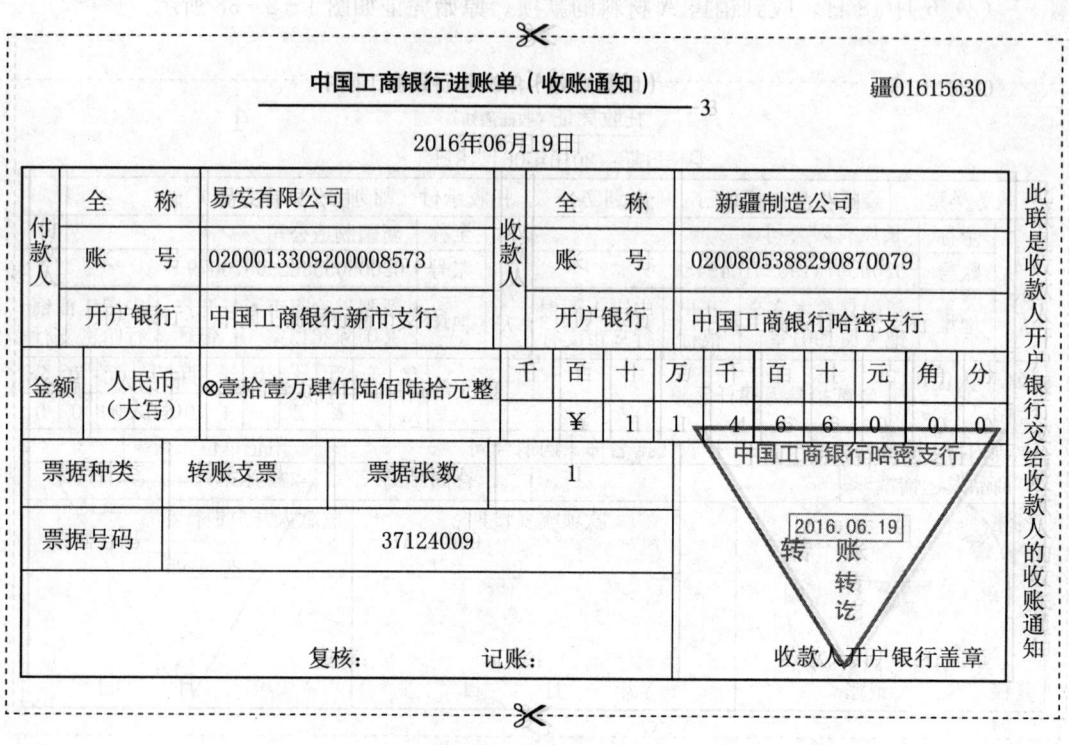

图 1-2-40

假设该企业"应收账款"账户本期的期初余额为 0，对于上述经济业务该如何处理呢？

任务三　核算应收票据

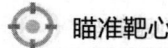　瞄准靶心

能够对不同业务取得的应收票据进行核算。
能够对到期的应收票据进行核算。
能够进行应收票据转让和贴现业务的核算。

军令如山

新疆彭洪有限公司是一家从事生产、销售的企业，经营状况良好，由于企业经常发生因销售商品而收到各种票据的经济业务，为了核算和监督企业应收票据的取得、收回款项等情况，企业依据企业会计准则设置了"应收票据"账户。2017 年 2 月，该账户明细账户"易安公司"的期初借方余额为 35 100 元，明细账户"长风公司"的期

初借方余额为 23 400 元。企业 2 月发生了几笔与"应收票据"有关的业务。

（1）1 日，彭洪公司销售给长风有限公司一批木材，原材料已出库，如图 1-3-1 所示，开出增值税专用发票如图 1-3-2 所示。收到长风有限公司签发的一张不带息的商业承兑汇票，如图 1-3-3 所示。

出 库 单

收货单位：长风有限公司　　　　2017年02月01日　　　　　　　　编号：0001

产品名称	单位	数量	单位成本	总成本
木材	吨	200	400.00	80 000.00
合计	—	200	400.00	80 000.00

仓库负责人：×××　　　　保管员：×××　　　　提货人：×××

图 1-3-1

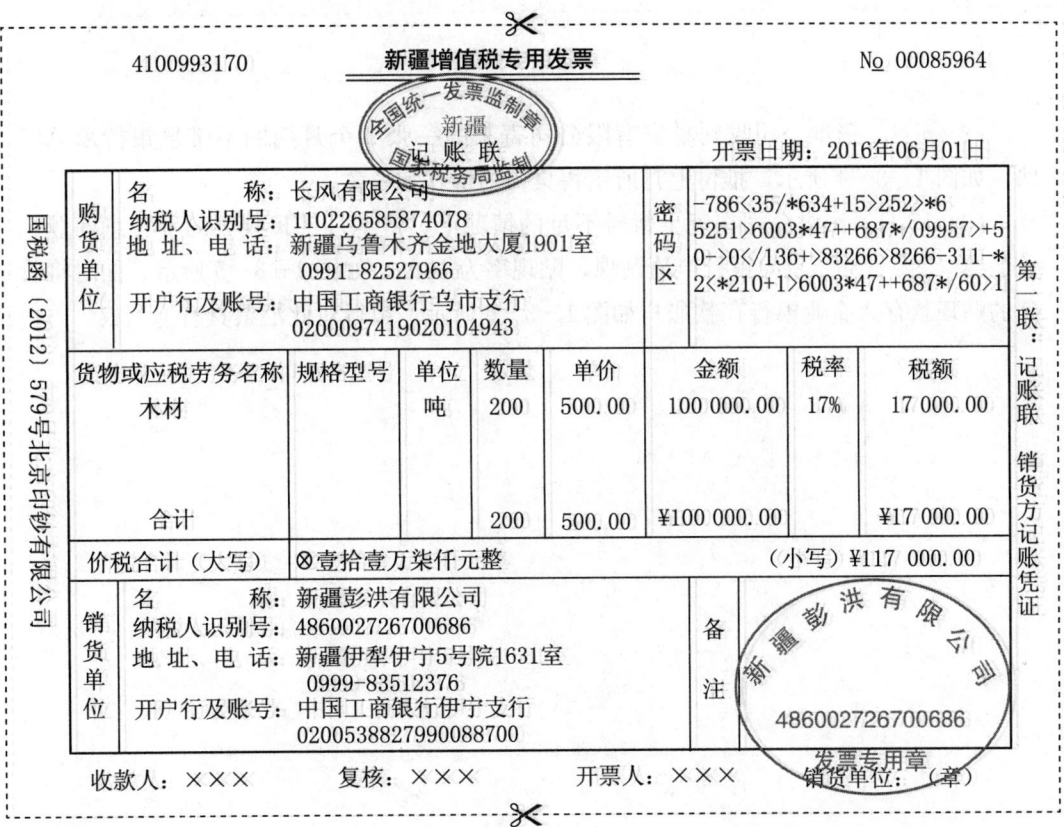

图 1-3-2

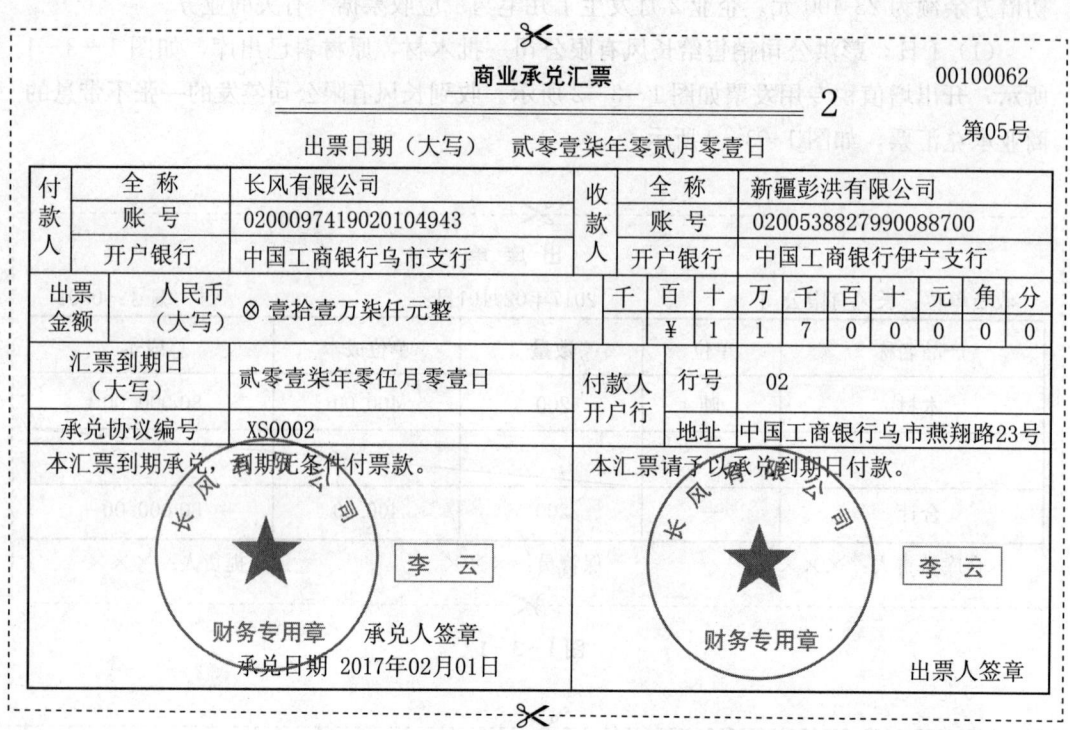

图 1-3-3

(2) 5日,彭洪公司收到易安有限公司寄来的一张3个月期的不带息银行承兑汇票,如图1-3-4所示,抵付上月所销售桌椅的价款和税款。

(3) 15日,彭洪公司在资金暂时不足的情况下,将本月1日收到的不带息商业承兑汇票(图1-3-3)向银行申请贴现,贴现率为12%,如图1-3-5所示。同时将收到的贴现款存入企业银行存款账户如图1-3-6所示,银行对此汇票具有追索权。

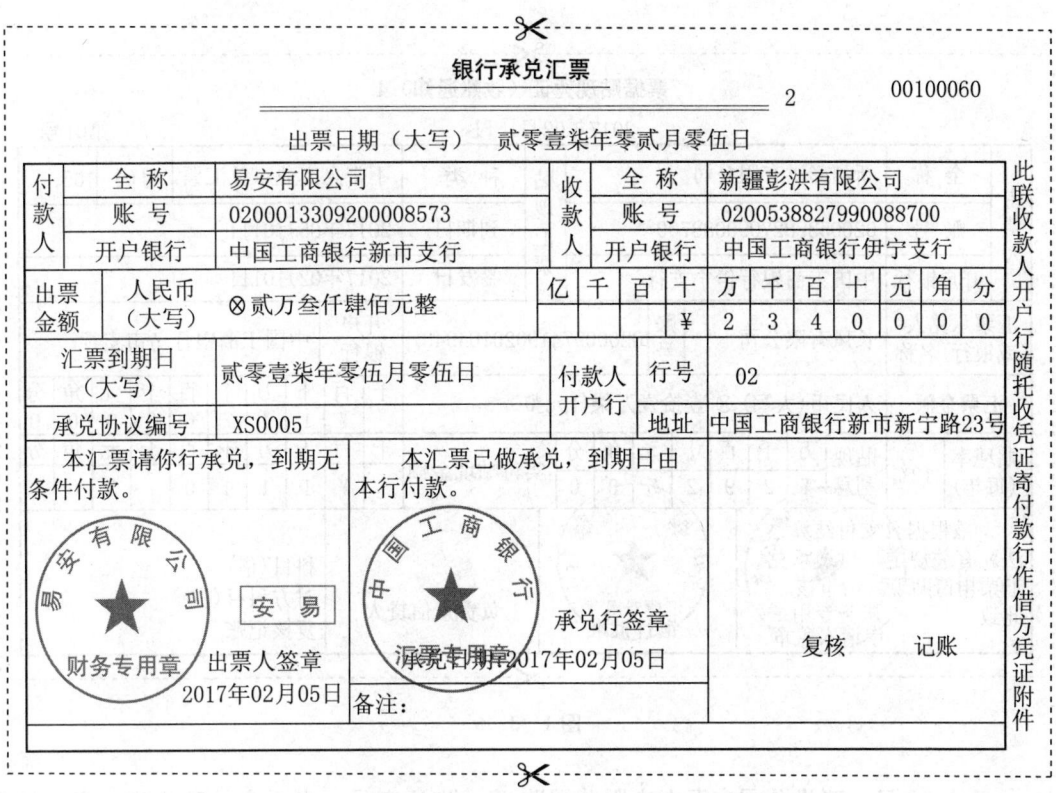

图 1-3-4

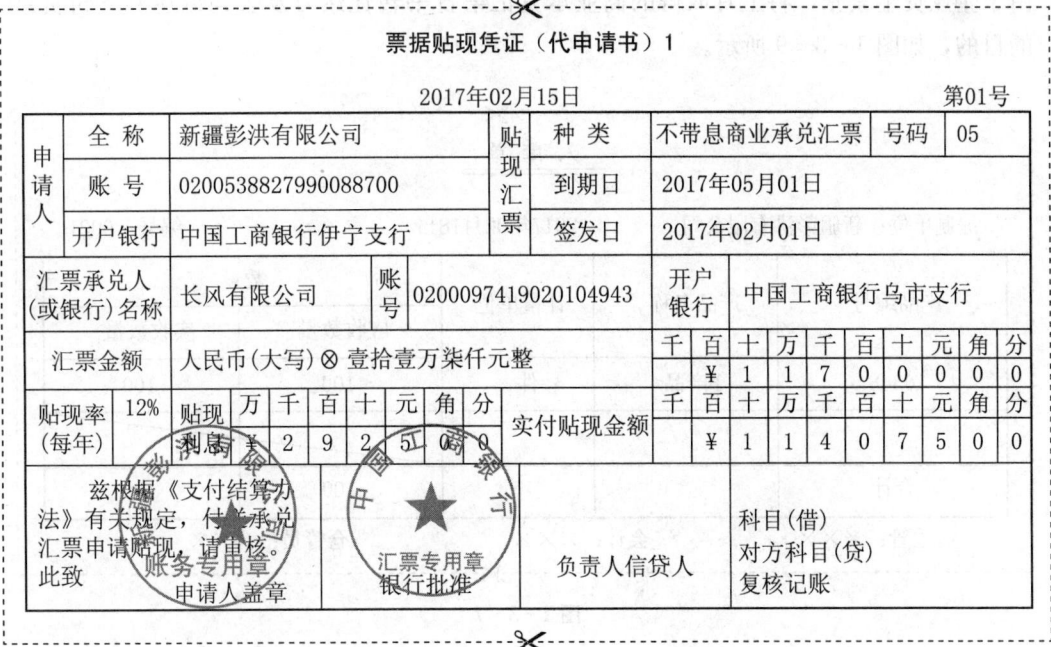

图 1-3-5

票据贴现凭证（收账通知）4

2017年02月15日　　第01号

申请人	全称	新疆彭洪有限公司	贴现汇票	种类	不带息商业承兑汇票	号码	05
	账号	0200538827990088700		到期日	2017年05月01日		
	开户银行	中国工商银行伊宁支行		签发日	2017年02月01日		

汇票承兑人（或银行）名称	长风有限公司	账号	0200097419020104943	开户银行	中国工商银行乌市支行

汇票金额　人民币（大写）⊗ 壹拾壹万柒仟元整　￥117000.00

贴现率（每年）12%　贴现利息 ￥2925.00　实付贴现金额 ￥114075.00

兹根据《支付结算办法》有关规定，付来承兑汇票申请贴现，请审核。此致

账务专用章　申请人盖章　　汇票专用章　银行批准　　负责人信贷人

科目(借)　对方科目(贷)　复核记账

图 1-3-6

（4）18日，彭洪公司向万友有限公司购买一批B产品，当天商品已验收入库，如图1-3-7所示，并收到对方开具的增值税专用发票（发票联），如图1-3-8所示。由于企业资金紧张，将上月取得的商业承兑汇票背书转让给万友公司以达到支付货款的目的，如图1-3-9所示。

入 库 单

编制单位：新疆彭洪有限公司　　2017年02月18日　　编号：0001

产品编号	产品名称	计量单位	数量	
			应收数量	实收数量
0348	B产品	件	100	100
合计			100	100

主管：×××　　会计：×××　　仓管员：×××

图 1-3-7

图 1-3-8

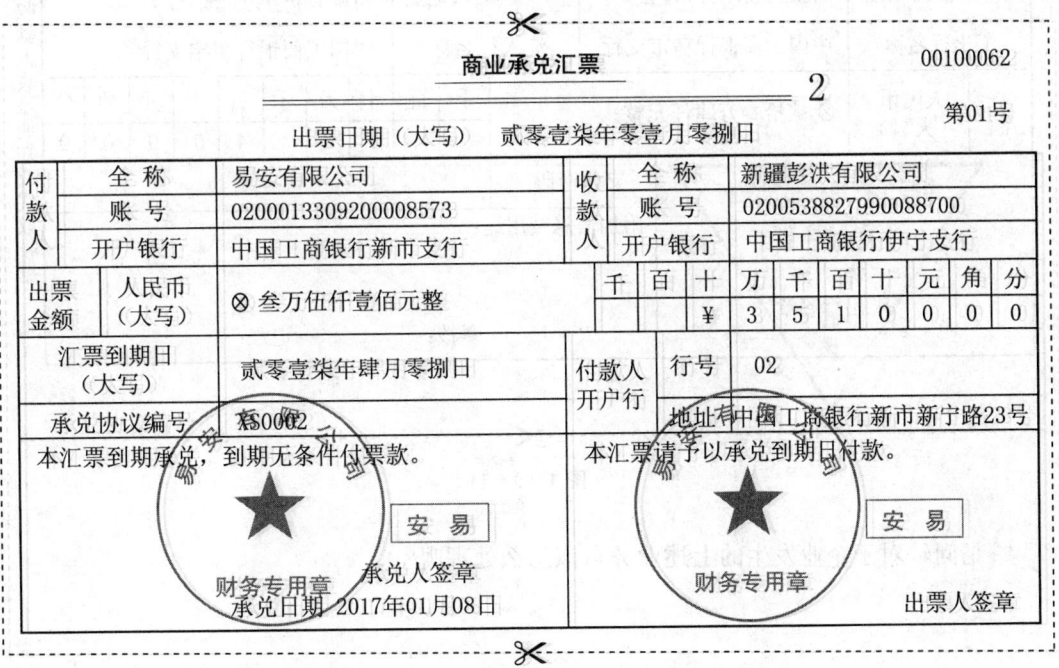

图 1-3-9

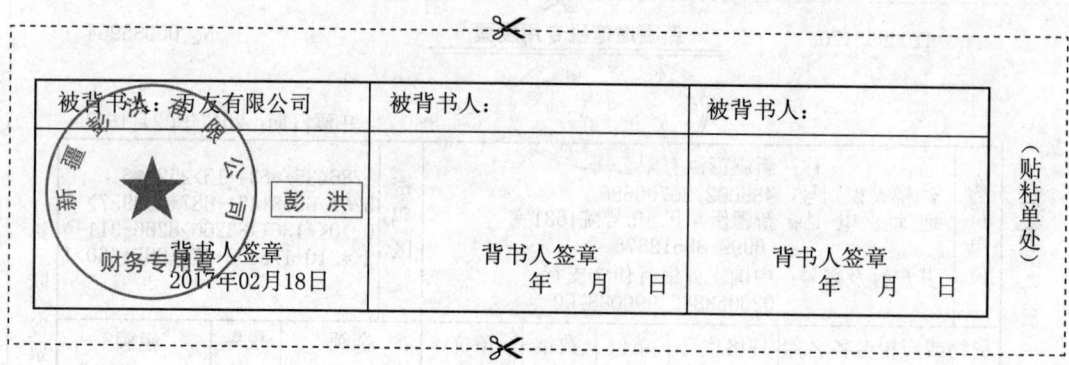

图 1-3-10

(5) 25日，长风有限公司2016年12月25日签发给彭洪公司的一张商业承兑汇票到期，该汇票为不带息商业承兑汇票，面值为23 400元。彭洪公司收到银行转来的收账通知，收款为23 400元，如图1-3-11所示。

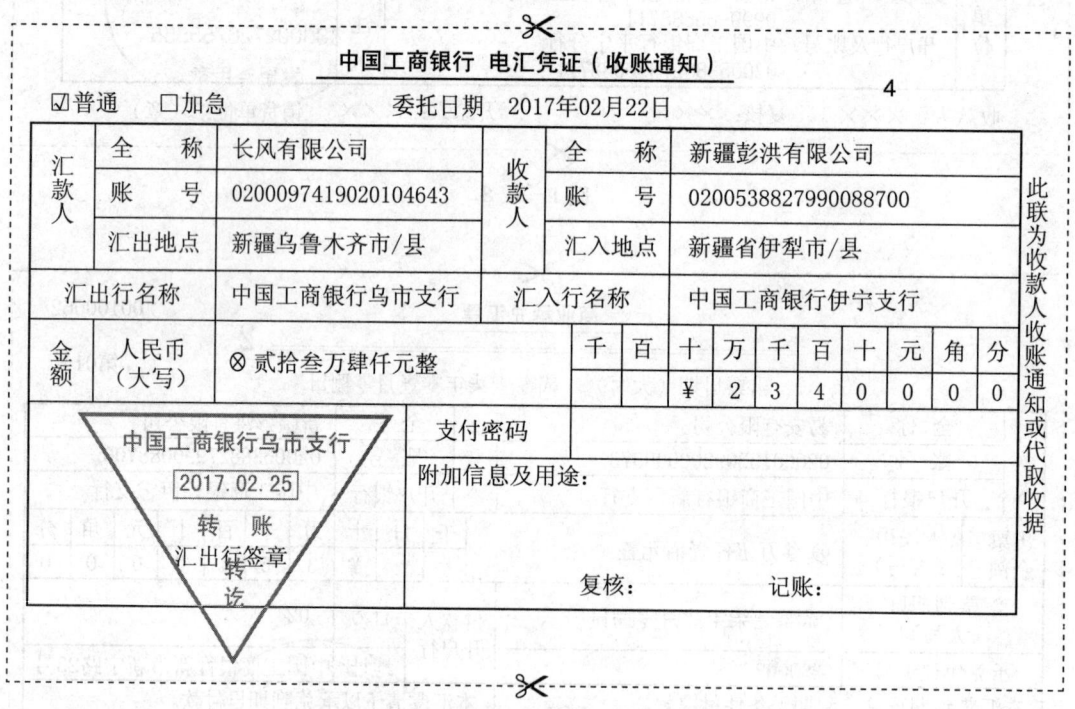

图 1-3-11

请问，对于企业发生的上述业务，该怎么处理呢？

业务1：企业因销售商品取得应收票据的核算

1. 分析因销售商品取得应收票据业务

根据业务内容，彭洪公司因销售商品收到了一张不带息的商业承兑汇票，该经济业务会使应收票据增加，同时也会使企业的销售收入和增值税销项税额增加，因此应借记"应收票据"账户，贷记"主营业务收入"账户，贷记"应交税费——应交增值税（销项税额）"账户。

彭洪公司收到的商业承兑汇票（图1-3-3）面值为117 000元，即借记"应收票据"账户，金额为117 000元；根据图1-3-1与图1-3-2所示，商品已出库，确认彭洪公司因销售木材的主营业务收入为100 000元，贷记"主营业务收入"账户，金额为100 000元，同时应交增值税销项税额为17 000元，贷记"应交税费——应交增值税（销项税额）"账户，金额为17 000元。

2. 编制会计分录并填制记账凭证

根据以上分析可知，这笔业务属于因销售商品取得应收票据的情况。在填制通用记账凭证时注意按顺序编号，本凭证编号为"01号"；时间为"2017年2月1日"；"摘要"栏简明扼要的说明经济业务内容，该经济业务是销售木材取得应收票据，所以可以填写为"销售木材"；"附件"为原始凭证的张数3张，填制凭证如图1-3-12所示。

记 账 凭 证

2017年02月01日　　　　　　　　　　　　　　　　记字01号

摘 要	一级科目	二级或明细科目	√	借方金额	贷方金额
销售木材	应收票据	长风公司		117 000.00	
销售木材	主营业务收入	木材			100 000.00
销售木材	应交税费	应交增值税（销项税额）			17 000.00
合　　计				¥117 000.00	¥117 000.00

会计主管：×××　　　记账：×××　　　审核：×××　　　出纳：×××　　　制单：×××

附件叁张

图1-3-12

业务2：企业因抵偿前欠货款取得应收票据的核算

1. 分析因抵偿前欠货款取得应收票据业务

根据企业收到的银行承兑汇票（图1-3-4）可知，收到的不带息银行承兑汇票面值为23 400元，易安用该汇票抵偿前欠货款，故应借记"应收票据"账户，金额为23 400元；贷记"应收账款"账户，金额为23 400元。

2. 编制会计分录并填制记账凭证

根据以上分析可知，这笔业务属于因债务人抵偿前欠货款而取得应收票据的情况。在填制通用记账凭证时注意按顺序编号，本凭证编号为"02号"；时间为"2017年2月5日"；"摘要"栏简明扼要的说明该经济业务内容，该经济业务是抵付前欠货款取得应收票据，所以可以填写为"抵付前欠货款"；"附件"为原始凭证的张数共计1张，填制凭证如图1-3-13所示。

记账凭证

2017年02月05日   记字02号

摘 要	一级科目	二级或明细科目	√	借方金额	贷方金额
抵付前欠货款	应收票据	易安公司		23 400.00	
抵付前欠货款	应收账款	易安公司			23 400.00
合　　计				¥23 400.00	¥23 400.00

附件壹张

会计主管：×××　　记账：×××　　审核：×××　　出纳：×××　　制单：×××

图1-3-13

业务3：企业将未到期不带息的商业汇票向银行贴现的核算

1. 分析持有未到期不带息的商业汇票向银行贴现业务

根据业务内容，彭洪公司持有未到期的应收票据向银行贴现时，该经济业务会使企业的银行存款、财务费用增加，同时应收票据减少，应按扣除其贴现利息后的净额，借记"银行存款"账户；按贴现利息部分，借记"财务费用"账户；按应收票据的面值，贷记"应收票据"账户。

由图1-3-6可知，已入银行账户的贴现款为114 075元，即借记"银行存款"账户，金额为114 075元；贴现利息为2 925元，应借记"财务费用"账户，金额为2 925元；而收到的不带息商业承兑汇票面值为117 000元，应贷记"应收票据"账户，金额为117 000元。

> 本经济业务中，图 1-3-6 的贴现款和贴现利息的计算如下。
>
> 根据计算公式：
>
> 贴现利息＝票据到期值×贴现率×（贴现天数/360）
>
> 应收票据贴现款＝票据到期值－贴现息
>
> 第一步：计算应收票据到期值。贴现票据为不带息商业承兑汇票，所以票据到期值＝117 000 元。
>
> 第二步：计算贴现利息。已知贴现率为 12％；从贴现日 2 月 15 日至到期日 5 月 1 日，贴现天数共计 75 天（其中 2017 年 2 月 15 日到 2 月 28 日共计 14 天，3 月 31 天，4 月 30 天，根据贴现天数"算头不算尾，算尾不算头"，5 月为 0 天）。
>
> 贴息＝票据到期值×贴现率×（贴现天数/360）＝117 000×12％×（75/360）＝2 925 元
>
> 第三步：计算贴现收入。
>
> 贴现收入＝到期值－贴现利息＝117 000－2 925＝114 075 元

2. 编制会计分录并填制记账凭证

根据以上分析可知，这笔业务属于持有未到期的应收票据向银行贴现的情况。在填制通用记账凭证时注意按顺序编号，本凭证编号为"03 号"；时间为"2017 年 2 月 15 日"；"摘要"栏简明扼要的说明该经济业内容，该经济业务是持未到期的商业承兑汇票向银行贴现，所以可以填写为"商业承兑汇票贴现"；"附件"为原始凭证的张数共计 1 张，填制凭证如图 1-3-14 所示。

记账凭证

2017年02月15日　　　　　　　　　　　　　　　　　记字03号

摘　要	一级科目	二级或明细科目	✓	借方金额	贷方金额
商业承兑汇款贴现	银行存款			114 075.00	
商业承兑汇款贴现	财务费用			2 925.00	
商业承兑汇款贴现	应收票据	长风公司			117 000.00
合　　计				¥117 000.00	¥117 000.00

会计主管：×××　　记账：×××　　审核：×××　　出纳：×××　　制单：×××

附件壹张

图 1-3-14

小贴士

（1）若为带息应收票据，按实际收到金额，借记"银行存款"科目；按应收票据的账面价值，贷记"应收票据"科目；按其差额，借记或贷记"财务费用"科目。

（2）企业收到商业汇票时，不论是带息商业汇票还是不带息商业汇票，都按照商业汇票的面值入账。

业务4：企业背书转让汇票以取得物资的核算

1. 分析企业背书转让汇票以取得所需物资业务

企业将持有的商业汇票背书转让以取得所需物资时，按应计入取得物资成本的金额，借记"材料采购"、"原材料"、"库存商品"等科目；按可抵扣的增值税额，借记"应交税费——应交增值税（进项税额）"科目；按商业汇票的票面金额，贷记"应收票据"科目，如有差额，借记或贷记"银行存款"等科目。若为带息票据，还需按已计提的票据利息，贷记"应收利息"科目；尚未计提的利息还应冲减财务费用，贷记"财务费用"科目；按其差额，借记或贷记"银行存款"科目。

根据业务内容，彭洪公司将持有的应收票据（商业承兑汇票）背书转让给万友有限公司，以取得所需B产品，且所需B产品已验收入库。由入库单（图1-3-7）与收到的增值税专用发票（图1-3-8）可知，取得B产品的产品成本为30 000元，应借记"库存商品"账户，金额为30 000元；按照增值税专用发票上注明的应交增值税进项税额，借记"应交税费——应交增值税（进项税额）"账户，金额为5 100元；同时，根据商业承兑汇票（图1-3-9）所记载的票面金额，贷记"应收票据"账户，金额为35 100元。

2. 编制会计分录并填制记账凭证

根据以上分析可知，这笔业务属于企业将汇票背书转让以取得所需物资的情况。在填制记账凭证时注意按顺序编号，本凭证编号为"04号"；时间为"2017年2月18日"；"摘要"栏简明扼要的说明该经济业务内容，该经济业务是将汇票背书转让以取得所需物资，所以可以填写为"背书转让汇票取得物资"；"附件"为原始凭证的张数共计2张，填制凭证如图1-3-15所示。

记 账 凭 证

2017年02月18日 记字04号

摘要	一级科目	二级或明细科目	√	借方金额	贷方金额
背书转让汇票取得物资	库存商品	B产品	√	30 000.00	
背书转让汇票取得物资	应交税费	应交增值税（进项税额）	√	5 100.00	
背书转让汇票取得物资	应收票据	易安公司	√		35 100.00
合　　计				¥35 100.00	¥35 100.00

会计主管：×××　　记账：×××　　审核：×××　　出纳：×××　　制单：×××

附件贰张

图 1-3-15

业务5：应收票据到期收回款项的核算

1. 分析企业应收票据到期收回款项业务

应收票据到期收回款项时，应按票面金额予以结转，借记"银行存款"科目，贷记"应收票据"科目；商业承兑汇票到期，承兑人违约拒付或无力支付票款的，应于收到银行退回的商业承兑汇票、委托收款凭证、未付票款通知书或拒付款证明时，将其转作应收账款，借记"应收账款"科目，贷记"应收票据"科目。

根据业务内容，彭洪公司持有的一张商业承兑汇票到期，该商业汇票为长风有限公司2016年12月25日签发的一张不带息商业承兑汇票，且彭洪公司收到了银行转来的收账通知。该经济业务会使企业的银行存款增加，应收票据减少。即应按照实际收到的金额23 400元，借记"银行存款"账户，贷记"应收票据"账户。

2. 编制会计分录并填制记账凭证

根据以上分析可知，这笔业务属于应收票据到期收回款项的情况。在填制通用记账凭证时注意按顺序编号，本凭证编号为"05号"；时间为"2017年2月25日"；"摘要"栏简明扼要的说明该经济业务内容，该经济业务是商业承兑汇票到期收回款项，所以可以填写为"收回到期票据款"；"附件"为原始凭证的张数1张，填制凭证如图1-3-16所示。

记 账 凭 证

2017年02月25日　　　　　　　　　　　　　　　　记字05号

摘　　要	一级科目	二级或明细科目	√	借方金额	贷方金额
收回到期票据款	银行存款			234 00.00	
收回到期票据款	应收票据	长风公司			234 00.00
合　　计				¥234 00.00	¥234 00.00

会计主管：×××　　　记账：×××　　　审核：×××　　　出纳：×××　　　制单：×××

附件壹张

图 1 - 3 - 16

业务6：登记应收票据明细账、总账

应收票据明细账应采用三栏式明细账，该企业应收票据账户中明细账户"长风公司"本期期初余额为借方23 400元，"易安公司"本期期初余额为借方35 100元。根据以上分析，登记"应收票据明细账""应收票据总账"如图1-3-17、图1-3-18、图1-3-19所示。

应收票据　明细账

明细科目：长风公司

2017年		凭证		摘　要	借方（亿千百十万千百十元角分）	贷方（亿千百十万千百十元角分）	借或贷	余额（亿千百十万千百十元角分）	√
月	日	字	号						
2	1			期初余额			借	2 3 4 0 0 0 0	
	1	记	1	销售木材	1 1 7 0 0 0 0 0		借	1 4 0 4 0 0 0 0	
	15	记	3	商业承兑汇票贴现		1 1 7 0 0 0 0 0	借	2 3 4 0 0 0 0	
	25	记	5	收回到期票据款		2 3 4 0 0 0 0	平	0 0	
2	28			本月合计	1 1 7 0 0 0 0 0	1 4 0 4 0 0 0 0	平	0 0	

图 1 - 3 - 17

应收票据　明细账

明细科目：易安公司

2017年		凭证		摘　要	借方（亿千百十万千百十元角分）	贷方（亿千百十万千百十元角分）	借或贷	余额（亿千百十万千百十元角分）	√
月	日	字	号						
2	1			期初余额			借	3 5 1 0 0 0 0	
	5	记	2	抵付前欠货款	2 3 4 0 0 0 0		借	5 8 5 0 0 0 0	
	18	记	4	背书转让汇票取得物资		3 5 1 0 0 0 0	借	2 3 4 0 0 0 0	
2	28			本月合计	2 3 4 0 0 0 0	3 5 1 0 0 0 0	借	2 3 4 0 0 0 0	

图 1 - 3 - 18

总　账

会计科目：应收票据

2017年		凭证		摘要	借方 亿千百十万千百十元角分	贷方 亿千百十万千百十元角分	借或贷	余额 亿千百十万千百十元角分	√
月	日	字	号						
2	1			期初余额			借	5 8 5 0 0 0 0	
	1	记	1	销售木材	1 1 7 0 0 0 0 0		借	1 7 5 5 0 0 0 0	
	5	记	2	抵付前欠货款		2 3 4 0 0 0 0	借	1 9 8 9 0 0 0 0	
	15	记	3	商业承兑汇票贴现		1 1 7 0 0 0 0 0	借	8 1 9 0 0 0 0	
	18	记	4	背书转让汇票取得物资		3 5 1 0 0 0 0	借	4 6 8 0 0 0 0	
	25	记	5	收回到期票据款		2 3 4 0 0 0 0	借	2 3 4 0 0 0 0	
2	28			本月合计	1 1 7 0 0 0 0 0	1 7 5 5 0 0 0 0	借	2 3 4 0 0 0 0	

图 1 - 3 - 19

🔑 战术提升

长风有限公司的地址在新疆乌鲁木齐金地大厦1901室，电话是0991-82527966。企业为一般纳税人，纳税人识别号：110226585874078。该企业为核算商业汇票的取得、收回款项等业务设置了"应收票据"账户，2017年3月，企业应收票据账户无期初余额，请完成下列有关商业汇票业务的会计处理。

（1）3月15日，销售给万友公司A产品一批，已开具增值税专用发票，同时收到万友公司开出承兑的商业汇票一张，面值为23 400元，期限为2个月。原始凭证如图1-3-20、图1-3-21所示。

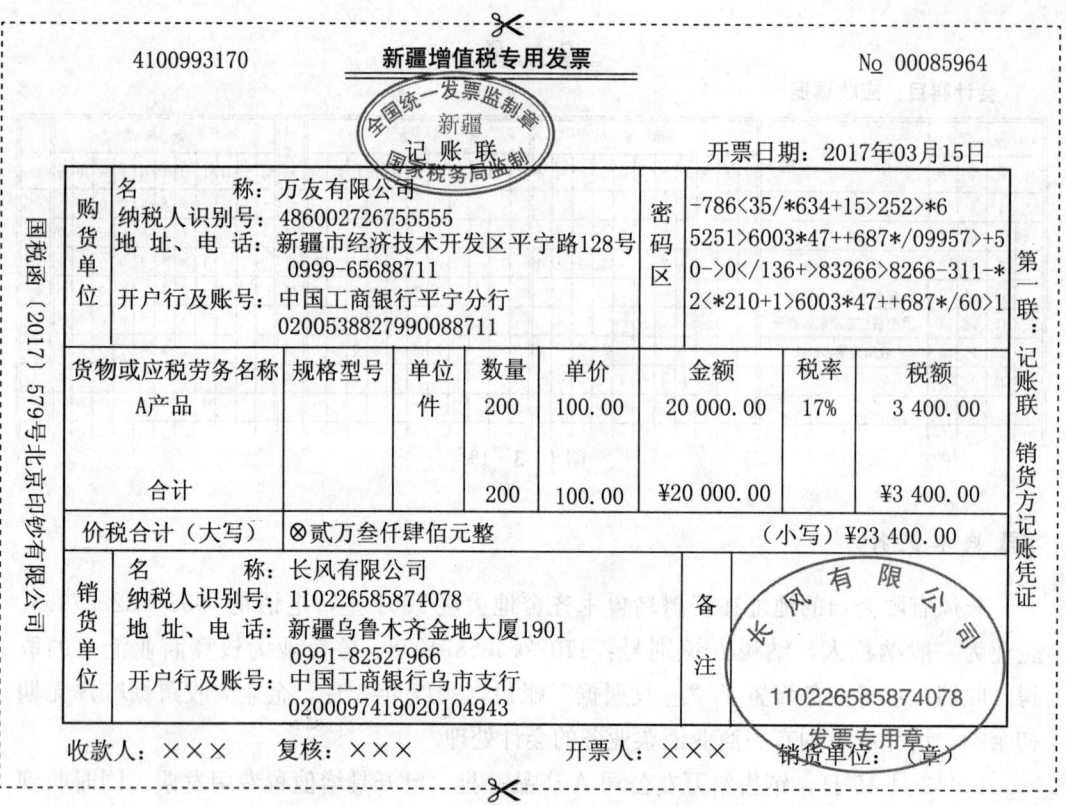

图 1-3-20

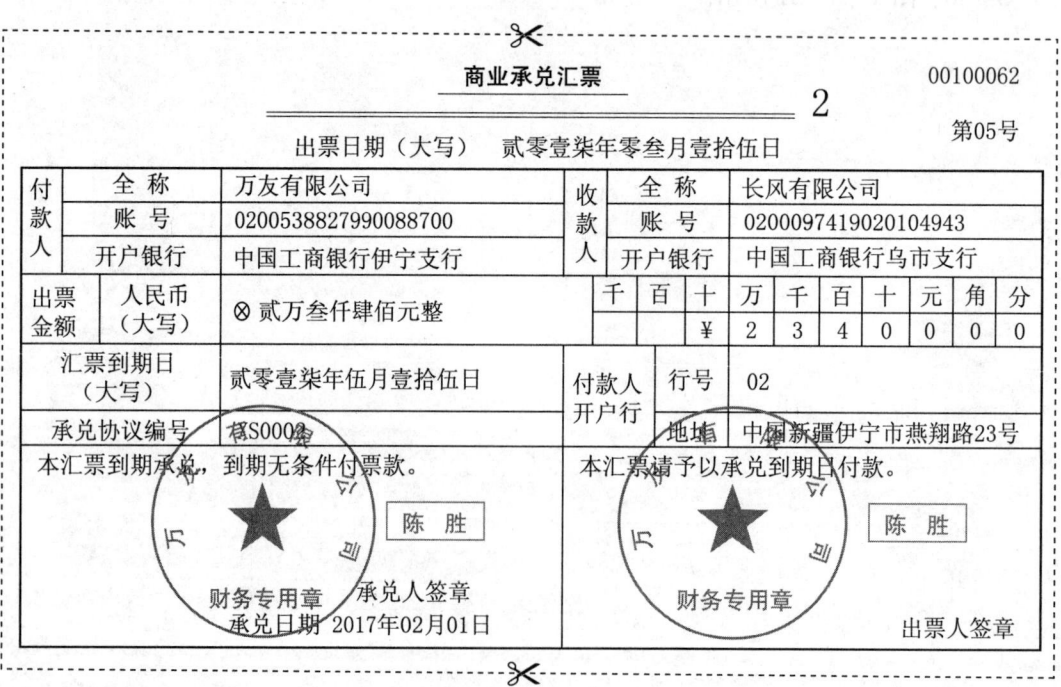

图 1-3-21

(2) 2个月后，上述票据到期，收回票面金额 23 400 元存入银行。原始凭证如图 1-3-22 所示。

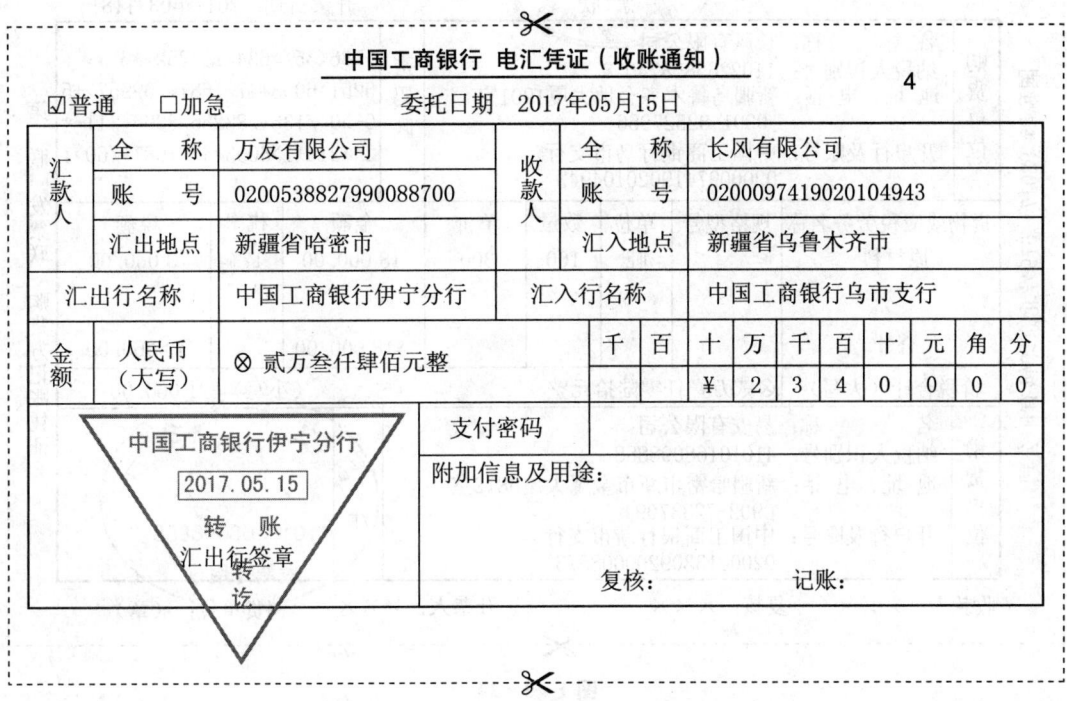

图 1-3-22

(3) 3月18日，接业务（1），假如企业将持有的该票据背书转让给易安公司，从易安公司购买原材料 18 000 元，增值税税率为 17%，原材料已验收入库。原始凭证如图 1-3-23、图 1-3-24 所示。

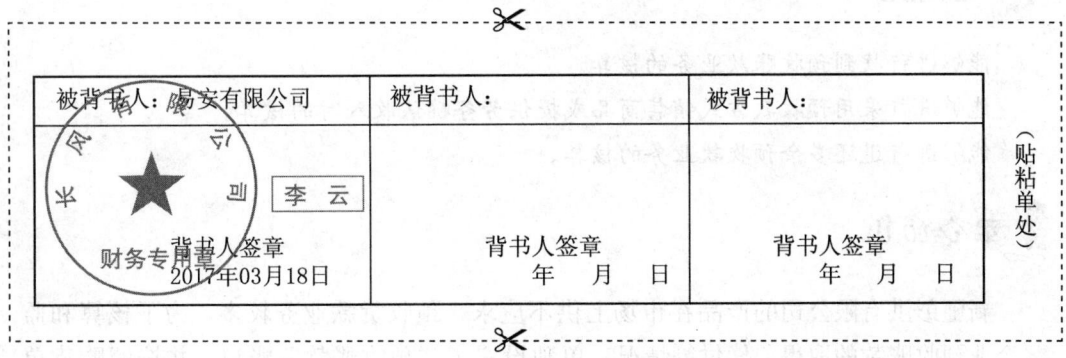

图 1-3-23

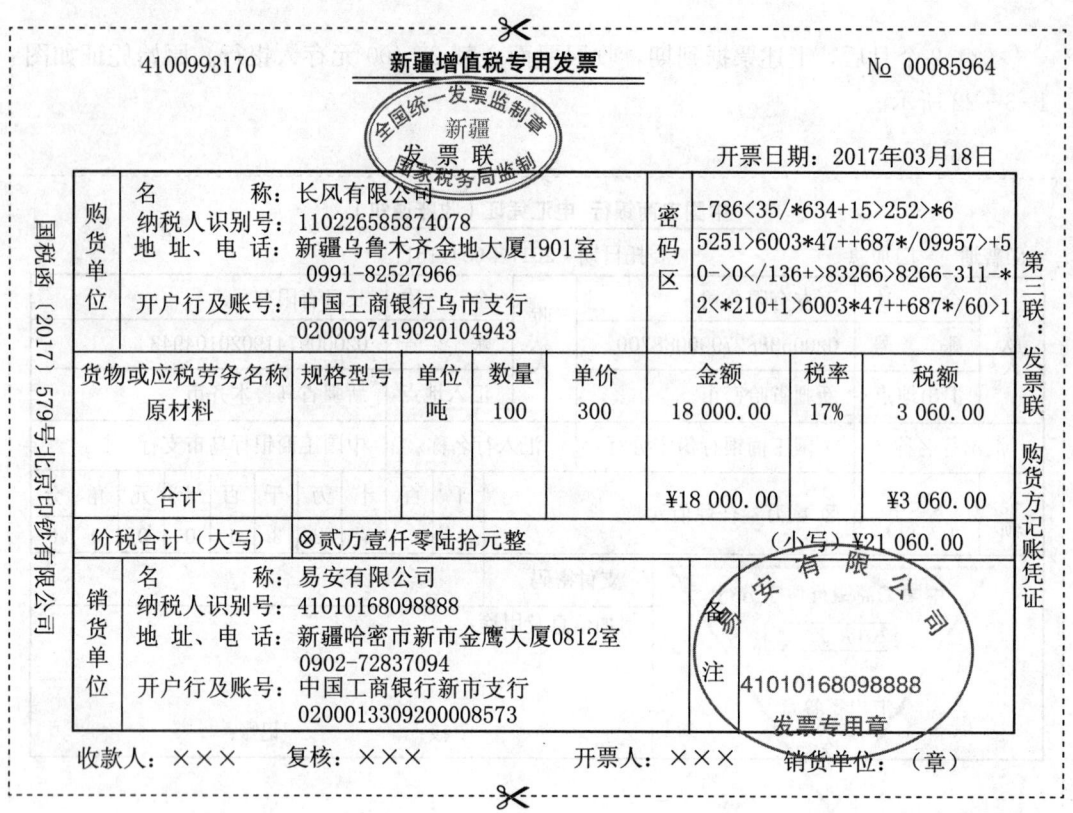

图1-3-24

任务四　核算预收账款

● 瞄准靶心

能够进行收到预收账款业务的核算。

能够进行采用预收款方式销售商品或提供劳务确认收入时的核算。

能够进行退还多余预收款业务的核算。

● 军令如山

新疆彭洪有限公司的产品在市场上供不应求，预收货款业务较多，为了核算和监督企业预收账款的取得、偿付等情况，单独设置了"预收账款"账户，并按照购货单位设置明细科目进行明细核算。2017年4月，"预收账款"账户的明细账户"易安公司"期初余额为贷方60 000元，其他明细账户无期初余额，该企业发生了几笔与"预收账款"有关的业务：

(1) 4月1日，彭洪公司与长风有限公司签订了销售木板的合同，合同约定长风有限公司将于本月10日收到彭洪公司的木板，而同时长风有限公司应于合同签订次日，向彭洪公司预交50 000元货款。4月2日，彭洪公司收到了长风有限公司按照购货合同预付的货款，如图1-4-1所示。

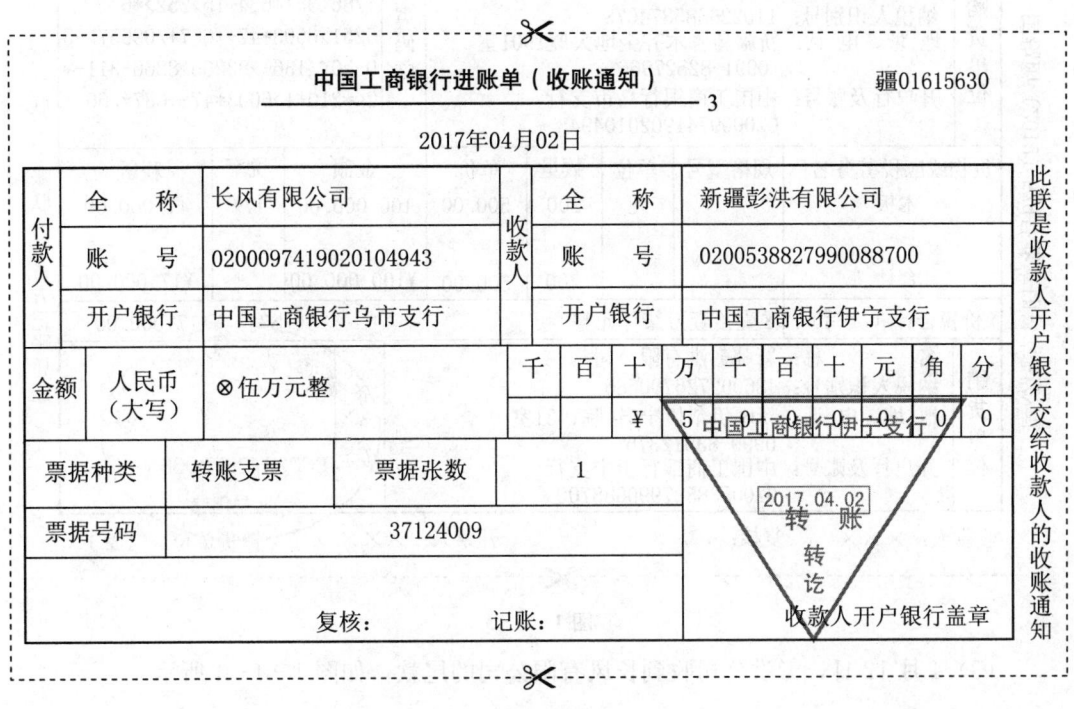

图 1-4-1

(2) 4月10日，彭洪公司如期将木板发运到长风有限公司，出库单如图1-4-2所示，并为长风有限公司开具了增值税专用发票，如图1-4-3所示。

出库单

收货单位：长风有限公司　　　2017年04月10日　　　编号：0001

产品名称	单位	数量	单位成本	总成本
木板	吨	200	300.00	60 000.00
合计	—	200	300.00	60 000.00

仓库负责人：×××　　　保管员：×××　　　提货人：×××

图 1-4-2

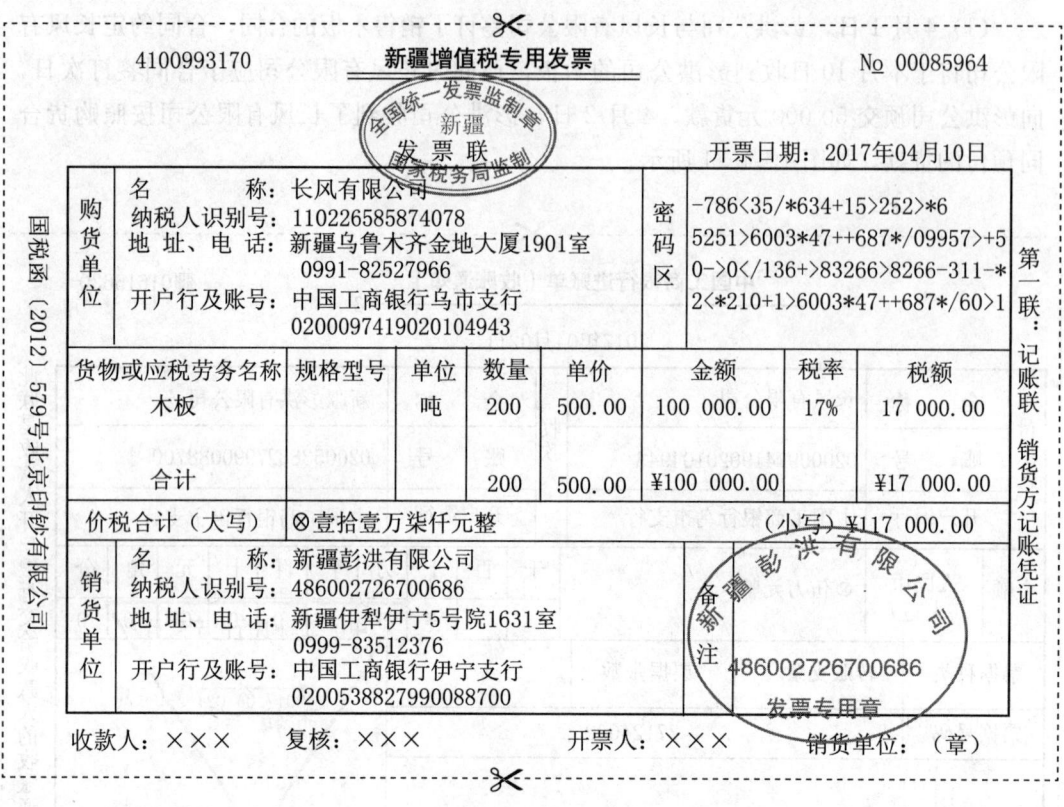

图1-4-3

(3) 4月12日,彭洪公司收到长风有限公司的尾款,如图1-4-4所示。

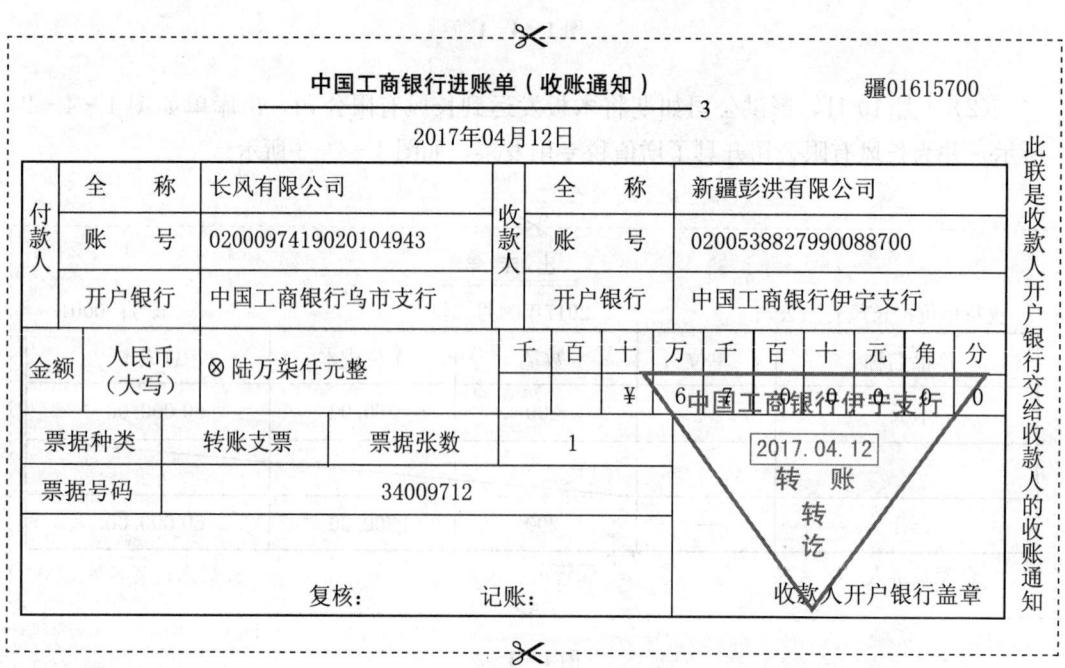

图1-4-4

(4) 彭洪公司与易安有限公司3月签订销售合同，约定本月15日发送100吨木板给易安有限公司，且已收到易安有限公司预付的货款60 000元。15日，彭洪公司按期发货，出库单如图1-4-5所示，并开具增值税专用发票如图1-4-6所示。

出库单

收货单位：易安有限公司		2017年04月15日		编号：0002
产品名称	单位	数量	单位成本	总成本
木板	吨	100	300.00	30 000.00
合计	—	100	300.00	30 000.00

仓库负责人：××× 　　保管员：××× 　　提货人：×××

图1-4-5

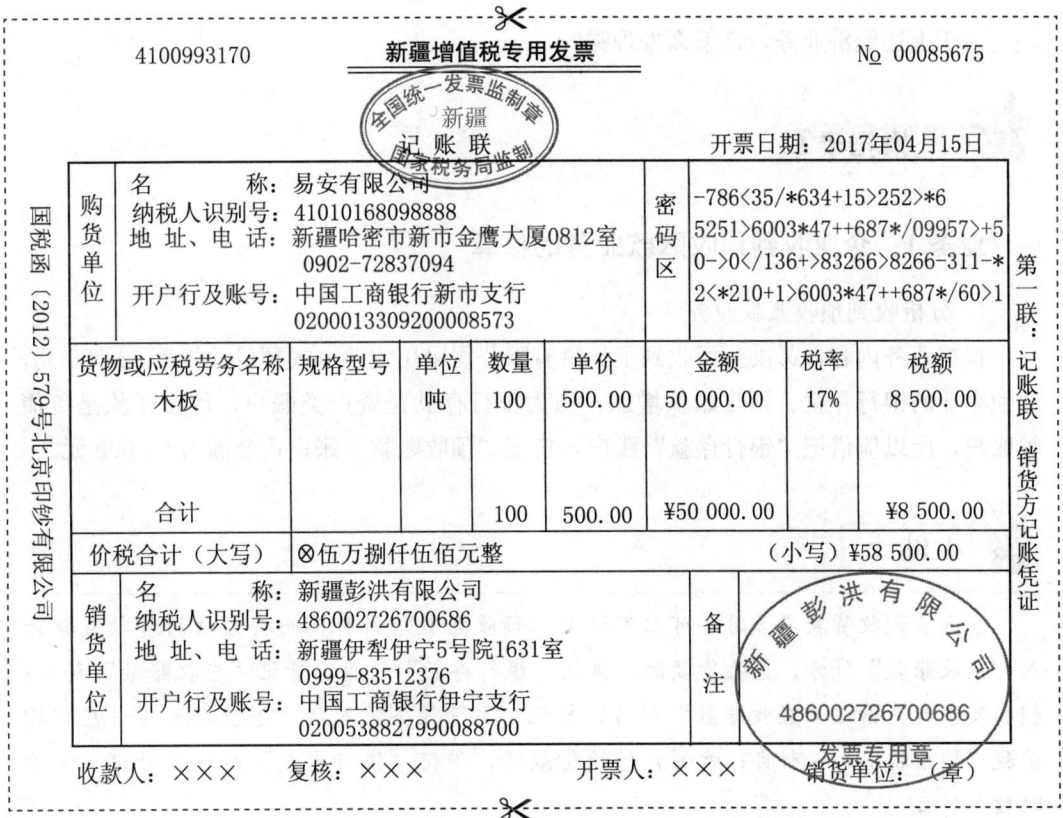

图1-4-6

(5) 4月20日，彭洪公司开出转账支票退回易安有限公司多余的预收款，如图1-4-7所示。

图 1-4-7

对于上述经济业务，该怎么处理呢？

业务1：企业收到预收账款业务的核算

1. 分析收到预收账款业务

根据业务内容，彭洪公司收到了长风有限公司采用支票方式预付的货款50 000元，会使企业的银行存款、预收账款增加，因为银行存款是资产类账户，预收账款是负债类账户，所以应借记"银行存款"账户，贷记"预收账款"账户，金额为50 000元。

当企业预收货款不多时，可以不设置"预收账款"科目，而将预收的货款直接计入"应收账款"贷方，预收货款时，借记"银行存款"科目，贷记"应收账款"科目；销售实现时，借记"应收账款"科目，贷记"主营业务收入"、"应交税费——应交增值税（销项税额）"科目；收到补付的货款时，借记"银行存款"科目，贷记"应收账款"科目。

2.编制会计分录并填制记账凭证

根据以上分析可知,这笔业务属于企业收到预收账款的情况。在填制记账凭证时注意按顺序编号,本凭证编号为"01号";时间为"2017年4月2日";"摘要"栏要简明扼要的说明该经济业务内容,该经济业务是彭洪公司收到长风有限公司预交的货款,所以可以填写为"收到长风公司预付货款";"附件"为原始凭证的张数共计1张,填制凭证如图1-4-8所示。

记 账 凭 证

2017年04月02日　　　　　　　　　　　　　　　　记字01号

摘　　要	一级科目	二级或明细科目	√	借方金额	贷方金额
收到长风公司预付货款	银行存款			50 000.00	
收到长风公司预付货款	预收账款	长风公司			50 000.00
合　　计				¥50 000.00	¥50 000.00

附件壹张

会计主管:×××　　记账:×××　　审核:×××　　出纳:×××　　制单:×××

图1-4-8

业务2:企业发出货物,确认收入的核算

1.分析企业销售实现时的业务

根据业务内容,彭洪公司如期向长风有限公司发货,销售实现时(即发出商品时)确认收入,按照增值税专用发票(图1-4-3)记载的价税合计金额117 000元,借记"预收账款"账户;按照实现的销售收入100 000元,贷记"主营业务收入"账户,按照增值税专用发票上注明的增值税税额17 000元,贷记"应交税费——应交增值税(销项税额)"账户。

2.编制会计分录并填制记账凭证

根据以上分析可知,这笔业务属于企业发出货物,确认收入的情况。在填制记账凭证时注意按顺序编号,本凭证编号为"02号";时间为"2017年4月10日";"摘要"栏要简明扼要的说明该经济业务内容,该经济业务是彭洪公司如期向预付货款单位长风有限公司发货,确认销售收入,所以可以填写为"确认销售木板收入";"附件"为原始凭证的张数共计2张,填制凭证如图1-4-9所示。

记 账 凭 证

2017年04月10日　　　　　　　　　　　　　　记字02号

摘　要	一级科目	二级或明细科目	√	借方金额	贷方金额
确认销售木板收入	预收账款	长风公司		117 000.00	
确认销售木板收入	主营业务收入				100 000.00
确认销售木板收入	应交税费	应交增值税（销项税额）			17 000.00
合　　计				¥117 000.00	¥117 000.00

附件贰张

会计主管：×××　　记账：×××　　审核：×××　　出纳：×××　　制单：×××

图 1-4-9

业务3：收到补付款项的核算

1. 分析企业收到购货单位补付款项业务

根据业务内容，彭洪公司收到长风有限公司采用支票转账方式补付的尾款 67 000 元，该经济业务会使企业的银行存款增加，同时使企业的预收账款增加。因为银行存款为资产类账户，预收账款为负债类账户，故应借记"银行存款"账户，贷记"预收账款"账户，金额为 67 000 元。

2. 编制会计分录并填制记账凭证

根据以上分析可知，这笔业务属于企业收到购货单位补付款项的情况。在填制记账凭证时注意按顺序编号，本凭证编号为"03号"；时间为"2017年4月12日"；"摘要"栏要简明扼要的说明该经济业务内容，该经济业务是彭洪公司收到购货单位长风有限公司补付的尾款，所以可以填写为"收到补付款"；"附件"为原始凭证的张数共计1张，填制凭证如图 1-4-10 所示。

记账凭证

2017年04月12日　　　　　　　　　　　　　记字03号

摘　　要	一级科目	二级或明细科目	✓	借方金额	贷方金额
收到补付款	银行存款			67 000.00	
收到补付款	预收账款	长风公司			67 000.00
合　　计				¥67 000.00	¥67 000.00

附件壹张

会计主管：×××　　记账：×××　　审核：×××　　出纳：×××　　制单：×××

图 1-4-10

业务4：发出货物，确认收入的核算

1. 分析企业发出货物，确认收入时的业务

根据业务内容，彭洪公司如期向已预付款的易安有限公司发货，销售实现时（即发出商品时）确认收入，根据增值税专用发票（图1-4-6）上记载的价税合计金额58 500元，借记"预收账款"账户；按照实现的销售收入50 000元，贷记"主营业务收入"账户；按照增值税专用发票上注明的增值税税额8 500元，贷记"应交税费——应交增值税（销项税额）"账户。

2. 编制会计分录并填制记账凭证

根据以上分析可知，这笔业务属于企业发出货物，确认收入的情况。在填制记账凭证时注意按顺序编号，本凭证编号为"04号"；时间为"2017年4月15日"；"摘要"栏要简明扼要地说明该经济业务内容，该经济业务是彭洪公司如期向预付货款单位易安有限公司发货，所以可以填写为"发出木板，确认收入"；"附件"为原始凭证的张数共计2张，填制凭证如图1-4-11所示。

记账凭证

2017年04月15日　　　　　　　　　　　　　　　记字04号

摘　　要	一级科目	二级或明细科目	√	借方金额	贷方金额
发出木板，确认收入	预收账款	易安公司		58 500.00	
发出木板，确认收入	主营业务收入				50 000.00
发出木板，确认收入	应交税费	应交增值税（销项税额）			8 500.00
合　　计				¥58 500.00	¥58 500.00

附件贰张

会计主管：×××　　记账：×××　　审核：×××　　出纳：×××　　制单：×××

图 1-4-11

业务5：退回多付款项时的核算

1. 分析企业退回购货单位多付款项业务

根据业务内容，彭洪公司采用转账支票方式退回多预收易安有限公司的货款。该经济业务会使企业的预收账款、银行存款减少，由转账支票（图1-4-7）可知退回购货单位多付的金额为1 500元。因银行存款为资产类账户，预收账款为负债类账户，故应借记"预收账款"账户，贷记"银行存款"账户，金额为1 500元。

2. 编制会计分录并填制记账凭证

根据以上分析可知，这笔业务属于企业退回购货单位多付款项时的情况。在填制记账凭证时注意按顺序编号，本凭证编号为"05号"；时间为"2017年4月20日"；"摘要"栏要简明扼要的说明该经济业务内容，该经济业务是彭洪公司向预付货款单位易安有限公司退回其多付款项，所以可以填写为"退回多余预收款"；"附件"为原始凭证的张数共计1张，填制凭证如图1-4-12所示。

记 账 凭 证

2017年04月20日　　　　　　　　　　　　　　　记字05号

摘　　要	一级科目	二级或明细科目	√	借方金额	贷方金额
退回多余预收款	预收账款	易安公司		1 500.00	
退回多余预收款	银行存款				1 500.00
合　　计				¥1 500.00	¥1 500.00

会计主管：×××　　记账：×××　　审核：×××　　出纳：×××　　制单：×××

附件壹张

图 1-4-12

业务6：登记预收账款明细账、总账

预收账款明细账应采用三栏式明细账，该账户的明细账户易安公司4月的期初余额为60 000元，其他明细账户无期初余额。根据以上分析，登记"预收账款明细账""预收账款总账"如图1-4-13、图1-4-14、图1-4-15所示。

预收账款　明细账

明细科目：长风公司

2017年		凭证		摘　要	借方 亿千百十万千百十元角分	贷方 亿千百十万千百十元角分	借或贷	余　额 亿千百十万千百十元角分	√
月	日	字	号						
4	1			期初余额			平	0 0 0	
	1	记	1	收到长风公司预付货款		5 0 0 0 0 0 0	贷	5 0 0 0 0 0 0	
	10	记	2	确认销售木板收入	1 1 7 0 0 0 0 0		借	6 7 0 0 0 0 0	
	12	记	3	收到补付款		6 7 0 0 0 0 0	平	0 0 0	
4	30			本月合计	1 1 7 0 0 0 0 0	1 1 7 0 0 0 0 0	平	0 0 0	

图 1-4-13

预收账款　明细账

明细科目：易安公司

2017年		凭证		摘　要	借方 亿千百十万千百十元角分	贷方 亿千百十万千百十元角分	借或贷	余　额 亿千百十万千百十元角分	√
月	日	字	号						
4	1			期初余额			贷	6 0 0 0 0 0 0	
	15	记	4	发出木板，确认收入	5 8 5 0 0 0 0		贷	1 5 0 0 0 0	
	20	记	5	退回多余预收款	1 5 0 0 0 0		平	0 0 0	
4	30			本月合计	6 0 0 0 0 0 0		平	0 0 0	

图 1-4-14

总　　账

会计科目：预收账款

2017年		凭证		摘要	借方 亿千百十万千百十元角分	贷方 亿千百十万千百十元角分	借或贷	余额 亿千百十万千百十元角分	√
月	日	字	号						
4	1			期初余额			贷	6 0 0 0 0 0	
	1	记	1	收到长风公司预付货款		5 0 0 0 0 0	贷	1 1 0 0 0 0 0	
	10	记	2	确认销售木板收入	1 1 7 0 0 0 0		借	7 0 0 0 0	
	12	记	3	收到补付款		6 7 0 0 0 0	贷	6 0 0 0 0 0	
	15	记	4	发出木板，确认收入	5 8 5 0 0 0		贷	1 5 0 0 0	
	20	记	5	退回多余预收款	1 5 0 0 0		平	0 0 0	
4	30			本月合计	1 7 7 0 0 0 0	1 1 7 0 0 0 0	平	0 0 0	

图 1-4-15

🔑 战术提升

新疆彭洪有限公司经营状况很好，企业的产品在市场上供不应求，预收货款业务较多，为了核算和监督企业预收账款的取得、偿付等情况，单独设置了"预收账款"账户，并按照购货单位设置明细科目进行明细核算。2017年3月，该企业"预收账款"账户无期初余额，与万友有限公司发生的有关"预收货款"业务如下：

（1）1日，彭洪公司向万友有限公司销售一批原材料，材料未发出，但万友有限公司已预付款项 40 000 元。原始凭证如图 1-4-16 所示。

图 1-4-16

(2) 5日，彭洪公司向万友有限公司发货并开具增值税专用发票，发票上记载的货款为30 000元，税款为5 100元。原始凭证如图1-4-17、图1-4-18所示。

出库单

收货单位：万友有限公司　　　2017年03月12日　　　编号：0001

产品名称	单位	数量	单位成本	总成本
原材料	吨	100	300.00	30 000.00
合计	—	100	300.00	30 000.00

仓库负责人：×××　　　保管员：×××　　　提货人：×××

图1-4-17

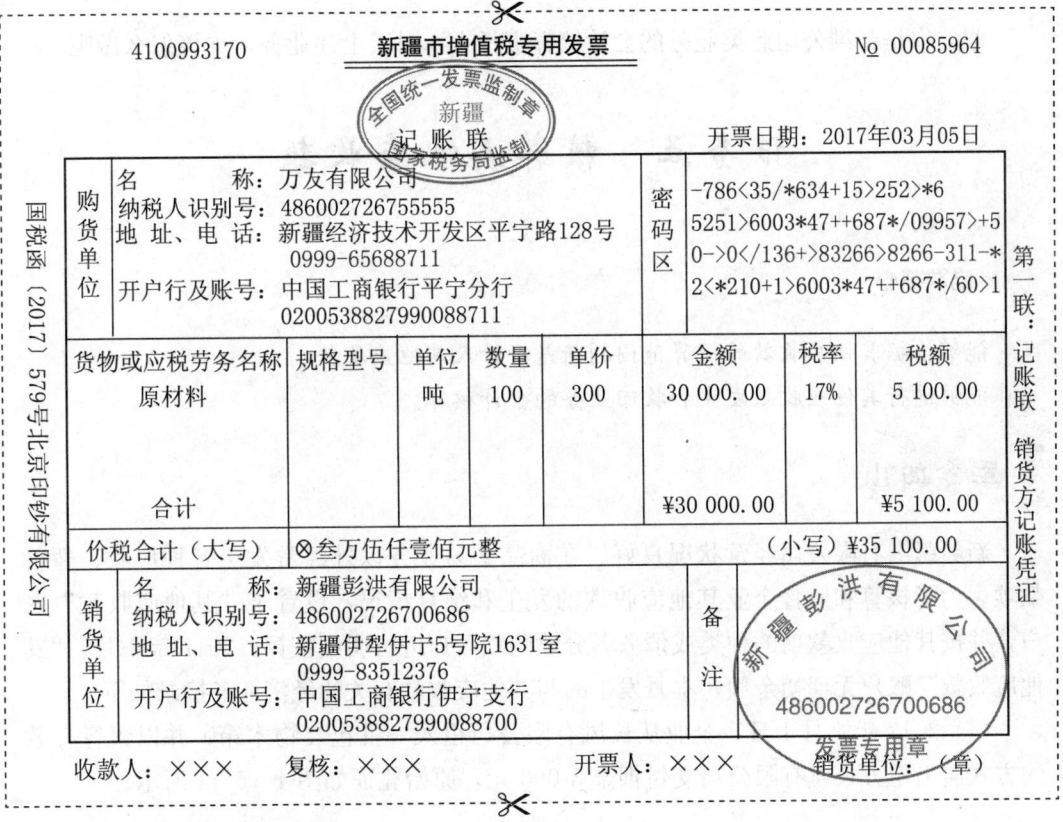

图1-4-18

(3) 12日，万友有限公司收到原材料并验收入库，彭洪公司开出 4 900 元的转账支票退回万友有限公司多余的预付款。原始凭证如图 1-4-19 所示。

图 1-4-19

假如你是彭洪公司此类业务的会计核算责任人，对于上述业务，你该怎么做呢？

任务五　核算其他应收款

瞄准靶心

能够依据其他应收款的核算范围判断是否计入其他应收款。

能够进行其他应收款发生和收回业务的会计核算。

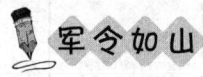

新疆彭洪有限公司经营状况良好，在商品交易业务以外经常发生各种应收、暂付款项。为了核算和监督企业其他应收款的发生和结算情况，设置了"其他应收款"账户，并按其他应收款项的种类或债务者分设明细账户进行明细核算。2017 年 4 月，"其他应收款"账户无期初余额，本月发生的与其他应收款有关的经济业务摘录如下：

(1) 2017 年 4 月 1 日，企业从长风有限公司租入一批包装物木箱，并以银行存款的方式向出租方长风有限公司支付押金 3 000 元，原始凭证如图 1-5-1 所示。

图 1-5-1

（2）2017年4月1日，采购部门职员王天到北京出差，预借差旅费900元，填写并审批完成的借款单如图1-5-2所示，出纳以现金支付。

图 1-5-2

（3）企业对行政部门实行定额备用金制度，行政部门的定额备用金核定定额为1 500元。2017年4月7日，行政部门用现金购买一张办公椅，取得增值税专用发票如图1-5-3所示。到财务部门报销时，经财务部门审核后付给现金，补足备用金定额，

企业会计岗位实务

如图1-5-4所示。

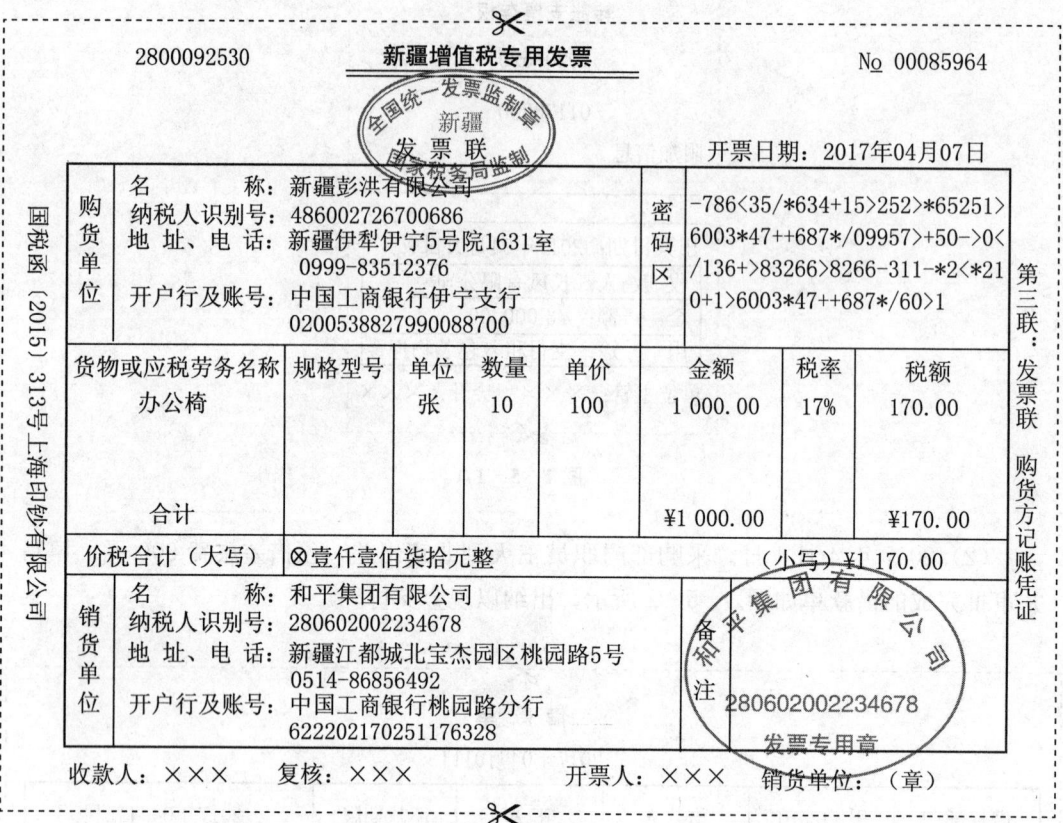

图1-5-3

图1-5-4

（4）15日，王天出差回来，到财务部报销差旅费780元，报销单如图1-5-5所示，退回现金120元，如图1-5-6所示。

差 旅 费 报 销 单

填报日期：2017年04月15日　　　　　附单据1张

部门		采购部门			出差事由	北京出差培训				
出差人		王天	职务	职员						
出发			到达			交通工具	车船机费	目的地发生费用		
月	日	时	地点	月	日	时	地点	天数	住宿费	市内交通费	伙食费
4	1	06:55	新疆	4	1	12:40	北京	飞机	780.00				
小计								780.00					
报销金额（大写）			⊗人民币柒佰捌拾元整				（小写）	￥780.00					

领款人签字：×××　　财务审核：×××　　财务部经理：×××　　总经理：×××
部门负责人：×××　　分管领导：×××　　主管财务副总：×××　　出纳付讫：×××

图 1-5-5

收 据

2017年04月15日　　　　　　　　　　　　　　No 0405086

今收到　　采购部门职员王天交来预借差旅费余款120元。

金额（大写）　⊗壹佰贰拾元整

单位盖单　　　　　　　　　　　　　经手人盖章　王天

第二联 财务

负责人：×××　　会计：×××　　出纳：×××　　记账：×××

图 1-5-6

（5）20日，彭洪公司向长风有限公司归还所租入的包装物木箱，并收到退还的押金3 000元，款项已存入银行，如图1-5-7所示。

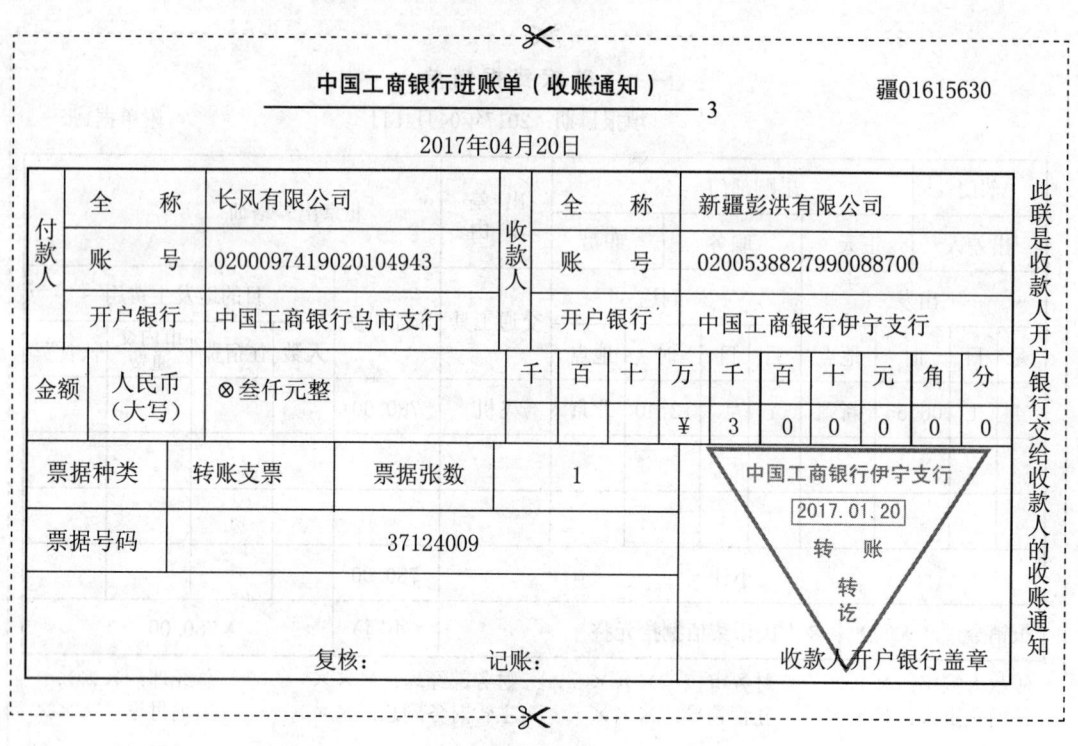

图1-5-7

对于上述经济业务的处理，该怎么做呢？

业务1：支付租入包装物押金的核算

1. 分析租入包装物支付押金业务

根据业务内容，企业因租入包装物木箱向长风有限公司支付押金3 000元，该经济业务会使其他应收款增加，同时也会使企业的银行存款减少，因此应借记"其他应收款"账户，贷记"银行存款"账户，金额为3 000元。

2. 编制会计分录并填制记账凭证

根据以上分析可知，这笔业务属于因租入包装物而支付押金产生其他应收款的情况。在填制记账凭证时注意按顺序编号，本凭证编号为"01号"；时间为"2017年4月1日"；"摘要"栏要简明扼要的说明该经济业务内容，该经济业务是因租入包装物木箱而支付押金，所以可以填写为"支付包装物押金"；"附件"为原始凭证的张数共计1张,填制凭证如图1-5-8所示。

记 账 凭 证

2017年04月01日　　　　　　　　　　　　　　　　记字01号

摘　　要	一级科目	二级或明细科目	√	借方金额	贷方金额
支付包装物押金	其他应收款	长风公司		3 000.00	
支付包装物押金	银行存款				3 000.00
合　　计				¥3 000.00	¥3 000.00

附件壹张

会计主管：×××　　　记账：×××　　　审核：×××　　　出纳：×××　　　制单：×××

图 1-5-8

业务 2：出差预借差旅费的核算

1. 分析因出差预借差旅费业务

根据业务内容，彭洪公司采购部门职员王天因出差去北京而预借差旅费，由借款单可知，财务部门采用现金方式支付金额 900 元，该经济业务会使企业其他应收款增加，同时也会使企业的银行存款减少，因此应借记"其他应收款"账户，贷记"库存现金"账户，金额为 900 元。

2. 编制会计分录并填制记账凭证

根据以上分析可知，这笔业务属于预借差旅费的情况。在填制记账凭证时注意按顺序编号，本凭证编号为"02 号"；时间为"2017 年 4 月 1 日"；"摘要"栏要简明扼要的说明该经济业务内容，该经济业务是因王天出差去北京而预借差旅费，所以可以填写为"王天预借差旅费"；"附件"为原始凭证的张数共计 1 张，填制凭证如图 1-5-9 所示。

记 账 凭 证

2017年04月01日　　　　　　　　　　　　　　　　　　　记字02号

摘　　要	一级科目	二级或明细科目	√	借方金额	贷方金额
王天预借差旅费	其他应收款	王天		900.00	
王天预借差旅费	库存现金				900.00
合　　计				¥900.00	¥900.00

附件壹张

会计主管：×××　　记账：×××　　审核：×××　　出纳：×××　　制单：×××

图 1-5-9

业务3：定额备用金报销的核算

1. 分析使用并报销定额备用金业务

2017年4月7日，行政部报销办公用品办公椅的费用1 170元，财务部门应对发票进行审核，审核无误后以现金补足定额。根据报销数用现金补足备用金定额时，应借记"管理费用"账户，贷记"库存现金"账户，金额为1 170元。

2. 编制会计分录并填制记账凭证

根据以上分析可知，这笔业务属于使用并报销定额备用金的情况。在填制通用记账凭证时注意按顺序编号，本凭证编号为"03号"；时间为"2017年4月7日"；"摘要"栏要简明扼要的说明该经济业务内容，该经济业务是因报销办公用品费用而补足行政部门定额备用金，所以可以填写为"补足行政部备用金"；"附件"为原始凭证的张数共计2张，填制凭证如图1-5-10所示。

记 账 凭 证

2017年04月07日　　　　　　　　　　　　　　　记字03号

摘　要	一级科目	二级或明细科目	√	借方金额	贷方金额
补足行政部备用金	管理费用	办公用品		1 170.00	
补足行政部备用金	库存现金				1 170.00
合　计				¥1 170.00	¥1 170.00

附件贰张

会计主管：×××　　记账：×××　　审核：×××　　出纳：×××　　制单：×××

图 1-5-10

业务 4：报销差旅费的核算

1. 分析报销差旅费业务

根据业务内容，彭洪公司采购部门职员王天向财务部门报销差旅费，同时退回多余款，由报销单（图1-5-5）与收据（图1-5-6）可知王天报销款为780元，退回多余款为120元。那么，该经济业务会使企业管理费用、库存现金增加，同时也会使企业的其他应收款减少，因此应借记"管理费用"、"库存现金"账户，贷记"其他应收款"账户。

2. 编制会计分录并填制记账凭证

根据以上分析可知，这笔业务属于差旅费报销的情况。在填制记账凭证时注意按顺序编号，本凭证编号为"04号"；时间为"2017年4月15日"；"摘要"栏要简明扼要的说明该经济业务内容，该经济业务是王天出差归来报销差旅费同时交回多余借款，所以可以填写为"王天报销差旅费"；"附件"为原始凭证的张数共计2张，填制凭证如图1-5-11所示。

记 账 凭 证

2017年04月15日　　　　　　　　　　　　　　　　　　记字04号

摘　　要	一级科目	二级或明细科目	√	借方金额	贷方金额
王天报销差旅费	管理费用	差旅费		780.00	
王天报销差旅费	库存现金			120.00	
王天报销差旅费	其他应收款	王天			900.00
合　　计				¥900.00	¥900.00

附件贰张

会计主管：×××　　　记账：×××　　　审核：×××　　　出纳：×××　　　制单：×××

图 1-5-11

业务5：收回包装物押金的核算

1. 分析收回包装物押金业务

根据业务内容，彭洪公司归还租入包装物木箱收回押金3 000元，且款项已存入银行。那么，该经济业务会使企业的银行存款增加，同时也会使其他应收款减少，因此应借记"银行存款"账户，贷记"其他应收款"账户，金额为3 000元。

2. 编制会计分录并填制记账凭证

根据以上分析可知，这笔业务属于归还租入包装物并收回包装物押金的情况。在填制记账凭证时注意按顺序编号，本凭证编号为"05号"；时间为"2017年4月20日"；"摘要"栏要简明扼要的说明该经济业务内容，该经济业务是因归还租入包装物而收回包装物押金，所以可以填写为"收回包装物押金"；"附件"为原始凭证的张数共计1张，填制凭证如图1-5-12所示。

记账凭证

2017年04月20日　　　　　　　　　　　　　　记字05号

摘要	一级科目	二级或明细科目	√	借方金额	贷方金额
收回包装物押金	银行存款			3 000.00	
收回包装物押金	其他应收款	长风公司			3 000.00
合　计				¥3 000.00	¥3 000.00

附件壹张

会计主管：×××　　记账：×××　　审核：×××　　出纳：×××　　制单：×××

图 1-5-12

业务6：登记其他应收款明细账、总账

其他应收款明细账应采用三栏式明细账，该账户本期无期初余额。根据以上分析，登记"其他应收款明细账"、"其他应收款总账"如图 1-5-13、图 1-5-14、图 1-5-15 所示。

其他应收款　明细账

明细科目：长风公司

2017年		凭证		摘要	借方	贷方	借或贷	余额	√
月	日	字	号		亿千百十万千百十元角分	亿千百十万千百十元角分	平	亿千百十万千百十元角分	
4	1			期初余额			平	0 0 0	
	1	记	1	支付包装物押金	3 0 0 0 0 0		借	3 0 0 0 0 0	
	20	记	5	收回包装物押金		3 0 0 0 0 0	平	0 0 0	
4	30			本月合计	3 0 0 0 0 0	3 0 0 0 0 0	平	0 0 0	

图 1-5-13

其他应收款　明细账

明细科目：王天

2017年		凭证		摘要	借方	贷方	借或贷	余额	√
月	日	字	号		亿千百十万千百十元角分	亿千百十万千百十元角分	平	亿千百十万千百十元角分	
4	1			期初余额			平	0 0 0	
	1	记	2	王天预借差旅费	9 0 0 0 0		借	9 0 0 0 0	
	15	记	4	王天预借差旅费		9 0 0 0 0	平	0 0 0	
4	30			本月合计	9 0 0 0 0	9 0 0 0 0	平		

图 1-5-14

总 账

会计科目：其他应收款

2017年		凭证		摘要	借方 亿千百十万千百十元角分	贷方 亿千百十万千百十元角分	借或贷	余额 亿千百十万千百十元角分	√
月	日	字	号						
4	1			期初余额			平	0 0 0	
	1	记	1	支付包装物押金	3 0 0 0 0 0		借	3 0 0 0 0 0	
	1	记	2	王天预借差旅费	9 0 0 0 0		借	3 9 0 0 0 0	
	15	记	4	王天报销差旅费		9 0 0 0 0	借	3 0 0 0 0 0	
	20	记	5	收回包装物押金		3 0 0 0 0 0	平	0 0 0	
4	30			本月合计	3 9 0 0 0 0	3 9 0 0 0 0	平	0 0 0	

图 1-5-15

战术提升

新疆彭洪有限公司经营状况良好，在商品交易业务以外经常发生各种应收、暂付款项。为了核算和监督企业其他应收款的发生和结算情况，设置了"其他应收款"账户，并按其他应收款项的种类或债务者分设明细账户进行明细核算。2017年1月，该公司"其他应收款"账户无期初余额，并发生了几笔与"其他应收款"有关的业务：

（1）2017年1月5日，管理部职员李婷受企业委派到深圳出差进行采购，预计出差时间为2天。出差前，预借差旅费2 000元，按照企业要求提交出差借款的申请，并通过审批。原始凭证如图1-5-16所示。

借 款 单

2017年01月05日

借款部门	管理部门	借款人	李婷	还款日期	2017年01月08日
款项类别	（√）现金　　（　）支票，支票号码：				
借款用途及理由	到深圳出差，预借差旅费				
借款金额	（大写）：⊗贰仟元整　　　　　　　（小写）：¥2 000.00				
还款方式	现金				
部门审批	×××	出纳付款	×××	会计审批	×××	总经理审批	×××

备注：1.借款金额参照规定额度；2.逾期不还，公司有权从工资中扣除。

图 1-5-16

(2) 8日，李婷出差返回，报销差旅费2 600元。原始凭证如图1-5-17所示。

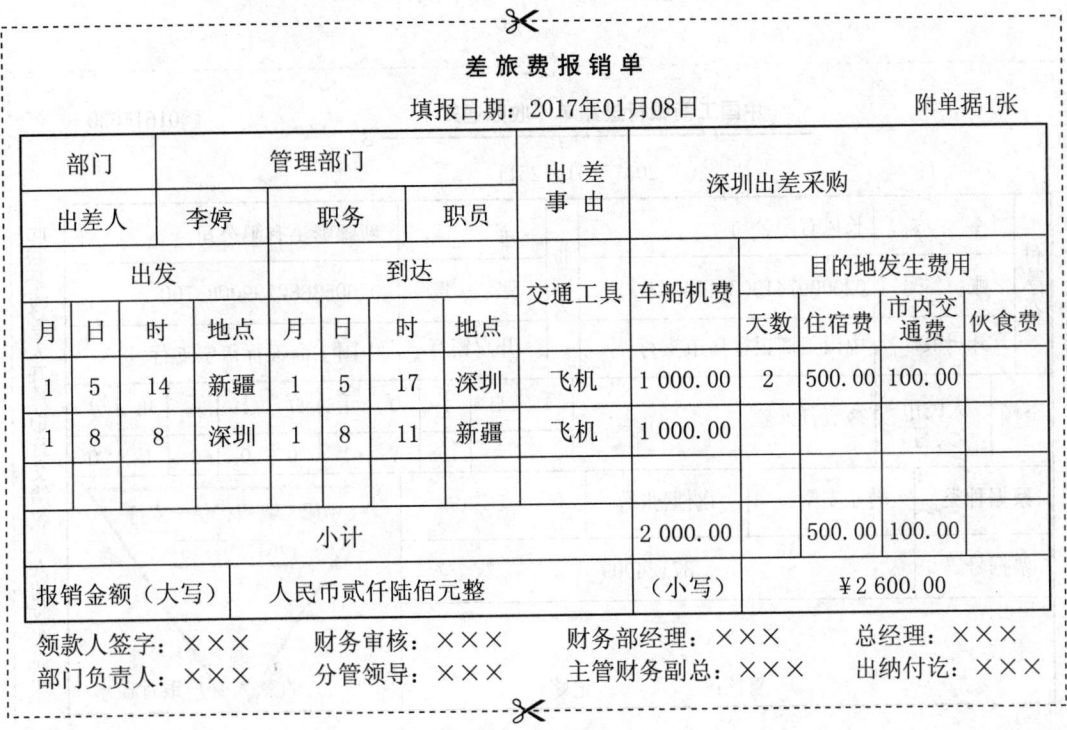

图1-5-17

(3) 10日，彭洪有限公司与长风有限公司签订设备租赁合同，租入一批缝纫机，并以现金向长风有限公司支付押金1 000元。原始凭证如图1-5-18所示。

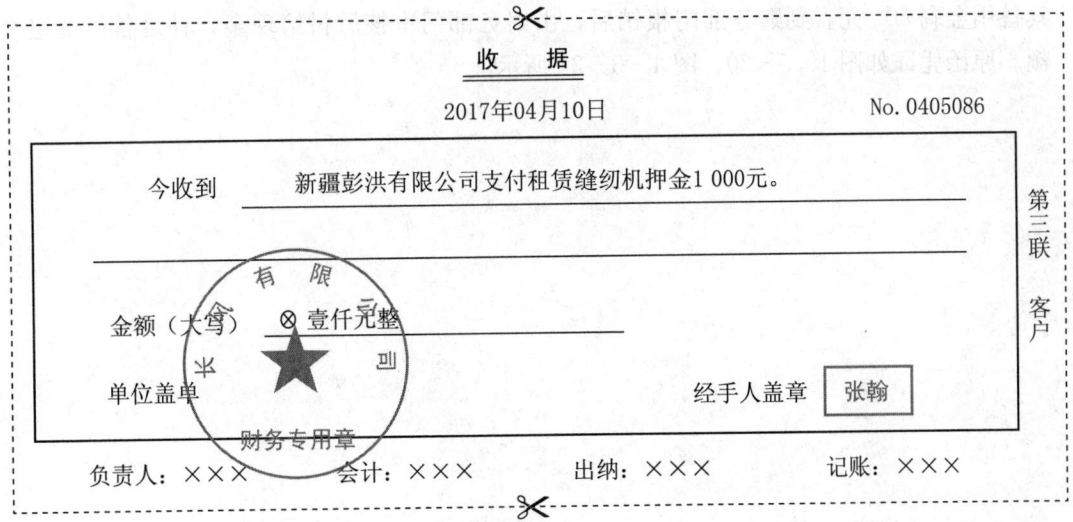

图1-5-18

(4) 25日，彭洪公司向长风有限公司归还所租入的缝纫机，并收到退还的押金1 000元，款项已入银行。原始凭证如图1-5-19所示。

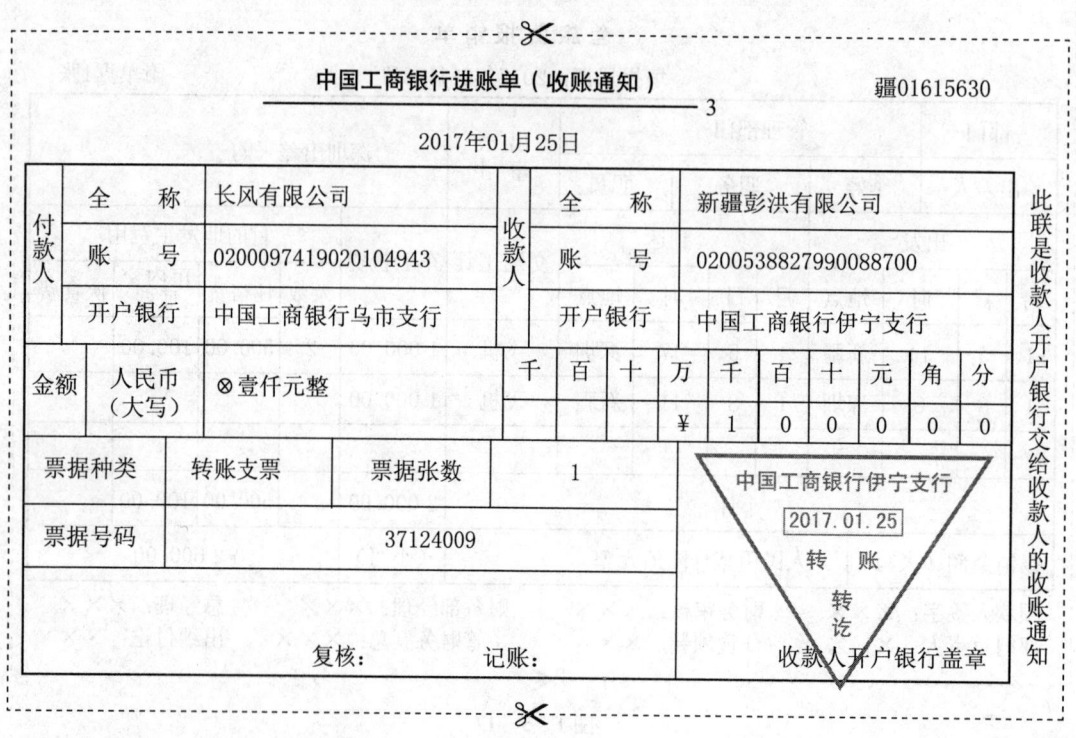

图1-5-19

(5) 本企业对行政部门实行定额备用金制度，行政部门的定额备用金核定金额为2 500元。28日，行政部门用现金购买一批墨水，价值2 000元，取得货物销售发票，其备用金剩500元。到财务部门报销后，由财务部门审核后付给现金，补足备用金定额。原始凭证如图1-5-20、图1-5-21所示。

货物销售发票

发票联　　　　　　　发票代码1234567
2017年01月28日　　　发票号码12345

客户名称：新疆彭洪有限公司

货物名称	规格	单位	数量	单价	金额							
					十	万	千	百	十	元	角	分
亮晶晶墨水	50ml	盒	100	20	¥	2	0	0	0	0	0	

金额合计（大写）⊗贰仟元整　　　　　　　　　　　¥2 000.00

开票单位（章）　　　　　　　　　　　　　开票人：×××

第二联　发票联

图 1-5-20

领 款 收 据

2017年01月28日

领款部门	行政部门	付款方式								
款项内容	补足备用金	现金								
金额（大写）	⊗贰仟元整	百	十	万	千	百	十	元	角	分
					¥	2	0	0	0	0
备注										

财务主管：×××　　复核：×××　　出纳：×××　　经办人：×××

（现金付讫）

图 1-5-21

假如你是彭洪公司其他应收款相关业务的会计核算责任人，对于上述发生的经济业务，你该怎么做呢？

任务六 核算应付账款

瞄准靶心

能够对应付账款发生业务进行会计核算。

能够对应付账款偿付业务进行会计核算。

军令如山

长风有限公司的地址在新疆乌鲁木齐金地大厦1901室，属增值税一般纳税人。该企业在中国工商银行乌市支行开立基本账户，账号：0200097419020104943。企业为更好地核算因购买材料、商品和接受劳务供应等经营活动应支付的款项，设置了"应付账款"账户，2017年2月，该账户的明细账户"彭洪公司"期初余额为贷方7 900元，其余账户无期初余额。2月发生的与应付账款相关的业务如下：

（1）2月5日，从新疆彭洪有限公司购进20吨A型板材，货款未付。板材已由本单位汽车运回，并验收入库，如图1-6-1所示。取得增值税专用发票如图1-6-2所示。

入 库 单

编制单位：长风有限公司　　　2017年02月05日　　　编号：0001

产品型号	产品名称	计量单位	数量	
			应收数量	实收数量
A型	板材	吨	20	20
合计			20	20

主管：×××　　　会计：×××　　　仓管员：×××

图1-6-1

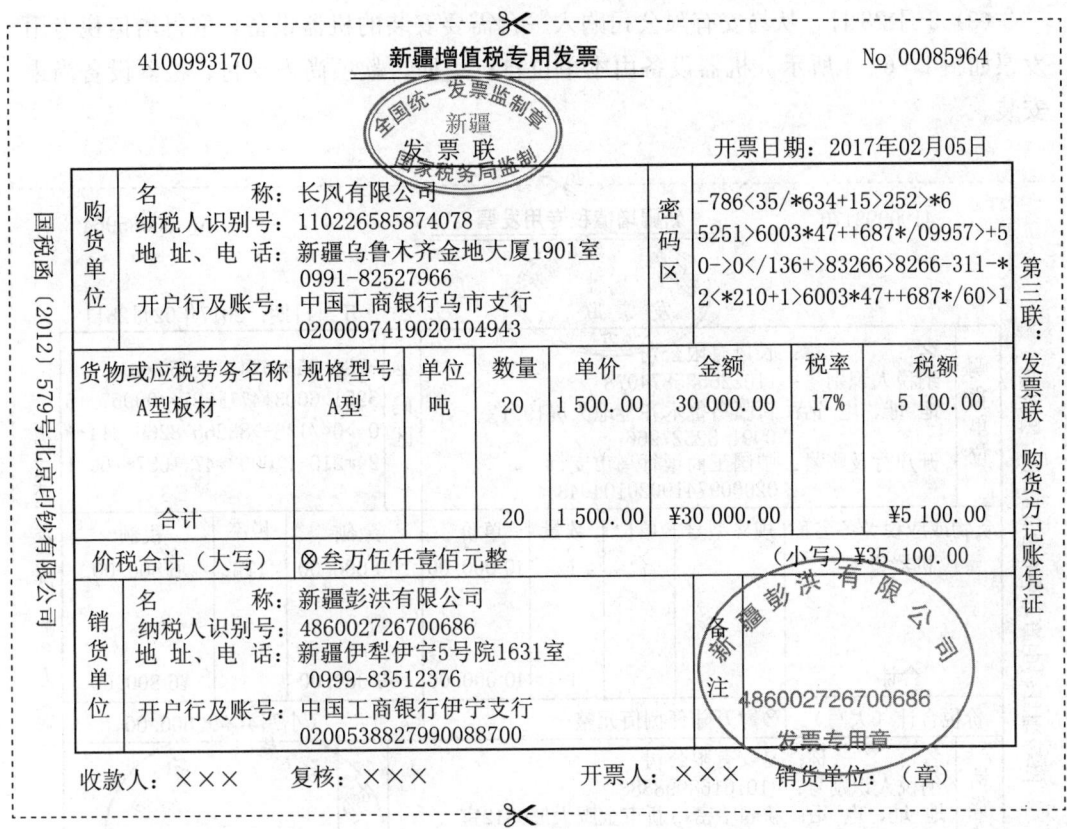

图 1-6-2

（2）2月10日，开出一张转账支票支付前欠新疆彭洪有限公司货款 43 000 元，如图 1-6-3 所示。

图 1-6-3

(3) 2月28日，从易安有限公司购入一台需要安装的机器设备，取得增值税专用发票如图1-6-4所示。机器设备由本单位自行运回，款项尚未支付，机器设备尚未安装。

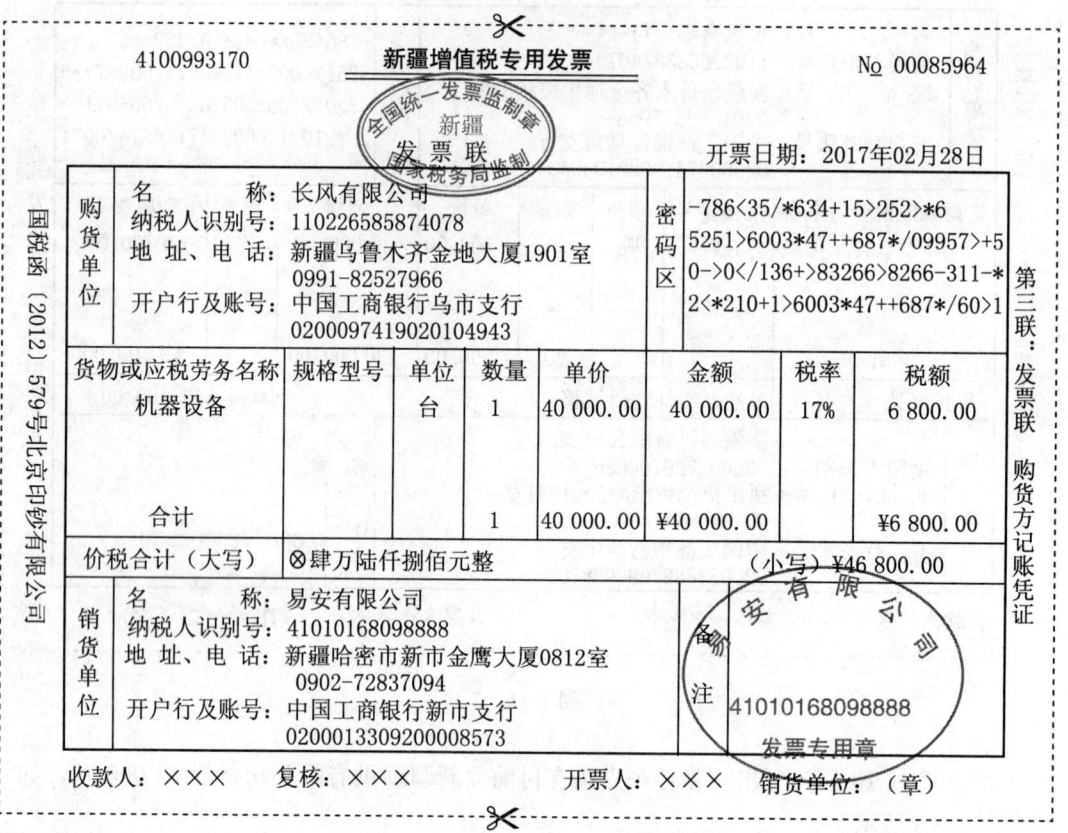

图1-6-4

对于上述发生的经济业务，该怎么做呢？

业务1：企业购买材料发生应付款项，材料已收

1. 分析购买材料未付款业务

此业务中，企业购买材料发生应付款项会使企业的原材料、应交增值税进项税额和应付账款都增加，取得的增值税专用发票上记载的货款为30 000元，税款为5 100元。原材料是资产类账户，增加记借方；应付账款是负债类账户，增加记贷方。因此此次购买板材未付款业务，应借记"原材料"账户30 000元、"应交税费——应交增值税（进项税额）"账户5 100元，贷记"应付账款"账户35 100元。

2. 编制会计分录并填制记账凭证

根据以上分析可知，这笔业务属于企业购买材料未付款情况，在填制记账凭证时注意按顺序编号，本凭证编号为"01号"；时间为"2017年2月5日"；"摘要"栏要简明扼要地说明该经济业务内容，该经济业务是购买的材料已验收入库，但款项未付，所以可以填写为"赊购板材"；"附件"为原始凭证的张数2张，填制凭证如图1-6-5所示。

记 账 凭 证

2017年02月05日　　　　　　　　　　　　　　　记字01号

摘　要	一级科目	二级或明细科目	√	借方金额	贷方金额
赊购板材	原材料	板材		30 000.00	
赊购板材	应交税费	应交增值税（销项税额）		5 100.00	
赊购板材	应付账款	彭洪公司			35 100.00
合　计				¥35 100.00	¥35 100.00

附件 贰 张

会计主管：×××　　记账：×××　　审核：×××　　出纳：×××　　制单：×××

图 1-6-5

业务2：企业偿付前欠货款

1. 分析企业偿付前欠货款业务

企业支付新疆彭洪有限公司前欠货款，从支票存根（图1-6-3）中可看出偿还金额为43 000元。此业务的发生会使企业的"应付账款"和"银行存款"都减少，故借记"应付账款"账户，贷记"银行存款"账户，金额为43 000元。

2. 编制会计分录并填制记账凭证

根据以上分析可知，该笔业务属于应付账款偿付的情况，在填制记账凭证时注意按顺序编号，本凭证编号为"02号"；时间为"2017年2月10日"；"摘要"栏要简明扼要地说明该经济业务内容，该经济业务是支付前欠的货款，所以可以填写为"归还欠款"；"附件"为原始凭证的张数1张，填制凭证如图1-6-6所示。

记 账 凭 证

2017年02月10日　　　　　　　　　　　　　　记字02号

摘　要	一级科目	二级或明细科目	√	借方金额	贷方金额
归还欠款	应付账款	彭洪公司		43 000.00	
归还欠款	银行存款				43 000.00
合　计				¥43 000.00	¥43 000.00

附件壹张

会计主管：×××　　记账：×××　　审核：×××　　出纳：×××　　制单：×××

图 1-6-6

业务3：企业购买设备形成应付款项，设备尚未安装

1. 分析赊购机器设备业务

收到赊购的待安装机器设备，会使企业的在建工程与应交增值税进项税额增加，应借记"在建工程""应交税费——应交增值税（进项税额）"账户，由增值税专用发票可知货款为 40 000 元，税款为 6 800 元。因购买机器设备时采用的是赊购方式，会使企业的应付账款增加，故应贷记"应付账款"账户。

2. 编制会计分录并填制记账凭证

根据以上分析可知，该笔业务属于赊购机器设备的情况，在填制记账凭证时注意按顺序编号，本凭证编号为"03号"；时间为"2017年2月28日"；"摘要"栏要简明扼要地说明该经济业务内容，该经济业务是赊购机器设备，所以可以填写为"赊购机器设备"；"附件"为原始凭证的张数1张，填制凭证如图1-6-7所示。

记 账 凭 证

2017年02月28日　　　　　　　　　　　　　　记字03号

摘　要	一级科目	二级或明细科目	√	借方金额	贷方金额
赊购机器设备	在建工程			40 000.00	
赊购机器设备	应交税费	应交增值税（进项税额）		6 800.00	
赊购机器设备	应付账款	易安公司			46 800.00
合　计				¥46 800.00	¥46 800.00

附件壹张

会计主管：×××　　记账：×××　　审核：×××　　出纳：×××　　制单：×××

图 1-6-7

应付账款入账时间的确定

从理论上讲,应付账款的入账时间应为结算凭证取得的时间,以与所购买物资所有权有关的风险和报酬已经转移或劳务已经接受为标志。因为在赊销情况下,企业取得结算凭证的同时可以取得货物,也意味着取得了该项货物的产权,应在确认资产的同时确认负债。

在实际工作中,由于应付账款的偿付期限较短,往往在月内能够付款,为了简化核算工作,一般在取得结算凭证时不做账务处理,而在实际支付货款时作为资产入账。但是,结算凭证已到而月末仍未支付货款,则应确认资产和负债。

业务4:登记应付账款明细账、总账

应付账款明细账应采用三栏式明细账,该账户的明细账户"彭洪公司"本期期初余额为 7 900 元,其他账户无期初余额。根据以上分析,登记"应付账款明细账""应付账款总账"如图 1-6-8、图 1-6-9、图 1-6-10 所示。

应付账款　明细账

明细科目:彭洪公司

2017年		凭证		摘要	借方 亿千百十万千百十元角分	贷方 亿千百十万千百十元角分	借或贷	余额 亿千百十万千百十元角分	√
月	日	字	号						
2	1			期初余额			贷	7 9 0 0 0 0	
	5	记	1	赊购板材		3 5 1 0 0 0 0	贷	4 3 0 0 0 0 0	
	10	记	2	归还欠款	4 3 0 0 0 0 0		平	0 0 0	
2	28			本月合计	4 3 0 0 0 0 0	3 5 1 0 0 0 0		0 0 0	

图 1-6-8

应付账款　明细账

明细科目:易安公司

2017年		凭证		摘要	借方 亿千百十万千百十元角分	贷方 亿千百十万千百十元角分	借或贷	余额 亿千百十万千百十元角分	√
月	日	字	号						
2	1			期初余额			平	0 0 0	
	28	记	3	赊购机器设备		4 6 8 0 0 0 0	贷	4 6 8 0 0 0 0	
2	28			本月合计		4 6 8 0 0 0 0		4 6 8 0 0 0 0	

图 1-6-9

总 账

会计科目：应付账款

2017年		凭证		摘要	借方										贷方										借或贷	余额										√
月	日	字	号		亿	千	百	十	万	千	百	十	元	角	分	亿	千	百	十	万	千	百	十	元	角	分		亿	千	百	十	万	千	百	十	元	角	分	
2	1			期初余额																							贷					7	9	0	0	0	0	
	5	记	1	赊购板材																3	5	1	0	0	0	0	贷					4	3	0	0	0	0	
	10	记	2	归还欠款					4	3	0	0	0	0	0												平							0	0	0	
	28	记	3	赊购机器设备																4	6	8	0	0	0	0	贷					4	6	8	0	0	0	
2	28			本月合计																4	6	8	0	0	0	0	贷					4	6	8	0	0	0	

图1-6-10

战术提升

长风有限公司的地址在新疆乌鲁木齐金地大厦1901室，电话是0991-82527966。企业为一般纳税人，纳税人识别号：110226585874078。该企业为了更好地核算采购与付款业务，设置了"应付账款"账户，并按债权人设置了明细科目。2017年企业发生的有关采购与付款业务摘录如下：

（1）2月10日，从新疆彭洪有限公司购买《财务管理》书籍500本，约定不含税单价为35元，当天已将商品验收入库，款项未付。原始凭证如图1-6-11、图1-6-12所示。

入 库 单

编制单位：长风有限公司　　　　　2017年02月10日　　　　　　　　编号：0001

产品编号	产品名称	计量单位	数量	
			应收数量	实收数量
0001	《财务管理》	本	500	500
合计			500	500

主管：×××　　　　　会计：×××　　　　　仓管员：×××

图1-6-11

图 1-6-12

(2) 2月15日，从易安有限公司处购买空调100台，货款为200 000元，商品验收入库，款项未付。并由易安公司代垫运费1 100元，取得了货物运输业增值税专用发票。原始凭证如图1-6-13、图1-6-14、图1-6-15所示。

入 库 单

编制单位：长风有限公司　　　　2017年02月15日　　　　编号：0002

产品编号	产品名称	计量单位	数量	
			应收数量	实收数量
0002	空调	台	100	100
合计			100	100

主管：×××　　会计：×××　　仓管员：×××

图 1-6-13

图 1-6-14

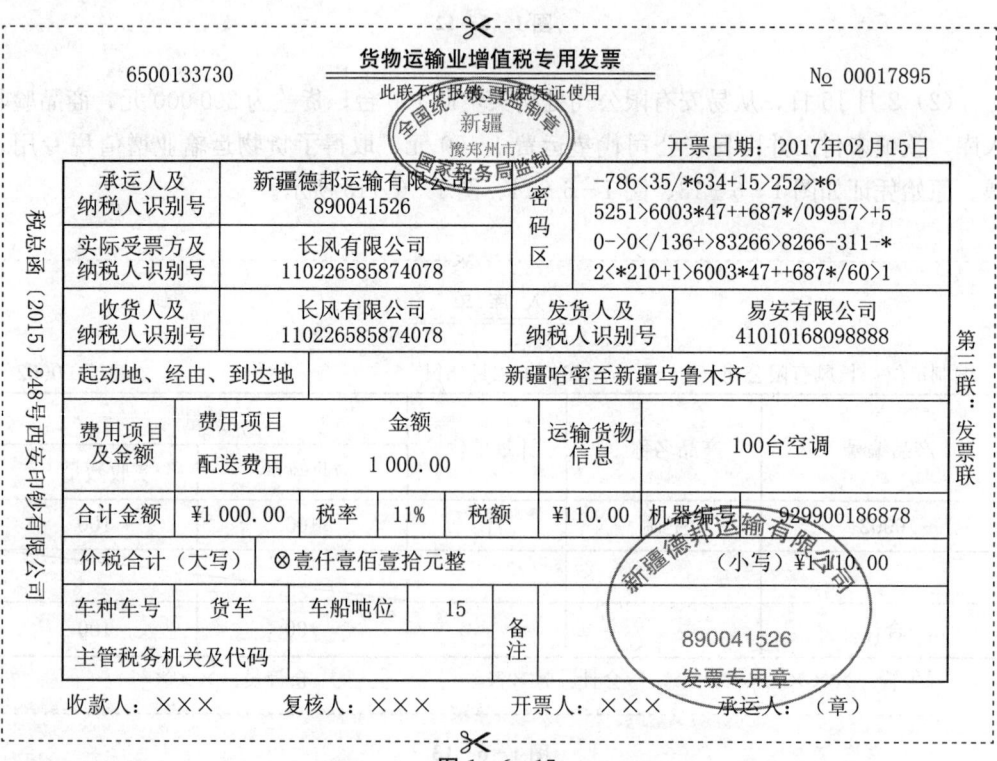

图 1-6-15

(3) 2月28日，用支票支付购买《财务管理》的货款。原始凭证如图1-6-16所示。

图1-6-16

(4) 5月20日，易安有限公司运营不佳，已经破产，经董事会决定2月15日购买空调的货款无须支付。

该企业2017年2月，应付账款账户无期初余额。假如你负责该企业采购与付款业务的会计核算，那么请问，你该如何完成上述经济业务的核算呢？

任务七　核算应付票据

瞄准靶心

能够进行应付票据发生业务的核算。
能够进行应付票据偿付业务的核算。

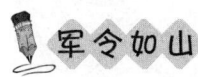军令如山

新疆彭洪有限公司的地址在新疆伊犁市伊宁5号院1631室，属增值税一般纳税人，纳税人识别号：486002726700686。该企业为了更清晰地核算对外发生债务时所开出承兑的商业汇票而设置了应付票据账户，2017年3月企业发生了以下几笔与应付票据相关的业务：

(1) 3月1日，企业于1月1日签发并承兑给长风有限公司的商业承兑汇票到期

(面值343 087元，不带利息)，收到划付款项的特种转账付出传票的付款通知，如图1-7-1所示。

中国工商银行　特种转账付出传票

出票日期（大写）　贰零壹柒 年 零叁 月 零壹 日

收款人	全　称	长风有限公司	付款人	全　称	新疆彭洪有限公司
	账　号	0200097419020104943		账　号	0200538827990088700
	开户银行	中国工商银行乌市支行		开户银行	中国工商银行伊宁支行

金额	人民币（大写）	⊗叁拾肆万叁仟零捌拾柒元整	千	百	十	万	千	百	十	元	角	分
				¥	3	4	3	0	8	7	0	0

汇票到期日（大写）	贰零壹柒年零叁月零壹日	中国工商银行伊宁支行 科目（付） 对方科目 2017 3 会计：××× 复核：××× 记账：×××
原始凭证金额	¥343 087.00　赔偿金	
原始凭证名称	商业承兑汇票　号码 1455690	
转账原因：兑付汇票款		
银行盖章		

图1-7-1

(2) 3月10日，向易安有限公司购入复合板材20吨，取得增值税专用发票如图1-7-2所示，材料已验收入库如图1-7-3所示。签发无息银行承兑汇票支付货款，并向银行缴纳承兑手续费，如图1-7-4、图1-7-5所示。

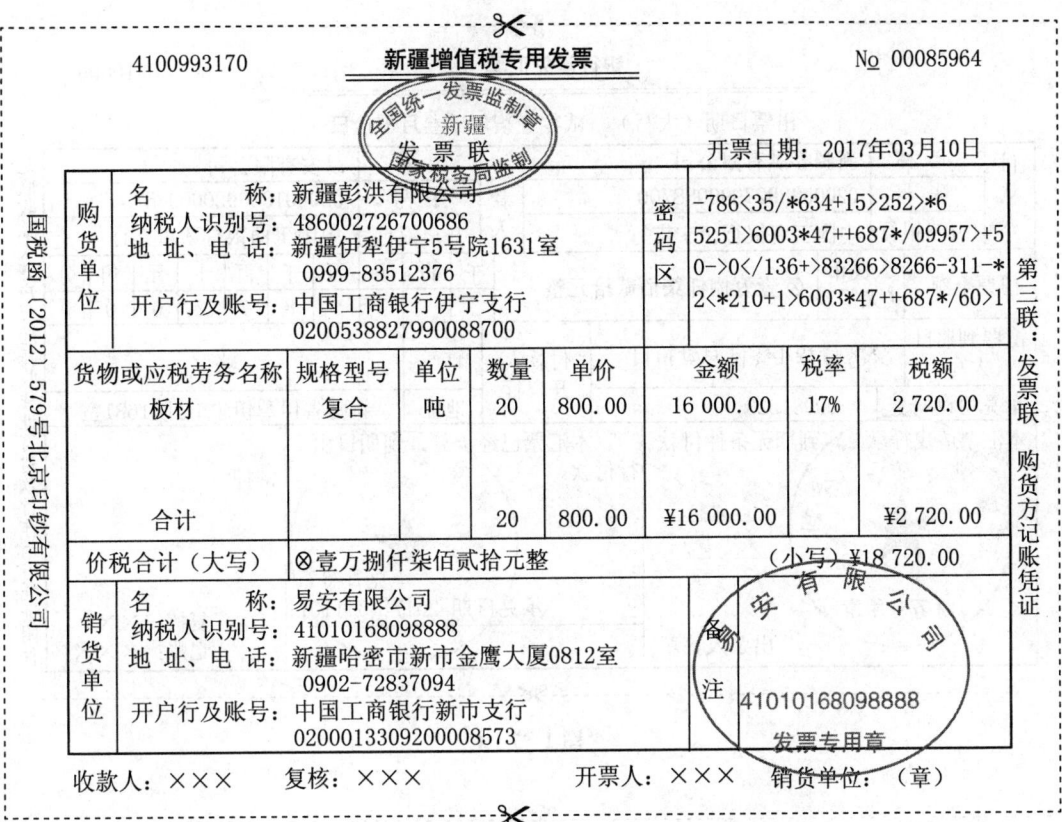

图 1-7-2

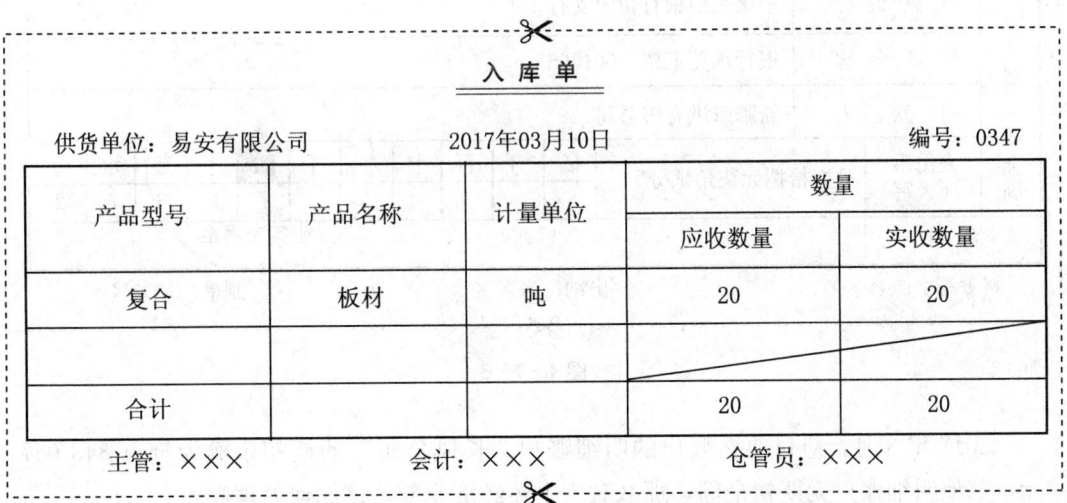

图 1-7-3

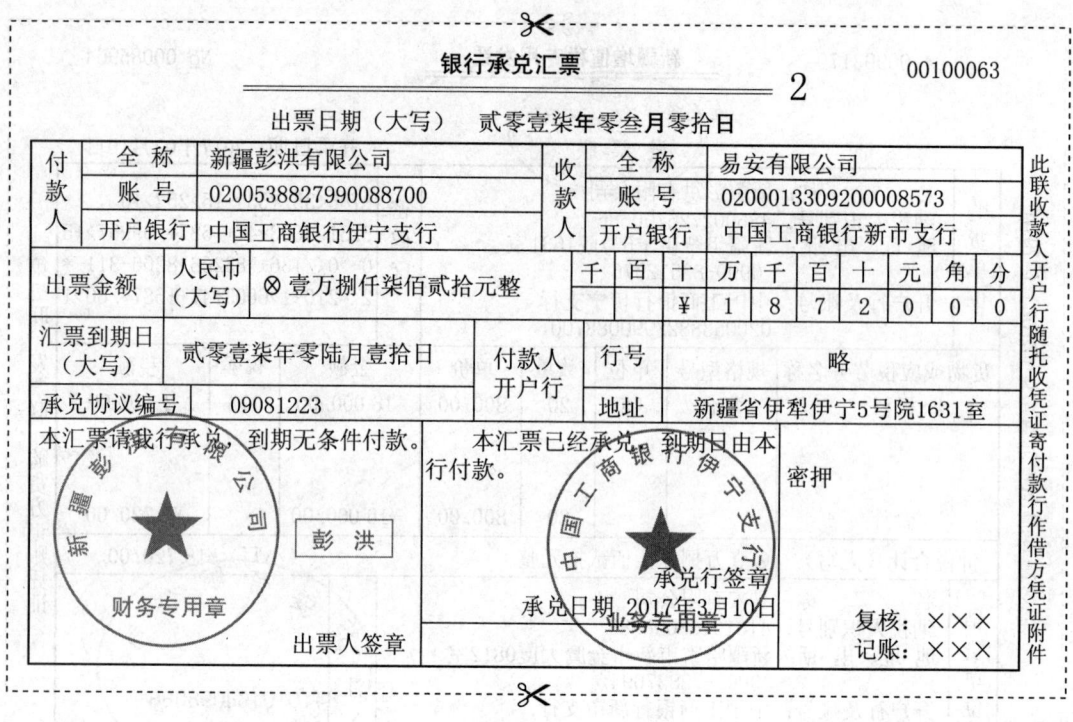

图 1-7-4

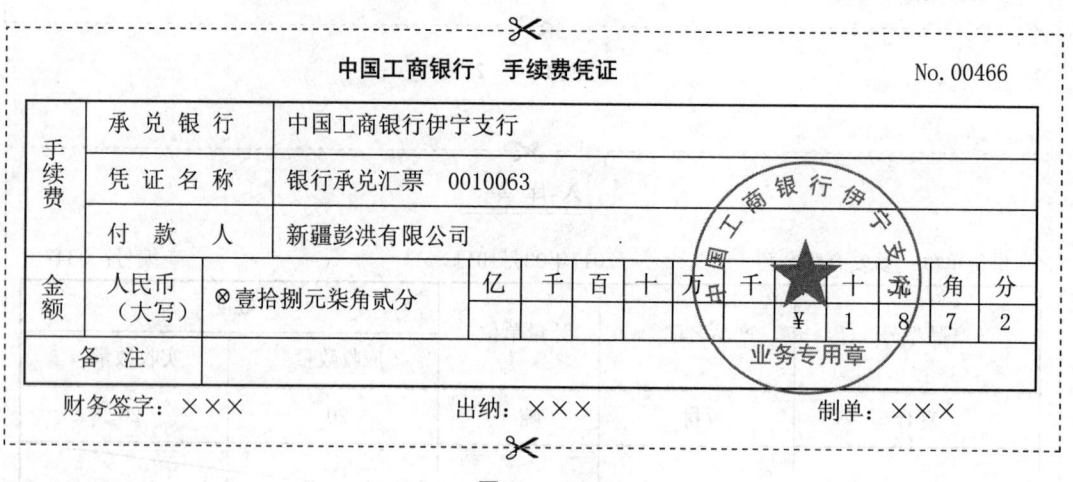

图 1-7-5

2017年3月，应付票据账户的明细账户"长风公司"的期初余额为贷方343 087元，其他明细账户无期初余额，那么对于上述经济业务，该如何处理呢？

业务1：企业如期支付前期签发的不带息商业汇票

1. 分析不带息商业汇票到期付款业务

此业务中，当企业收到划付款项的特种转账付出传票的付款通知时，表明企业已经如期支付了前期签发的票据款项，使企业的应付票据和银行存款都减少。因应付票据为负债类账户，减少应借记"应付票据"账户；银行存款为资产类账户，减少应贷记"银行存款"账户。由划付款项的特种转账付出传票的付款通知（图1-7-1）可知付款金额为343 087元。

设置备查簿

企业应当设置"应付票据备查簿"，如表1-7-1所示，详细登记每一张应付票据的种类、号数、签发日期、到期日、票面金额、合同交易号、收款人姓名或单位名称，以及付款日期和金额等详细资料。应付票据到期付清时，应在备查簿内逐笔注销。

表1-7-1　　　　　　　　　　应付票据备查簿

序号	出票银行	对方单位	银行承兑汇票号码	票面金额	出票日期	到期日	凭证号	到期已承兑金额	未到期承兑金额
1									
2									
3									
4									

2. 编制会计分录并填制记账凭证

根据以上分析可知，这笔业务属于应付票据偿付情况，在填制通用记账凭证时注意按顺序编号，本凭证编号为"01号"；时间为"2017年3月1日"；"摘要"栏要简明扼要地说明该经济业务内容，该经济业务是前期签发的不带息商业汇票到期偿付，所以可以填写为"兑付商业汇票"；"附件"为原始凭证的张数1张，填制凭证如图1-7-6所示。

记 账 凭 证

2017年03月01日　　　　　　　　　　　　　　　　　记字01号

摘　　要	一级科目	二级或明细科目	√	借方金额	贷方金额
兑付商业汇票	应付票据	长风公司		343 087.00	
兑付商业汇票	银行存款	工商银行			343 087.00
合　　计				¥343 087.00	¥343 087.00

附件壹张

会计主管：×××　　记账：×××　　审核：×××　　出纳：×××　　制单：×××

图 1-7-6

业务 2：企业签发无息银行承兑汇票

1. 分析签发无息银行承兑汇票并缴纳手续费业务

（1）签发无息银行承兑汇票。

企业购买材料，根据入库单和增值税专用发票可知，企业的原材料和应交增值税（进项税额）增加，故应借记"原材料"和"应交税费——应交增值税（进项税额）"账户，金额分别为 16 000 元和 2 720 元。同时企业签发了一张不带息的银行承兑汇票支付货款，会导致应付票据的增加，故应贷记"应付票据"账户 18 720 元。

（2）缴纳手续费。

企业开具银行承兑汇票时，须支付给银行一定的手续费，已知工商银行收取银行承兑汇票的手续费为票面金额的千分之一，不满 10 元的按 10 元收取。所以该票据应收的手续费计算如下：

手续费＝票据的票面金额×1‰＝18720×1‰＝18.72（元）

手续费的发生应计入"财务费用"账户，根据银行手续费结算凭证（图 1-7-5），借记"财务费用"账户，贷记"银行存款"账户，金额为 18.72 元。

2. 编制会计分录并填制记账凭证

（1）签发无息银行承兑汇票。

根据以上分析可知，这笔业务属于企业采用签发银行承兑汇票方式购买材料的情况，在填制记账凭证时注意按顺序编号，本凭证编号为"02 号"；时间为"2017 年 3 月 10 日"；"摘要"栏要简明扼要地说明该经济业务内容，该经济业务是签发无息银行承兑汇票购买板材，所以可以填写为"签发汇票购入板材"；"附件"为原始凭证的张数 2 张，填制凭证如图 1-7-7 所示。

记 账 凭 证

2017年03月10日　　　　　　　　　　　　　　　记字02号

摘　　要	一级科目	二级或明细科目	√	借方金额	贷方金额	
签发汇票购入板材	原材料	板材		16 000.00		附件贰张
签发汇票购入板材	应交税费	应交增值税（进项税额）		2 720.00		
签发汇票购入板材	应付票据	易安公司			18 720.00	
合　　计				¥18 720.00	¥18 720.00	

会计主管：×××　　　记账：×××　　　审核：×××　　　出纳：×××　　　制单：×××

图 1-7-7

(2) 缴纳手续费。

根据以上分析可知，企业采用签发银行承兑汇票方式购买材料时，需要付给承兑银行票面金额千分之一的手续费，经计算可知应付手续费金额为18.72元。在填制记账凭证时注意按顺序编号，本凭证编号为"03号"；时间为"2017年3月10日"；"摘要"栏要简明扼要地说明该经济业务内容，该经济业务是支付给承兑银行的手续费，所以可以填写为"缴纳手续费"；"附件"为原始凭证的张数2张，填制凭证如图1-7-8所示。

记 账 凭 证

2017年03月10日　　　　　　　　　　　　　　　记字03号

摘　　要	一级科目	二级或明细科目	√	借方金额	贷方金额	
缴纳手续费	财务费用			18.72		附件贰张
缴纳手续费	银行存款	工商银行			18.72	
合　　计				¥18.72	¥18.72	

会计主管：×××　　　记账：×××　　　审核：×××　　　出纳：×××　　　制单：×××

图 1-7-8

业务3：登记应付票据明细账、总账

应付票据明细账应采用三栏式明细账，该账户的明细账户"长风公司"本月期初余额为 343 087 元，其他明细账户无期初余额。根据以上分析，登记"应付票据明细账""应付票据总账"如图 1-7-9、图 1-7-10、图 1-7-11 所示。

应付票据　明细账

明细科目：长风公司

2017年		凭证		摘要	借方	贷方	借或贷	余额	√
月	日	字	号		亿千百十万千百十元角分	亿千百十万千百十元角分		亿千百十万千百十元角分	
3	1			期初余额			贷	3 4 3 0 8 7 0 0	
	1	记	1	兑付商业汇票	3 4 3 0 8 7 0 0		平	0 0 0	
3	31			本月合计	3 4 3 0 8 7 0 0		平	0 0 0	

图 1-7-9

应付票据　明细账

明细科目：易安公司

2017年		凭证		摘要	借方	贷方	借或贷	余额	√
月	日	字	号		亿千百十万千百十元角分	亿千百十万千百十元角分		亿千百十万千百十元角分	
3	1			期初余额				0 0 0	
	10	记	2	签发汇票购入板材		1 8 7 2 0 0 0 0	贷	1 8 7 2 0 0 0 0	
3	31			本月合计		1 8 7 2 0 0 0 0	贷	1 8 7 2 0 0 0 0	

图 1-7-10

总　账

会计科目：应付票据

2017年		凭证		摘要	借方	贷方	借或贷	余额	√
月	日	字	号		亿千百十万千百十元角分	亿千百十万千百十元角分		亿千百十万千百十元角分	
3	1			期初余额			贷	3 4 3 0 8 7 0 0	
	1	记	1	兑付商业汇票	3 4 3 0 8 7 0 0		平	0 0 0	
	10	记	2	签发汇票购入板材		1 8 7 2 0 0 0 0	贷	1 8 7 2 0 0 0 0	
3	31			本月合计	3 4 3 0 8 7 0 0	1 8 7 2 0 0 0 0	贷	1 8 7 2 0 0 0 0	

图 1-7-11

战术提升

长风有限公司的地址在新疆乌鲁木齐金地大厦 1901 室，企业为一般纳税人，纳税人识别号：110226585874078。该企业在中国工商银行乌市支行开立基本账户，账号：0200097419020104943。2017 年业务摘录如下：

（1）2 月 18 日，企业购买易安公司 A 产品 15 件，单价 2 000 元，商品已验收入库。收到对方开具的增值税专用发票，发票上记载的货款为 30 000 元，税款为 5 100 元，同时企业给易安公司开具了一张不带息的商业承兑汇票用以偿付货款。原始凭证如图1-7-12、图1-7-13、图1-7-14所示。

入 库 单

供货单位：易安有限公司　　2017年02月18日　　编号：0356

产品型号	产品名称	计量单位	数量	
			应收数量	实收数量
U33	A产品	件	15	15
合计			15	15

主管：×××　　会计：×××　　仓管员：×××

图 1-7-12

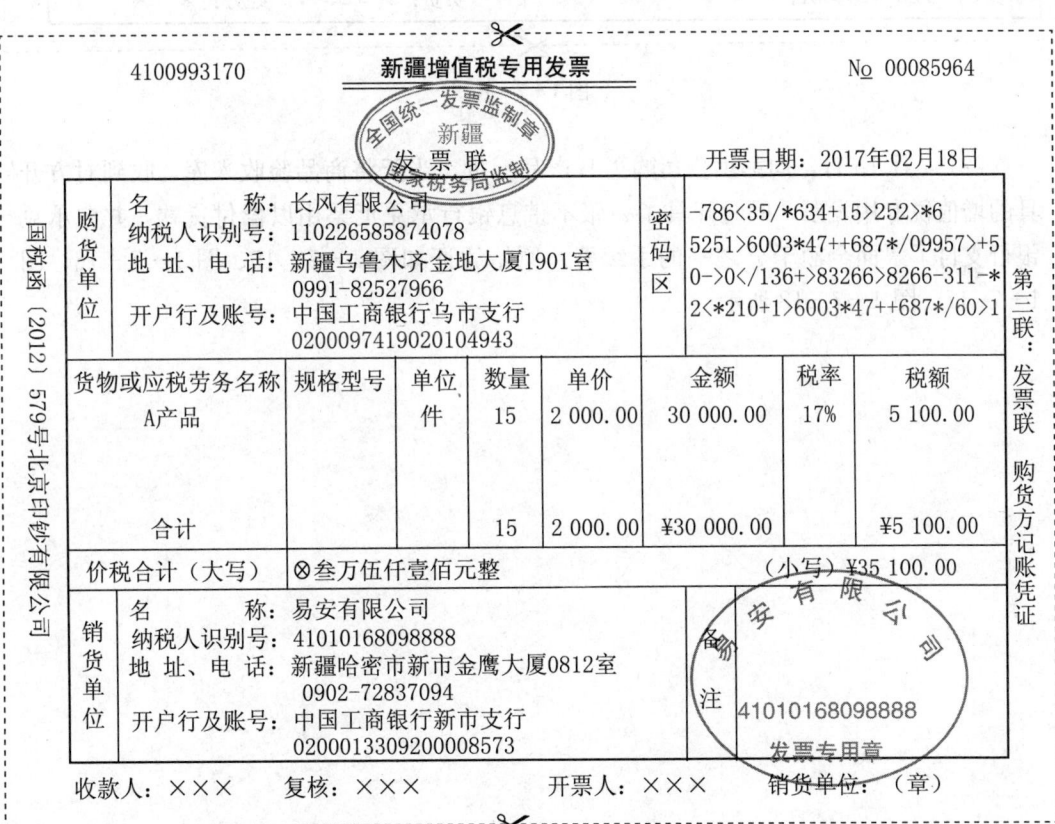

图 1-7-13

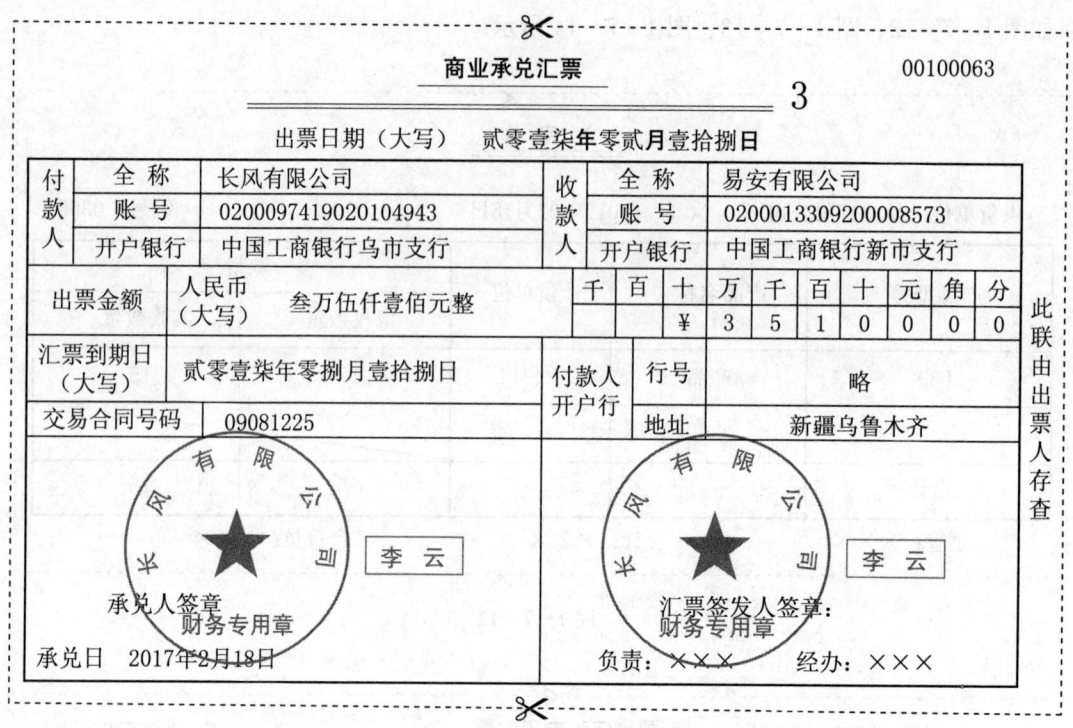

图 1-7-14

(2) 4月15日,向彭洪公司购买 B 产品一批,当天将商品验收入库,收到对方开具的增值税专用发票,同时开具了一张不带息银行承兑汇票用以偿付货款,并向承兑银行支付了票面金额千分之一的手续费。原始凭证如图 1-7-15、图 1-7-16、图 1-7-17、图 1-7-18 所示。

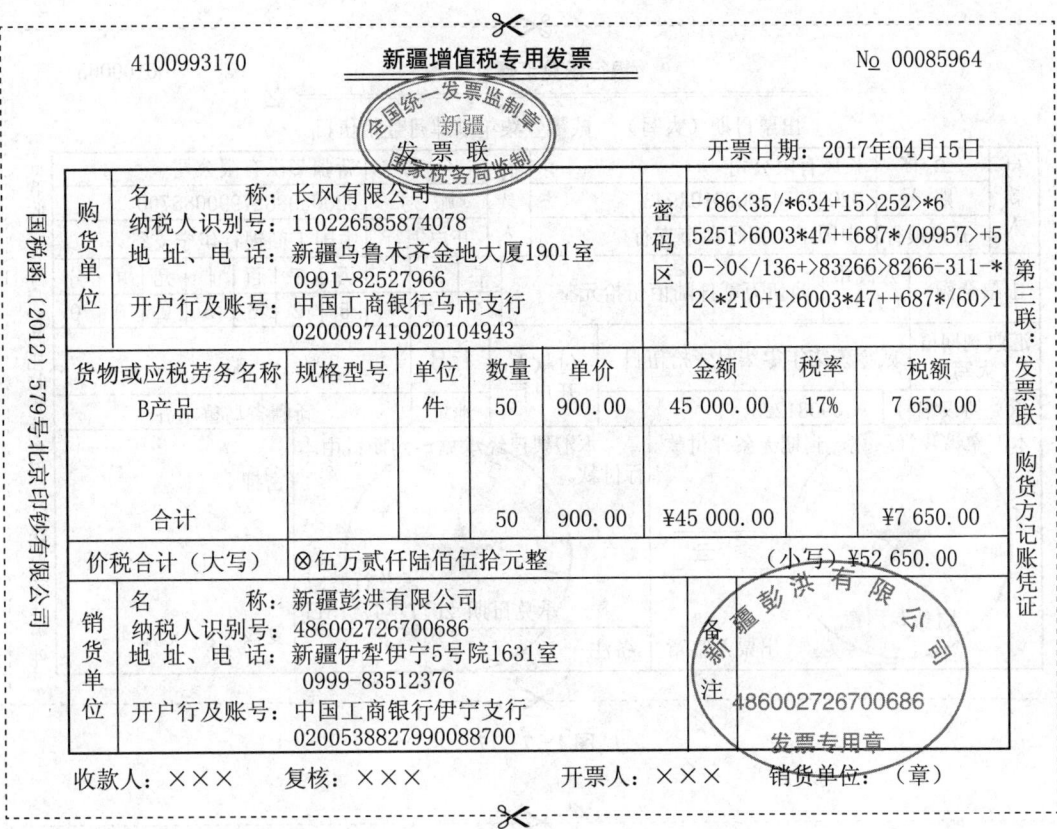

图 1-7-15

入 库 单

供货单位：新疆彭洪有限公司　　2017年04月15日　　　　　　编号：0356

产品型号	产品名称	计量单位	数量	
			应收数量	实收数量
HN107	B产品	件	50	50
合计			50	50

主管：×××　　　会计：×××　　　仓管员：×××

图 1-7-16

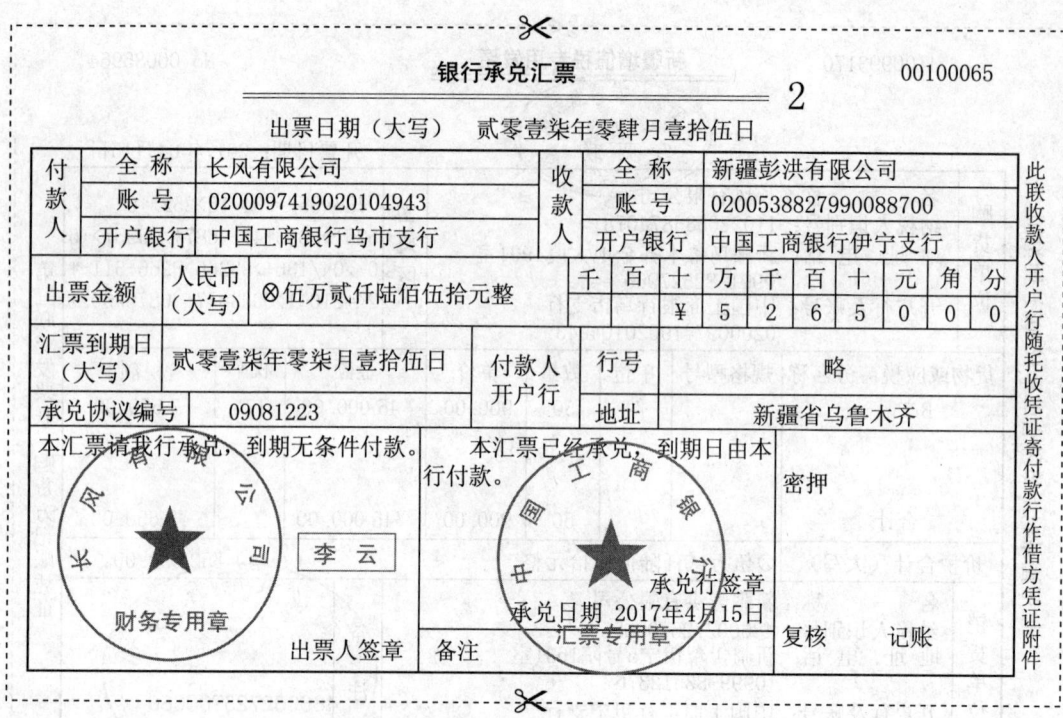

图 1-7-17

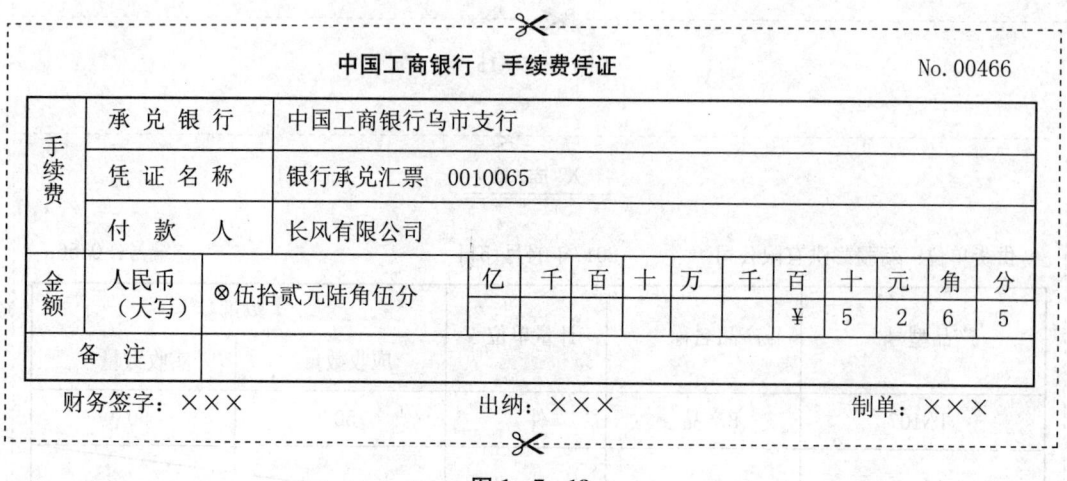

图 1-7-18

假如你是负责核算汇票相关业务的会计，请问，在遇到上述所发生的经济业务时，该如何处理？

任务八 核算预付账款

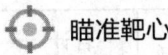
瞄准靶心

能够进行采用预付款方式取得物资的会计核算。
能够进行预付账款补付及退回的会计核算。

军令如山

长风有限公司的地址在新疆乌鲁木齐金地大厦1901室,属增值税一般纳税人,纳税人识别号:110226585874078。该企业在中国工商银行乌市支行开立基本账户,账号:0200097419020104943。企业为了更明晰的进行采购与付款业务的核算,特设置了"预付账款"账户,该账户下的明细账户"彭洪公司"的期初余额为722 000元,其他明细账户无期初余额。2017年2月发生了以下几笔与预付账款相关的业务:

(1) 2月3日,收到新疆彭洪有限公司发来的甲材料200吨,经双方商定按每吨3 000元结算,取得对方开出增值税专用发票,如图1-8-1所示。材料已验收入库,如图1-8-2所示。

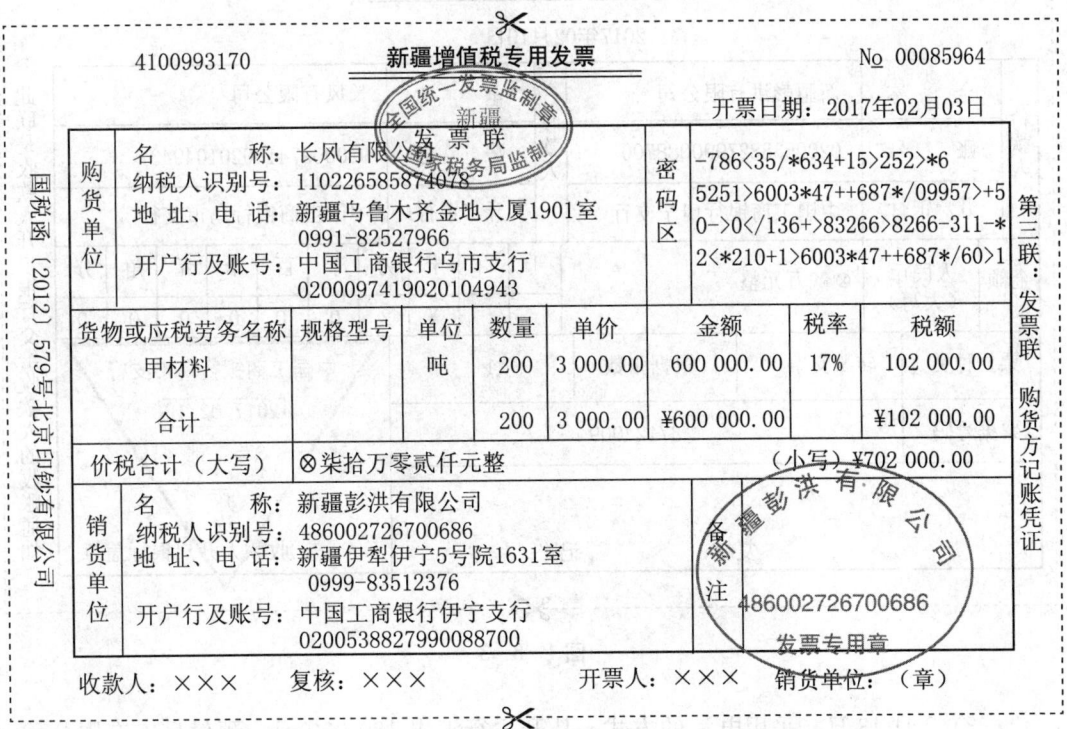

图1-8-1

图 1-8-2

（2）2月10日，收到新疆彭洪有限公司开出的转账支票一张，如图1-8-3所示，是归还本企业之前多预付的材料款20 000元，办理了相关手续。

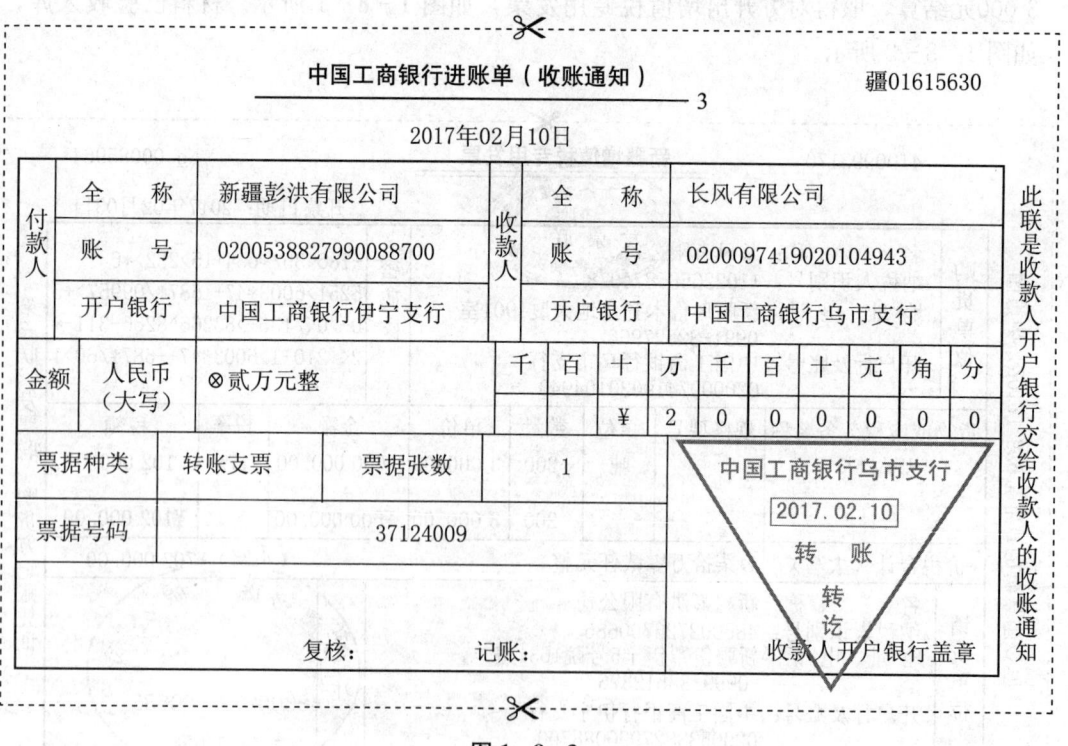

图 1-8-3

（3）2月13日，采用电汇的方式，从开户行汇出180 000元，预付易安有限公司部分 A 型建材加工设备款，待验收货物后补付其余款项。取得凭证回单，如图 1-8-4 所示。

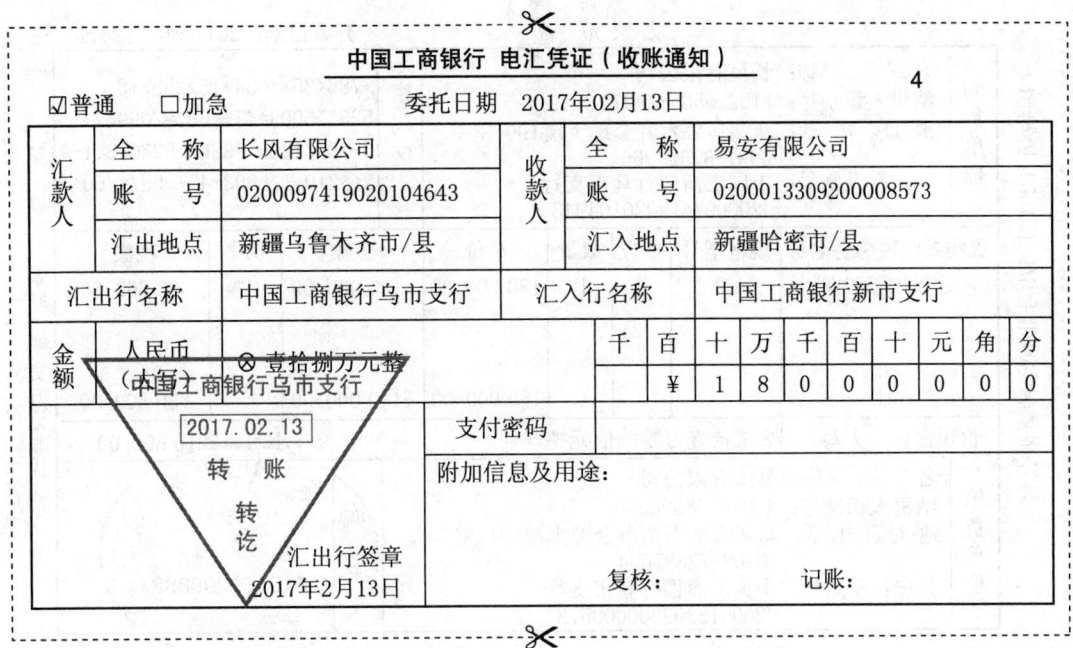

图 1-8-4

(4) 2月23日，收到易安有限公司 A 型建材加工设备有关核算单据，取得增值税专用发票如图 1-8-5 所示，设备已验收，取得固定资产交接单如图 1-8-6 所示。

(5) 2月25日，向易安有限公司开出转账支票，补付设备及运杂费款项 30 600 元，凭证如图 1-8-7 所示。

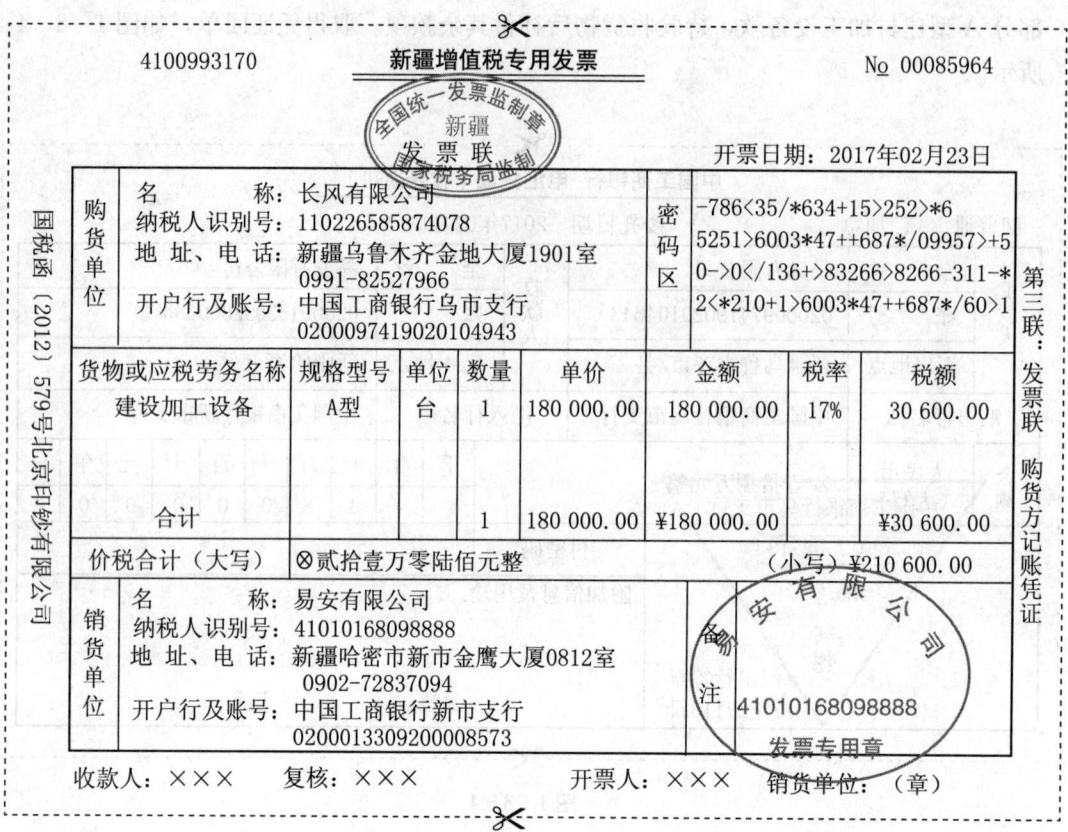

图 1-8-5

图 1-8-6

图1-8-7

针对长风有限公司发生的上述经济业务,该怎么做呢?

业务1:企业收到预付款所购买的材料

1. 分析收到预付款所购材料业务

此业务中,企业收到采用预付货款方式购买的甲材料,并已验收入库,因此会导致原材料与应交增值税进项税额的增加,应借记"原材料""应交税费——应交增值税进项税额"账户,按增值税专用发票上记载的金额分别记600 000元、102 000元。采用的是预付款的方式,故应贷记"预付账款"账户,金额为702 000元。

2. 编制会计分录并填制记账凭证

根据以上分析可知,这笔业务属于企业收到材料物资的情况,在填制通用记账凭证时注意按顺序编号,本凭证编号为"01号";时间为"2017年2月3日";"摘要"栏要简明扼要的说明该经济业务内容,该经济业务是收到所购买的材料,所以可以填写为"购买甲材料";"附件"为原始凭证的张数2张,填制凭证如图1-8-8所示。

记 账 凭 证

2017年02月03日   记字01号

摘 要	一级科目	二级或明细科目	√	借方金额	贷方金额
购买甲材料	原材料	甲材料		600 000.00	
购买甲材料	应交税费	应交增值税（进项税额）		102 000.00	
购买甲材料	预付账款	彭洪公司			702 000.00
合　　计				¥702 000.00	¥702 000.00

附件贰张

会计主管：×××　　记账：×××　　审核：×××　　出纳：×××　　制单：×××

图 1-8-8

小贴士

在企业预付款项不多的情况下，为了简化核算，也可以不单独设置"预付账款"科目，而将发生的预付款项直接计入"应付账款"科目的借方进行核算，但在期末编制会计报表时，仍应将"应付账款"和"预付账款"分别列示。

业务2：企业收到退回多预付的货款

1. 分析预付账款退回业务

收到新疆彭洪有限公司退回的预付材料款20 000元时，会使企业银行存款增加，按进账单记载金额借记"银行存款"账户，金额为20 000元；会使企业预付账款减少，贷记"预付账款"，金额为20 000元。

2. 编制会计分录并填制记账凭证

根据以上分析可知，这笔业务属于企业收到退回多预付货款的情况，在填制记账凭证时注意按顺序编号，本凭证编号为"02号"；时间为"2017年2月10日"；"摘要"栏要简明扼要的说明该经济业务内容，该经济业务是收到退回多预付货款，所以可以填写为"收到退回预付款"；"附件"为原始凭证的张数1张，填制凭证如图1-8-9所示。

记 账 凭 证

2017年02月10日　　　　　　　　　　　　　　　记字02号

摘　要	一级科目	二级或明细科目	√	借方金额	贷方金额
收到退回预付款	银行存款			20 000.00	
收到退回预付款	预付账款	彭洪公司			20 000.00
合　计				¥20 000.00	¥20 000.00

附件壹张

会计主管：×××　　记账：×××　　审核：×××　　出纳：×××　　制单：×××

图 1-8-9

业务3：企业预付建材设备款

1. 分析预付款项购货业务

企业采用预付一部分货款购货的经济业务，会使企业预付的款项增加，应借记"预付账款"账户，使用银行存款支付，应贷记"银行存款"账户。

2. 编制会计分录并填制记账凭证

根据以上分析可知，这笔业务属于因购货而预付款项的情况，在填制记账凭证时注意按顺序编号，本凭证编号为"03号"；时间为"2017年2月13日"；"摘要"栏要简明扼要的说明该经济业务内容，该经济业务是预付购买A型材料加工设备款，所以可以填写为"预付设备款"；"附件"为原始凭证的张数1张，填制凭证如图1-8-10所示。

记 账 凭 证

2017年02月13日　　　　　　　　　　　　　　　记字03号

摘　要	一级科目	二级或明细科目	√	借方金额	贷方金额
预付设备款	预付账款	易安公司		180 000.00	
预付设备款	银行存款				180 000.00
合　计				¥180 000.00	¥180 000.00

附件壹张

会计主管：×××　　记账：×××　　审核：×××　　出纳：×××　　制单：×××

图 1-8-10

业务4：企业收到预付款所购买的建材设备

1. 分析收到预付款所购设备业务

企业收到用预付货款方式购进的建材加工设备，且已验收，因此会导致企业固定资产的增加，按增值税专用发票上记载的金额，借记"固定资产"账户，金额为180 000元，借记"应交税费——应交增值税（进项税额）"账户，金额为30 600元，因企业是采用预付货款方式购入的，故应贷记"预付账款"账户，金额为210 600元。

2. 编制会计分录并填制记账凭证

根据以上分析可知，该业务属于企业收到预付款所购设备的情况，在填制记账凭证时注意按顺序编号，本凭证编号为"04号"；时间为"2017年2月23日"；"摘要"栏要简明扼要的说明该经济业务内容，该经济业务是收到采用预付货款方式购买的建材加工设备，所以可以填写为"购买建材设备"；"附件"为原始凭证的张数3张，填制凭证如图1-8-11所示。

记账凭证

2017年02月23日　　　　　　　　　　　　　　　　　记字04号

摘　要	一级科目	二级或明细科目	√	借方金额	贷方金额
购买建材设备	固定资产	A型建材加工设备		180 000.00	
购买建材设备	应交税费	应交增值税（进项税额）		30 600.00	
购买建材设备	预付账款	易安公司			210 600.00
合　　计				¥210 600.00	¥210 600.00

附件叁张

会计主管：×××　　记账：×××　　审核：×××　　出纳：×××　　制单：×××

图1-8-11

业务5：企业补付购买建材设备的款项

1. 分析预付账款补付业务

企业与易安公司在购买设备的这项经济业务中，一直用"预付账款"来记录两者之间的交易金额，因此此时用预付账款的T字账更能清晰地知道企业与易安公司的交易是否两清，如图1-8-12所示。

预付账款——易安公司

借方	贷方
180000（2月13日）	210600（2月23日）
30600（2月25日）	
合计 210 600	合计 210 600
无余额	无余额

图 1-8-12

从 T 字账可以知道，要想与易安公司的交易两清，就需要将剩余的欠款结清，企业用银行存款补付所欠余款，应借记"预付账款"账户，贷记"银行存款"账户，金额为 30 600 元。

2. 编制会计分录并填制记账凭证

根据以上分析可知，这笔业务属于预付账款补付情况，在填制记账凭证时注意按顺序编号，本凭证编号为"05号"；时间为"2017年2月25日"；"摘要"栏要简明扼要的说明该经济业务内容，该经济业务是补付购买 A 型材料加工设备货款，所以可以填写为"补付设备款"；"附件"为原始凭证的张数1张，填制凭证如图 1-8-13 所示。

记 账 凭 证

2017年02月25日　　　　　　　　　　　　　记字05号

摘　要	一级科目	二级或明细科目	√	借方金额	贷方金额
补付设备款	预付账款	易安公司		30 6000.00	
补付设备款	银行存款				30 600.00
合　计				¥30 600.00	¥30 600.00

附件壹张

会计主管：×××　　记账：×××　　审核：×××　　出纳：×××　　制单：×××

图 1-8-13

业务 6：登记预付账款明细账、总账

预付账款明细账应采用三栏式明细账，该企业预付账款账户中明细账户"彭洪公司"本期期初余额为借方 722 000 元，其他账户无期初余额。根据以上分析，登记"预付账款明细账"、"预付账款总账"如图 1-8-14、图 1-8-15、图 1-8-16 所示。

预付账款　明细账

明细科目：彭洪公司

2017年		凭证		摘要	借方 亿千百十万千百十元角分	贷方 亿千百十万千百十元角分	借或贷	余额 亿千百十万千百十元角分	√
月	日	字	号						
2	1			期初余额			借	7 2 2 0 0 0 0 0	
	3	记	1	购买甲材料	7 0 2 0 0 0 0 0		借	2 0 0 0 0 0 0	
	10	记	2	收到退回预付款		2 0 0 0 0 0 0	平	0 0 0	
2	28			本月合计	7 2 2 0 0 0 0 0		平	0 0 0	

图 1-8-14

预付账款　明细账

明细科目：易安公司

2017年		凭证		摘要	借方 亿千百十万千百十元角分	贷方 亿千百十万千百十元角分	借或贷	余额 亿千百十万千百十元角分	√
月	日	字	号						
2	1			期初余额			平	0 0 0	
	13	记	3	预付设备款	1 8 0 0 0 0 0 0		借	1 8 0 0 0 0 0 0	
	23	记	4	购买建材设备		2 1 0 6 0 0 0 0	贷	3 0 6 0 0 0 0	
	25	记	5	补付设备款	3 0 6 0 0 0 0		平	0 0 0	
2	28			本月合计	2 1 0 6 0 0 0 0	2 1 0 6 0 0 0 0	平	0 0 0	

图 1-8-15

总　账

会计科目：预付账款

2017年		凭证		摘要	借方 亿千百十万千百十元角分	贷方 亿千百十万千百十元角分	借或贷	余额 亿千百十万千百十元角分	√
月	日	字	号						
2	1			期初余额			借	7 2 2 0 0 0 0 0	
	3	记	1	购买甲材料	7 0 2 0 0 0 0 0		借	2 0 0 0 0 0 0	
	10	记	2	收到退回预付款		2 0 0 0 0 0 0	平	0 0 0	
	13	记	3	预付设备款	1 8 0 0 0 0 0 0		借	1 8 0 0 0 0 0 0	
	23	记	4	购买建材设备		2 1 0 6 0 0 0 0	贷	3 0 6 0 0 0 0	
	25	记	5	补付设备款	3 0 6 0 0 0 0		平	0 0 0	
2	28			本月合计	2 1 0 6 0 0 0 0	9 3 2 6 0 0 0 0	平	0 0 0	

图 1-8-16

战术提升

长风有限公司的地址在新疆乌鲁木齐金地大厦1901室，属增值税一般纳税人，纳税人识别号：110226585874078。企业为更详细的核算采购与付款业务，设置了"预付账款"账户，该账户的明细账户"和平公司"2017年3月的期初余额为借方70 200元。2017年3月发生了以下几笔与预付账款相关的经济业务：

(1) 3月1日，企业向和平集团有限公司采购木板 5 000 千克，商定含税单价为 35.10 元，按照购销合同规定向和平公司预付货款 40% 的定金，待验收货物后补付其余款项。原始凭证如图 1-8-17、图 1-8-18 所示。

购销合同（简表）				
购货方	长风有限公司	地址：新疆乌鲁木齐金地大厦1901室		开户行：中国工商银行	
^	^	电话：010-82527966		账号：0200538827990088700	
销售商品	品 名	单 位	数 量	单位（含税）	金额（含税）
^	木板	千克	5 000	35.10	175 500.00
货款结算方式	预付货款40%的定金，发货结清款项					

图 1-8-17

图 1-8-18

(2) 3月4日，企业向和平公司采购钢材 4 000 千克，约定含税单价为 58.5 元。按照购销合同规定向和平公司预付货款 85% 的定金，验收货物后补付其余款项。原始凭证如图 1-8-19、图 1-8-20 所示。

购销合同（简表）

购货方	长风有限公司	地址：新疆乌鲁木齐金地大厦1901室		开户行：中国工商银行	
		电话：010-82527966		账号：0200538827990088700	
销售商品	品 名	单 位	数 量	单位（含税）	金额（含税）
	钢材	kg	4 000	58.5	234 000
货款结算方式	预付货款85%				

图 1-8-19

银行支票存根

44470670

13531000

附加信息
_____
_____

出票日期：2017年3月4日
收款人：和平集团有限公司
金额：¥198 900.00
用途：预付采购钢材定金
单位主管：××× 会计：×××

图 1-8-20

（3）3月10日，收到和平公司发来的5 000千克木板，企业已验收入库，并收到对方开具的增值税专用发票，发票上记载的货款为150 000元，税款为25 500元。原始凭证如图1-8-21、图1-8-22所示。

入库单

编制单位：长风有限公司　　　　2017年03月10日　　　　编号：0001

产品编号	产品名称	计量单位	数量	
			应收数量	实收数量
0350	木板	千克	5 000	5 000
合计			5 000	5 000

主管：×××　　　　会计：×××　　　　仓管员：×××

图 1-8-21

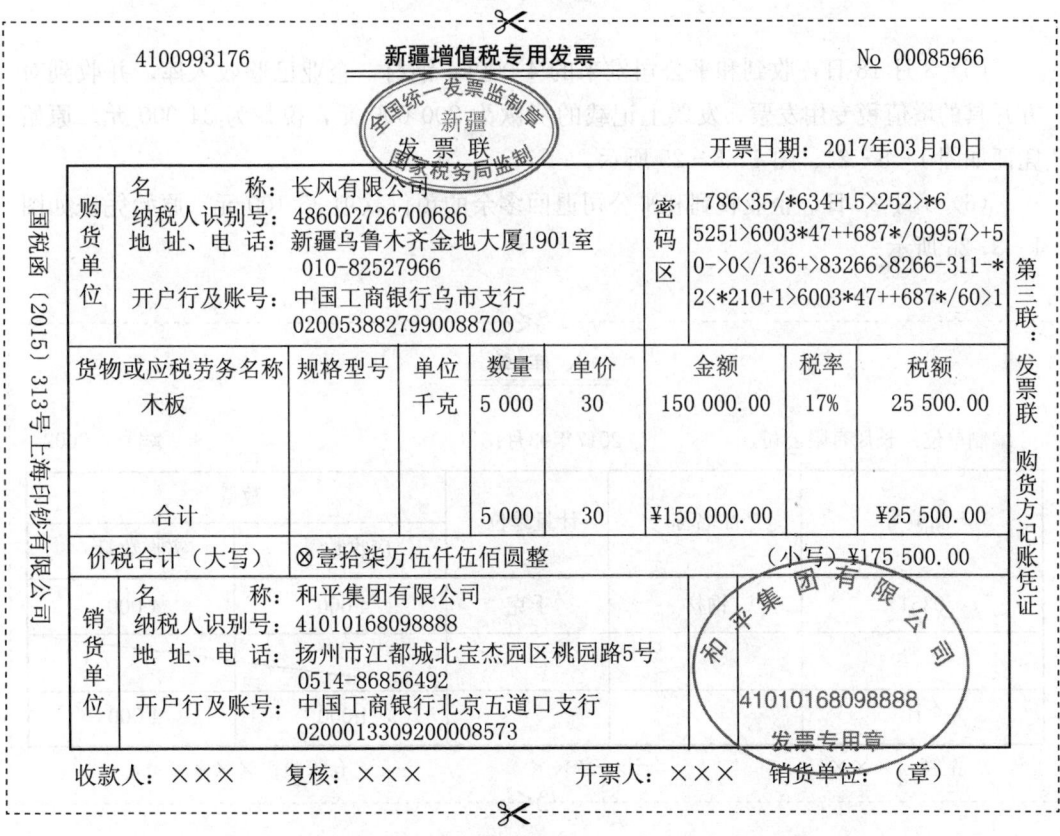

图 1-8-22

（4）3月13日，企业用支票补付因购买木板所欠和平公司的余款。原始凭证如图 1-8-23 所示。

图 1-8-23

(5) 3月18日，收到和平公司发来的 4 000kg 钢材，企业已验收入库，并收到对方开具的增值税专用发票，发票上记载的货款为 200 000 元，税款为 34 000 元。原始凭证如图 1-8-24、图 1-8-25 所示。

(6) 3月21日，企业收到和平公司退回多余的预付款项 35 100 元。原始凭证如图 1-8-26 所示。

入 库 单

编制单位：长风有限公司　　　　2017年03月18日　　　　编号：0002

产品编号	产品名称	计量单位	数量	
			应收数量	实收数量
0351	钢材	千克	4 000	4 000
合计			4 000	4 000

主管：×××　　　会计：×××　　　仓管员：×××

图 1-8-24

岗位一　往来核算岗位实务

图 1-8-25

图 1-8-26

假如你是长风有限公司财务部主要负责预付款项会计核算的会计,在遇到上述经济业务时,你该怎么做呢?

任务九 核算其他应付款

◎ 瞄准靶心

能够进行其他应付款发生业务的核算。
能够进行其他应付款偿付业务的核算。

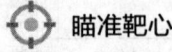 军令如山

新疆彭洪有限公司的地址在新疆伊犁伊宁5号院1631室,属增值税一般纳税人,纳税人识别号:486002726700686。该企业在中国工商银行伊宁支行开立基本账户,账号:0200538827990088700。2016年12月发生了以下几笔与其他应付款相关的业务。

(1) 12月11日,出租给长风有限公司商务车一辆,收到押金15 000元,如图1-9-1所示,并开出收据如图1-9-2所示。

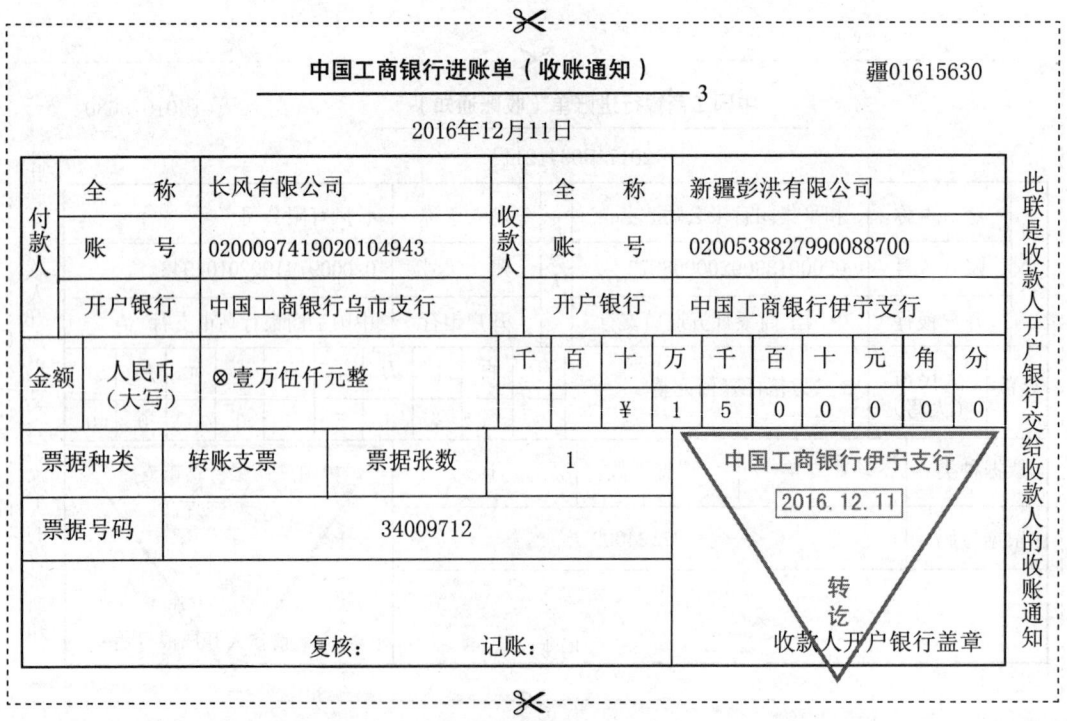

图1-9-1

图 1-9-2

(2) 12月21日，易安有限公司完好无损地归还所借的包装物，彭洪公司退还包装物押金2 100元，如图1-9-3所示。

图 1-9-3

已知该企业其他应付款账户的明细账户"易安公司"12月的期初余额为2 100元，其他明细账户无期初余额。那么，对于上述经济业务，该怎么处理呢？

业务1：企业收到出租车辆的押金

1. 分析出租车辆收取押金业务

该业务是企业出租汽车给长风有限公司，此时企业只是收取承租方的押金，收取押金属于存入保证金的一种，应在"其他应付款"账户的贷方登记增加额，同时企业已收到押金存入银行，应在"银行存款"账户的借方登记增加额，所以借记"银行存款"账户，贷记"其他应付款"账户，金额为15 000元。

2. 编制会计分录并填制记账凭证

根据以上分析可知，这笔业务属于出租车辆收取押金产生其他应付款的情况。在填制记账凭证时注意按顺序编号，本凭证编号为"01号"；时间为"2016年12月11日"；"摘要"栏要简明扼要的说明该经济业务内容，该经济业务是因出租商务车收取押金，所以可以填写为"收到出租车辆押金"；"附件"为原始凭证的张数共计2张，填制凭证如图1-9-4所示。

记 账 凭 证

2016年12月11日　　　　　　　　　　　　　　　记字01号

摘　要	一级科目	二级或明细科目	√	借方金额	贷方金额
收到出租车辆押金	银行存款			15 000.00	
收到出租车辆押金	其他应付款	长风公司			15 000.00
合　计				￥15 000.00	￥15 000.00

附件贰张

会计主管：×××　　记账：×××　　审核：×××　　出纳：×××　　制单：×××

图1-9-4

业务2：退还包装物押金

1. 分析企业退还包装物押金业务

根据业务内容，易安有限公司完好无损地归还所借的包装物，企业向易安公司退回包装物押金，应在"其他应付款"账户的借方登记减少额，并且使银行存款减少，所以应借记"其他应付款"账户,贷记"银行存款"账户,金额为2 100元。

2. 编制会计分录并填制记账凭证

根据以上分析可知,这笔业务属于企业退还包装物押金的情况。在填制记账凭证时注意按顺序编号,本凭证编号为"02号";时间为"2016年12月21日";"摘要"栏要简明扼要的说明该经济业务内容,该经济业务是退还包装物的租赁押金,所以可以填写为"退还包装物押金";"附件"为原始凭证的张数共计1张,填制凭证如图1-9-5所示。

记 账 凭 证

2016年12月21日　　　　　　　　　　　　　　　　记字02号

摘　　要	一级科目	二级或明细科目	√	借方金额	贷方金额
退还包装物押金	其他应付款	易安公司		2 100.00	
退还包装物押金	银行存款	工商银行			2 100.00
合　　计				¥2 100.00	¥2 100.00

附件壹张

会计主管:×××　　记账:×××　　审核:×××　　出纳:×××　　制单:×××

图1-9-5

业务3:登记其他应付款明细账、总账

其他应付款明细账应采用三栏式明细账,该账户的明细账户易安公司12月的期初余额为2 100元,其他明细账户无期初余额。根据以上分析,登记"其他应付款明细账"、"其他应付款总账"如图1-9-6、图1-9-7、图1-9-8所示。

其他应付款　明细账

明细科目:长风公司

2016年		凭证		摘　要	借方	贷方	借或贷	余额	√
月	日	字	号		亿千百十万千百十元角分	亿千百十万千百十元角分		亿千百十万千百十元角分	
12	1			期初余额			平	0 0 0	
	11	记	1	收到出租车辆押金		1 5 0 0 0 0 0	贷	1 5 0 0 0 0 0	
12	31			本月合计		1 5 0 0 0 0 0	贷	1 5 0 0 0 0 0	

图1-9-6

其他应付款　明细账

明细科目：易安公司

2016年		凭证		摘要	借方 亿千百十万千百十元角分	贷方 亿千百十万千百十元角分	借或贷	余额 亿千百十万千百十元角分	√
月	日	字	号						
12	1			期初余额			贷	2 1 0 0 0 0	
	21	记	2	退还包装物押金	2 1 0 0 0 0		平	0 0 0	
2	31			本月合计	2 1 0 0 0 0		平	0 0 0	

图1-9-7

总　账

会计科目：其他应付款

2016年		凭证		摘要	借方 亿千百十万千百十元角分	贷方 亿千百十万千百十元角分	借或贷	余额 亿千百十万千百十元角分	√
月	日	字	号						
12	1			期初余额			贷	2 1 0 0 0 0	
	11	记	1	收到出租车辆押金		1 5 0 0 0 0 0	贷	1 7 1 0 0 0 0	
	21	记	2	退还包装物押金	2 1 0 0 0 0		贷	1 5 0 0 0 0 0	
2	31			本月合计	2 1 0 0 0 0	1 5 0 0 0 0 0	贷	1 5 0 0 0 0 0	

图1-9-8

战术提升

新疆彭洪有限公司的地址在新疆伊犁伊宁5号院1631室，电话是0999-83512376。企业为一般纳税人，纳税人识别号：486002726700686。该企业在中国工商银行伊宁支行开立基本账户，账号：0200538827990088700。2017年有关"其他应付款"业务摘录如下。

（1）2月1日，企业出租一批缝纫机给长风有限公司，签订设备租赁合同，收取押金1 000元。原始凭证如图1-9-9、图1-9-10所示。

收 据

2017年02月01日　　　　　　　　　　　　　No.0508640

今收到　　　长风有限公司1 000元押金。

金额（大写）　　壹仟元整

单位盖单

负责人：×××　　会计：×××　　出纳：×××　　记账：×××

第二联　财务

图 1-9-9

设备租赁合同
（节选）

出租方（甲方）：新疆彭洪有限公司

承租方（乙方）：长风有限公司

二、服务内容：

设备名称	设备价值/台	出租价值/台	出租数量	设备价值总额	出租价值总额/月	押金
缝纫机	2 000.00	350.00	10	20 000.00	3 500.00	100.00

四、服务期限：2017年02月01日至2017年04月01日。

五、合同价款：本次租赁项目总价为7 000元人民币（即人民币柒仟元整），如有增减设备或制作按实际发生额结算。

六、付款方式：

合同签字后乙方向甲方支付1 000元（即人民币壹仟元整）押金，服务结束后若设备检查完好，甲方会全额退还押金给乙方。

十、违约责任：

1. 甲方所提供的器材与《现场布置及所用设备项目及价格清单》不符或未达到本合同对设备、器材的质量要求，由乙方免费更换，如对乙方造成损失，甲方应负责赔偿。

2. 如因乙方原因，造成租赁设备不正常的损耗，造成对甲方的损失，乙方应根据甲方的损失程度，支付相应的经济补偿。

图 1-9-10

(2) 4月1日，与长风公司的租约到期，收到对方支付的两个月租金7 000元，对方完好无损的归还所借的缝纫机，企业退回之前收取的押金。原始凭证如图1-9-11、图1-9-12所示。

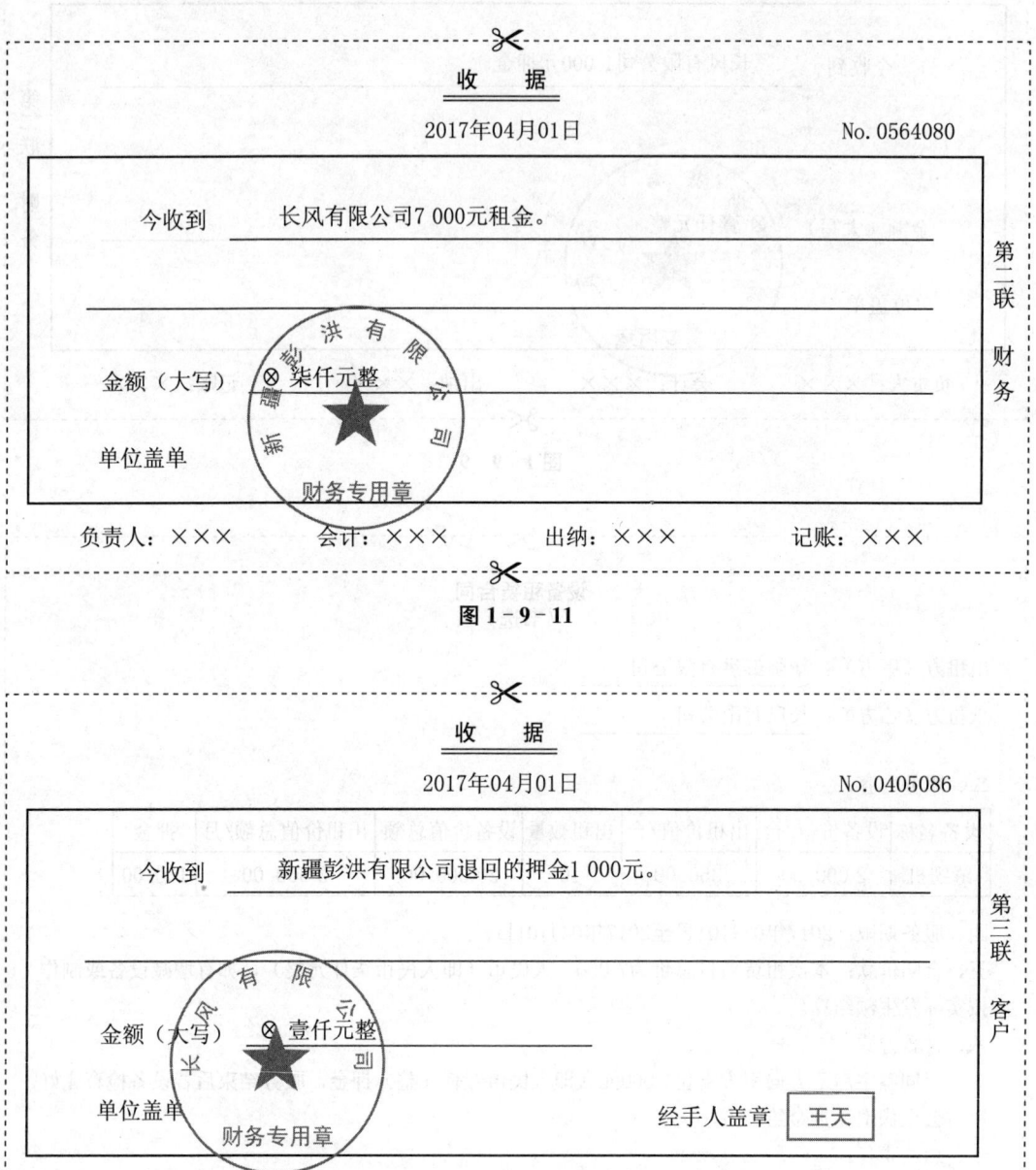

图1-9-11

图1-9-12

已知2017年4月该企业"其他应付款"账户无期初余额，假如你是核算"其他应付款"相关经济业务的责任人，在遇到上述业务时，该如何处理？

岗位二 存货核算岗位实务

任务一 认知存货核算岗位

瞄准靶心

能够认知存货管理业务的主要环节和内容。
能够认知存货核算会计的作用和工作职责。
能够认知存货核算会计的核算内容。

步骤一：认知存货管理业务

企业对于存货的收入、发出等情况需要进行真实有效的记录、管理，建立和完善存货财务管理制度。一般来说，存货通常从以下几个环节进行管理（图2-1-1）。

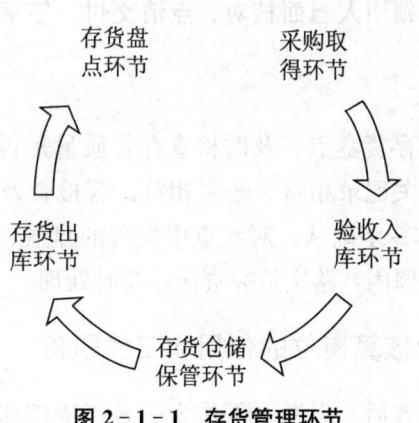

图2-1-1 存货管理环节

1. 采购取得环节

采购取得环节也可以称为企业采购环节，即企业根据生产经营发展需要、经营计划、存货规划，以及行业特点、市场因素等综合考虑，通过外购、委托加工或自行生产等多种方式实施采购,取得存货。

2. 验收入库环节

不论以何种方式取得的存货,都需要经过验收无误后再入库的环节,以保证存货符合合同有关规定、满足产品质量要求等。

若验收环节程序不规范、验收标准不明确,可能会导致存货的数量不符、质量以次充好、账实不符等。

所以,在验收入库环节应建立严格的质量控制标准,健全验收流程;验收外购存货时,应当核对存货的合同、发票等原始单据的信息与实际验收的存货的数量、质量、规格等是否一致,存货是否有残次损坏;验收自制存货时,应对产品质量进行严格检查,检验合格的半成品、产成品才能办理入库手续,否则应及时查明原因、落实责任、报批处理。

3. 存货仓储保管环节

不同批次、型号和用途的存货应分类存放,并按照存货的不同保管要求妥善保管,做好基本的防火、防水、防盗等保管工作。若存货需要在各仓库之间流转时,应当及时办理出入库及调拨手续。

4. 存货出库环节

存货领用发出时,应严格审核、手续完备。仓储部门对经过审批的领料单或销售发货通知单的内容仔细核对,做到单据齐全,名称、规格、计量单位准确,符合条件的准予领用或发出,并与领用人当面核对、点清交付、签字确认,单据及时转财务进行账务处理。

5. 存货盘点环节

通过定期和不定期的存货盘点,及时检查存货质量是否有变质损坏现象,以及核对实物的数量,是否与相关记录相符、账实相符。若检查发现存货减值迹象,盘点结果经监盘人员、仓管人员签字确认,对盘点中发现的盘盈、盘亏、毁损、闲置以及需要报废的存货,应当查明原因,落实追究责任,及时处理。

步骤二:认知存货核算岗位的作用和工作职责

了解了存货管理的内容后,思考一下作为一名存货核算岗位的会计人员,在存货管理中的作用是什么?工作职责是什么?

1. 存货核算岗位的作用

存货核算岗位是企业在日常经营活动、生产过程或提供劳务中发生的各项存货进行核算、记录和管理工作而专设的岗位。

存货核算主要包括存货的采购、存储和销售，主要是对取得存货、发出存货与期末存货计价等业务进行处理；准确核算存货成本，并及时记录存货的发生情况；对各项存货的收、发、存情况登记总账和明细账，根据存货收发存情况向相关部门提供采购计划；对存货相关业务的单据审核，对存货业务的实施过程进行监督；对存货的收、发、存过程，采购计划等进行全面管理。

2. 存货核算岗位的工作职责

（1）进行存货的明细核算，审核存货的入库、发出、期末存货的相关原始凭证，编制记账凭证，交由复核会计审核。

（2）合理设置存货账簿，及时根据复核无误的记账凭证登记存货的总账和明细账。

（3）月末根据各类材料出库凭证核算本月的材料消耗情况，编制材料消耗汇总表，并进行记账。

（4）月末核对材料明细账和总账，对已验收入库但尚未付款的材料要估价入账。

（5）月末参与库存清查盘点，处理清查账务。

（6）参与制定材料消耗定额，编制材料计划成本目录。

步骤三：认知存货核算岗位的主要核算内容和技能要求

由于存货在企业的生产经营过程中，总要经历购入、耗用或销售的过程，所以对每个会计期都要进行存货的会计核算。期末存货成本的高低与企业的生产成本和利润有着直接的关系，存货的核算是企业会计核算的重要内容，起着关键的作用。正确计算购入存货的成本，反映和监督存货的收发、领退、保管等情况，能够促进企业提高资金的使用效率、加强企业资产管理。

所以，存货核算的内容以及技能要求如下：

1. 材料取得、发出的核算

（1）材料取得、发出按照实际成本法核算。能够对不同方式取得的材料，按照实际成本法进行成本核算；能够选择合适的发出材料计价方法，合理、准确地计算发出材料的实际成本。

（2）材料取得、发出按照计划成本法核算。能够对材料的收入、发出和结存情况采用计划成本法进行日常核算，计算材料成本差异率，编制收发材料凭证汇总表。

2. 库存商品收发核算

能够对企业的各种库存商品，按照不同的销售方式进行销售收入的确认，以及对销售发出的商品进行成本结转。

3. 周转材料核算

能够对周转材料的取得、领用、摊销、出租及出借情况按照不同核算方法进行会计核算。

4. 存货期末清查核算

能够对企业清查盘点中发现的存货盘盈、盘亏情况进行处理。

任务二 按实际成本核算原材料

◎ 瞄准靶心

能够采用实际成本法对购入的原材料进行核算。

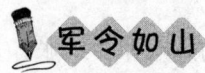

新疆彭洪有限公司由于材料收发业务较少,对于原材料的日常收发及结存情况采用实际成本法进行核算。彭洪公司生产A、B两种产品,需要用甲、乙两种原材料。该企业购入原材料按实际成本法计价,发出原材料采用移动加权平均法计算。2017年4月有关原材料期初余额如表2-2-1所示。

表2-2-1　　　　　　　　　　原材料期初余额

总账	明细账	计量单位	数量	单价	金额（元）
原材料	甲材料	吨	300	400.00	120 000.00
	乙材料	吨	200	200.00	40 000.00

2017年4月,该企业发生了以下几笔与原材料有关的业务。

(1) 4月1日,彭洪公司从长风有限公司购入甲材料一批,取得增值税专用发票如图2-2-1所示,材料采购价款已支付如图2-2-2所示,材料已验收入库如图2-2-3所示。

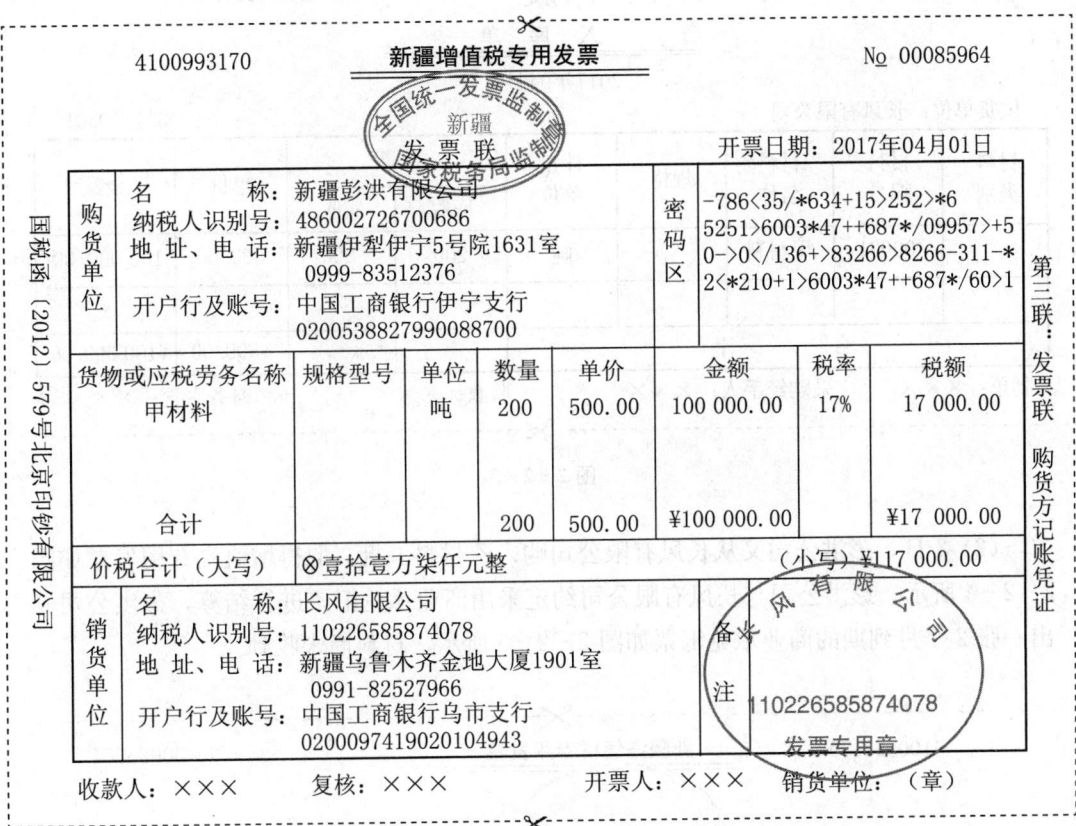

图 2-2-1

图 2-2-2

图 2-2-3

(2) 3日，彭洪公司又从长风有限公司购入乙材料一批，取得增值税专用发票如图2-2-4所示。彭洪公司与长风有限公司约定采用商业承兑汇票进行结算，彭洪公司开出一张2个月到期的商业承兑汇票如图2-2-5所示，材料尚未收到。

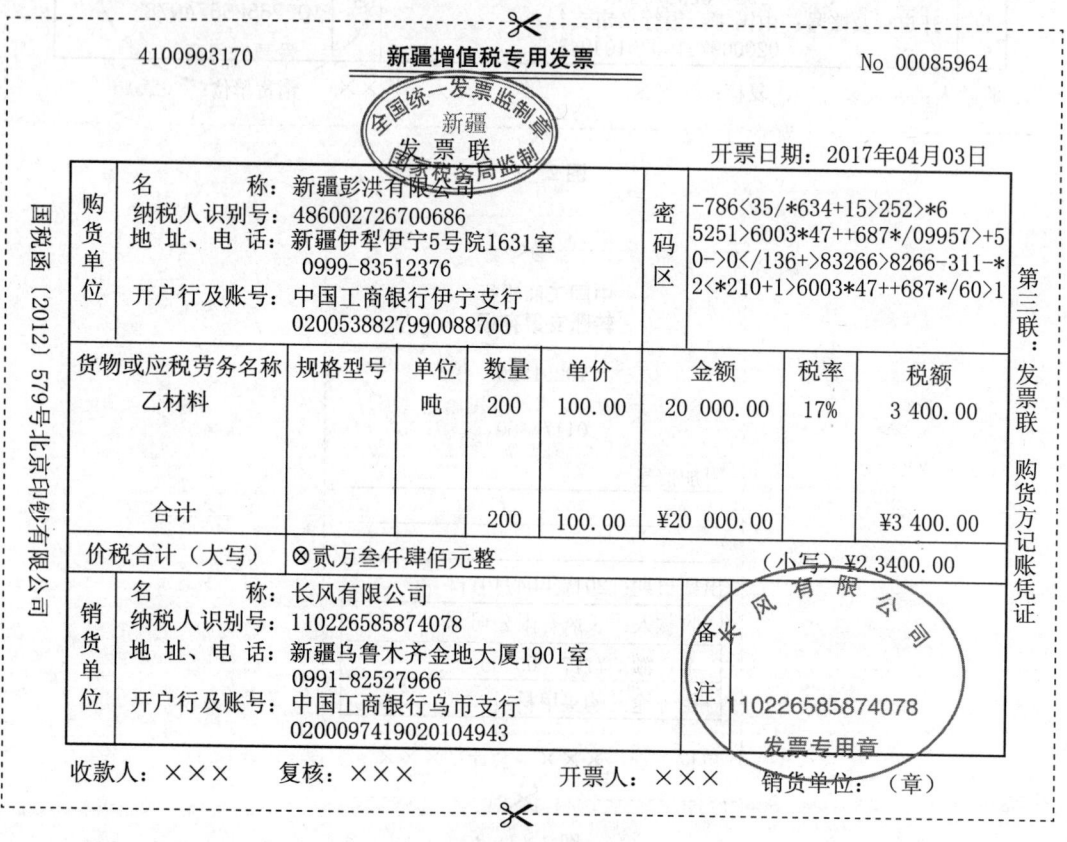

图 2-2-4

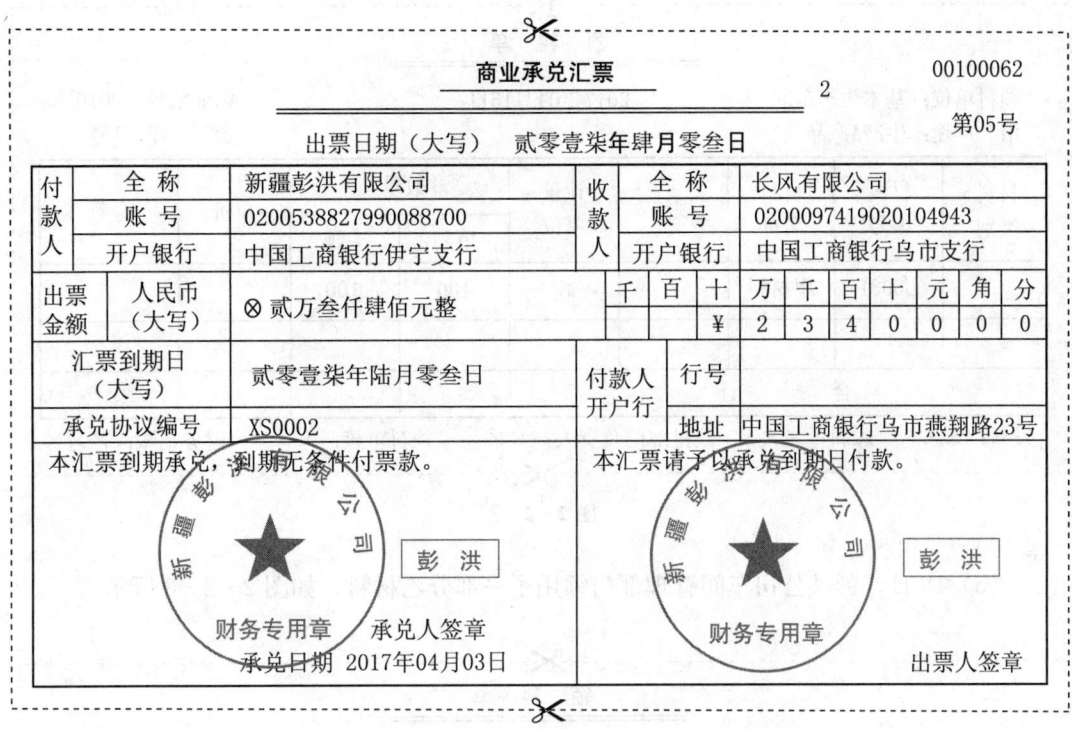

图 2-2-5

（3）5日，收到企业4月3日购入的乙材料，如图2-2-6所示。

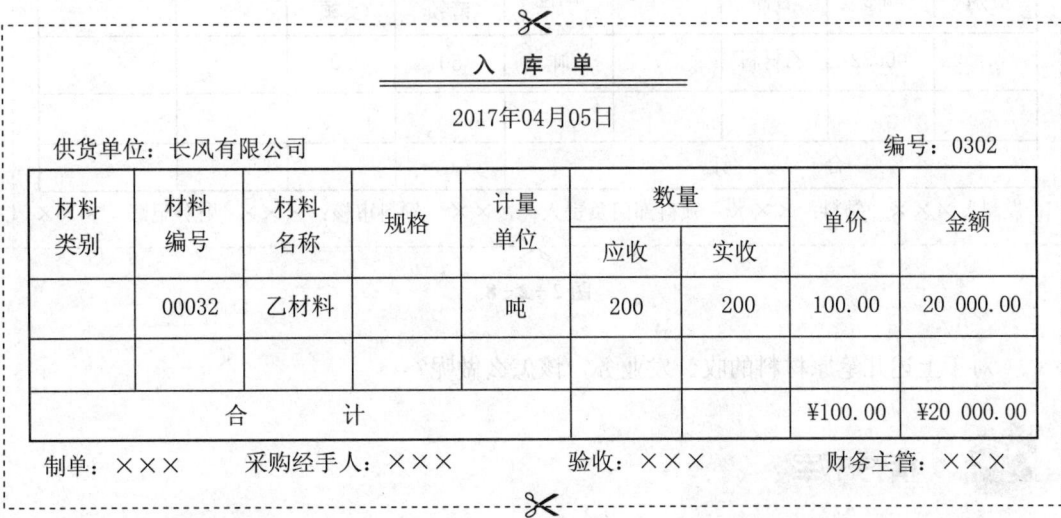

图 2-2-6

（4）15日，彭洪公司基本生产车间为生产A产品，领用了一部分甲材料，如图2-2-7所示。

领 料 单

领料单位：基本生产车间　　　2017年04月15日　　　凭证编号：0010
用　　途：生产A产品　　　　　　　　　　　　　　　仓　　库：1号

材料类别	材料编号	材料名称	规格	计量单位	数量 请领	数量 实领	单价	金额
	00031	甲材料		吨	100	100		
合　　计								

发料：×××　　领料：×××　　领料部门负责人：×××　　领料审核：×××　　财务记账：×××

图 2-2-7

（5）18日，彭洪公司车间管理部门领用了一部分乙材料，如图2-2-8所示。

领 料 单

领料单位：车间管理部门　　　2017年04月18日　　　凭证编号：0011
用　　途：　　　　　　　　　　　　　　　　　　　　仓　　库：2号

材料类别	材料编号	材料名称	规格	计量单位	数量 请领	数量 实领	单价	金额
	00032	乙材料		吨	50	50		
合　　计								

发料：×××　　领料：×××　　领料部门负责人：×××　　领料审核：×××　　财务记账：×××

图 2-2-8

对于上述几笔原材料的收、发业务，该怎么做呢？

业务1：购进甲材料一批，材料验收入库，货款已付

1. 分析企业购入材料并验收入库业务

根据业务内容，彭洪公司从长风有限公司购入甲材料一批，并已支付货款。取得的增值税专用发票（图 2-2-1）上记载的货款为 100 000 元，增值税税额 17 000 元，所以甲材料的采购成本即实际成本为 100 000 元；彭洪公司属于一般纳税人，所以可抵扣的增值税进项税额为 17 000 元。因企业所购入的甲材料已验收入库，所以使企业的原材料增加；款项已支付使企业的银行存款减少，即应借记"原材料"账户，金额为 100 000 元；借记"应交税费——应交增值税（进项税额）"账户，金额为 17 000 元；贷记"银行存款"账户，金额为 117 000 元。

2. 编制会计分录并填制记账凭证

根据以上分析可知，这笔业务属于货款已付、材料已验收入库的情况。在填制通用记账凭证时注意按顺序编号，本凭证编号为"01号"；时间为"2017年4月1日"；"摘要"栏要简明扼要地说明该经济业务内容，该经济业务是彭洪公司从长风有限公司购入甲材料，且材料已验收入库，货款已清，所以可以填写为"采购甲材料"；"附件"为原始凭证的张数共计 3 张，填制凭证如图 2-2-9 所示。

记 账 凭 证

2017年04月01日

记字01号

摘　要	一级科目	二级或明细科目	√	借方金额	贷方金额
采购甲材料	原材料	甲材料		100 000.00	
采购甲材料	应交税费	应交增值税（进项税额）		17 000.00	
采购甲材料	银行存款	工商银行			117 000.00
合　　计				¥117 000.00	¥117 000.00

会计主管：××× 　　记账：××× 　　审核：××× 　　出纳：××× 　　制单：×××

附件叁张

图 2-2-9

业务 2：购进乙材料一批，货款已付，材料尚未收到

1. 分析企业购入材料但尚未收到的业务

根据业务内容，彭洪公司从长风有限公司购入乙材料，开具商业承兑汇票结算货款，但材料尚未收到。该经济业务会使企业的材料、应交增值税进项税额、应付票据增加，取得的增值税专用发票（图 2-2-4）上记载的货款为 20 000 元，增值税税额为 3 400 元。但因材料还未收到，故应计入在途物资账户中，在途物资是资产类账户，增加应记借方；增值税进项税额应记应交税费的借方；应付票据是负债类账户，增加应记贷方。故应借记"在途物资"账户，金额为 20 000 元，借记"应交税费——应交增值税（进项税额）"账户，金额为 3 400 元；贷记"应付票据"账户，金额为 23 400 元。

2. 编制会计分录并填制记账凭证

根据以上分析可知，这笔业务属于购入乙材料但材料尚未收到的情况。在填制通用记账凭证时注意按顺序编号，本凭证编号为"02号"；时间为"2017年4月3日"；"摘要"栏要简明扼要地说明该经济业务内容，该经济业务是彭洪公司从长风有限公司购入乙材料，开具商业承兑汇票支付货款和包装费，但材料尚未收到，所以可以填写为"采购乙材料"；"附件"为原始凭证的张数共计2张，填制凭证如图2-2-10所示。

记账凭证

2017年04月03日

记字02号

摘 要	一级科目	二级或明细科目	√	借方金额	贷方金额
采购乙材料	在途物资	乙材料		20 0000.00	
采购乙材料	应交税费	应交增值税（进项税额）		3 400.00	
采购乙材料	应付票据	长风有限公司			23 400.00
合 计				¥23 400.00	¥23 400.00

附件 贰 张

会计主管：××× 记账：××× 审核：××× 出纳：××× 制单：×××

图2-2-10

业务3：企业收到购入的材料

1. 分析收到所购材料业务

根据业务内容，彭洪公司收到4月3日从长风有限公司购入的材料，验收入库。该业务采用实际成本法核算，未收到材料时应计入在途物资中，在材料验收入库后再由在途物资转入原材料中。故应借记"原材料"账户，贷记"在途物资"账户，金额为20 000元。

2. 编制会计分录并填制记账凭证

根据以上分析可知，这笔业务属于收到所购乙材料验收入库的情况。在填制通用记账凭证时注意按顺序编号，本凭证编号为"03号"；时间为"2017年4月5日"；"摘要"栏要简明扼要地说明该经济业务内容，该经济业务是彭洪公司收到从长风有限公司所购的乙材料验收入库，所以可以填写为"乙材料验收入库"；"附件"为原始凭证的张数共计1张，填制凭证如图2-2-11所示。

记 账 凭 证

2017年04月05日

记字03号

摘 要	一级科目	二级或明细科目	√	借方金额	贷方金额
乙材料验收入库	原材料	乙材料		20 000.00	
乙材料验收入库	在途物资	乙材料			20 000.00
合 计				¥20 000.00	¥20 000.00

附件壹张

会计主管：×××　　记账：×××　　审核：×××　　出纳：×××　　制单：×××

图 2－2－11

业务 4：基本生产车间领用甲材料一批

1. 计算发出甲材料的单价及金额

按照要求，发出原材料采用移动加权平均法计算发出材料成本。

移动加权平均法是以各次收入数量和金额与各次收入前的数量和金额为基础，计算出移动加权平均单价，即购进一次，计算一次平均数。其计算公式如下：

移动加权平均单价＝（本次收入前结存商品金额＋本次收入商品金额）/

（本次收入前结存商品数量＋本次收入商品数量）

本次发出存货的成本＝本次发出存货数量×本次发货前的存货单位成本

本月月末库存存货成本＝月末库存存货数量×本月月末存货单位成本

（1）采用移动加权平均法计算甲材料的成本。

4月初结存甲材料 300 吨，单价 400 元/吨，实际成本 120 000 元；

4月1日，收入甲材料 200 吨，单价 500 元/吨，实际成本 100 000 元；

本次收入甲材料的平均单位成本＝（120 000＋100 000）/（300＋200）＝440 元/吨；本次甲材料的结存成本＝500×440＝220 000 元；

4月15日，领用甲材料 100 吨，领用甲材料的成本＝100×440＝44 000 元；结存的存货成本＝（500－100）×440＝176 000 元。

按照移动加权平均法核算时，发出和结存材料的成本如表 2－2－2 所示。

表 2－2－2　　　　　　　　材料成本明细

日期		摘要	收入			发出			结存		
月	日		数量	单价	金额	数量	单价	金额	数量	单价	金额
4	1	期初结存							300	400	120 000
	1	购入	200	500	100 000				500	440	220 000
	15	领用				100	440	44 000	400	440	176 000

(2) 根据计算结果填制领料单，如图 2-2-12 所示。

领　料　单

领料单位：基本生产车间　　　　2017年04月15日　　　　凭证编号：0010
用　途：生产A产品　　　　　　　　　　　　　　　　　　仓　库：1号

材料类别	材料编号	材料名称	规格	计量单位	数量 请领	数量 实领	单价	金额
	00031	甲材料		吨	100	100	440	44 000.00
合　　　　计							￥440	￥44 000.00

发料：×××　　领料：×××　　领料部门负责人：×××　　领料审核：×××　　财务记账：×××

图 2-2-12

(3) 分析领用甲材料业务的核算。

根据业务内容，彭洪公司基本生产车间领用甲材料，经计算领用甲材料实际成本为 44 000 元。那么，该经济业务会使企业的原材料减少、生产成本增加，应借记"生产成本——基本生产成本"账户，贷记"原材料——甲材料"账户，金额为 44 000 元。

2. 编制会计分录并填制记账凭证

根据以上分析可知，这笔业务属于发出原材料的情况。在填制通用记账凭证时注意按顺序编号，本凭证编号为"04 号"；时间为"2017 年 4 月 15 日"；"摘要"栏要简明扼要地说明该经济业务，该经济业务是彭洪公司基本生产车间领用甲材料，所以可以填写为"基本生产车间领用甲材料"；"附件"为原始凭证的张数共计 1 张，填制凭证如图 2-2-13 所示。

记 账 凭 证

2017年04月15日　　　　　　　　　　　　　　　记字04号

摘　要	一级科目	二级或明细科目	√	借方金额	贷方金额
基本生产车间领用甲材料	生产成本	基本生产成本		44 000.00	
基本生产车间领用甲材料	原材料	甲材料			44 000.00
合　　计				￥44 000.00	￥44 000.00

附件壹张

会计主管：×××　　记账：×××　　审核：×××　　出纳：×××　　制单：×××

图 2-2-13

业务5：车间管理部门领用乙材料一批

1. 计算发出乙材料的单价及金额

按照要求，发出原材料采用移动加权平均法计算发出材料成本。

根据计算公式：

移动加权平均单价＝（本次收入前结存商品金额＋本次收入商品金额）/
（本次收入前结存商品数量＋本次收入商品数量）

本次发出存货的成本＝本次发出存货数量×本次发货前的存货单位成本

本月月末库存存货成本＝月末库存存货数量×本月月末存货单位成本

（1）采用移动加权平均法计算乙材料的成本。

4月初结存乙材料200吨，单价200元/吨，实际成本40 000元；

4月5日，收入乙材料200吨，单价100元/吨，实际成本20 000元；

本次收入乙材料的平均单位成本＝（40 000＋20 000）/（200＋200）＝150元/吨；

本次乙材料的结存成本＝400×150＝60 000元；

4月18日，领用乙材料50吨，领用乙材料的成本＝50×150＝7 500元；结存的存货成本＝（400－50）×150＝52 500元。

按照移动加权平均法核算时，发出和结存材料的成本如表2-2-3所示。

表2-2-3　　　　　　　乙材料成本明细

日期		摘要	收入			发出			结存		
月	日		数量	单价	金额	数量	单价	金额	数量	单价	金额
4	1	期初结存							200	200	40 000
	5	购入	200	100	20 000				400	150	60 000
	18	领用				50	150	7 500	350	150	52 500

（2）根据计算结果填制领料单，如图2-2-14所示。

领　料　单

领料单位：车间管理部门　　　2017年04月18日　　　凭证编号：0011
用　　途：　　　　　　　　　　　　　　　　　　　　仓　　库：2号

材料类别	材料编号	材料名称	规格	计量单位	数量		单价	金额
					请领	实领		
	00032	乙材料		吨	50	50	150.00	7 500.00
合　　　　计							¥150.00	¥7 500.00

发料：×××　　领料：×××　　领料部门负责人：×××　　领料审核：×××　　财务记账：×××

图2-2-14

(3) 分析领用乙材料业务的核算。

根据业务内容，彭洪公司车间管理部门领用乙材料。那么，该经济业务会使企业的原材料减少、管理费用增加，即按照发出乙材料的实际成本 7 500 元，借记"管理费用"账户，贷记"原材料——乙材料"账户，金额为 7 500 元。

2. 编制会计分录并填制记账凭证

根据以上分析可知，这笔业务属于发出原材料的情况。在填制通用记账凭证时注意按顺序编号，本凭证编号为"05 号"；时间为"2017 年 4 月 18 日"；"摘要"栏要简明扼要地说明该经济业务内容，该经济业务是彭洪公司车间管理部门领用乙材料，所以可以填写为"车间管理部门领用乙材料"；"附件"为原始凭证的张数共计 1 张，填制凭证如图 2-2-15 所示。

记 账 凭 证

2017年04月18日   记字05号

摘 要	一级科目	二级或明细科目	√	借方金额	贷方金额
车间管理部门领用乙材料	管理费用			7 500.00	
车间管理部门领用乙材料	原材料	乙材料			7 500.00
合　计				¥7 500.00	¥7 500.00

会计主管：×××　　记账：×××　　审核：×××　　出纳：×××　　制单：×××

附件壹张

图 2-2-15

任务 6：登记原材料与在途物资明细账、总账

原材料明细账应采用数量金额式明细账，该账户的明细账户"甲材料"4 月的期初余额为 120 000 元，明细账户"乙材料"4 月的期初余额为 40 000 元，其他账户无期初余额。根据以上分析，登记"原材料明细账"、"在途物资明细账"、"原材料总账"、"在途物资总账"如图 2-2-16、图 2-2-17、图 2-2-18、图 2-2-19、图 2-2-20 所示。

原材料　明细账

科目：甲材料

2017年		凭证		摘 要	借方			贷方			借或贷	余 额		
月	日	字	号		数量	单价	金额	数量	单价	金额		数量	单价	金额
4	1			期初余额							借	300	400	120 000 00
	1	记	1	采购甲材料	200	500	100 000 00				借	500	440	220 000 00
	15	记	4	基本生产车间领用甲材料				100	440	44 000 00	借	400	440	176 000 00
4	30			本月合计	200	500	100 000 00	100	440	44 000 00	借	400	440	176 000 00

图 2-2-16

原材料 明细账

科目：乙材料

2017年		凭证		摘要	借方			贷方			借或贷	余额		
月	日	字	号		数量	单价	金额	数量	单价	金额		数量	单价	金额
4	1			期初余额							借	200	200	40000.00
	5	记	3	乙材料验收入库	200	100	20000.00				借	400	150	60000.00
	18	记	5	车间管理部门领用乙材料				50	150	7500.00	借	350	150	52500.00
4	30			本月合计	200	100	20000.00	50	150	7500.00	借	350	150	52500.00

图 2-2-17

在途物资 明细账

科目：乙材料

2017年		凭证		摘要	借方			贷方			借或贷	余额		
月	日	字	号		数量	单价	金额	数量	单价	金额		数量	单价	金额
4	1			期初余额							平			0.00
	3	记	2	采购乙材料	200	100	20000.00				借	200	100	20000.00
	5	记	3	乙材料验收入库				200	100	20000.00	平			0.00
4	30			本月合计	200	100	20000.00	200	100	20000.00	平			0.00

图 2-2-18

总账

会计科目：原材料

2017年		凭证		摘要	借方	贷方	借或贷	余额	√
月	日	字	号						
4	1			期初余额			借	160000.00	
	1	记	1	采购甲材料	100000.00		借	260000.00	
	3	记	3	乙材料验收入库	20000.00		借	280000.00	
	15	记	4	基本生产车间领用甲材料		44000.00	借	236000.00	
	18	记	5	车间管理部门领用乙材料		7500.00	借	228500.00	
4	30			本月合计	120000.00	51500.00	借	228500.00	

图 2-2-19

总账

会计科目：在途物资

2017年		凭证		摘要	借方	贷方	借或贷	余额	√
月	日	字	号						
4	1			期初余额			平	0.00	
	3	记	2	采购乙材料	20000.00		借	20000.00	
	5	记	3	乙材料验收入库		20000.00	平	0.00	
4	30			本月合计	20000.00	20000.00	平	0.00	

图 2-2-20

战术提升

新疆彭洪有限公司对于原材料的日常收发及结存情况采用实际成本法进行核算。彭洪公司生产 A、B 两种产品，需要用甲、乙两种原材料。该企业购入原材料按实际成本法计价，发出原材料采用移动加权平均法计算。2017 年 3 月有关期初余额如表 2-2-4 所示。

表 2-2-4　　　　　　　　　　　原材料期初余额

总账	明细账	计量单位	数量	单价	金额（元）
原材料	甲材料	吨	200	200.00	40 000.00
	乙材料	吨	100	400.00	40 000.00

2017 年 3 月，该企业发生了几笔与原材料有关的业务。

（1）1 日，彭洪公司从易安有限公司购入甲材料一批，同时易安有限公司代垫包装费 5000 元。全部款项已用转账支票支付，材料已验收入库。原始凭证如图 2-2-21、图 2-2-22、图 2-2-23、图 2-2-24 所示。

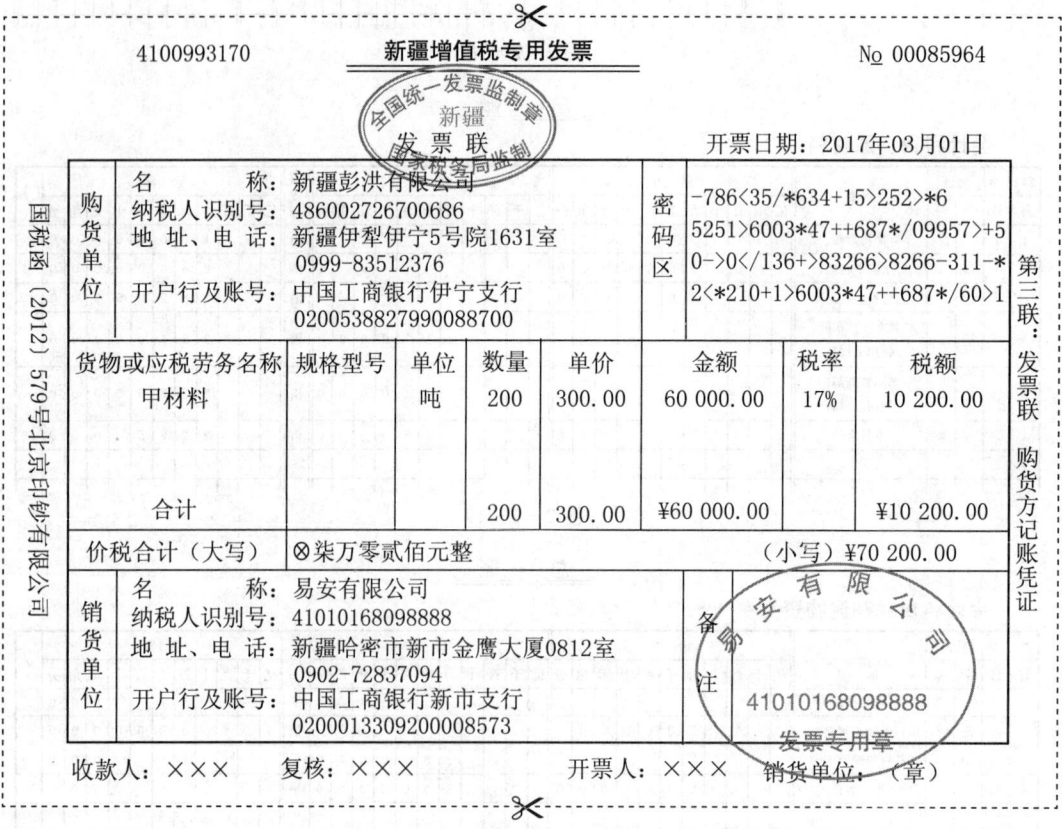

图 2-2-21

图 2-2-22

图 2-2-23

图 2-2-24

（2）10 日，彭洪公司基本生产车间为生产 A 产品，领用了甲材料一批。原始凭证如图 2-2-25 所示。

领料单

2017年03月10日

领料单位：基本生产车间　　　　　　　　　　　　凭证编号：0208
用　　途：生产A产品　　　　　　　　　　　　　仓　库：1号

材料类别	材料编号	材料名称	规格	计量单位	数量 请领	数量 实领	单价	金额
	00031	甲材料		吨	100	100		
合　　　计								

发料：×××　　领料：×××　　领料部门负责人：×××　　领料审核：×××　　财务记账：×××

图 2-2-25

（3）15日，彭洪公司向长风有限公司采购了一批乙材料，材料已验收入库，且全部款项已用转账支票支付。原始凭证如图2-2-26、图2-2-27、图2-2-28所示。

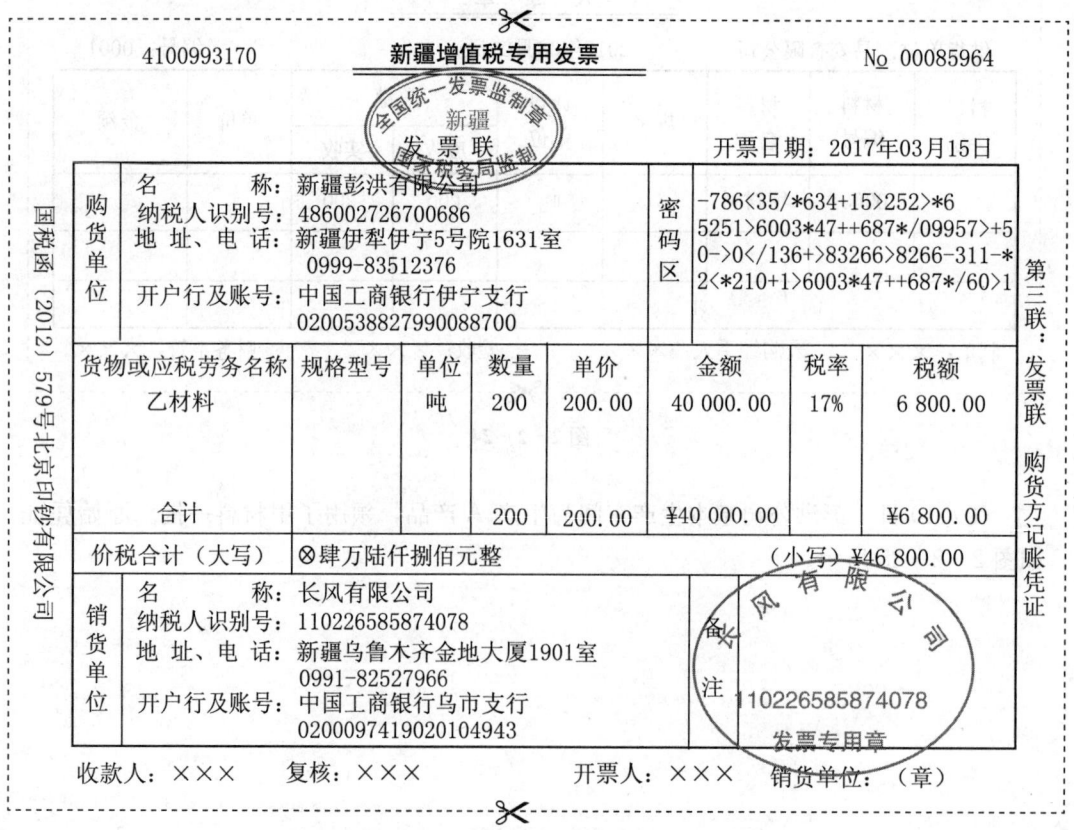

图 2-2-26

图 2-2-27

入 库 单

2017年03月15日

供货单位：长风有限公司　　　　　　　　　　　　　　　　　　编号：0001

材料类别	材料编号	材料名称	规格	计量单位	数量		单价	金额
					应收	实收		
	00031	乙材料		吨	200	200		
合　　　计								

制单：×××　　采购经手人：×××　　验收：×××　　财务主管：×××

图 2-2-28

（4）20日，彭洪公司基本生产车间为生产 A 产品，又领用了一批乙材料。原始凭证如图 2-2-29 所示。

领料单

2017年03月20日

领料单位：基本生产车间　　　　　　　　　　　　　　凭证编号：0011
用　　途：生产A产品　　　　　　　　　　　　　　　仓　　库：1号

材料类别	材料编号	材料名称	规格	计量单位	数量 请领	数量 实领	单价	金额
	00032	乙材料		吨	200	200		
		合　　计						

发料：×××　　领料：×××　　领料部门负责人：×××　　领料审核：×××　　财务记账：×××

图 2-2-29

假如你负责彭洪公司原材料相关业务的会计核算，那么，对于上述经济业务，应该怎么做呢？

任务三　按计划成本核算原材料

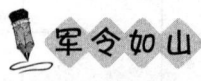　瞄准靶心

能够采用计划成本法进行原材料购进与发出的核算。

军令如山

新疆彭洪有限公司的地址在新疆伊犁伊宁5号院1631室，属增值税一般纳税人，企业生产A、B两种产品，需要用甲、乙两种原材料。该企业原材料业务按计划成本法核算，甲材料计划单价为每千克150元，乙材料计划单价为每千克200元，发出原材料采用先进先出法计算发出材料成本。原材料账户的期初余额如表2-3-1所示，材料成本差异账户的期初余额为贷方16 000元，材料采购等账户无期初余额。

表 2-3-1　　　　　　　　　　原材料账户的期初余额

总账	明细账	计量单位	数量	单价	金额（元）
原材料	甲材料	千克	300	150.00	45 000.00
	乙材料	千克	500	200.00	100 000.00

2017年1月发生了以下几笔与原材料相关的业务。

（1）1月2日，从长风有限公司购入原材料一批，取得增值税专用发票如图2-3-1所示，货款用银行存款支付如图2-3-2所示，材料已验收入库如图2-3-3所示。

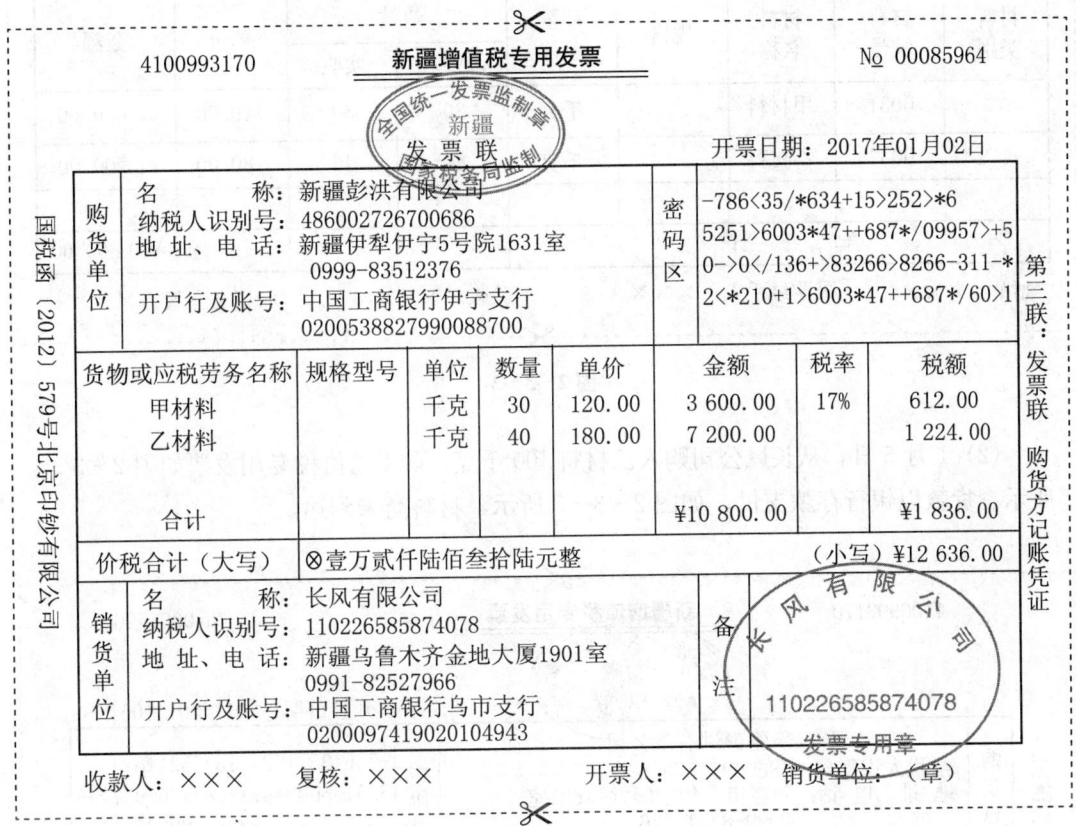

图 2-3-1

图 2-3-2

入 库 单

2017年01月02日

供货单位：长风有限公司　　　　　　　　　　　　　　编号：0331

材料类别	材料编号	材料名称	规格	计量单位	数量		单价	金额
					应收	实收		
	0031	甲材料		千克	30	30	120.00	3 600.00
	0032	乙材料		千克	40	40	180.00	7 200.00
合　　计								¥10 800.00

制单：×××　　采购经手人：×××　　验收：×××　　财务主管：×××

图 2-3-3

（2）1月5日，从长风公司购入乙材料100千克，取得增值税专用发票如图2-3-4所示。货款以银行存款支付，如图2-3-5所示，材料尚未到达。

4100993170　　　　**新疆增值税专用发票**　　　　№00085964

全国统一发票监制章 新疆 国家税务局监制

发 票 联　　　　　　　　　　开票日期：2017年01月05日

国税函〔2012〕579号北京印钞有限公司

购货单位	名　　称：新疆彭洪有限公司 纳税人识别号：486002726700686 地 址、电 话：新疆伊犁伊宁5号院1631室 0999-83512376 开户行及账号：中国工商银行伊宁支行 0200538827990088700	密码区	-786<35/*634+15>252>*6 5251>6003*47++687*/09957>+5 0->0</136+>83266>8266-311-* 2<*210+1>6003*47++687*/60>1

货物或应税劳务名称	规格型号	单位	数量	单价	金额	税率	税额
乙材料		千克	100	180.00	18 000.00	17%	3 060.00
合计					¥18 000.00		¥3 060.00
价税合计（大写）	⊗贰万壹仟零陆拾元整				（小写）¥21 060.00		

销货单位	名　　称：长风有限公司 纳税人识别号：110226585874078 地 址、电 话：新疆乌鲁木齐金地大厦1901室 0991-82527966 开户行及账号：中国工商银行乌市支行 0200097419020104943	备注	长风有限公司 110226585874078 发票专用章

第三联：发票联 购货方记账凭证

收款人：×××　　复核：×××　　开票人：×××　　销货单位：（章）

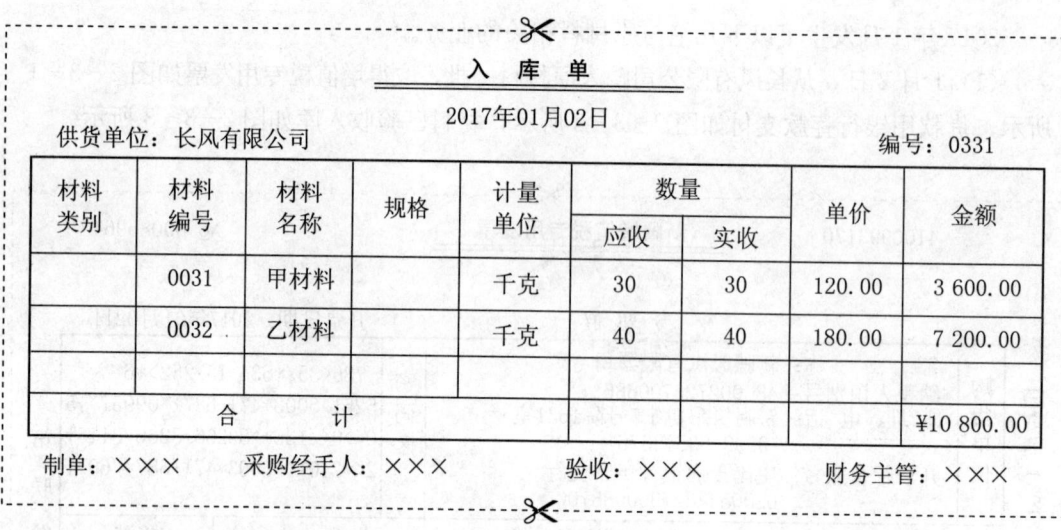

图 2-3-4

图 2-3-5

(3) 1月10日，企业机修车间因修理生产车间的机器设备，领用乙材料20千克，如图2-3-6所示；1月30日，生产部门领用甲材料200千克，乙材料350千克，如图2-3-7所示；管理部门领用乙材料30千克，如图2-3-8所示；机修车间领用乙材料15千克，如图2-3-9所示。

领 料 单

2017年01月10日

领料单位：机修车间　　　　　　　　　　　　　凭证编号：0032
用　　途：修理生产车间的机器设备　　　　　　仓　　库：1号

材料类别	材料编号	材料名称	规格	计量单位	数量 请领	数量 实领	单价	金额
	0032	乙材料		千克	20	20	200	4 000
合　　　　计					20	20	¥200	¥4 000

发料：××× 　领料：××× 　领料部门负责人：××× 　领料审核：××× 　财务记账：×××

图 2-3-6

领 料 单

2017年01月30日

领料单位：生产车间　　　　　　　　　　　　　　　　　凭证编号：0042
用　　途：生产　　　　　　　　　　　　　　　　　　　仓　　库：1号

材料类别	材料编号	材料名称	规格	计量单位	数量 请领	数量 实领	单价	金额
	0031	甲材料		千克	200	200	150.00	30 000.00
	0032	乙材料		千克	350	350	200.00	70 000.00
合　　　　计					550	550	—	¥100 000.00

发料：×××　　领料：×××　　领料部门负责人：×××　　领料审核：×××　　财务记账：×××

图 2-3-7

领 料 单

2017年01月30日

领料单位：管理部门　　　　　　　　　　　　　　　　　凭证编号：0043
用　　途：耗材　　　　　　　　　　　　　　　　　　　仓　　库：1号

材料类别	材料编号	材料名称	规格	计量单位	数量 请领	数量 实领	单价	金额
	0031	乙材料		千克	30	30	200.00	6 000.00
合　　　　计					30	30	—	¥6 000.00

发料：×××　　领料：×××　　领料部门负责人：×××　　领料审核：×××　　财务记账：×××

图 2-3-8

领 料 单

2017年01月30日

领料单位：机修车间　　　　　　　　　　　　　　　　　　凭证编号：00444
用　　途：修理生产车间的机器设备　　　　　　　　　　　仓　　库：1号

材料类别	材料编号	材料名称	规格	计量单位	数量 请领	数量 实领	单价	金额
	0031	乙材料		千克	15	15	200.00	3 000.00
合　　计					15	15	—	¥3 000.00

发料：×××　　领料：×××　　领料部门负责人：×××　　领料审核：×××　　财务记账：×××

图 2-3-9

（4）30日，从长风公司购入的乙材料验收入库，如图 2-3-10 所示。

入 库 单

2017年01月30日

供货单位：长风有限公司　　　　　　　　　　　　　　　　　　　　编号：0036

材料类别	材料编号	材料名称	规格	计量单位	数量 应收	数量 实收	单价	金额
	0032	乙材料		千克	100	100	180.00	18 000.00
合　　计					100	100	—	¥18 000.00

制单：×××　　采购经手人：×××　　　　验收：×××　　　　财务主管：×××

图 2-3-10

假如你是此类业务的会计核算责任人，对于上述经济业务，该怎么做呢？

业务1:购进材料一批,货款已付,材料已验收入库

1. 分析企业购入原材料且材料已验收入库业务

根据上述经济业务,企业采购原材料一批,取得增值税专用发票,货款已付,且材料已验收入库。增值税专用发票(图2-3-1)上记载的所购甲材料货款为3 600元,所购乙材料货款为7 200元,增值税税额1 836元。

该企业原材料业务按计划成本法核算,货款已支付,且材料验收入库,应根据发票账单等结算凭证,按其实际结算的款项借记"材料采购——甲材料"账户,金额为3 600元;借记"材料采购——乙材料"账户,金额为7 200元;借记"应交税费——应交增值税(进项税额)"账户,金额为1 836元;贷记"银行存款"账户,金额为12 636元。

2. 编制会计分录并填制记账凭证

根据以上分析可知,这笔业务属于采购原材料的情况。在填制通用记账凭证时注意按顺序编号,本凭证编号为"01号";时间为"2017年1月2日";"摘要"栏要简明扼要地说明该经济业务内容,该经济业务是采购一批原材料,所以可以填写为"采购原材料";"附件"为原始凭证的张数共计3张,填制凭证如图2-3-11所示。

记 账 凭 证

2017年01月02日

记字01号

摘 要	一级科目	二级或明细科目	√	借方金额	贷方金额
采购原材料	材料采购	甲材料		3 600.00	
采购原材料	材料采购	乙材料		7 200.00	
采购原材料	应交税费	应交增值税(进项税额)		1 836.00	
采购原材料	银行存款	工商银行			12 636.00
合 计				¥12 636.00	¥12 636.00

附件叁张

会计主管:××× 记账:××× 审核:××× 出纳:××× 制单:×××

图2-3-11

原材料计划成本核算要注意的问题

(1) 购入的材料只有在实际成本、计划成本已定并已验收入库的条件下计算购入材料的成本差异,材料成本差异的结转可在入库时结转,也可以在月末汇总时结转。

(2) 材料成本差异率的计算中超支或借方余额用"正号"表示,节约或贷方余额用"负号"表示。

(3) 发出材料承担的成本差异,始终计入材料成本差异的贷方,只不过超支差异用蓝字,节约用红字或×××表示,最终计入到成本费用的材料还是实际成本。

业务2:购进乙材料一批,款项已付,材料尚未到达

1. 分析企业购入原材料但材料尚未收到业务

根据上述经济业务,企业采购原材料一批,取得增值税专用发票,材料尚未到达。增值税专用发票(图2-3-4)上记载的货款为18 000元,增值税税额3 060元。

该企业原材料业务按计划成本法核算,货款已支付,但材料尚未验收入库,应根据发票账单等结算凭证,按其实际结算的款项借记"材料采购"账户,金额为18 000元;借记"应交税费——应交增值税(进项税额)"账户,金额为3 060元;贷记"银行存款"账户,金额为21 060元。

2. 编制会计分录并填制记账凭证

根据以上分析可知,这笔业务属于采购原材料的情况。在填制通用记账凭证时注意按顺序编号,本凭证编号为"02号";时间为"2017年1月5日";"摘要"栏要简明扼要地说明该经济业务内容,该经济业务是采购一批乙材料,所以可以填写为"采购乙材料";"附件"为原始凭证的张数共计2张,填制凭证如图2-3-12所示。

记 账 凭 证

2017年01月05日   记字02号

摘要	一级科目	二级或明细科目	√	借方金额	贷方金额
采购乙材料	材料采购	乙材料		18 000.00	
采购乙材料	应交税费	应交增值税(进项税额)		3 060.00	
采购乙材料	银行存款	工商银行			21 060.00
合 计				¥21 060.00	¥21 060.00

附件 贰 张

会计主管:×××   记账:×××   审核:×××   出纳:×××   制单:×××

图2-3-12

业务3：计划成本法下材料发出的核算

1. 根据本月的领料单编制发料凭证汇总表

企业领用材料时，应按照领用材料的类别或用途，借记"生产成本/制造费用/管理费用/销售费用"等科目。1月10日，企业机修车间因修理生产车间的机器设备领用乙材料20千克，应借记"制造费用"账户，金额为4000（20×200）元；1月30日，生产部门领用甲材料200千克，应借记"生产成本"账户，金额为30000（200×150）元；生产部门领用乙材料350千克，应借记"生产成本"账户，金额为70000（350×200）元；管理部门领用乙材料30千克，应借记"管理费用"账户，金额为6000（30×200）元；机修车间领用乙材料15千克，应借记"制造费用"账户，金额为3000（15×200）元。

按计划成本法进行材料发出的核算与按实际成本计价基本一致，通常是月终根据各种发料凭证，按照发出材料的类别或用途汇总，编制发料凭证汇总如表2-3-2所示，据以进行发出材料的总分类核算。

表2-3-2　　　　　　　　　发料凭证汇总
2017年01月31日　　　　　　　　　　　　　　　　单位：元

日期	贷方科目	借方科目				合计
		生产成本	制造费用	管理费用	销售费用	
1月10日	原材料——乙材料		4 000			83 000
1月30日			3 000			
1月30日				6 000		
1月30日		70 000				
1月30日	原材料——甲材料	3 000				30 000
合计		100 000	7 000	6 000		113 000

2. 编制会计分录并填制记账凭证

根据以上分析可知，这笔业务属于发出材料汇总的情况。在填制通用记账凭证时注意按顺序编号，本凭证编号为"03号"；时间为"2017年1月31日"；"摘要"栏要简明扼要地说明该经济业务内容，该经济业务是因各部门领用原材料发生的，所以可以填写为"领用原材料"；"附件"为原始凭证的张数共计5张，填制凭证如图2-3-13所示。

记 账 凭 证

2017年01月31日　　　　　　　　　　　　　　　　记字03号

摘　要	一级科目	二级或明细科目	√	借方金额	贷方金额
领用原材料	生产成本			100 000.00	
领用原材料	制造费用			7 000.00	
领用原材料	管理费用			6 000.00	
领用原材料	原材料	甲材料			30 000.00
领用原材料	原材料	乙材料			83 000.00
合　计				¥113 000.00	¥113 000.00

附件伍张

会计主管：×××　　记账：×××　　审核：×××　　出纳：×××　　制单：×××

图 2-3-13

业务4：结转材料成本差异

1. 分析企业月末结转材料成本差异业务

（1）结转入库材料成本差异。

月末，根据本月材料收料单及采购明细，编制材料入库汇总如表2-3-3所示，结转验收入库材料成本差异。

表 2-3-3　　　　　　　　　　材料入库汇总

2017年01月31日　　　　　　　　　　　　　　　　单位：元

品名	计划成本	实际成本	材料成本差异
甲材料	4 500	3 600	−900
乙材料	28 000	25 200	−2 800
合计	32 500	28 800	−3700

（2）结转发出材料成本差异。

由于发料凭证只填列了计划成本，为了正确计算产品成本，必须将计划成本调整为实际成本。月末，根据发料凭证汇总表计算发出材料的差异额及差异率，编制发出材料成本差异计算如表2-3-4所示，结转发出材料成本差异，无论节约额，还是超支额，均贷记"材料成本差异"账户，分摊超支差异用蓝字登记，节约差异用红字登记。

表 2-3-4　　　　　　　　　　　发出材料成本差异计算
2017 年 01 月 31 日　　　　　　　　　　　单位：元

项目	计划成本	差异率（%）	材料成本差异
生产成本	100 000		11 100
制造费用	7 000	−11.10	777
管理费用	6 000		666
合计	113 000		12543

2. 编制会计分录并填制记账凭证

（1）结转入库材料成本差异。

根据以上分析可知，这笔业务属入库材料汇总的情况。在填制通用记账凭证时注意按顺序编号，本凭证编号为"04 号"；时间为"2017 年 1 月 31 日"；"摘要"栏要简明扼要地说明该经济业务内容，该经济业务是因材料验收入库及结转材料差异发生的，所以可以填写为"材料入库、结转差异"；"附件"为原始凭证的张数共计 3 张，填制凭证如图 2-3-14 所示。

记 账 凭 证

2017年01月31日　　　　　　　　　　　　　　　　　记字04号

摘要	一级科目	二级或明细科目	√	借方金额	贷方金额
材料入库、结转差异	原材料	甲材料		4 500.00	
材料入库、结转差异	原材料	乙材料		28 000.00	
材料入库、结转差异	材料采购	甲材料			3 600.00
材料入库、结转差异	材料采购	乙材料			25 200.00
材料入库、结转差异	材料成本差异				3 700.00
合计				¥32 500.00	¥32 500.00

附件叁张

会计主管：×××　　记账：×××　　审核：×××　　出纳：×××　　制单：×××

图 2-3-14

（2）结转发出材料成本差异。

根据以上分析可知，这笔业务属结转发出材料成本差异的情况。在填制通用记账凭证时注意按顺序编号，本凭证编号为"05 号"；时间为"2017 年 1 月 31 日"；"摘要"栏要简明扼要地说明该经济业务内容,该经济业务是因发出材料结转发出材料差异,所以可以填写为"结转发出材料差异";"附件"为原始凭证的张数共计1张,填制凭证如图2-3-15所示。

记 账 凭 证

2017年01月31日　　　　　　　　　　　　　　　　记字05号

摘　　　要	一级科目	二级或明细科目	√	借方金额	贷方金额
结转发出材料差异	材料成本差异			12 543.00	
结转发出材料差异	生产成本				11 100.00
结转发出材料差异	制造费用				777.00
结转发出材料差异	管理费用				666.00
合　　　计				¥12 543.00	¥12 543.00

附件壹张

会计主管:×××　　　记账:×××　　　审核:×××　　　制单:×××

图 2-3-15

小贴士

材料成本差异率

(1)材料成本差异率是指材料成本差异额与材料计划成本的比例,通常用百分数表示。材料成本差异额是指材料的实际成本和计划成本之间的差额。差异率正数表示超支差异率,负数表示节约差异率。

(2)发出材料承担的材料成本差异的计算过程如下:

材料成本差异率=(期初结存材料成本差异额+本期验收入库材料的成本差异额)/(期初结存材料的计划成本+本期验收入库的计划成本)×100%

业务5:登记原材料、材料采购与材料成本差异明细账、总账

原材料、材料采购明细账应采用数量金额式明细账,原材料账户的明细账户"甲材料"1月的期初余额为45 000元,明细账户"乙材料"1月的期初余额为100 000元;材料成本差异账户的期初余额为16 000元;其他账户无期初余额。根据以上分析,登记"原材料明细账""材料采购明细账""材料成本差异明细账""原材料总账""材

料采购总账""材料成本差异总账"如图2-3-16、图2-3-17、图2-3-18、图2-3-19、图2-3-20、图2-3-21、图2-3-22、图2-3-23所示。

原材料 明细账

科目：甲材料

2017年		凭证		摘要	借方		金额	贷方		金额	借或贷	余额		金额
月	日	字	号		数量	单价	千百十万千百十元角分	数量	单价	千百十万千百十元角分		数量	单价	千百十万千百十元角分
1	1			期初余额							借	300	150	4 5 0 0 0 0
	31	记	3	领用原材料				200	150	3 0 0 0 0 0	借	100	150	1 5 0 0 0 0
	31	记	4	材料入库、结转差异	30	150	4 5 0 0 0				借	130	150	1 9 5 0 0 0
1	31			本月合计	30	150	4 5 0 0 0	200	150	3 0 0 0 0 0	借	130	150	1 9 5 0 0 0

图2-3-16

原材料 明细账

科目：乙材料

2017年		凭证		摘要	借方		金额	贷方		金额	借或贷	余额		金额
月	日	字	号		数量	单价	千百十万千百十元角分	数量	单价	千百十万千百十元角分		数量	单价	千百十万千百十元角分
1	1			期初余额							借	500	200	1 0 0 0 0 0 0
	31	记	3	领用原材料				415	200	8 3 0 0 0 0	借	85	200	1 7 0 0 0 0
	31	记	4	材料入库、结转差异	140	200	2 8 0 0 0 0				借	225	200	4 5 0 0 0 0
1	31			本月合计	140	200	2 8 0 0 0 0	415	200	8 3 0 0 0 0	借	225	200	4 5 0 0 0 0

图2-3-17

材料采购 明细账

科目：甲材料

2017年		凭证		摘要	借方		金额	贷方		金额	借或贷	余额		金额
月	日	字	号		数量	单价	千百十万千百十元角分	数量	单价	千百十万千百十元角分		数量	单价	千百十万千百十元角分
1	1			期初余额							平	0	0	0 0 0
	2	记	1	采购原材料	30	120	3 6 0 0 0				借	30	120	3 6 0 0 0
	31	记	4	材料入库、结转差异				30	120	3 6 0 0 0	平	0	0	0 0 0
1	31			本月合计	30	120	3 6 0 0 0	30	120	3 6 0 0 0	平	0	0	0 0 0

图2-3-18

材料采购 明细账

科目：乙材料

2017年		凭证		摘要	借方				贷方				借或贷	余额			
月	日	字	号		数量	单价	金额		数量	单价	金额			数量	单价	金额	
1	1			期初余额									平	0		0	
	2	记	1	采购原材料	40	180	7200.00						借	40	180	7200.00	
	5	记	2	采购乙材料	100	180	18000.00						借	140	180	25200.00	
	31	记	4	材料入库、结转差异					140	180	25200.00		平	0		0	
1	31			本月合计	140	180	25200.00		140	180	25200.00		平	0		0	

图 2-3-19

材料成本差异 明细账

明细科目：原材料

2017年		凭证		摘要	借方	贷方	借或贷	余额
月	日	字	号					
1	1			期初余额			贷	1600.00
	31	记	4	材料入库、结转差异		370.00	贷	1970.00
	31	记	5	结转发出材料差	1254.30		贷	715.70
1	31			本月合计	1254.30	370.00	贷	715.70

图 2-3-20

总 账

会计科目：原材料

2017年		凭证		摘要	借方	贷方	借或贷	余额
月	日	字	号					
1	1			期初余额			借	14500.00
	31	记	3	领用原材料		11300.00	借	3200.00
	31	记	4	材料入库、结转差异	32500.00		借	64500.00
1	31			本月合计	32500.00	11300.00	借	64500.00

图 2-3-21

总 账

会计科目：材料采购

2017年		凭证		摘要	借方	贷方	借或贷	余额
月	日	字	号					
1	1			期初余额			平	0.00
	2	记	1	采购原材料	10800.00		借	10800.00
	5	记	2	采购乙材料	18000.00		借	28800.00
	31	记	4	材料入库、结转差异		28800.00	平	0.00
1	31			本月合计	28800.00	28800.00	平	0.00

图 2-3-22

总　账

会计科目：材料成本差异

2017年		凭证		摘要	借方										贷方										借或贷	余额										√
月	日	字	号		亿	千	百	十	万	千	百	十	元	角	分	亿	千	百	十	万	千	百	十	元	角	分		亿	千	百	十	万	千	百	十	元	角	分	
1	1			期初余额																							贷				1	6	0	0	0	0	0	
	31	记	4	材料入库、结转差异																3	7	0	0	0	0	0	贷				1	9	7	0	0	0	0	
	31	记	5	结转发出材料					1	2	5	4	3	0	0												贷					7	1	5	7	0	0	
1	31			本月合计					1	2	5	4	3	0	0						3	7	0	0	0	0	贷					7	1	5	7	0	0	

图2-3-23

战术提升

长风有限公司的地址在新疆乌鲁木齐金地大厦1901室，属增值税一般纳税人。企业生产甲产品，需要用B材料，B材料的单位计划成本为24元/千克。该企业2016年8月发生了几笔有关原材料业务，原材料按计划成本计价，发出原材料采用移动加权平均法计算发出材料成本。

具体业务内容如下：

（1）8月5日，向彭洪公司购进B材料一批，取得增值税专用发票，验单当即承付开户银行传来的对方全部托收款项，材料尚未收到。原始凭证如图2-3-24、图2-3-25、图2-3-26所示。

图2-3-24

岗位二 存货核算岗位实务

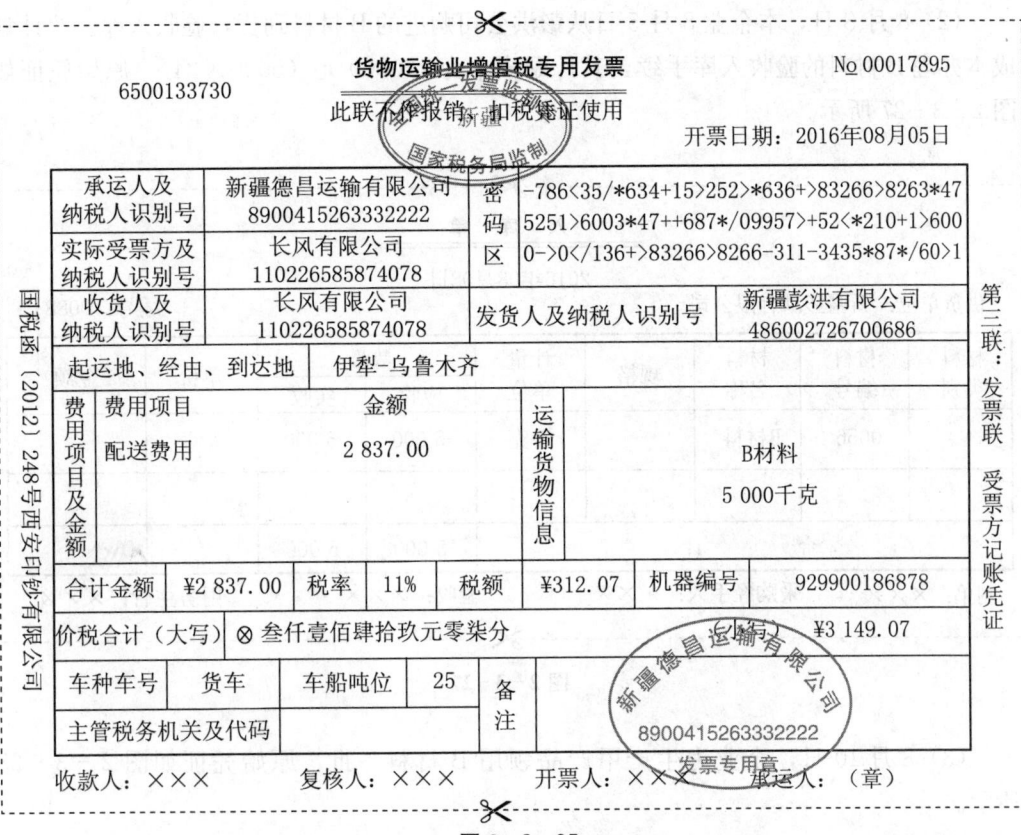

图 2-3-25

图 2-3-26

(2) 8月8日，本企业8月5日从彭洪公司购进的B材料到货，验收入库。按计划成本办理B材料的验收入库手续，其计划成本为120000元（5000×24）。原始凭证如图2-3-27所示。

入 库 单

2016年08月08日

供货单位：新疆彭洪有限公司　　　　　　　　　　　　　　　　　　编号：0088

材料类别	材料编号	材料名称	规格	计量单位	数量		单价	金额
					应收	实收		
	0056	B材料		千克	5 000	5 000		
合　　　计					5 000	5 000		

制单：×××　　采购经手人：×××　　　　验收：×××　　　　财务主管：×××

图 2-3-27

(3) 8月10日，企业为生产甲产品领用B材料一批，原始凭证如图2-3-28所示。

领 料 单

2016年08月10日

领料单位：生产部门　　　　　　　　　　　　　　　　　　　凭证编号：0043
用　　途：生产甲产品　　　　　　　　　　　　　　　　　　仓　　库：1号

材料类别	材料编号	材料名称	规格	计量单位	数量		单价	金额
					请领	实领		
	0056	B材料		千克	300	300		
合　　　计					300	300		

发料：×××　领料：×××　领料部门负责人：×××　领料审核：×××　财务记账：×××

图 2-3-28

假设该企业2016年8月原材料等账户无期初余额，对于上述经济业务，该如何处理呢？

任务四　核算库存商品

瞄准靶心

能够进行库存商品发生的核算。
能够进行库存商品偿付的核算。

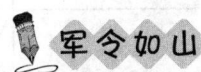

新疆彭洪有限公司的地址在新疆伊犁伊宁5号院1631室，属增值税一般纳税人，企业主要经营办公用品，该企业的库存商品按实际成本核算，采用先进先出法核算发出库存商品的成本。2017年3月1日，结存库存商品办公桌18台，单价为2 000元/台。

2017年3月发生了以下几笔与库存商品相关的业务。

（1）3月5日，35台办公桌完工并验收入库，如图2-4-1所示，此批办公桌的单位成本为2100元/台。

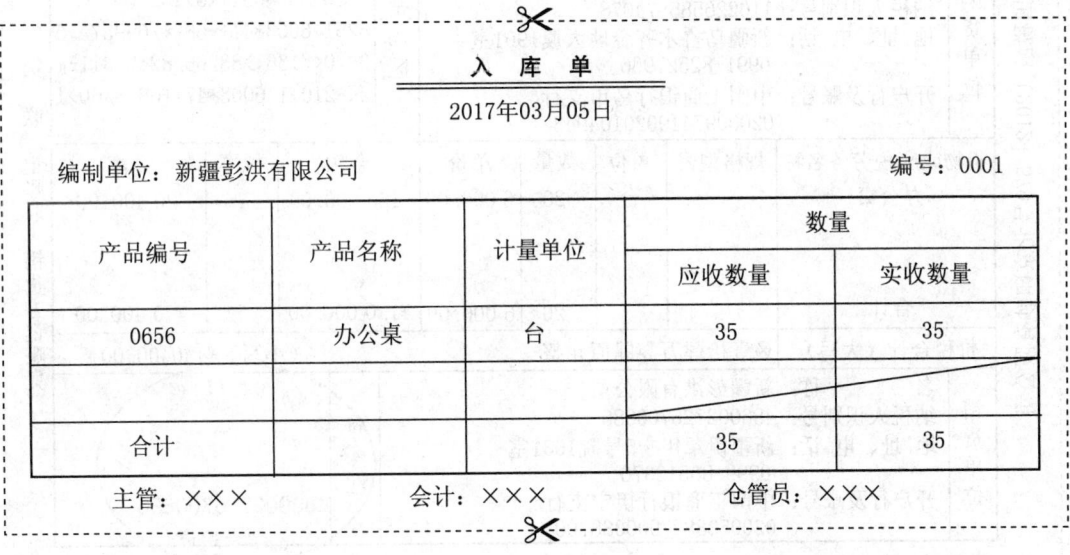

图2-4-1

（2）3月10日，向长风有限公司销售办公桌20台，发出货物如图2-4-2所示，取得增值税专用发票如图2-4-3所示，货款已收讫如图2-4-4所示。

出 库 单

2017年03月10日

收货单位：长风有限公司　　　　　　　　　　　　　　　　　　编号：0001

产品名称	单位	数量	单位成本	总成本
办公桌	台	20		
合计	—	20		

仓库负责人：×××　　　　保管员：×××　　　　提货人：×××

图 2-4-2

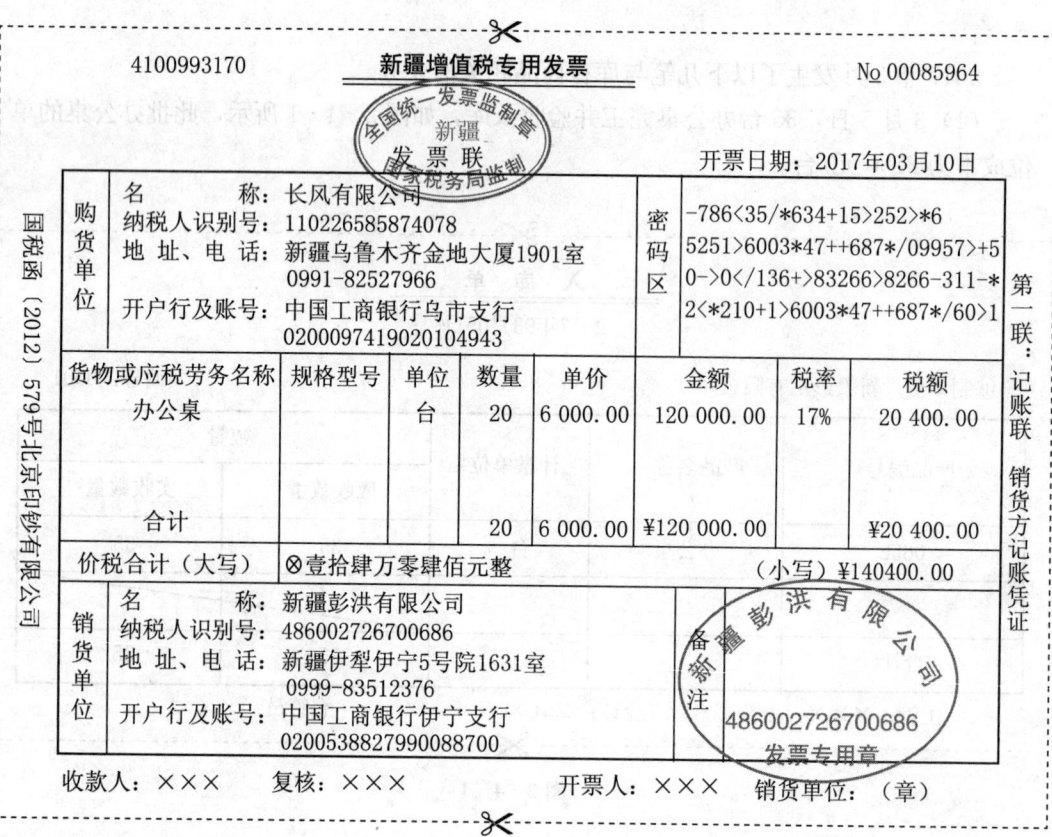

图 2-4-3

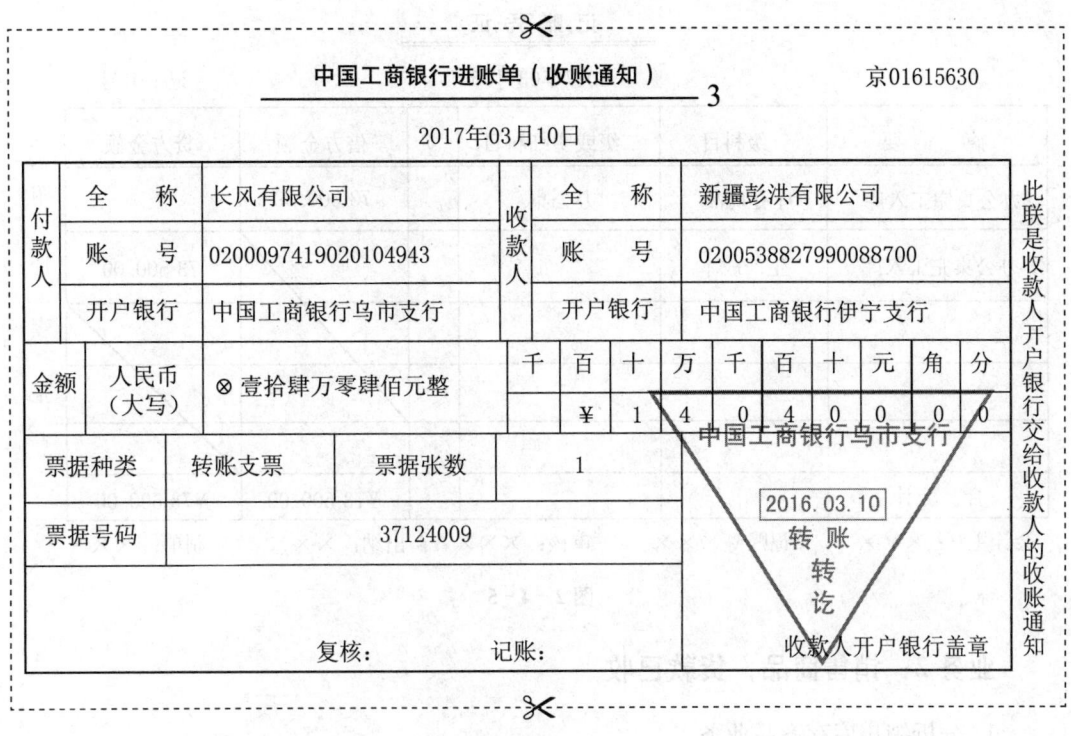

图 2 - 4 - 4

假如你是此类业务的会计核算责任人，对于上述经济业务，该怎么做呢？

业务1：产品完工并验收入库

1. 分析验收入库商品的业务

对于库存商品采用实际成本核算的企业，根据经济业务，办公桌完工并已验收入库，应根据产品入库单等结算凭证，借记"库存商品"账户，贷记"生产成本"账户，金额为 73 500（35×2 100）元。

2. 填制会计分录并填制记账凭证

根据以上分析可知，这笔业务属于产品完工并验收入库的情况。在填制通用记账凭证时注意按顺序编号，本凭证编号为"01号"；时间为"2017年3月5日"；"摘要"栏要简明扼要地说明该经济业务内容，该经济业务是办公桌生产完成并验收入库，所以可以填写为"办公桌完工入库"；"附件"为原始凭证的张数共计1张，填制凭证如图2-4-5所示。

记 账 凭 证

2017年03月05日　　　　　　　　　　记字01号

摘　要	一级科目	二级或明细科目	√	借方金额	贷方金额
办公桌完工入库	库存商品	办公桌		73 500.00	
办公桌完工入库	生产成本				73 500.00
合　计				¥73 500.00	¥73 500.00

附件壹张

会计主管：×××　　记账：×××　　审核：×××　　出纳：×××　　制单：×××

图 2-4-5

业务 2：销售商品，货款已收

1. 分析销售库存商品业务

（1）确认销售收入。

根据企业发生的经济业务，销售办公桌 20 台，应根据产品出库单、增值税专用发票、银行进账单等结算凭证，按其实际结算的款项借记"银行存款"账户，贷记"主营业务收入""应交税费——应交增值税（销项税额）"账户。

（2）结转销售成本。

企业采用先进先出法核算销售库存商品的成本，期初库存商品办公桌 18 台，每台 2000 元；本月入库办公桌 35 台，每台 2100 元；本次销售办公桌 20 台，故应编制先进先出法计算如表 2-4-1 所示。

表 2-4-1　　　　　　　　先进先出法计算

2017 年		凭证号数	摘要	收入			发出			结存		
月	日			数量	单价	金额	数量	单价	金额	数量	单价	金额
3	1		期初结存							18	2000	36000
	5	略	入库	35	2 100	73 500				18	2 000	109 500
										35	2 100	
	10		发出				18	2 000	36 000	33	2 100	69 300
							2	2 100	4 200			
	31		合计	35	—	73 500	20	—	40 200	33	2 100	69 300

2. 填制会计分录并填制记账凭证

(1) 确认销售收入。

根据以上分析可知,这笔业务属于销售库存商品的情况。在填制通用记账凭证时注意按顺序编号,本凭证编号为"02号";时间为"2017年3月10日";"摘要"栏要简明扼要地说明该经济业务内容,该经济业务是销售办公桌20台,所以可以填写为"销售办公桌";"附件"为原始凭证的张数共计2张,填制凭证如图2-4-6所示。

记 账 凭 证

2017年03月10日　　　　　　　　　　　　　记字02号

摘 要	一级科目	二级或明细科目	√	借方金额	贷方金额	
销售办公桌	银行存款			140 400.00		附
销售办公桌	主营业务收入				120 000.00	件
销售办公桌	应交税费	应交增值税（销项税额）			20 400.00	贰 张
合　计				¥140 400.00	¥140 400.00	

会计主管：×××　　记账：×××　　审核：×××　　出纳：×××　　制单：×××

图 2-4-6

(2) 结转销售成本。

根据以上分析可知,这笔业务属于销售库存商品结转其成本的情况。在填制通用记账凭证时注意按顺序编号,本凭证编号为"03号";时间为"2017年3月10日";"摘要"栏要简明扼要地说明该经济业务内容,该经济业务是结转销售成本,所以可以填写为"结转成本";"附件"为原始凭证的张数共计2张,填制凭证如图2-4-7所示。

记 账 凭 证

2017年03月10日　　　　　　　　　　　　　记字03号

摘 要	一级科目	二级或明细科目	√	借方金额	贷方金额	
结转成本	主营业务成本			40 200.00		附
结转成本	库存商品	办公桌			40 200.00	件
						贰
						张
合　计				¥40 200.00	¥40 200.00	

会计主管：×××　　记账：×××　　审核：×××　　出纳：×××　　制单：×××

图 2-4-7

业务3：登记库存商品明细账、总账

库存商品明细账应采用数量金额式明细账，其明细账户"办公桌"3月的期初余额为36000（18×2000）元，其他账户无期初余额。根据以上分析，登记"库存商品明细账""库存商品总账"如图2-4-8、图2-4-9所示。

库存商品 明细账

科目：办公桌

2017年		凭证		摘要	借方			贷方			借或贷	余额		
月	日	字	号		数量	单价	金额	数量	单价	金额		数量	单价	金额
3	1			期初余额							借	18	2000	3 6 0 0 0 0 0
	5	记	1	办公桌完工入库	35	2100	7 3 5 0 0 0 0				借	53	—	1 0 9 5 0 0 0 0
	10	记	3	结转成本				20	—	4 0 2 0 0 0 0	借	33	2100	6 9 3 0 0 0 0
3	31			本月合计	35	2100	7 3 5 0 0 0 0	20	—	4 0 2 0 0 0 0	借	33	2100	6 9 3 0 0 0 0

图2-4-8

总 账

会计科目：库存商品

2017年		凭证		摘要	借方	贷方	借或贷	余额	√
月	日	字	号		亿千百十万千百十元角分	亿千百十万千百十元角分		亿千百十万千百十元角分	
3	1			期初余额			借	3 6 0 0 0 0 0	
	5	记	1	办公桌完工入库	7 3 5 0 0 0 0		借	1 0 9 5 0 0 0 0	
	10	记	3	结转成本		4 0 2 0 0 0 0	借	6 9 3 0 0 0 0	
3	31			本月合计	7 3 5 0 0 0 0	4 0 2 0 0 0 0	借	6 9 3 0 0 0 0	

图2-4-9

战术提升

新疆彭洪有限公司的地址在新疆伊犁伊宁5号院1631室，属增值税一般纳税人，企业主要经营医疗器械，该企业的库存商品按实际成本核算，采用先进先出法核算发出库存商品的成本。2017年1月1日，结存不锈钢运药车15辆，单价为800元/辆。

2017年1月发生了以下几笔与库存商品相关的业务。

（1）1月13日，40辆不锈钢运药车完工并验收入库，此批不锈钢运药车的单位成本为1000元。相关原始凭证如图2-4-10所示。

入 库 单

2017年01月13日

编制单位：新疆彭洪有限公司　　　　　　　　　　　　　　　　　　编号：0002

产品编号	产品名称	计量单位	数量	
			应收数量	实收数量
0063	运药车	辆	40	40
合计			40	40

主管：×××　　　　　会计：×××　　　　　仓管员：×××

图 2-4-10

(2) 1月20日，向易安有限公司销售不锈钢运药车30辆，收到支付货款的银行承兑汇票一张。相关原始凭证如图2-4-11、图2-4-12、图2-4-13所示。

出 库 单

2017年01月20日

收货单位：易安有限公司　　　　　　　　　　　　　　　　　　编号：0002

产品名称	单位	数量	单位成本	总成本
不锈钢运药车	辆	30		
合计	—	30		

仓库负责人：×××　　　　　保管员：×××　　　　　提货人：×××

图 2-4-11

新疆增值税专用发票

4100993170　　　　　　　　　　　　　　　　　　　　No 00085964

开票日期：2017年01月20日

购货单位	名　　称	易安有限公司						
	纳税人识别号	110226585874078						
	地　址、电　话	新疆乌鲁木齐金地大厦1901室　0991-82527966						
	开户行及账号	中国工商银行新支行　0200013309200008573						

密码区：-786<35/*634+15>252>*6 5251>6003*47++687*/09957>+5 0->0</136+>83266>8266-311-* 2<*210+1>6003*47++687*/60>1

货物或应税劳务名称	规格型号	单位	数量	单价	金额	税率	税额
不锈钢运药车		辆	30	1 500.00	45 000.00	17%	7 650.00
合计			30	1 500.00	¥45 000.00		¥7 650.00

价税合计（大写）　⊗伍万贰仟陆佰伍拾元整　　　　（小写）¥52 650.00

销货单位	名　　称	新疆彭洪有限公司
	纳税人识别号	486002726700686
	地　址、电　话	新疆伊犁伊宁5号院1631　0999-83512376
	开户行及账号	中国工商银行伊宁支行　0200538827990088700

备注：486002726700686 发票专用章

收款人：×××　　复核：×××　　开票人：×××　　销货单位：（章）

图 2-4-12

银行承兑汇票　　2　　00100060

出票日期（大写）　贰零壹柒年零壹月贰拾日

付款人	全　称	易安有限公司	收款人	全　称	新疆彭洪有限公司
	账　号	0200013309200008573		账　号	0200538827990088700
	开户银行	中国工商银行新市支行		开户银行	中国工商银行伊宁支行

出票金额　人民币（大写）⊗伍万贰仟陆佰伍拾元整

亿	千	百	十	万	千	百	十	元	角	分
				¥5	2	6	5	0	0	0

汇票到期日（大写）	贰零壹柒年零肆月贰拾日	付款人开户行	行号	02
承兑协议编号	2017567		地址	中国工商银行新市新宁路23号

本汇票请你行承兑，到期无条件付款。　　　　本汇票已做承兑，到期日由本行付款。

财务专用章　出票人签章　2017年02月05日　　承兑行签章　承兑日期：2017年02月05日　汇票专用章

复核　　记账

图 2-4-13

假如你是此类业务的会计核算责任人,该怎么做呢?

任务五 核算周转材料

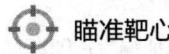

能够对周转材料的取得、领用、出租、出借等情况进行核算。

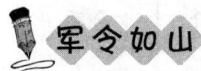

新疆彭洪有限公司为包装企业产品而储备了包装物,对于包装物的增减变动、价值损耗、结存等情况,设置了"周转材料——包装物"账户进行核算。该企业对于包装物采用一次转销法计算、采用实际成本法进行核算。

2017年4月,该企业发生了几笔与包装物有关的业务,其中周转材料——包装物——玻璃瓶、包装袋、包装箱等有关期初余额如表2-5-1所示。

表2-5-1　　　　　　　　　　周转材料期初余额

总账	明细账	计量单位	数量	单价	金额(元)
周转材料	包装物(玻璃瓶)	瓶	2 000	4.00	8 000.00
	包装物(包装箱)	只	1 000	50.00	50 000.00
	包装物(包装袋)	个	300	3.00	900.00

(1) 1日,彭洪公司为生产A产品领用了玻璃瓶一批,如图2-5-1所示。

领 料 单

领料单位:生产车间　　　　2017年04月01日　　　　凭证编号:011
用　　途:包装产品　　　　　　　　　　　　　　　　仓　　库:5号

材料类别	材料编号	材料名称	规格	计量单位	数量		单价	金额
					请领	实领		
	00035	玻璃瓶		瓶	1 000	1 000	4.00	4 000.00
		合　　　计			1 000	1 000	¥4.00	¥4 000.00

发料:×××　领料:×××　领料部门负责人:×××　领料审核:×××　财务记账:×××

图2-5-1

(2) 5日,企业在促销A产品时,为顾客提供便利而采用包装袋进行简单包装,领用包装袋一批,如图2-5-2所示。

领 料 单

2017年04月05日

领料单位:销售部门　　　　　　　　　　　　　　　　凭证编号:032
用　　途:促销A产品　　　　　　　　　　　　　　　仓　　库:3号

材料类别	材料编号	材料名称	规格	计量单位	数量 请领	数量 实领	单价	金额
	00036	包装袋		个	100	100	3.00	300.00
合　　　计					100	100	¥3.00	¥300.00

发料:×××　领料:×××　领料部门负责人:×××　领料审核:×××　财务记账:×××

图 2-5-2

(3) 10日,为销售A产品,领用包装箱(单独计价)一批,如图2-5-3、图2-5-4所示,款项尚未收到。

领 料 单

2017年04月10日

领料单位:销售部门　　　　　　　　　　　　　　　　凭证编号:032
用　　途:销售A产品　　　　　　　　　　　　　　　仓　　库:3号

材料类别	材料编号	材料名称	规格	计量单位	数量 请领	数量 实领	单价	金额
	00037	包装箱		只	200	200	50.00	10 000.00
合　　　计					200	200	¥50.00	¥10 000.00

发料:×××　领料:×××　领料部门负责人:×××　领料审核:×××　财务记账:×××

图 2-5-3

图 2-5-4

(4) 15日，彭洪公司购入包装箱一批，取得增值税专用发票如图 2-5-5 所示，已验收入库，如图 2-5-6 所示，货款已采用转账支票支付，如图 2-5-7 所示。

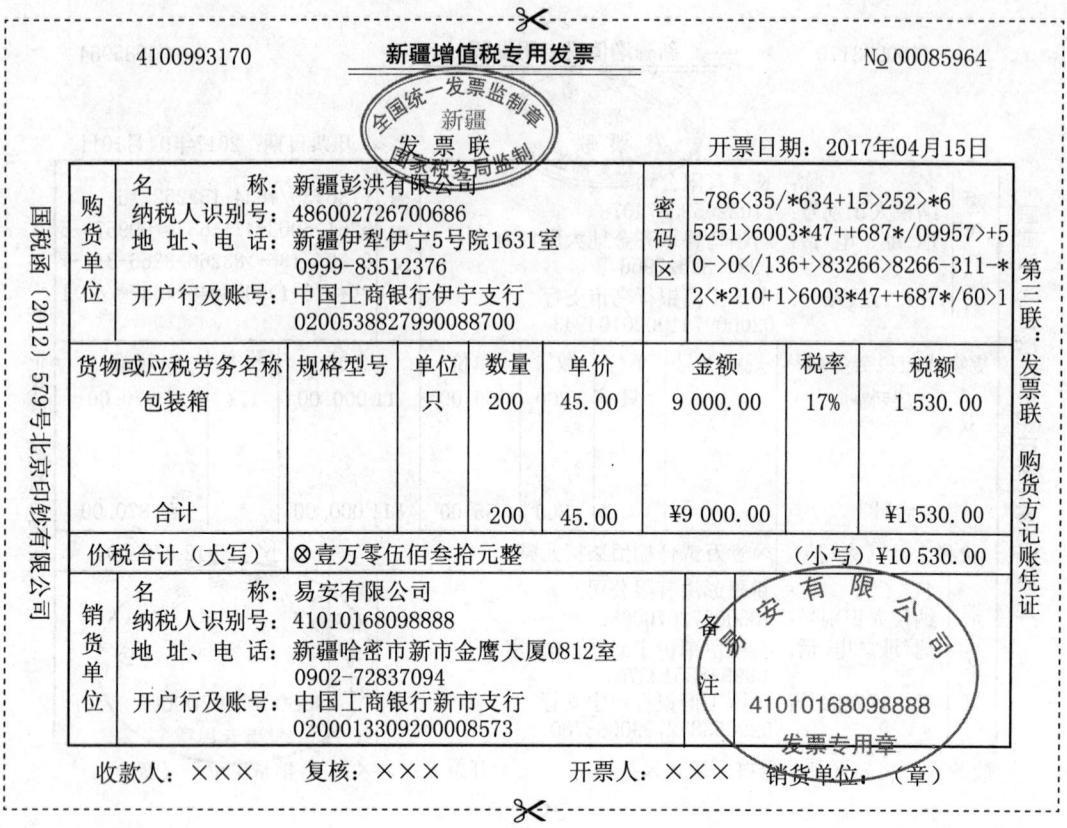

图 2-5-5

图 2-5-6

图 2-5-7

(5) 20日，出借一部分包装箱给长风有限公司，并收到包装物押金，如图 2-5-8、图 2-5-9 所示。

领 料 单

2017年04月20日

领料单位：长风有限公司　　　　　　　　　　　　凭证编号：035
用　　途：出借　　　　　　　　　　　　　　　　仓　库：3号

材料类别	材料编号	材料名称	规格	计量单位	数量		单价	金额
					请领	实领		
	00037	包装箱		只	300	300	50.00	15 000.00
合　　　计					300	300	¥50.00	¥15 000.00

发料：×××　领料：×××　领料部门负责人：×××　领料审核：×××　财务记账：×××

图 2-5-8

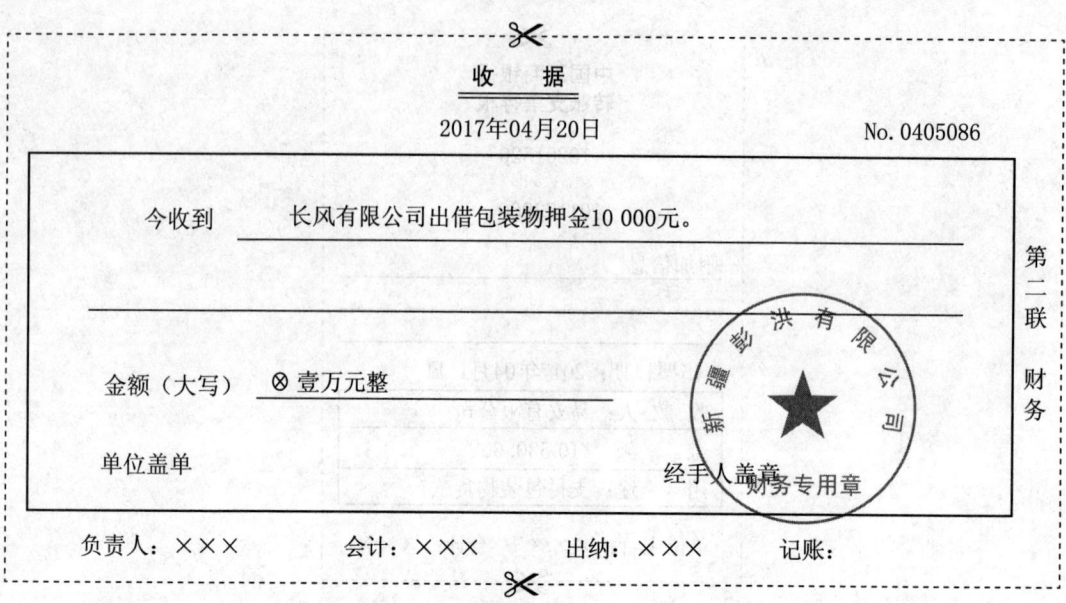

图2-5-9

(6) 22日，出租一部分包装箱给万友有限公司，并收到包装物租金，如图2-5-10、图2-5-11、图2-5-12所示。

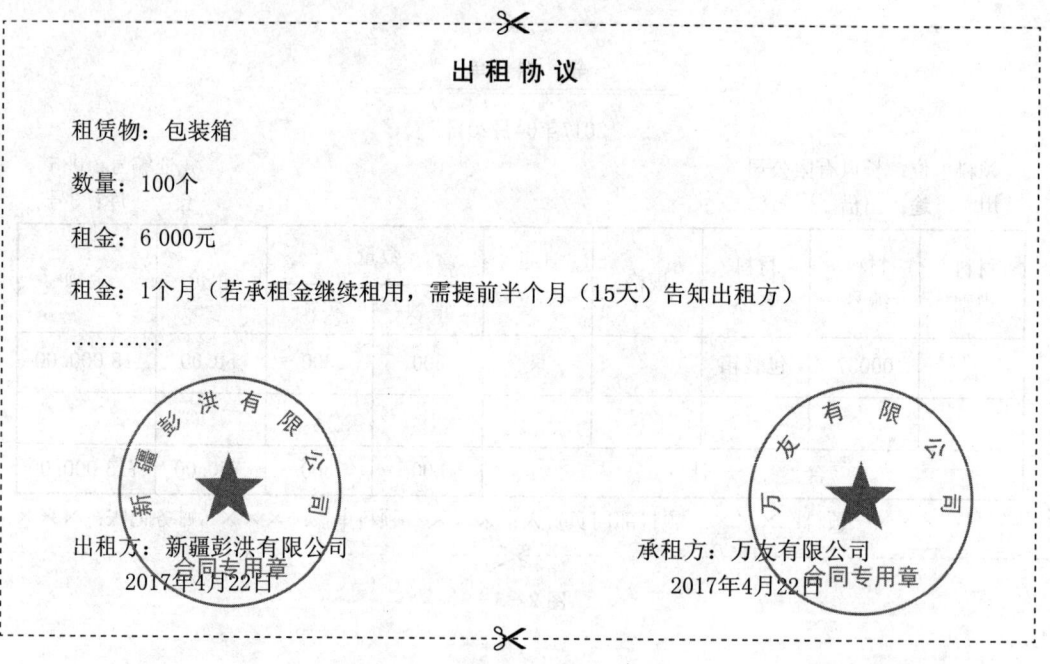

图2-5-10

领 料 单

领料单位：万友有限公司　　　2017年04月22日　　　凭证编号：038
用　　途：出租　　　　　　　　　　　　　　　　　　仓　库：3号

材料类别	材料编号	材料名称	规格	计量单位	数量 请领	数量 实领	单价	金额
	00037	包装箱		只	100	100	50.00	5 000.00
合　　　　计					100	100	¥50.00	¥5 000.00

发料：×××　　领料：×××　　领料部门负责人：×××　　领料审核：×××　　财务记账：×××

图 2 - 5 - 11

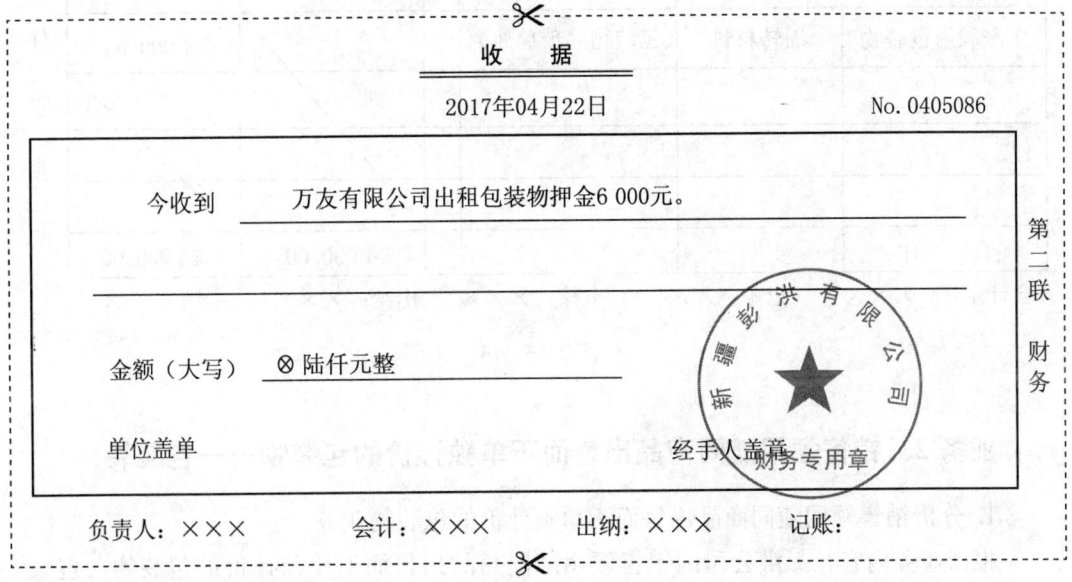

图 2 - 5 - 12

对于本月这几笔与包装物有关的经济业务，该如何核算呢？

业务1：生产领用包装物——玻璃瓶

1. 分析生产领用包装物业务

根据业务内容，彭洪公司因生产产品领用包装物（玻璃瓶），该经济业务的发生会使企业的生产成本增加、包装物减少，应借记"生产成本"账户，贷记"周转材料——包装物（玻璃瓶）"账户，金额为4000元。

2. 编制会计分录并填制记账凭证

根据以上分析可知，这笔业务属于领用包装物的情况。在填制通用记账凭证时注意按顺序编号，本凭证编号为"01号"；时间为"2017年4月1日"；"摘要"栏要简明扼要地说明该经济业务内容，该经济业务是彭洪公司生产A产品领用包装物玻璃瓶，所以可以填写为"生产领用包装物"；"附件"为原始凭证的张数共计1张，填制凭证如图2-5-13所示。

图 2-5-13

业务2：销售领用随同商品出售而不单独计价的包装物——包装袋

1. 分析销售领用随同商品出售而不单独计价的包装物业务

根据业务内容，彭洪公司因销售领用随同商品出售而不单独计价的包装物（包装袋），该经济业务的发生会使企业的销售费用增加、包装物减少，应借记"销售费用"账户，贷记"周转材料——包装物（包装袋）"账户，金额为300元。

2. 编制会计分录并填制记账凭证

根据以上分析可知，这笔业务属于彭洪公司因销售领用包装物的情况。在填制通用记账凭证时注意按顺序编号，本凭证编号为"02号"；时间为"2017年4月5日"；"摘要"栏要简明扼要地说明该经济业务内容，该经济业务是因销售领用随同商品出售而不单独计价的包装物（包装袋），所以可以填写为"销售领用包装物"；"附件"为原始凭证的张数共计1张，填制凭证如图2-5-14所示。

记账凭证

2017年04月05日　　　　　　　　　　　　　记字02号

摘要	一级科目	二级或明细科目	√	借方金额	贷方金额
销售领用包装物	销售费用			300.00	
销售领用包装物	周转材料	包装物（玻璃瓶）			200.00
合计				¥300.00	¥300.00

会计主管：×××　　记账：×××　　审核：×××　　出纳：×××　　制单：×××

附件壹张

图 2-5-14

业务3：销售领用随同商品出售单独计价的包装物——包装箱

1. 分析销售领用随同商品出售且单独计价的包装物业务

（1）确认收入。

根据业务内容，彭洪公司因销售产品领用随同商品出售且单独计价的包装箱，且款项尚未收到。该经济业务的发生会使企业的应收账款与其他业务收入增加，按照单独计价的包装物的实际成本计入其他业务收入，贷记"其他业务收入"账户，金额为11 000元；贷记"应交税费——应交增值税（销项税额）"账户，金额为1 870元；反映其销售收入，款项共计12 870元尚未支付，借记"应收账款——长风公司"账户。

（2）结转成本。

同时，结转包装物销售成本，按照包装物实际成本10 000（200×50）元计入其他业务成本，借记"其他业务成本"账户，贷记"周转材料——包装物（包装箱）"账户。

2. 编制会计分录并填制记账凭证

（1）销售收入。

根据以上分析可知，这笔业务属于彭洪公司因销售领用单独计价包装物的情况。在填制通用记账凭证时注意按顺序编号，凭证编号为"03号"；时间为"2017年4月10日"；"摘要"栏要简明扼要地说明该经济业务内容，该经济业务是因销售领用随同商品出售单独计价的包装物（包装箱），所以可以填写为"销售领用包装物"；"附件"为原始凭证的张数共计1张，填制凭证如图2-5-15所示。

记 账 凭 证

2017年04月10日　　　　　　　　　　　　　　　　　　记字03号

摘　要	一级科目	二级或明细科目	√	借方金额	贷方金额
销售领用包装物	应收账款	长风公司		12 870.00	
销售领用包装物	其他营业收入				11 000.00
销售领用包装物	应交税费	应交增值税（销项税额）			1 870.00
合　计				¥12 870.00	¥12 870.00

附件壹张

会计主管：×××　　记账：×××　　审核：×××　　出纳：×××　　制单：×××

图 2-5-15

(2) 结转成本。

根据以上分析可知，结转所售单独计价包装物的成本时，按顺序凭证编号为"04号"；时间为"2017年4月10日"；"摘要"栏要简明扼要地说明该经济业务内容，该经济业务是结转所售单独计价包装物（包装箱），所以可以填写为"结转包装物成本"；"附件"为原始凭证的张数共计1张，填制凭证如图2-5-16所示。

记 账 凭 证

2017年04月10日　　　　　　　　　　　　　　　　　　记字04号

摘　要	一级科目	二级或明细科目	√	借方金额	贷方金额
结转包装物成本	其他业务成本			10 000.00	
结转包装物成本	周转材料	包装物（包装箱）			10 000.00
合　计				¥10 000.00	¥10 000.00

附件壹张

会计主管：×××　　记账：×××　　审核：×××　　出纳：×××　　制单：×××

图 2-5-16

业务 4：取得包装物——包装箱

1. 分析企业取得包装物业务

根据业务内容，彭洪公司购入包装箱一批，已验收入库，货款已支付。该经济业务的发生会使企业的包装物增加、银行存款减少。根据增值税专用发票、材料入库单、转账支票等结算凭证，按照购入包装物的实际成本 9 000 元，借记"周转材料——包装物（包装箱）"账户；按照增值税专用发票上注明的税额 1 530 元，借记"应交税费——应交增值税（进项税额）"账户；按照实际支付的款项 10 530 元，贷记"银行存款"账户。

2. 编制会计分录并填制记账凭证

根据以上分析可知，这笔业务属于取得包装物的情况。在填制通用记账凭证时注意按顺序编号，凭证编号为"05 号"；时间为"2017 年 4 月 15 日"；"摘要"栏要简明扼要地说明该经济业务内容，该经济业务是取得包装物（包装箱），所以可以填写为"取得包装物"；"附件"为原始凭证的张数共计 1 张，填制凭证如图 2-5-17 所示。

记 账 凭 证

2017年04月15日　　　　　　　　　　　记字05号

摘　要	一级科目	二级或明细科目	√	借方金额	贷方金额
取得包装物	周转材料	包装物（包装箱）		9 000.00	
取得包装物	应交税费	应交增值税（进项税额）		1 530.00	
取得包装物	银行存款				10 530.00
合　计				¥10 530.00	¥10 530.00

附件 壹 张

会计主管：×××　　记账：×××　　审核：×××　　出纳：×××　　制单：×××

图 2-5-17

业务 5：出借包装物——包装箱

1. 分析企业出借包装物业务

根据业务内容，彭洪公司出借包装箱，并收到出借押金。该经济业务的发生会使企业的库存现金、其他应付款增加，应借记"库存现金"账户，贷记"其他应付款——长风公司"账户，金额为 10 000 元。

2. 编制会计分录并填制记账凭证

根据以上分析可知，这笔业务属于出借包装物收到押金的情况。在填制通用记账凭证时注意按顺序编号，凭证编号为"06 号"；时间为"2017 年 4 月 20 日"；"摘要"栏要简明扼要地说明该经济业务内容，该经济业务是出借包装物取得押金，所以可以填写为"收取包装物押金"；"附件"为原始凭证的张数共计 2 张，填制凭证如图 2-5-18 所示。

图 2-5-18

业务 6：出租包装物——包装箱

1. 分析企业出租包装物业务

根据业务内容，彭洪公司出租包装箱，并收到出租租金。该经济业务的发生会使企业的银行存款、其他业务收入增加，应借记"银行存款"账户，贷记"其他业务收入"账户，金额为 6000 元。

2. 编制会计分录并填制记账凭证

根据以上分析可知，这笔业务属于出租包装物取得租金的情况。在填制通用记账凭证时注意按顺序编号，凭证编号为"07 号"；时间为"2017 年 4 月 22 日"；"摘要"栏要简明扼要地说明该经济业务内容，该经济业务是出租包装物取得租金，所以可以填写为"收取包装物租金"；"附件"为原始凭证的张数共计 3 张，填制凭证如图 2-5-19 所示。

记账凭证

2017年04月22日　　　　　　　　　　　　　　　　记字07号

摘要	一级科目	二级或明细科目	√	借方金额	贷方金额
收取包装物租金	银行存款			6 000.00	
收取包装物租金	其他业务收入				6 000.00
合　计				¥6 000.00	¥6 000.00

附件叁张

会计主管：×××　　记账：×××　　审核：×××　　出纳：×××　　制单：×××

图 2-5-19

业务7：登记周转材料明细账、总账

周转材料明细账应采用数量金额式明细账，其明细账户"包装物"4月的期初余额为 58 900（8 000+50 000+900）元。根据以上分析，登记"周转材料明细账"、"周转材料总账"如图 2-5-20、图 2-5-21、图 2-5-22、图 2-5-23 所示。

周转材料　明细账

科目：包装物（玻璃瓶）

2017年		凭证		摘要	借方			贷方			借或贷	余额		
月	日	字	号		数量	单价	金额	数量	单价	金额		数量	单价	金额
4	1			期初余额							借	2000	4	8 000 00
	1	记	1	生产领用包装				1000	4	4 000 00	借	1000	4	4 000 00
4	30			本月合计				1000	4	4 000 00	借	1000	4	4 000 00

图 2-5-20

周转材料　明细账

科目：包装物（包装袋）

2017年		凭证		摘要	借方			贷方			借或贷	余额		
月	日	字	号		数量	单价	金额	数量	单价	金额		数量	单价	金额
4	1			期初余额							借	300	3	900 00
	5	记	2	销售领用包装				100	3	300 00	借	200	3	600 00
4	30			本月合计				100	3	300 00	借	200	3	600 00

图 2-5-21

周转材料 明细账

科目：包装物（包装箱）

2017年		凭证		摘要	借方			贷方			借或贷	余额		
月	日	字	号		数量	单价	金额	数量	单价	金额		数量	单价	金额
4	1			期初余额							借	1000	50	50000.00
	10	记	4	结转包装物成本				200	50	10000.00	借	800	50	40000.00
	15	记	5	取得包装物	200	45	9000.00				借	1000	—	49000.00
4	30			本月合计	200	45	9000.00	200	50	10000.00	借	1000	—	49000.00

图 2-5-22

总　账

会计科目：周转材料

2017年		凭证		摘要	借方	贷方	借或贷	余额	
月	日	字	号		金额	金额		金额	√
4	1			期初余额			借	58900.00	
	1	记	1	生产领用包装		4000.00	借	54900.00	
	5	记	2	销售领用包装		300.00	借	54600.00	
	10	记	4	结转包装物成本		10000.00	借	44600.00	
	15	记	5	取得包装物	9000.00		借	53600.00	
4	30			本月合计	9000.00	14300.00	借	53600.00	

图 2-5-23

战术提升

新疆彭洪有限公司对于包装物采用一次转销法计算、实际成本法进行核算。企业为了更清晰地核算包装物，设置了"周转材料——包装物"账户，该账户2017年4月的期初余额如表2-5-2所示，并且该月内企业发生了几笔与包装物有关的业务。

表 2-5-2　　　　　周转材料期初余额

总账	明细账	计量单位	数量	单价	金额（元）
周转材料	包装物（包装箱）	只	1 500	50.00	75 000.00
	包装物（包装袋）	个	200	5.00	1 000.00

（1）1日，彭洪公司基本生产车间领用了包装物包装箱1 000只，实际成本为50 000元。原始凭证如图2-5-24所示。

领 料 单

2017年04月01日

领料单位：生产车间　　　　　　　　　　　　　　　　凭证编号：001
用　　途：包装产品　　　　　　　　　　　　　　　　仓　　库：5号

材料类别	材料编号	材料名称	规格	计量单位	数量		单价	金额
					请领	实领		
	00037	包装箱		只	1 000	1 000	50.00	50 000.00
合　　　　计							¥50.00	¥50 000.00

发料：×××　　领料：×××　　领料部门负责人：×××　　领料审核：×××　　财务记账：×××

图 2-5-24

（2）5日，企业销售领用包装袋（不单独计价）100个，实际成本500元。原始凭证如图 2-5-25 所示。

领 料 单

2017年04月05日

领料单位：销售部门　　　　　　　　　　　　　　　　凭证编号：001
用　　途：销售　　　　　　　　　　　　　　　　　　仓　　库：5号

材料类别	材料编号	材料名称	规格	计量单位	数量		单价	金额
					请领	实领		
	00036	包装袋		个	100	100	5.00	500.00
合　　　　计							¥5.00	¥500.00

发料：×××　　领料：×××　　领料部门负责人：×××　　领料审核：×××　　财务记账：×××

图 2-5-25

（3）10日，销售领用包装箱（单独计价）100个，实际成本5000元，销售包装物款项已存入银行。原始凭证如图 2-5-26、图 2-5-27 所示。

领料单

2017年04月10日

领料单位：销售部门 凭证编号：001
用　　途：销售　　　　　　仓　　库：5号

材料类别	材料编号	材料名称	规格	计量单位	数量 请领	数量 实领	单价	金额
	00037	包装箱		只	100	100	50.00	5 000.00
合　　计							¥50.00	¥5 000.00

发料：×××　领料：×××　领料部门负责人：×××　领料审核：×××　财务记账：×××

图 2-5-26

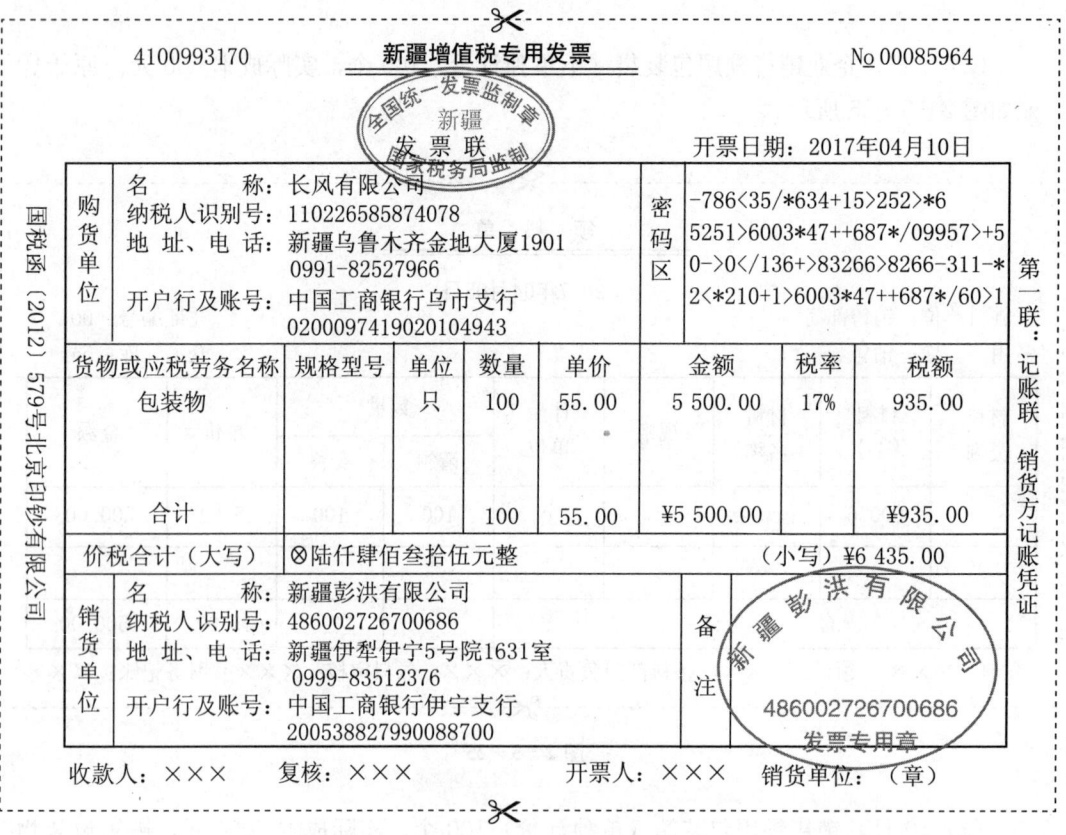

图 2-5-27

（4）20日，出租一部分包装箱给长风有限公司，并收到包装物租金。原始凭证如图 2-5-28、图 2-5-29、图 2-5-30 所示。

出租协议

租赁物：包装箱

数量：50个

租金：1 500元/月

租金：2个月（若承租金继续租用，需提前半个月（15天）告知出租方）

承租人自提货之日起，一次性支付2个月租金3000元。

……

出租方：新疆彭洪有限公司　　　　承租方：长风有限公司
2017年4月20日　　　　　　　　　　2017年4月20日

图 2-5-28

领 料 单

2017年04月20日

领料单位：销售部门　　　　　　　　　　凭证编号：001
用　　途：销售　　　　　　　　　　　　仓　　库：5号

材料类别	材料编号	材料名称	规格	计量单位	数量		单价	金额
					请领	实领		
	00037	包装箱		只	50	50	50.00	2 500.00
合　　计							¥50.00	¥2 500.00

发料：×××　　领料：×××　　领料部门负责人：×××　　领料审核：×××　　财务记账：×××

图 2-5-29

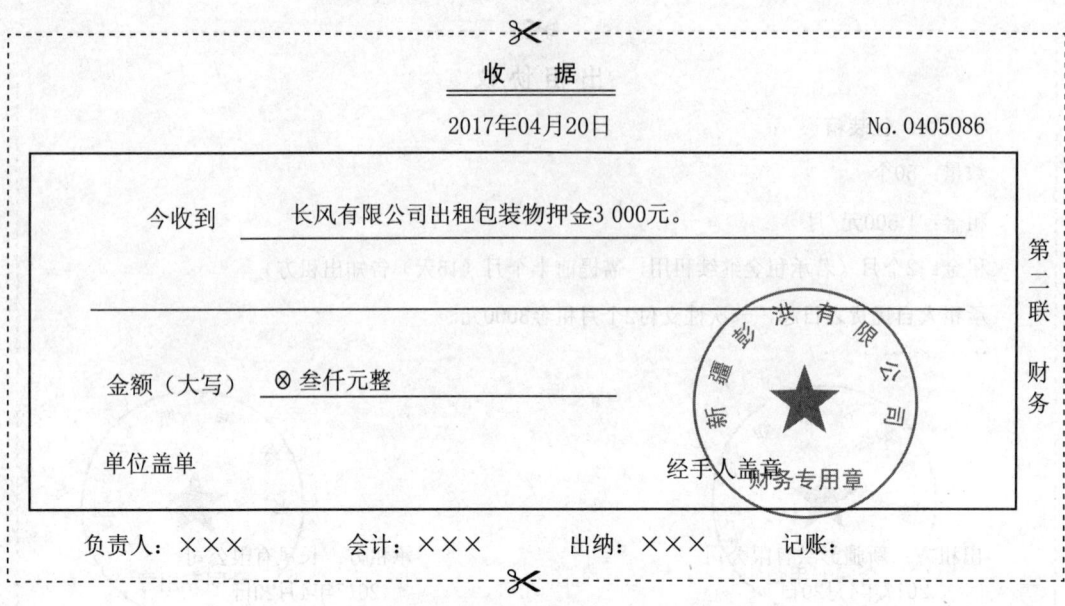

图 2-5-30

若你为企业的存货会计,对于本月发生的这几笔与包装物有关的业务,该如何核算呢?

任务六 核算委托加工物资

◎ 瞄准靶心

能够进行委托加工材料发出的核算。
能够进行委托加工物资收入的核算。

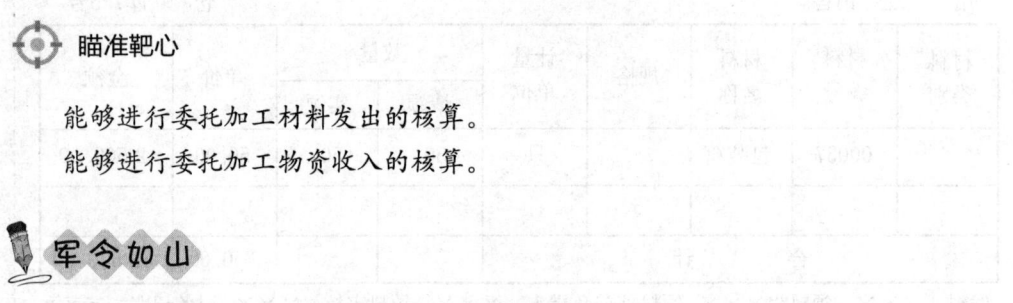

新疆彭洪有限公司的地址在新疆伊犁伊宁5号院1631室,属增值税一般纳税人,企业2017年3月将库存积压的A材料、B材料委托长风有限公司进行加工,以制成生产所需的甲材料,委托加工合同如图2-6-1所示。

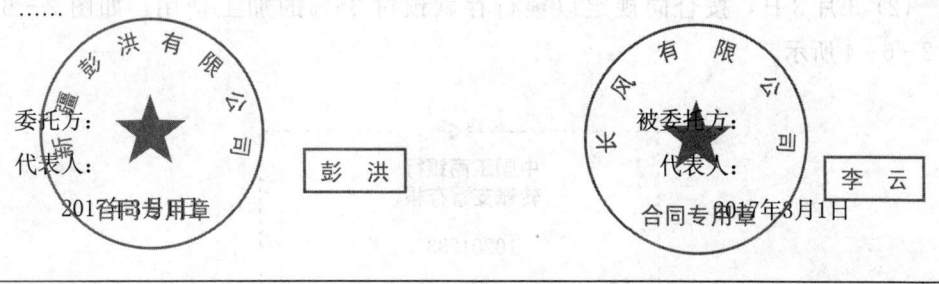

委托加工合同

委托人：新疆彭洪有限公司

被委托人：长风有限公司

经双方充分协商，特订立本合同，以便共同遵守。

第一条　加工成品：甲材料30吨

第二条　原材料的提供办法及规格、数量、质量

1. 由委托方提供原料，具体如下：

名称	单位	数量	单价	总价
A材料	吨	17	3 700	62 900
B材料	吨	15	4 000	60 000
合计				122 900

……

第三条　价款及支付方式

　　加工费人民币五万元整，委托方发出原材料时支付总价款的35%。另外65%在加工完成后，产成品经委托方验收符合要求后支付。

……

委托方：　　　　　　　　　　　彭　洪　　　　　被委托方：　　　　　　　　　李　云
代表人：　　　　　　　　　　　　　　　　　　　代表人：
2017年3月1日　　　　　　　　　　　　　　　　　2017年3月1日

图2-6-1

具体的经济业务如下：

（1）3月3日，按合同约定发出委托加工材料，如图2-6-2所示。

领 料 单

2017年03月03日

领料单位：长风有限公司　　　　　　　　　　　　　　　凭证编号：015
用　　途：委托加工　　　　　　　　　　　　　　　　　仓　　库：5号

材料类别	材料编号	材料名称	规格	计量单位	数量 请领	数量 实领	单价	金额
	0008	材料A		吨	17	17	3 700	62 900
	0009	材料B		吨	15	15	4 000	60 000
合　　　计					32	32	—	¥122 900

发料：×××　　领料：×××　　领料部门负责人：×××　　领料审核：×××　　财务记账：×××

图 2-6-2

（2）3月3日，按合同规定以银行存款预付35%的加工费用，如图2-6-3、图2-6-4所示。

图 2-6-3

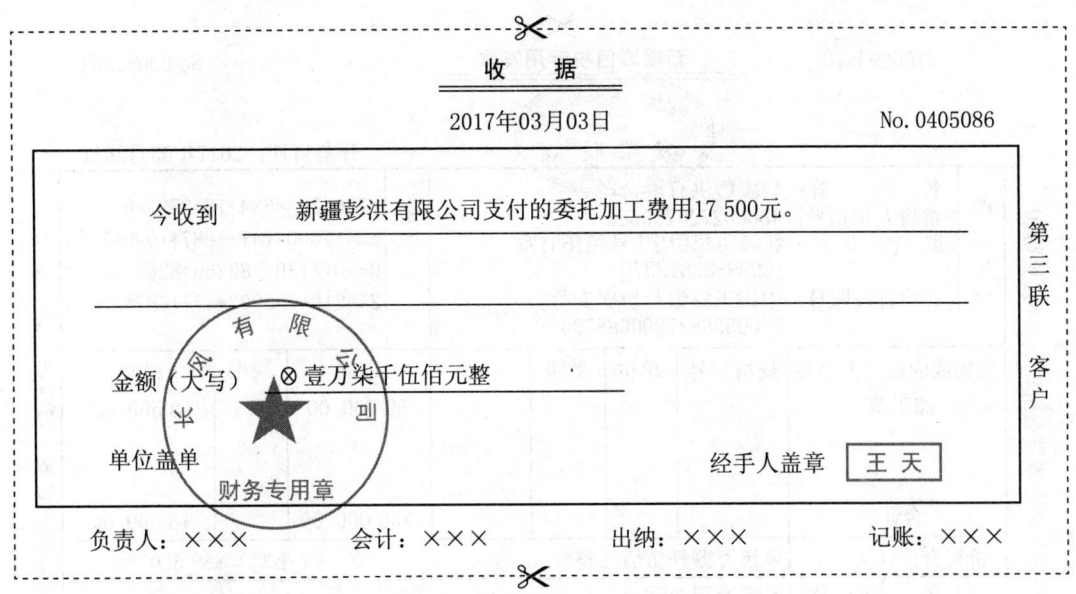

图 2-6-4

(3) 3月28日，支付剩余委托加工款项，如图 2-6-5、图 2-6-6 所示。

图 2-6-5

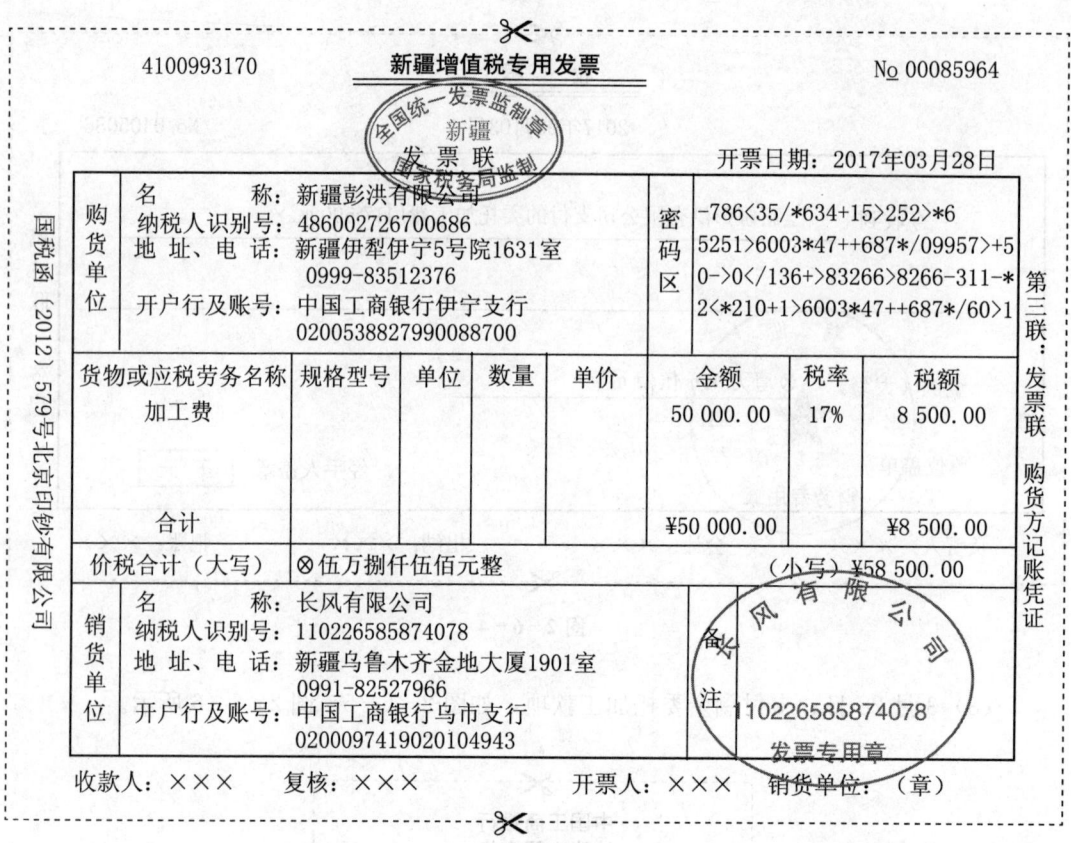

图 2-6-6

(4) 3月28日，收到委托加工材料并验收入库，如图2-6-7所示。

入 库 单

2017年03月28日

供货单位：长风有限公司　　　　　　　　　　　　　　　编号：0311

材料类别	材料编号	材料名称	规格	计量单位	数量		单价	金额
					应收	实收		
	0001	甲材料		吨	30	30		
	合　　计				30	30		

制单：×××　　采购经手人：×××　　验收：×××　　财务主管：×××

图 2-6-7

假如你是新疆彭洪有限公司负责核算委托加工物资业务的会计，那么，对于企业发生的上述经济业务，该怎么做呢？

业务1：按照合同约定发出委托加工材料

1. 分析发出委托加工材料业务

企业加工合同中规定，提供给加工单位的原材料A材料17吨，B材料15吨，据此进行发料。发料时，根据发出物资的实际成本借记"委托加工物资"账户，金额为122900（62900+60000）元；贷记"原材料"账户，A材料金额为62900元，B材料金额为60000元。

2. 编制会计分录并填制记账凭证

根据以上分析可知，这笔业务属于发出委托加工材料的情况。在填制通用记账凭证时注意按顺序编号，本凭证编号为"01号"；时间为"2017年3月3日"；"摘要"栏要简明扼要地说明该经济业务内容，该经济业务是按合同约定发出委托加工材料，所以可以填写为"发出委托加工材料"；"附件"为原始凭证的张数共计2张，填制凭证如图2-6-8所示。

记 账 凭 证

2017年03月03日　　　　　　　　　　　　记字01号

摘　　要	一级科目	二级或明细科目	√	借方金额	贷方金额
发出委托加工材料	委托加工物资	长风公司		122 900.00	
发出委托加工材料	原材料	A材料			62 900.00
发出委托加工材料	原材料	B材料			60 000.00
合　　计				¥122 900.00	¥122 900.00

附件 贰 张

会计主管：×××　　记账：×××　　审核：×××　　出纳：×××　　制单：×××

图2-6-8

业务2：按照合同约定预付加工费

1. 分析预付加工费业务

对于采用分期支付加工费结算方式的委托加工业务，根据委托加工合同的规定，预先支付35%的加工费用，该业务会使企业的委托加工物资成本增加，应借记"委托加工物资"账户，金额为17500元；使用银行存款支付，银行存款减少，贷记"银行存款"账户，金额为17500元。

2. 编制会计分录并填制记账凭证

根据以上分析可知，这笔业务属于支付委托加工费的情况。在填制通用记账凭证时注意按顺序编号，本凭证编号为"02号"；时间为"2017年3月3日"；"摘要"栏要简明扼要地说明该经济业务内容，该经济业务是向长风公司支付35%的委托物资加工费，所以可以填写为"支付委托加工费"；"附件"为原始凭证的张数共计2张，填制凭证如图2-6-9所示。

记 账 凭 证

2017年03月03日　　　　　　　　　　　　　记字02号

摘　要	一级科目	二级或明细科目	√	借方金额	贷方金额
支付委托加工费	委托加工物资	长风公司		17 500.00	
支付委托加工费	银行存款	工商银行			17 500.00
合　　计				￥17 500.00	￥17 500.00

附件贰张

会计主管：×××　　记账：×××　　审核：×××　　出纳：×××　　制单：×××

图2-6-9

业务3：支付剩余委托加工款项

1. 分析支付剩余加工费业务

企业除按照5万元的加工费标准支付加工费外，还应按加工费的17%计算缴纳增值税，应交税费增加，应借记"应交税费——应交增值税（进项税额）"账户，金额为8 500元；支付剩余的65%的加工费，委托加工物资成本增加，应借记"委托加工物资"账户，金额为32 500元；使用银行存款支付，银行存款减少，贷记"银行存款"账户，金额为41 000元。

2. 编制会计分录并填制记账凭证

根据以上分析可知，这笔业务属于支付剩余委托加工费的情况。在填制通用记账凭证时注意按顺序编号，本凭证编号为"03号"；时间为"2017年3月28日"；"摘要"栏要简明扼要地说明该经济业务内容，该经济业务是向长风公司支付剩余65%的委托物资加工费，所以可以填写为"支付剩余委托加工费"；"附件"为原始凭证的张数共计2张，填制凭证如图2-6-10所示。

记 账 凭 证

2017年03月28日　　　　　　　　　　　　　记字03号

摘　要	一级科目	二级或明细科目	√	借方金额	贷方金额
支付剩余委托加工费	委托加工物资	长风公司		32 500.00	
支付剩余委托加工费	应交税费	应交增值税（进项税额）		8 500.00	
支付剩余委托加工费	银行存款	工商银行			41 000.00
合　计				¥41 000.00	¥41 000.00

会计主管：×××　　记账：×××　　审核：×××　　出纳：×××　　制单：×××

附件 贰 张

图2-6-10

业务4：收到委托加工物资，并验收入库

1. 分析委托加工物资收回的业务

根据业务内容，委托加工物资收回，并验收入库，填制收料单。此业务使原材料（甲材料）增加，委托加工物资减少，故应借方登记"原材料"账户，贷方登记"委托加工物资"账户，金额为172 900元。

2. 编制会计分录并填制记账凭证

根据以上分析可知，这笔业务属于委托加工物资收回的情况。在填制通用记账凭证时注意按顺序编号，本凭证编号为"04号"；时间为"2017年3月28日"；"摘要"栏要简明扼要地说明该经济业务内容，该经济业务是收到委托加工的甲材料，所以可以填写为"收回委托加工物资"；"附件"为原始凭证的张数共计1张，填制凭证如图2-6-11所示。

记账凭证

2017年03月28日

记字04号

摘要	一级科目	二级或明细科目	√	借方金额	贷方金额
收回委托加工物资	原材料	甲材料		172 900.00	
收回委托加工物资	委托加工物资	长风公司			172 900.00
合 计				¥172 900.00	¥172 900.00

会计主管：××× 记账：××× 审核：××× 出纳：××× 制单：×××

附件壹张

图 2-6-11

业务 5：登记委托加工物资明细账、总账

委托加工物资明细账应采用三栏式明细账，该账户及其明细账户 3 月的期初余额均为 0。根据以上分析，登记"委托加工物资明细账""委托加工物资总账"如图 2-6-12、图 2-6-13 所示。

委托加工物资 明细账

明细科目：长风公司

2017年		凭证字号	摘要	借方	贷方	借或贷	余额	√
月	日			亿千百十万千百十元角分	亿千百十万千百十元角分		亿千百十万千百十元角分	
3	1		期初余额			平	0 0 0	
	3	记 1	发出委托加工材料	1 2 2 9 0 0 0 0		借	1 2 2 9 0 0 0 0	
	3	记 2	支付委托加工费	1 7 5 0 0 0 0		借	1 4 0 4 0 0 0 0	
	28	记 3	支付剩余委托加工费	3 2 5 0 0 0 0		借	1 7 2 9 0 0 0 0	
	28	记 4	收回委托加工物资		1 7 2 9 0 0 0 0	平	0 0 0	
3	31		本月合计	1 7 2 9 0 0 0 0	1 7 2 9 0 0 0 0	平	0 0 0	

图 2-6-12

总 账

会计科目：委托加工物资

2017年		凭证		摘要	借方 亿千百十万千百十元角分	贷方 亿千百十万千百十元角分	借或贷平	余额 亿千百十万千百十元角分	√
月	日	字	号						
3	1			期初余额			借	0 0 0	
	3	记	1	发出委托加工物资	1 2 2 9 0 0 0 0		借	1 2 2 9 0 0 0 0	
	3	记	2	支付委托加工费	1 7 5 0 0 0 0		借	1 4 0 4 0 0 0 0	
	28	记	3	支付剩余委托加工费	3 2 5 0 0 0 0		借	1 7 2 9 0 0 0 0	
	28	记	4	收回委托加工物资		1 7 2 9 0 0 0 0	平	0 0 0	
3	31			本月合计	1 7 2 9 0 0 0 0	1 7 2 9 0 0 0 0	平	0 0 0	

图 2-6-13

战术提升

长风有限公司的地址在新疆乌鲁木齐金地大厦1901室，属增值税一般纳税人，企业2017年4月委托新疆彭洪有限公司加工A商品（属于应税消费品）1 000件，每件计划成本为65元。

4月发生的与委托加工相关的经济业务如下。

（1）4月2日，发出甲材料一批，计划成本为60 000元，材料成本差异率为-3%。原始凭证如图2-6-14所示。

领 料 单

2017年04月02日

领料单位：新疆彭洪有限公司　　　　　　　　　　　凭证编号：063
用　　途：委托加工　　　　　　　　　　　　　　　仓　　库：3号

材料类别	材料编号	材料名称	规格	计量单位	数量 请领	数量 实领	单价	金额
	0078	甲材料		千克	200	200	300	60 000
		合　　计			200	200	¥300	¥60 000

发料：×××　领料：×××　领料部门负责人：×××　领料审核：×××　财务记账：×××

图 2-6-14

（2）4月16日，支付商品加工费1 200元，支付应交纳的消费税6 600元，该商品收回后用于生产，消费税可抵扣。原始凭证如图2-6-15、图2-6-16、图2-6-17所示。

图 2-6-15

图 2-6-16

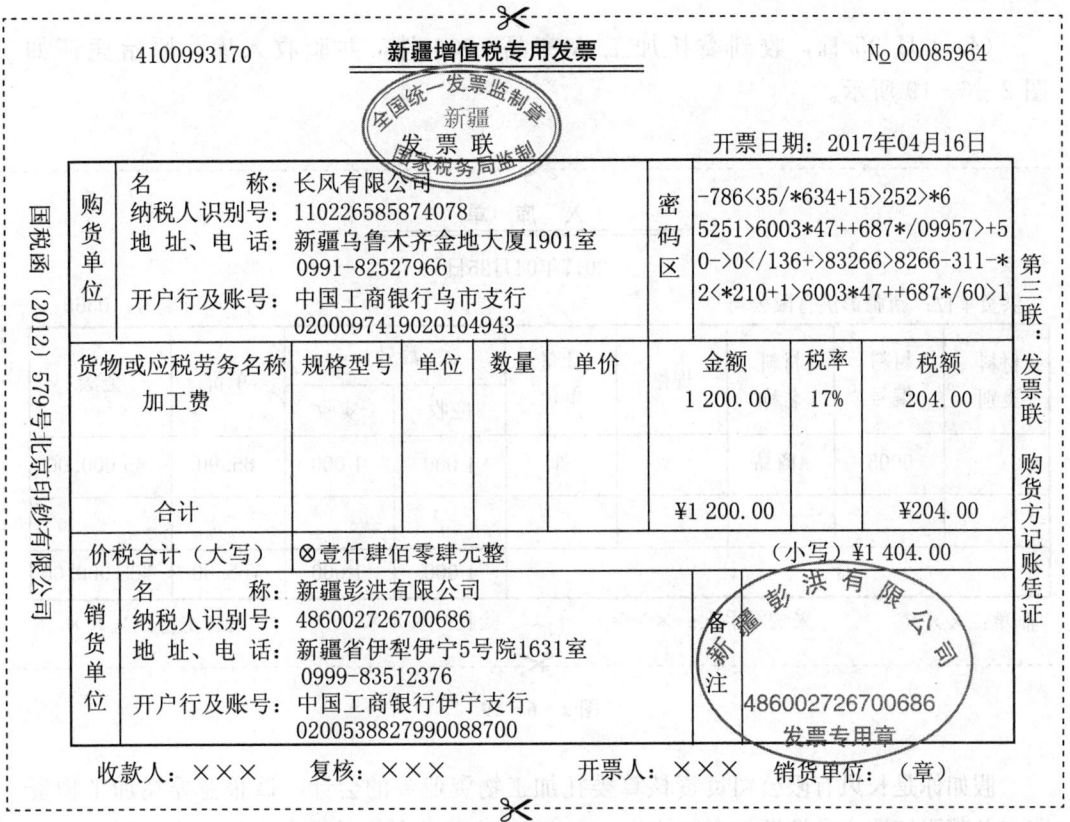

图 2-6-17

(3) 4月22日，用银行存款支付往返运杂费100元。原始凭证如图2-6-18所示。

图 2-6-18

(4) 4月25日，收到委托加工A商品1000件，并验收入库。原始凭证如图2-6-19所示。

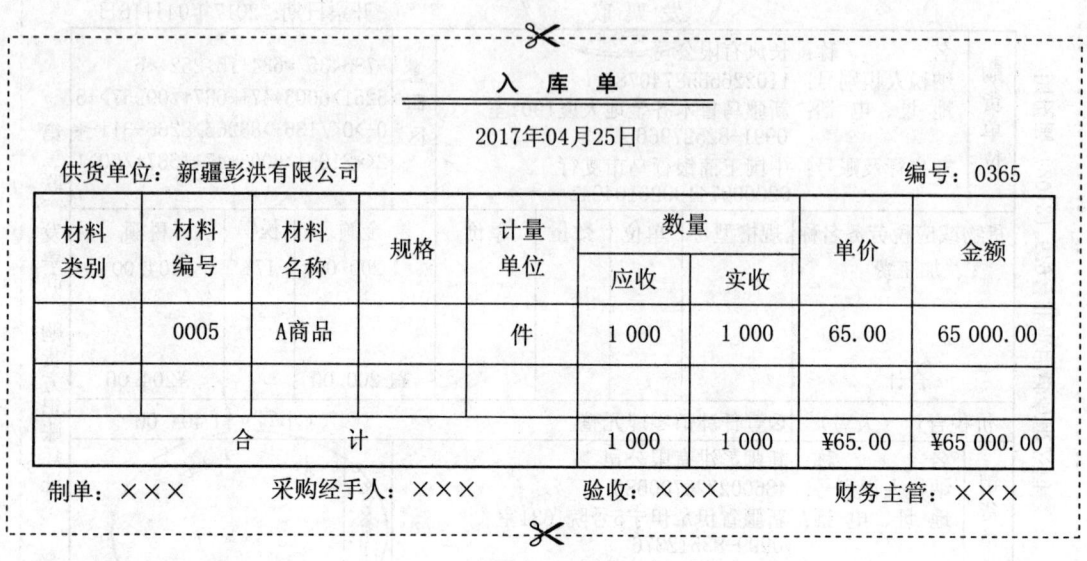

图 2-6-19

假如你是长风有限公司负责核算委托加工物资业务的会计，该企业委托加工物资账户及其明细账户本期期初余额均为0，对于企业发生的上述业务，该怎么做呢？

任务七 清查存货

瞄准靶心

能够对原材料的短缺进行核算。
能够对原材料的溢余进行核算。

军令如山

新疆彭洪有限公司的地址在新疆伊犁伊宁5号院1631室，属增值税一般纳税人，2016年年末对材料进行全面盘点，发现下列账实不符的情况。

(1) 材料仓库发生的原材料溢缺，原因待查，如图2-7-1所示。

存货盘点表

部门：材料仓库　　　　　　　　2016年12月31日

存货名称及规格	计量单位	数量		盘亏		盘盈		盘亏原因
		账存	实存	数量	金额	数量	金额	
A材料	千克	200	205			5	30	待查
B材料	千克	678	600	78	780			待查
C材料	千克	830	800	30	600			待查

盘点负责人：×××　　　　　　　　　　　　　　　制表人：×××

图 2-7-1

(2) 生产车间发生原材料短缺，原因待查，如图 2-7-2 所示。

存货盘点表

部门：生产车间　　　　　　　　2016年12月31日

存货名称及规格	计量单位	数量		盘亏		盘盈		盘亏原因
		账存	实存	数量	金额	数量	金额	
A材料	千克	50	45	5	30			待查

盘点负责人：×××　　　　　　　　　　　　　　　制表人：×××

图 2-7-2

(3) 材料溢缺，经调查研究，已查明原因并做出审批意见，处理如图 2-7-3 所示。

```
┄┄┄┄┄┄┄┄┄┄┄┄┄┄┄┄┄✂┄┄┄┄┄┄┄┄┄┄┄┄┄┄┄┄┄
             财产清查盘盈盘亏原材料处理决定

   经查实确认：
   1. 材料仓库盘盈A材料5千克是车间领用时已填列领料单，但未提取的原材料，无须再做账务调整；
   2. 材料仓库盘亏的B材料是由于计量器皿不准确造成的，予以转账；
   3. 材料仓库盘亏的C材料系铁路部门责任，应由铁路部门负责赔偿。

                                        财务科长：×××  会计：×××
                                                    2016年12月31日
┄┄┄┄┄┄┄┄┄┄┄┄┄┄┄┄┄✂┄┄┄┄┄┄┄┄┄┄┄┄┄┄┄┄┄
```

图 2-7-3

假如你是新疆彭洪有限公司负责存货清查处理的会计，已知该企业的待处理财产损溢账户及其明细账户的本期期初余额均为 0，对于企业发生的上述业务，你该怎么做呢？

业务1：材料仓库发生原材料溢缺

1. 分析仓库材料盘盈、盘亏审批前业务

（1）A 材料盘盈。

根据业务内容，企业仓库 A 材料发生盘盈，在报经批准前，应根据"存货盘点表"（图 2-7-1），按其成本借记"原材料"账户，贷记"待处理财产损溢"账户，A 材料数量为 5 千克，金额为 30 元。

（2）B 材料、C 材料盘亏。

根据业务内容，企业仓库 B、C 两种材料发生盘亏，在报经批准前，应根据"存货盘点表"（图 2-7-1），按其成本借记"待处理财产损溢"账户，金额为 1 380 元；贷记"原材料"账户，B 材料数量为 78 千克，金额为 780 元，C 材料数量为 30 千克，金额为 600 元。

2. 编制会计分录并填制记账凭证

（1）A 材料盘盈，批准前。

根据以上分析可知，这笔业务属于仓库材料发生盘盈情况。在填制通用记账凭证时注意按顺序编号，本凭证编号为"01 号"；时间为"2016 年 12 月 31 日"；"摘要"

栏要简明扼要地说明该经济业务内容，该经济业务是 A 材料盘盈情况，所以可以填写为"盘盈 A 材料"；"附件"为原始凭证的张数共计 1 张，填制凭证如图 2-7-4 所示。

记 账 凭 证

2016年12月31日　　　　　　　　　　　　记字01号

摘　　要	一级科目	二级或明细科目	√	借方金额	贷方金额	
盘盈A材料	原材料	A 材料		30.00		附
盘盈A材料	待处理财产损溢	待处理流动资产损溢			30.00	件
						壹
						张
合　　计				￥30.00	￥30.00	

会计主管：×××　　记账：×××　　审核：×××　　出纳：×××　　制单：×××

图 2-7-4

(2) B 材料、C 材料盘亏，批准前。

根据以上分析可知，这笔业务属于仓库发生原材料盘亏情况。在填制通用记账凭证时注意按顺序编号，本凭证编号为"02 号"；时间为"2016 年 12 月 31 日"；"摘要"栏要简明扼要地说明该经济业务内容，该经济业务是 B 材料、C 材料盘亏情况，所以可以填写为"盘亏材料"，"附件"为原始凭证的张数共计 1 张，填制凭证如图 2-7-5 所示。

记 账 凭 证

2016年12月31日　　　　　　　　　　　　记字02号

摘　　要	一级科目	二级或明细科目	√	借方金额	贷方金额	
盘亏材料	待处理财产损溢	待处理流动资产损溢		1 380.00		附
盘亏材料	原材料	B材料			780.00	件
盘亏材料	原材料	C材料			600.00	壹
						张
合　　计				￥1 380.00	￥1 380.00	

会计主管：×××　　记账：×××　　审核：×××　　出纳：×××　　制单：×××

图 2-7-5

业务2：生产车间发生原材料短缺

1. 分析生产车间发生原材料盘亏业务

根据业务内容，企业生产车间A材料发生盘亏，在报经批准前，应根据"存货盘点表"（图2-7-2），按其成本借记"待处理财产损溢"账户，贷记"原材料"账户，A材料数量为5千克，金额为30元。

2. 编制会计分录并填制记账凭证

根据以上分析可知，这笔业务属于生产车间发生原材料盘亏的情况。在填制通用记账凭证时注意按顺序编号，本凭证编号为"03号"；时间为"2016年12月31日"；"摘要"栏要简明扼要地说明该经济业务内容，该经济业务是生产车间A材料盘亏情况，所以可以填写为"盘亏A材料"；"附件"为原始凭证的张数共计1张，填制凭证如图2-7-6所示。

记 账 凭 证

2016年12月31日　　　　　　　　　　　　　　　记字03号

摘　　要	一级科目	二级或明细科目	√	借方金额	贷方金额
盘亏A材料	待处理财产损溢	待处理流动财产损溢		30.00	
盘亏A材料	原材料	A材料			30.00
合　　计				¥30.00	¥30.00

附件壹张

会计主管：×××　　记账：×××　　审核：×××　　出纳：×××　　制单：×××

图 2-7-6

业务3：查明原因做出审批意见后

1. 分析材料溢缺报经批准后的业务

企业仓库材料与生产车间材料的溢缺，根据查明的原因及做出的审批意见（图2-7-3），材料仓库盘盈的5千克A材料正是生产车间领用但未提取的原材料，故无须再做账务处理；材料仓库盘亏的B材料是计量器皿不准造成的，属于定额内的自然损耗，经批准后应转作管理费用；材料仓库盘亏的C材料是因铁路部门的过失造成的，应由铁路部门负责赔偿，应计入其他应收款。故应借记"管理费用"账户，金额为780元；借记"其他应收款"账户，金额为600元；贷记"待处理财产损溢"账户，金额为1 380元。

2. 编制会计分录并填制记账凭证

根据以上分析可知，这笔业务属查明原因并做出审批后的处理情况。在填制通用记账凭证时注意按顺序编号，本凭证编号为"04号"；时间为"2016年12月31日"；"摘要"栏要简明扼要地说明该经济业务内容，该经济业务是材料溢缺经有关部门批准后的处理，所以可以填写为"处理盘亏材料"；"附件"为原始凭证的张数共计1张，填制凭证如图2-7-7所示。

记 账 凭 证

2016年12月31日　　　　　　　　　　　　　记字04号

摘　　要	一级科目	二级或明细科目	√	借方金额	贷方金额
处理盘亏材料	管理费用			780.00	
处理盘亏材料	其他应收款	铁路部门		600.00	
处理盘亏材料	待处理财产损溢	待处理流动资产损溢			1 380.00
合　　计				¥1 380.00	¥1 380.00

附件壹张

会计主管：×××　　　记账：×××　　　审核：×××　　　出纳：×××　　　制单：×××

图2-7-7

业务4：登记待处理财产损溢明细账、总账

待处理财产损溢明细账应采用三栏式明细账，该账户及其明细账户2016年的期初余额均为0。根据以上分析，登记"待处理财产损溢明细账""待处理财产损溢总账"如图2-7-8、图2-7-9所示。

待处理财产损溢　明细账

明细科目：待处理流动资产损溢

2016年		凭证		摘要	借方										贷方										借或贷	余额										√
月	日	字	号		亿	千	百	十	万	千	百	十	元	角	分	亿	千	百	十	万	千	百	十	元	角	分		亿	千	百	十	万	千	百	十	元	角	分	
12	1			期初余额																															0	0	0	
	31	记	1	盘盈A材料																		3	0	0	0	贷								3	0	0	0	
	31	记	2	盘亏材料					1	3	8	0	0	0												借					1	3	5	0	0	0	
	31	记	3	盘亏A材料							3	0	0	0												借					1	3	8	0	0	0	
	31	记	4	处理盘亏材料																	1	3	8	0	0	0	平								0	0	0	
12	31			本月合计					1	4	1	0	0	0							1	4	1	0	0	0	平								0	0	0	

图2-7-8

总　账

会计科目：待处理财产损溢

2016年		凭证		摘要	借方 亿千百十万千百十元角分	贷方 亿千百十万千百十元角分	借或贷	余额 亿千百十万千百十元角分	√
月	日	字	号						
12	1			期初余额			平	0 0 0	
	31	记	1	盘盈A材料		3 0 0 0	贷	3 0 0 0	
	31	记	2	盘亏材料	1 3 8 0 0 0		借	1 3 5 0 0 0	
	31	记	3	盘亏A材料	3 0 0 0		借	1 3 8 0 0 0	
	31	记	4	处理盘亏材料		1 3 8 0 0 0	平	0 0 0	
12	31			本月合计	1 4 1 0 0 0	1 4 1 0 0 0	平	0 0 0	

图 2-7-9

战术提升

长风有限公司为增值税一般纳税人，2016年年末对企业材料进行了全面的清查盘点。该企业根据具体的盘点情况编制财产物资盘存单和存货盘点盈亏报告表，如图2-7-10、图2-7-11所示。

财产物资盘存单

单位名称：长风有限公司　　　盘存时间：2016年12月31日　　　编号：001

财产类别：　　　　　　　　　存放地点：原料库/成品库　　　　财产责任人：

序号	名称	规格型号	计量单位	实存数量	单价	金额	备注
1	A材料		公斤	9 980	100	998 000	
2	B材料		公斤	5 600	200	1 120 000	
3	C材料		公斤	2 000	800	1 600 000	
4							
5							

盘点人签章：×××　　　　　　　　　　　　　实物保管人签章：×××

图 2-7-10

存货盘点盈亏报告表

单位名称：长风有限公司　　　　　　　　　2016年12月31日

名称	规格型号	计量单位	单价	账存		实存		账实对比				备注
								盘盈		盘亏		
				数量	金额	数量	金额	数量	金额	数量	金额	
A材料		公斤	100	8 980	100	9 980	100	1 000	100 000			
B材料		公斤	200	6 600	200	5 600	200			1 000	200 000	
C材料		公斤	800	2 500	800	2 000	800			500	400 000	

盘点人签章：×××　　　　　　　　　　　　　保管人签章：×××

图 2-7-11

（1）盘点原材料，发现 A 材料溢余，按重置成本计算其成本为 10 万元，盘盈原因待查；经查明原因，盘盈的 A 材料系收发时的计量误差所致，经批准冲销企业的管理费用。

（2）盘点原材料，发现 B 材料亏损，按实际成本计算其成本为 20 万元，进项税额 3.4 万元，盘亏原因待查；经查明原因，盘亏的 B 材料是由收发过程中的差错导致，批准作为管理费用列支。

（3）盘点原材料，发现 C 材料亏损，按实际成本计算其成本为 40 万元，进项税额 6.8 万元，盘亏原因待查；经查明原因，盘亏的 C 材料是由于洪灾导致损失的。

对于企业发生的上述业务，该怎么做呢？

岗位三 固定资产核算岗位实务

任务一 认知固定资产核算岗位

能够认知固定资产核算岗位的工作职责。

能够认知固定资产核算岗位的业务核算流程。

能够掌握固定资产核算岗位的主要核算内容。

步骤一：认知固定资产核算岗位职责

1. 固定资产核算岗位

要想胜任固定资产核算岗位，首先要了解该岗位的工作内容与工作职责。固定资产核算岗位的主要工作内容包括协助财务经理制订业务计划，进行财务核算、审核和监督工作。

2. 固定资产核算岗位的工作职责

（1）按照制度规定，参与拟定固定资产、在建工程、无形资产等资产管理制度，包括固定资产构建、保管、修理、处置、报废、核算等方面的程序和制度。

（2）按取得固定资产的不同来源，正确计算固定资产的原始价值，及时计价入账；对已入账的固定资产，除有明确规定的情况外，不得随意变动。

（3）会同有关职能部门完善固定资产管理的基础工作，建立严格的固定资产明细核算凭证传递手续，监督各项固定资产的构建、保管、使用、修理、处置和报废等情况。

（4）按国家的有关规定选择固定资产折旧方法，根据固定资产折旧表及时计提折旧，保证固定资产折旧的正确性，做到不错、不漏、不重。

（5）负责固定资产的处置，要分别按有偿转让、报废、毁损等不同的处置方式进行会计处理。

(6) 会同有关部门定期组织固定资产清查盘点工作，汇总清查盘点结果，发现问题，查明原因，并及时妥善处理；按规定的报批程序，办理固定资产盘亏、盘盈的审批手续，经批准后办理转销的会计处理。

(7) 了解主要资产的使用情况，与固定资产归口管理部门共同分析固定资产的使用效果，向企业提供有价值的会计信息或建议。

小贴士

固定资产核算岗位的责权：
(1) 核算责任，即对在核算过程中没有发现的错误负主要责任；
(2) 保密责任，即对不予公开的账目负有保密责任；
(3) 建议权，即对会计工作的建议权；
(4) 审核权，即对核算账目的审核权。

步骤二：认知固定资产核算岗位的业务程序

固定资产核算岗位的核算程序如图3-1-1所示。

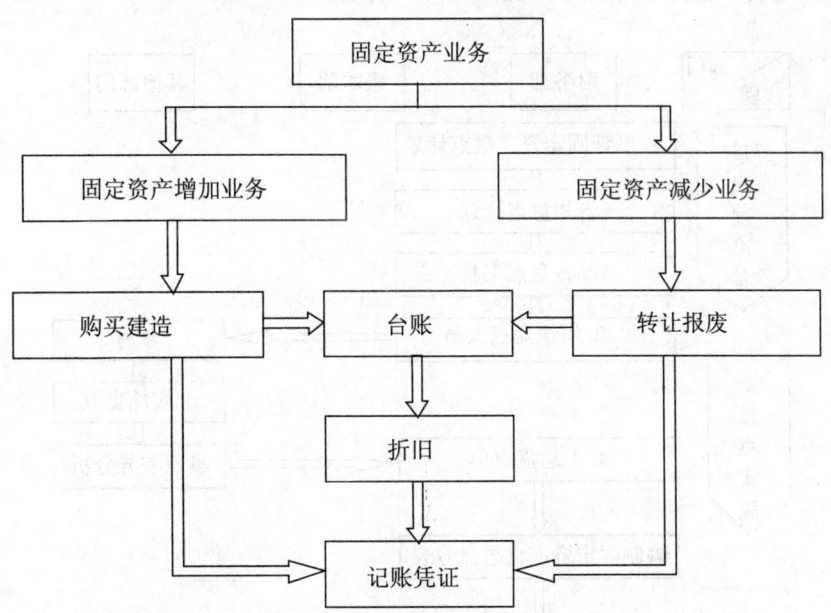

图3-1-1 固定资产核算岗位的核算程序

(1) 新增固定资产管理程序如图3-1-2所示。

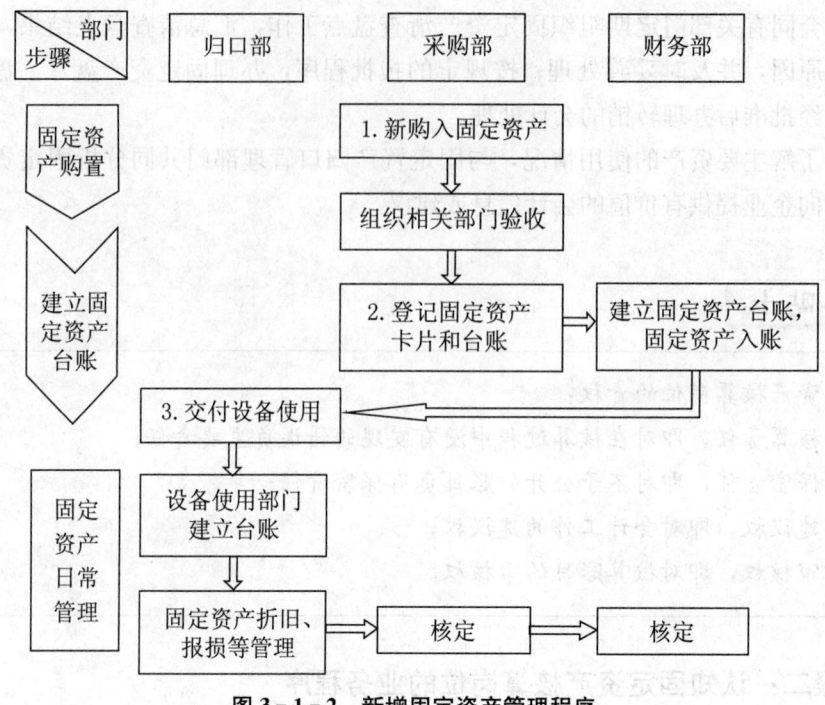

图 3-1-2 新增固定资产管理程序

（2）固定资产盘点管理程序如图 3-1-3 所示。

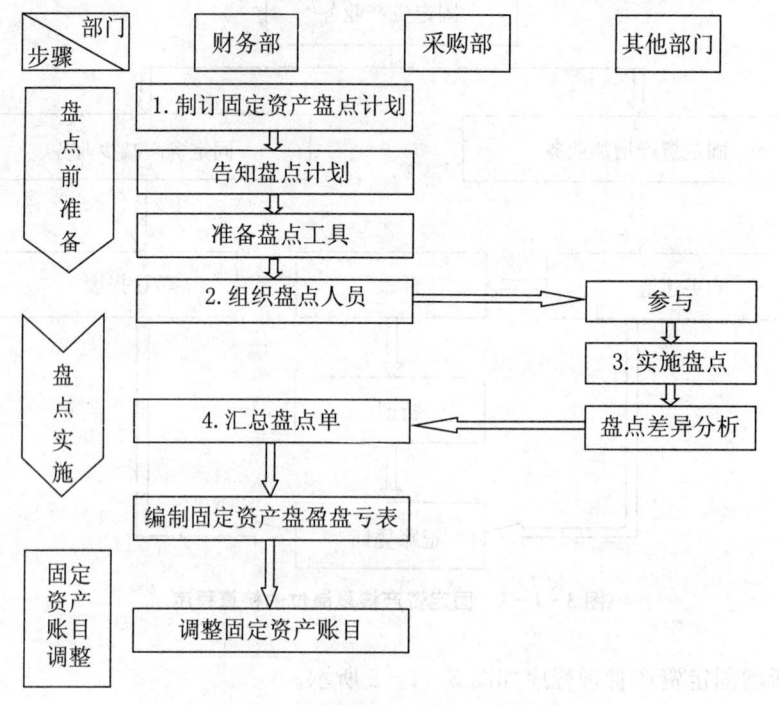

图 3-1-3 固定资产盘点管理程序

步骤三：认知固定资产核算岗位的主要核算内容和技能要求

固定资产具有价值高、使用周期长、使用地点分散、管理难度大等特点，正是由于这些原因给固定资产管理工作带来极大的困难。那么，按照《企业会计准则——固定资产》《会计基础工作规范》的要求，固定资产核算岗位需要掌握的主要核算内容和技能要求如下。

（1）外购固定资产的核算。能够及时取得并严格审核有关计划、合同、批件等原始凭证进行固定资产取得的核算；掌握外购固定资产入账价值的确定方法；能够依据审核后的原始凭证填制记账凭证、登记固定资产卡片明细账等。

（2）自行建造固定资产的核算。能够掌握自行建造固定资产业务中原始凭证的审核和记账凭证的填制；能够区分收益性支出与资本性支出，并进行会计核算；能够登记固定资产明细卡片账。

（3）固定资产折旧的核算。能够根据情况选用合适的固定资产折旧方法计算每月固定资产折旧额；能够进行固定资产折旧业务的会计核算。

（4）固定资产处置的核算。掌握固定资产处置的程序，能够审核固定资产处置申请单，并进行固定资产处置的会计核算。

（5）固定资产清查的核算。掌握各项固定资产的清查程序，能够按要求对固定资产进行盘点；能够进行清查结果盘盈与盘亏在审批前和审批后两种情况下的会计核算。

任务二　取得固定资产

瞄准靶心

能够确定固定资产的入账价值。
能够进行外购固定资产的会计核算。
能够进行自行建造固定资产的会计核算。

军令如山

新疆彭洪有限公司经营状况良好，地址在新疆伊犁伊宁5号院1631室，属于增值税一般纳税人，纳税人识别号：486002726700686。该企业在中国工商银行伊宁支行开立基本账户，账号：0200538827990088700。2017年，该企业发生了几笔与固定资产取得有关的业务。

（1）4月2日，企业购入一台不需要安装的车床，取得增值税专用发票如图3-2-1所示，设备已验收投入使用如图3-2-2所示，支付设备款如图3-2-3所示，另用现

● 企业会计岗位实务

金支付包装费如图3-2-4所示。

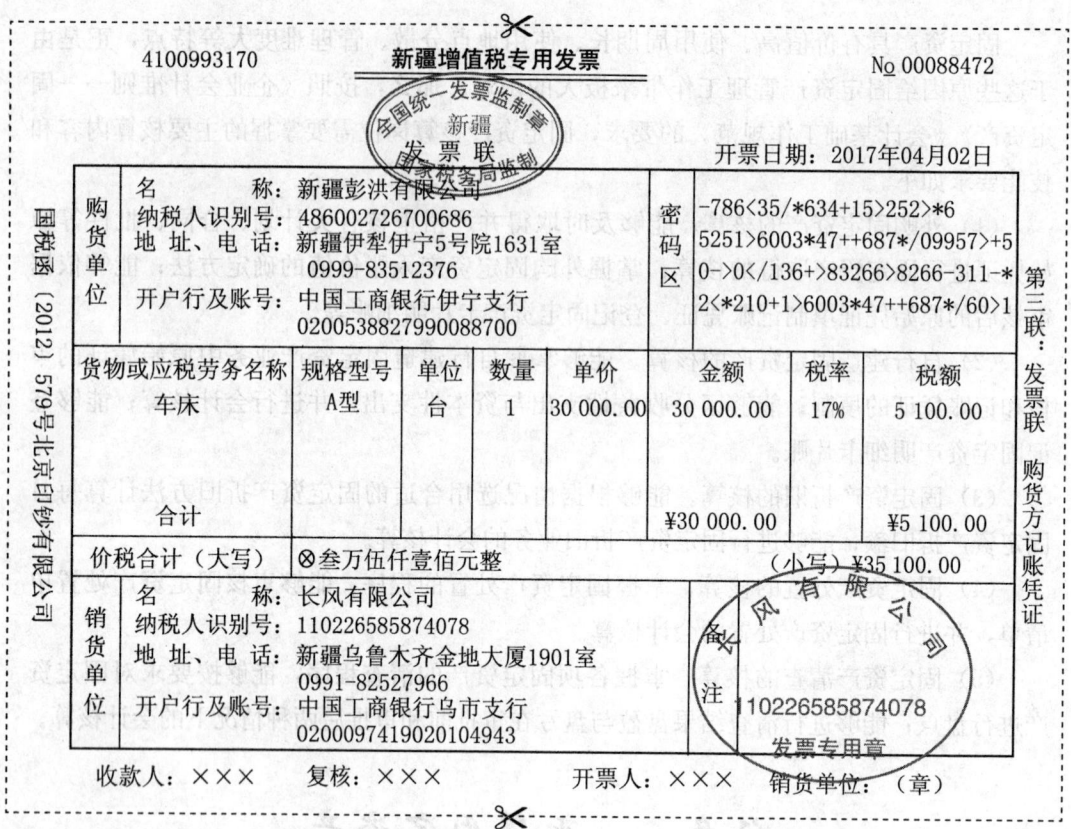

图3-2-1

图3-2-2

图 3-2-3

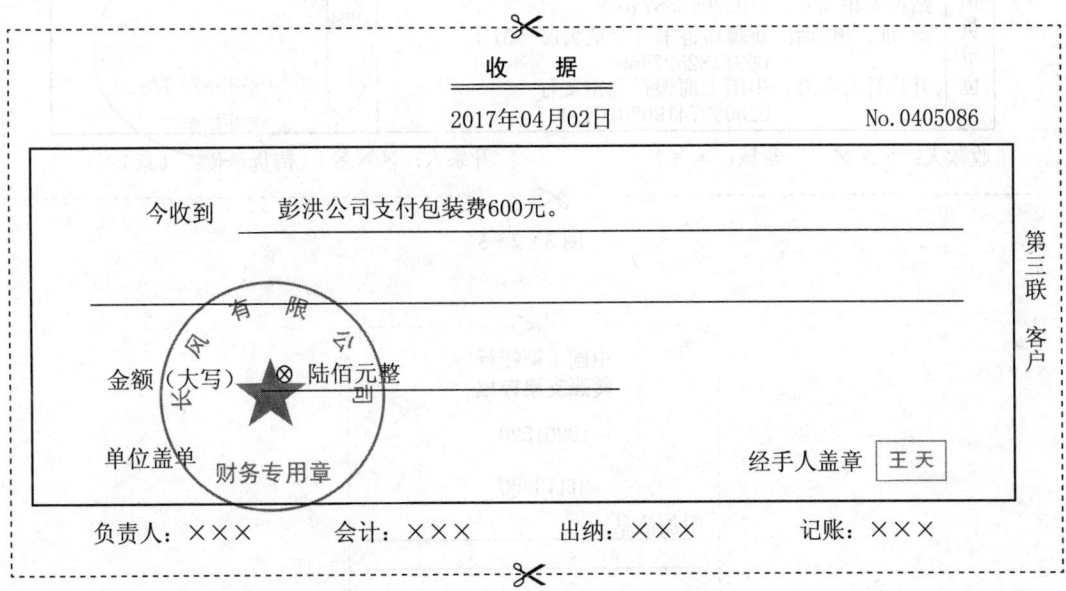

图 3-2-4

(2) 4月2日，企业购入一台需要安装的钻床，取得增值税专用发票如图 3-2-5 所示，支付设备款如图 3-2-6 所示。4月5日，设备安装完成，并已验收投入使用如图 3-2-7 所示，支付安装费如图 3-2-8 所示。

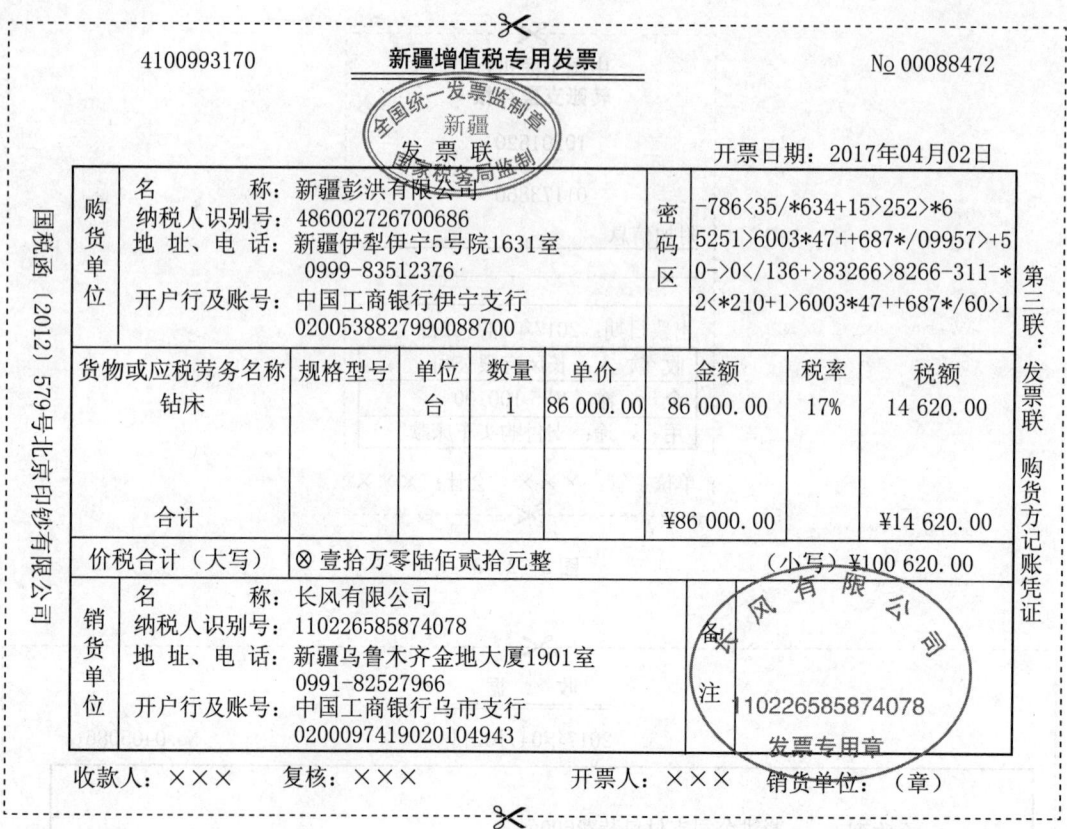

图 3-2-5

图 3-2-6

固定资产验收交接单

2017年04月05日   No. 20150128
                                                   单位：元

资产编号	资产名称	规格型号	计量单位	数量	设备价值	设备基础及安装费用	附加费用	合计
01	钻床			台	1	86 000.00	1 380		87 380.00
资产来源		购买	使用年限	10	主要附属内容	1
制造厂名		长风有限公司	估计残值			2
制造日期及编号		2017.1.10	基本折旧率	2%		3
使用部门		三车间	复杂系数	应说明采用的折旧方法		4

交验部门：物业部　　　点交人：×××　　　接管部门：三车间　　　接管人：×××

图 3-2-7

图 3-2-8

（3）企业准备自行建造一座基地。

① 4月8日，购入为工程准备的工程物资一批，取得增值税专用发票如图3-2-9所示，物资已验收入库如图3-2-10所示，并用银行存款支付货款如图3-2-11所示。

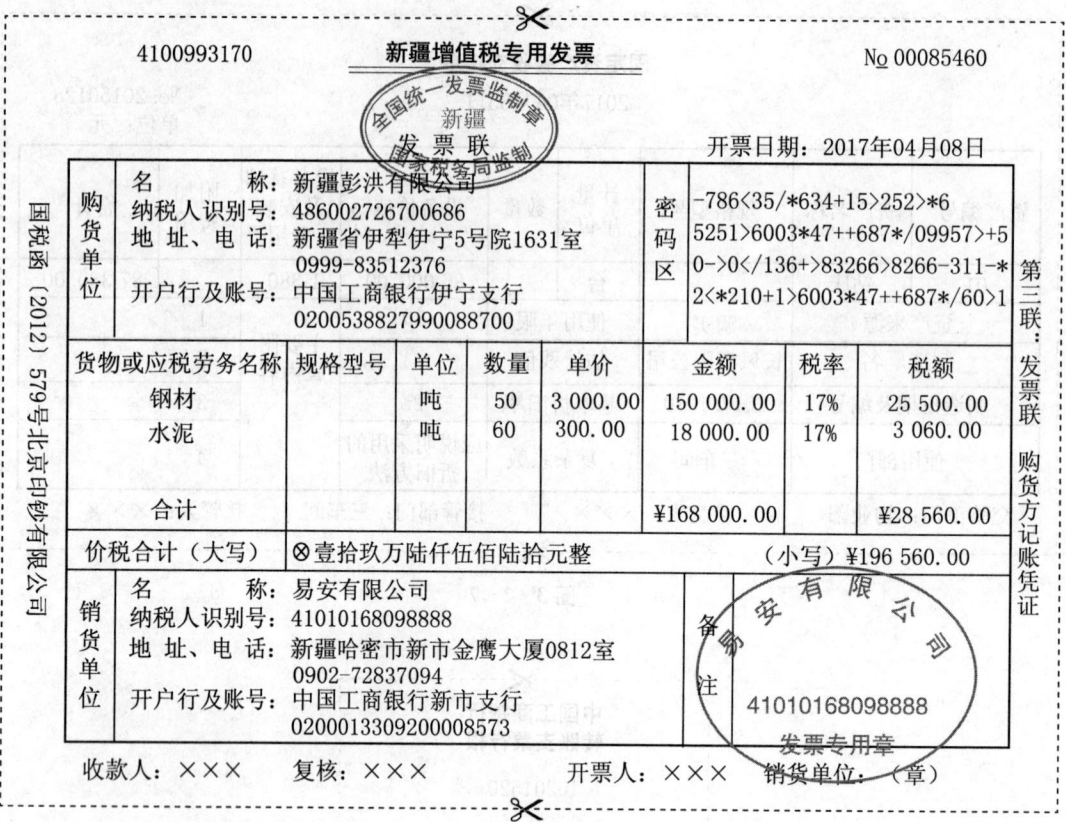

图 3-2-9

图 3-2-10

图 3-2-11

② 4月15日，本月8日购入的工程物资全部用于工程建设，如图3-2-12所示，并银行存款支付工程建设发生的其他费用，如图3-2-13所示。

出 库 单

2017年04月15日

收货单位：新疆彭洪有限公司　　　　　　　　　　　　　　　　　　编号：0001

产品名称	单位	数量	单位成本	总成本
钢材	吨	50	3 000.00	150 000.00
水泥	吨	60	300.00	18 000.00
合计	—	110	—	168 000.00

仓库负责人：×××　　　　　保管员：×××　　　　　提货人：×××

图 3-2-12

图 3-2-13

③12月3日，该工程竣工，并达到预定可使用状态，如图 3-2-14 所示。

图 3-2-14

新疆彭洪有限公司本期的固定资产账户期初余额为0，假如你是主要负责核算固定资产取得业务的会计。请问，对于企业发生的上述业务，你该怎么处理呢？

业务 1：外购不需要安装固定资产的核算

1. 分析外购不需要安装的固定资产业务

企业购入不需要安装的固定资产，应按实际支付的购买价款、相关税费、使固定资产达到预定可使用状态前所发生的可归属于该项资产的运输费、装卸费、安装费和专业人员服务费等，作为固定资产的取得成本。根据业务内容，彭洪公司因购买设备取得一张增值税专用发票（图 3-2-1），发票上记载的价款为 30 000 元，税款为 5 100 元；取得对方开出的收据，收据上记载的内容为企业用现金向长风有限公司支付包装费 600 元（图 3-2-4）；彭洪公司为增值税一般纳税人，增值税进项税额可抵扣，不算在固定资产的取得成本内，所以，此次购入车床的取得成本为：30 000＋600＝30 600（元）。

固定资产车床已投入使用，使企业的固定资产和应交增值税（进项税额）增加，银行存款与库存现金减少，因为固定资产、银行存款、库存现金都为资产类账户，增加记借方，减少记贷方，所以应借记"固定资产"账户，金额为 30 600 元；借记"应交税费——应交增值税（进项税额）"账户，金额为 5 100 元；贷记"库存现金"账户，金额为 600 元；贷记"银行存款"账户，金额为 35 100 元。

2. 编制会计分录并填制记账凭证

根据以上分析可知，这笔业务属于取得不需要安装的固定资产情况。在填制记账凭证时注意按顺序编号，本凭证编号为"01号"；时间为"2017年4月2日"；"摘要"栏要简明扼要地说明该经济业务内容，该经济业务是取得不需要安装的固定资产——车床，所以可以填写为"购入车床"；"附件"为原始凭证的张数共计 4 张，填制凭证如图 3-2-15 所示。

记 账 凭 证

2017年04月02日　　　　　　　　　　　　记字01号

摘　要	一级科目	二级或明细科目	√	借方金额	贷方金额
购入车床	固定资产	车床		30 600.00	
购入车床	应交税费	应交增值税（进项税额）		5 100.00	
购入车床	库存现金				600.00
购入车床	银行存款				35 100.00
合　计				¥35 700.00	¥35 700.00

附件肆张

会计主管：×××　　记账：×××　　审核：×××　　出纳：×××　　制单：×××

图 3-2-15

业务 2：外购需要安装固定资产的核算

1. 分析外购需要安装的固定资产业务

企业购入需要安装的固定资产，应在购入固定资产取得成本的基础上加上安装成本等作为固定资产的成本。

（1）购入时。

根据业务内容，彭洪公司因购买钻床取得一张增值税专用发票（图3-2-5），发票上记载的价款为 86 000 元，税款为 14 620 元。彭洪公司为增值税一般纳税人，故此次购入钻床的取得成本为 86 000 元。因为钻床需要安装，所以先通过"在建工程"账户核算，待安装完成达到预定可使用状态时再转入"固定资产"账户。因此，应借记"在建工程"账户，金额为 86 000 元；借记"应交税费——应交增值税（进项税额）"账户，金额为 14 620 元；贷记"银行存款"账户，金额为 100 620 元。

（2）安装时。

由转账支票存根（图 3-2-8）可知，企业支付安装费 1 380 元。安装费也应计入固定资产的入账价值，应先将安装成本计入"在建工程"账户，待固定资产达到预定可使用状态时再转入"固定资产"账户。故应借记"在建工程"账户，贷记"银行存款"账户，金额为 1 380（元）。

（3）交付使用时。

当固定资产安装完成，达到预定可使用状态后，应将固定资产的成本从"在建工程"账户转入"固定资产"账户，此时固定资产的成本为购入时的取得成本加上安装费用，即 86 000+1 380=87 380（元）。

2. 编制会计分录并填制记账凭证

根据以上分析可知，这笔业务属于取得需要安装的固定资产情况。

（1）购入时。

在填制记账凭证时注意按顺序编号，本凭证编号为"02 号"；时间为"2017 年 4 月 2 日"；"摘要"栏要简明扼要地说明该经济业务内容，该经济业务是购入需要安装的固定资产——钻床，所以可以填写为"购入钻床"；"附件"为原始凭证的张数共计 2 张，填制凭证如图 3-2-16 所示。

记 账 凭 证

2017年04月02日　　　　　　　　　　　　　　　　记字02号

摘　要	一级科目	二级或明细科目	√	借方金额	贷方金额
购入钻床	在建工程	钻床		86 000.00	
购入钻床	应交税费	应交增值税（进项税额）		14 620.00	
购入钻床	银行存款				100 620.00
合　计				¥100 620.00	¥100 620.00

附件贰张

会计主管：×××　　记账：×××　　审核：×××　　出纳：×××　　制单：×××

图 3-2-16

（2）安装时。

在填制记账凭证时注意按顺序编号，本凭证编号为"03号"；时间为"2017年4月5日"；"摘要"栏要简明扼要地说明该经济业务内容，该经济业务是支付安装钻床的费用，所以可以填写为"支付安装费"；"附件"为原始凭证的张数共计1张，填制凭证如图3-2-17所示。

记 账 凭 证

2017年04月05日　　　　　　　　　　　　　　　　记字03号

摘　要	一级科目	二级或明细科目	√	借方金额	贷方金额
支付安装费	在建工程	钻床		1 380.00	
支付安装费	银行存款				1 380.00
合　计				¥1 380.00	¥1 380.00

附件壹张

会计主管：×××　　记账：×××　　审核：×××　　出纳：×××　　制单：×××

图 3-2-17

（3）交付使用时。

在填制记账凭证时注意按顺序编号，本凭证编号为"04号"；时间为"2017年4月5日"；"摘要"栏要简明扼要地说明该经济业务内容，该经济业务是需要安装的固定资产——钻床安装完成，达到预定可使用状态，并交付使用，所以可以填写为"交付使用钻床"；"附件"为原始凭证的张数共计1张，填制凭证如图3-2-18所示。

记 账 凭 证

2017年04月05日　　　　　　　　　　　　　记字04号

摘　要	一级科目	二级或明细科目	√	借方金额	贷方金额
支付使用钻床	固定资产	钻床		87 380.00	
支付使用钻床	在建工程	钻床			87 380.00
合　计				¥87 380.00	¥87 380.00

附件壹张

会计主管：×××　　记账：×××　　审核：×××　　出纳：×××　　制单：×××

图 3－2－18

业务3：自营建造固定资产的核算

1. 分析自营建造固定资产业务

企业自营建造固定资产，应按照建造该项资产达到预计可使用状态前所发生的必要支出等作为固定资产的成本。自营建造固定资产应先通过"在建工程"账户核算，待工程达到预定可使用状态后，再转入"固定资产"账户。

（1）工程物资。

购入工程物资时：根据业务内容，企业购入工程物资时，取得增值税专用发票（图3-2-9），发票上记载购入了钢材和水泥两种工程物资，并且物资都已验收入库（图3-2-10），其中钢材的货款为150 000元，税款为25 500元；水泥的货款为18 000元，税款为3 060元。该业务使企业的工程物资增加，银行存款减少，应借记"工程物资"账户，借：应交税费——应交增值税（进项税额）贷记"银行存款"账户。

（2）在建工程。

工程领用工程物资时：根据业务内容，企业领用工程物资时，借记"在建工程"账户，贷记"工程物资"账户。

支付工程发生的其他费用时：根据业务内容，自营工程发生其他费用时，借记"在建工程"账户，贷记"银行存款"账户。

（3）固定资产。

工程完工转入固定资产时：待工程完工后，并达到预定可使用状态时，将"在建工程"转为"固定资产"，故借记"固定资产"账户，贷记"在建工程"账户。

2. 编制会计分录并填制记账凭证

根据以上分析可知，这笔业务属于自营建造固定资产的情况。

(1) 工程物资。

购入工程物资时：在填制记账凭证时注意按顺序编号，本凭证编号为"05号"；时间为"2017年4月8日"；"摘要"栏要简明扼要地说明该经济业务内容，该经济业务是购入工程物资，所以可以填写为"购入工程物资"；"附件"为原始凭证的张数共计3张，填制凭证如图3-2-19所示。

记 账 凭 证

2017年04月08日　　　　　　　　　　　　　记字05号

摘　　要	一级科目	二级或明细科目	√	借方金额	贷方金额
购入工程物资	工程物资	钢材		150 000.00	
购入工程物资	工程物资	水泥		18 000.00	
购入工程物资	银行存款				196 560.00
合　　计				¥196 560.00	¥196 560.00

附件叁张

会计主管：×××　　记账：×××　　审核：×××　　出纳：×××　　制单：×××

图 3-2-19

(2) 在建工程。

工程领用工程物资时：在填制记账凭证时注意按顺序编号，本凭证编号为"06号"；时间为"2017年4月15日"；"摘要"栏要简明扼要地说明该经济业务内容，该经济业务是工程领用工程物资，所以可以填写为"领用工程物资"；"附件"为原始凭证的张数共计1张，填制凭证如图3-2-20所示。

记 账 凭 证

2017年04月15日　　　　　　　　　　　　　记字06号

摘　　要	一级科目	二级或明细科目	√	借方金额	贷方金额
领用工程物资	在建工程	基地		168 000.00	
领用工程物资	工程物资	钢材			150 000.00
领用工程物资	工程物资	水泥			18 000.00
合　　计				¥168 000.00	¥168 000.00

附件壹张

会计主管：×××　　记账：×××　　审核：×××　　出纳：×××　　制单：×××

图 3-2-20

支付工程发生的其他费用时：在填制记账凭证时注意按顺序编号，本凭证编号为"07号"；时间为"2017年4月15日"；"摘要"栏要简明扼要地说明该经济业务内容，该经济业务是支付工程发生的其他费用，所以可以填写为"支付工程其他费用"；"附件"为原始凭证的张数共计1张，填制凭证如图3-2-21所示。

记 账 凭 证

2017年04月15日　　　　　　　　　　　　　　　　　记字07号

摘　要	一级科目	二级或明细科目	√	借方金额	贷方金额
支付工程其他费用	在建工程	基地		6 000.00	
支付工程其他费用	银行存款				6 000.00
合　　计				¥6 000.00	¥6 000.00

会计主管：×××　　记账：×××　　审核：×××　　出纳：×××　　制单：×××

附件壹张

图 3-2-21

（3）固定资产。

工程完工转入固定资产时：在填制记账凭证时注意按顺序编号，本凭证编号为"08号"；时间为"2017年12月3日"；"摘要"栏要简明扼要地说明该经济业务内容，该经济业务是工程竣工，转为固定资产，所以可以填写为"工程转为固定资产"；"附件"为原始凭证的张数共计1张，填制凭证如图3-2-22所示。

记 账 凭 证

2017年12月03日　　　　　　　　　　　　　　　　　记字08号

摘　要	一级科目	二级或明细科目	√	借方金额	贷方金额
工程转为固定资产	固定资产	基地		174 000.00	
工程转为固定资产	在建工程	基地			174 000.00
合　　计				¥174 000.00	¥174 000.00

会计主管：×××　　记账：×××　　审核：×××　　出纳：×××　　制单：×××

附件壹张

图 3-2-22

(1) 在建工程领用本企业原材料时，应借记"在建工程"账户，贷记"原材料""应交税费——应交增值税（进项税额转出）"账户。

(2) 在建工程领用本企业生产的商品时，应借记"在建工程"账户，贷记"库存商品""应交税费——应交增值税（销项税额）"等账户。

(3) 在建工程计提工程人员工资时，应借记"在建工程"账户，贷记"应付职工薪酬"账户。

业务4：登记固定资产、在建工程明细账、总账

固定资产、在建工程明细账应采用三栏式明细账，该账户及其明细账户本期的期初余额均为0。根据以上分析，登记"固定资产明细账""在建工程明细账""固定资产总账""在建工程总账"如图3-2-23、图3-2-24、图3-2-25、图3-2-26、图3-2-27、图3-2-28、图3-2-29所示。

固定资产　明细账

明细科目：车床

2017年		凭证		摘要	借方										贷方										借或贷	余额										✓
月	日	字	号		亿	千	百	十	万	千	百	十	元	角	分	亿	千	百	十	万	千	百	十	元	角	分		亿	千	百	十	万	千	百	十	元	角	分	
4	1			期初余额																							借									0	0	0	
	2	记	1	购入车床				3	0	6	0	0	0	0	0												借				3	0	6	0	0	0	0	
40	30			本月合计				3	0	6	0	0	0	0	0												借				3	0	6	0	0	0	0	

图3-2-23

固定资产　明细账

明细科目：钻床

2017年		凭证		摘要	借方										贷方										借或贷	余额										✓
月	日	字	号		亿	千	百	十	万	千	百	十	元	角	分	亿	千	百	十	万	千	百	十	元	角	分		亿	千	百	十	万	千	百	十	元	角	分	
4	1			期初余额																							借									0	0	0	
	5	记	4	交付使用钻床					8	7	3	8	0	0	0												借					8	7	3	8	0	0	0	
40	30			本月合计					8	7	3	8	0	0	0												借					8	7	3	8	0	0	0	

图3-2-24

固定资产 明细账

明细科目：基地

2017年		凭证		摘要	借方 (亿千百十万千百十元角分)	贷方 (亿千百十万千百十元角分)	借或贷	余额 (亿千百十万千百十元角分)	√
月	日	字	号						
4	1			期初余额			平	0 0 0	
	3	记	8	工程转为固定资产	1 7 4 0 0 0 0 0		借	1 7 4 0 0 0 0 0	
12	31			本月合计	1 7 4 0 0 0 0 0		借	1 7 4 0 0 0 0 0	

图 3-2-25

在建工程 明细账

明细科目：钻床

2017年		凭证		摘要	借方	贷方	借或贷	余额	√
月	日	字	号						
4	1			期初余额			平	0 0 0	
	2	记	2	购入钻床	8 6 0 0 0 0 0		借	8 6 0 0 0 0 0	
	5	记	3	支付安装费	1 3 8 0 0 0		借	8 7 3 8 0 0 0	
	5	记	4	支付使用钻床		8 7 3 8 0 0 0	平	0 0 0	
4	30			本月合计	8 7 3 8 0 0 0	8 7 3 8 0 0 0	平	0 0 0	

图 3-2-26

在建工程 明细账

明细科目：基地

2017年		凭证		摘要	借方	贷方	借或贷	余额	√
月	日	字	号						
4	1			期初余额			平	0 0 0	
	15	记	6	领用工程物资	1 6 8 0 0 0 0		借	1 6 8 0 0 0 0	
	15	记	7	支付工程其他费用	6 0 0 0 0		借	1 7 4 0 0 0 0	
4	30			本月合计	1 7 4 0 0 0 0		借	1 7 4 0 0 0 0	
12	3	记	8	工程转为固定资产		1 7 4 0 0 0 0	平	0 0 0	

图 3-2-27

总 账

会计科目：固定资产

2017年		凭证		摘要	借方	贷方	借或贷	余额	√
月	日	字	号						
4	1			期初余额			平	0 0 0	
	2	记	1	购入车床	3 0 6 0 0 0 0		借	3 0 6 0 0 0 0	
	5	记	4	支付使用钻床	8 7 3 8 0 0 0		借	1 1 7 9 8 0 0 0	
4	30			本月合计	1 1 7 9 8 0 0 0		借	1 1 7 9 8 0 0 0	
				……					
12	3	记	8	工程转为固定资产	1 7 4 0 0 0 0		借	2 9 1 9 8 0 0 0	

图 3-2-28

总　账

会计科目：在建工程

2017年		凭证		摘要	借方 亿	千	百	十	万	千	百	十	元	角	分	贷方 亿	千	百	十	万	千	百	十	元	角	分	借或贷	余额 亿	千	百	十	万	千	百	十	元	角	分	√
月	日	字	号																																			
4	1			期初余额																							平									0	0	0	
	2	记	2	购入钻床				8	6	0	0	0	0	0													借				8	6	0	0	0	0	0		
	5	记	3	支付安装费					1	3	8	0	0	0													借				8	7	3	8	0	0	0		
	5	记	4	支付使用钻床																8	7	3	8	0	0	0	平									0	0	0	
	15	记	6	领用工程物资				1	6	8	0	0	0	0													借				1	6	8	0	0	0	0		
	15	记	7	支付工程其他费用					6	0	0	0	0	0													借				1	7	4	0	0	0	0		
4	30			本月合计				2	6	1	3	8	0	0							8	7	3	8	0	0	0	借				1	7	4	0	0	0	0		
				……																																		
12	3	记	8	工程转为固定资产															2	6	1	3	8	0	0	0	平									0	0	0	

图3-2-29

战术提升

长风有限公司的地址在新疆乌鲁木齐金地大厦1901室，电话是0991-82527966。企业为一般纳税人，纳税人识别号：110226585874078。该企业在中国工商银行乌市支行开立基本账户，账号：0200097419020104943。

2017年有关取得固定资产的业务摘录如下：

(1) 3月12日，企业从易安有限公司一次购进了三台不同型号的设备A、B、C，取得的增值税专用发票上记载的价款为100 000 000元，增值税税额为17 000 000元，包装费750 000元，全部以银行存款转账支付。假设设备A、B、C的公允价值分别为45 000 000元、38 500 000元和16 500 000元，不考虑其他相关税费。原始凭证如图3-2-30、图3-2-31所示。

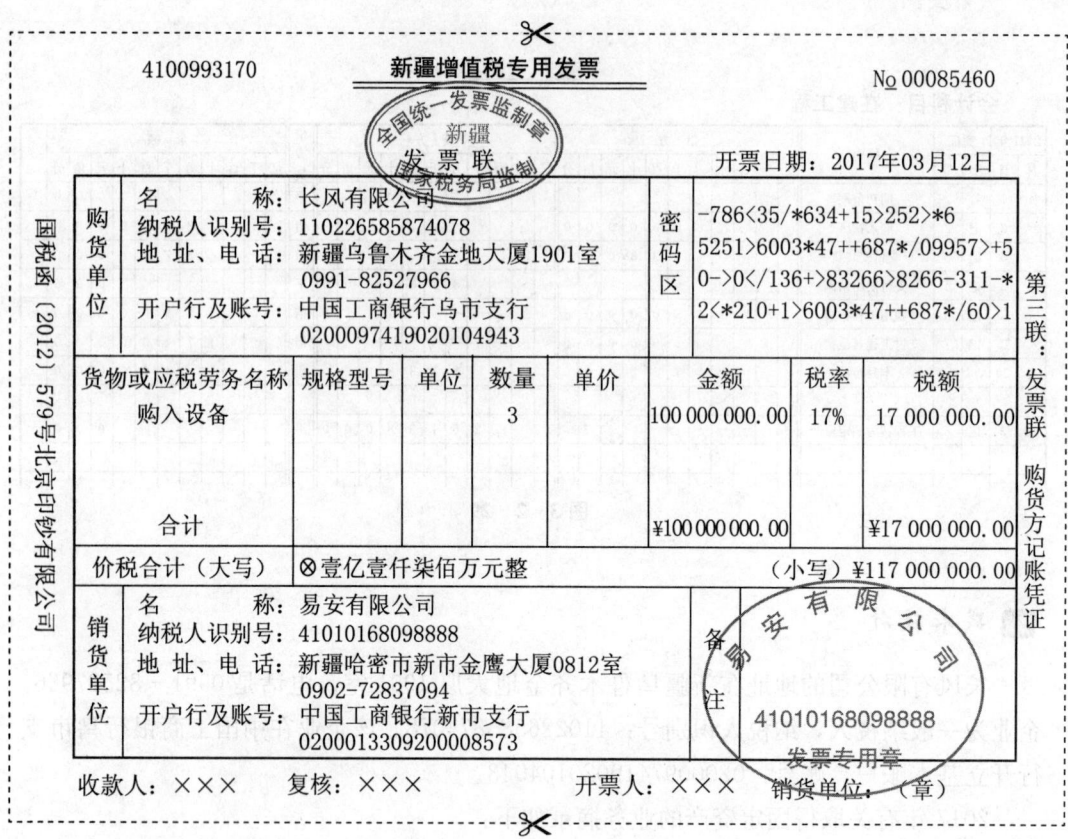

图 3-2-30

图 3-2-31

（2）1月25日，企业将一幢厂房的建造工程出包给万友有限公司承建，按合理估计的发包工程进度和合同规定向万友有限公司结算进度款 600 000 元。11 月 30 日工程完工后，收到万友有限公司有关工程结算单据，补付工程款 400 000 元，工程完工并达到预定可使用状态。原始凭证如图 3-2-32、图 3-2-33、图 3-2-34 所示。

图 3-2-32

项目竣工验收单

项目名称	出包承建厂房	批准日期	2017年3月
项目性质	自用	完成日期	2017年11月
承建部门	万友有限公司	承建负责人	
预算价	1 200 000元	决算价	1 000 000元
结构类型	砖混结构	建筑面积	600m²
验收意见	经检查质量达标，同意交付使用		
验收人员	使用部门：×××	外请专家：×××	企业主管：×××
备注			
验收单位签字	×××	使用单位签字	×××

图 3-2-33

图 3-2-34

针对企业发生的以上经济业务，该如何处理？

任务三　核算固定资产折旧

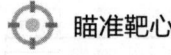 瞄准靶心

能够计算固定资产的月折旧额和年折旧额。
能够填制固定资产折旧计算表。
能够进行固定资产折旧业务的会计核算。

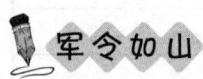 军令如山

新疆彭洪有限公司的地址在新疆伊犁伊宁5号院1631室，属增值税一般纳税人，纳税人识别号：486002726700686。该企业在中国工商银行伊宁支行开立基本账户，账号：0200538827990088700。2017年，该企业发生的固定资产计提折旧业务如下：

（1）2月27日，企业购入一幢厂房，原值为500万元，预计可使用年限为20年，预计净残值为248 000元，该厂房采用年限平均法计提折旧。

（2）3月10日，企业购入一辆运货卡车，其入账价值为60万元，预计总工作量为50万公里，预计净残值率为5%。4月实际行驶8000公里，该汽车采用工作量法计提折旧。

（3）3月30日，企业取得货架设备一套，原价为20万元，预计净残值2 000元，预计可使用5年。该设备采用双倍余额递减法计提折旧。

(4) 3月30日，企业取得装卸设备一套，其入账价值为20万元，预计残值3 000元，预计清理费用1 000元，预计使用年限5年。该设备采用年数总和法计提折旧。

(5) 6月30日，企业财务部编制的固定资产月折旧计算表如图3-3-1所示。

固定资产月折旧计算表

编制单位：新疆彭洪有限公司　　　　　　　　　　编制时间：2017年06月30日

项目内容 / 使用部门	上月计提的固定资产折旧额（元）	上月增加的固定资产折旧额（元）	上月减少的固定资产折旧额（元）	本月应提的固定资产折旧额（元）	应计入会计科目
生产车间	18 900	500	0		
行政管理部门	3 000	600	240		
专设销售机构	1 800	200	500		
出租设备	700	0	0		
合计	24 400	1 300	740		—

制单：×××　　　　　　复核：　　　　　　财务经理：

图 3-3-1

假如你是新疆彭洪有限公司财务部的一名会计，主要负责固定资产折旧相关业务的会计核算。根据上述公司所拥有固定资产的情况，假设该企业固定资产累计折旧账户本期无期初余额，请完成下列要求：

(1) 计算厂房2017年应计提的年折旧额与月折旧额。

(2) 计算新购入运货卡车4月应计提的折旧额。

(3) 分别计算货架第1年、第2年、第5年以及2017年、2018年应计提的折旧额。

(4) 分别计算装卸设备第1年、第2年、第5年以及2017年、2018年应计提的折旧额。

(5) 将固定资产月折旧计算表填制完整。

(6) 根据(5)中的折旧计算表进行相应的会计处理。

业务1：采用年限平均法计提折旧

1. 年限平均法

年限平均法是指在折旧期限内，将固定资产应提折旧总额平均分配到每年及每月的折旧计算方法，也常称之为直线法，其计算公式为：

年折旧额=(固定资产原值－预计净残值)÷预计使用年限=固定资产原值×(1－预计净残值率)÷预计使用年限

其中：预计净残值=预计残值－预计清理费用=固定资产原值×净残值率

月折旧额=年折旧额÷12

年折旧率=年折旧额÷固定资产原值

月折旧率=年折旧率÷12

2. 计算厂房2017年应计提的折旧额

由该业务可知该厂房采用年限平均法计算年折旧额，因此可知，该厂房的年折旧额=（固定资产原值－预计净残值）÷预计使用年限=（5 000 000－248 000）÷20=237 600（元）。

该设备在2017年使用了10个月，则应先计算每月应计提的折旧额，再计算出2017年应计提的年折旧额。

每月应计提的折旧额计算公式为：月折旧额=年折旧额÷12=237 600÷12=19 800（元）；

该厂房2017年应计提的年折旧额=19 800×10=198 000（元）。

> 按照折旧的时间范围，当月增加的固定资产，当月不计提折旧，从下月起计提折旧；当月减少的固定资产，当月仍计提折旧，从下月起不计提折旧。
>
> 所以，2月的固定资产当月不计提折旧，从3月开始计提折旧；该设备2017年的折旧是指3月至12月共10个月的折旧额，所以应将年折旧额除以12乘以10来计算。

业务2：采用工作量法计提折旧

1. 工作量法

工作量法是根据实际工作量计算每期应计提折旧额的一种方法，应采用工作量法计算单位折旧额，工作量法的计算公式如下：

单位工作量折旧额=（固定资产原值－预计净残值）÷预计总工作量=固定资产原值×（1－预计净残值率）÷预计总工作量

其中：预计净残值=固定资产原值×预计净残值率

月折旧额=该固定资产本月工作量×单位工作量折旧额

2. 计算运货卡车 4 月应计提的折旧额

该业务中的运货卡车采用工作量法计提折旧，因此，该卡车单位工作量折旧额=固定资产原值×(1－预计净残值率)÷预计总工作量=600 000×(1－5%)÷500 000=1.14（元/公里）。

该卡车 4 月份的折旧额=本月工作量×单位工作量折旧额=8 000×1.14=9 120（元）。

业务 3：采用双倍余额递减法计提折旧

1. 双倍余额递减法

双倍余额递减法是用年限平均法折旧率的两倍作为固定的折旧率乘以逐年递减的固定资产期初净值，得出各年应计提折旧额的方法。采用双倍余额递减法计提固定资产折旧，一般在固定资产预计使用年限到期前两年内，折旧计算公式为：

$$年折旧率 = 2 \div N \times 100\%$$

$$第\ t\ 年折旧 = 固定资产原值 \times (1 - 年折旧率)^{(t-1)} \times 年折旧率$$

在预定使用年限的最后 2 年，折旧计算公式为：

$$最后\ 2\ 年每年折旧额 = [固定资产原值 \times (1 - 年折旧率)^{(N-2)} - 净残值] \div 2$$

其中：N——预计使用年限。

2. 计算货架应计提的折旧额

该业务需要运用双倍余额递减法来计算应计提的折旧额，每一年的折旧额计算如下：

$$前\ 3\ 年的年折旧率 = 2 \div N \times 100\% = 2 \div 5 \times 100\% = 40\%$$

则：该货架第 1 年的年折旧额=固定资产原值×年折旧率=200 000×40%=80 000（元）。

该货架 2017 年 3 月取得，4 月开始计提折旧，2017 年的折旧是指 2017 年 4 月至 12 月（共 9 个月）的折旧，即该货架第 1 年折旧中前 9 个月的折旧，则其 2017 年的折旧额=80 000÷12×9=60 000（元）。

该货架第 2 年的折旧=固定资产原值×（1－年折旧率）×年折旧率=200 000×（1－40%）×40%=48 000（元）。

该货架 2018 年的折旧是指该货架第 1 年折旧中后 3 个月的折旧与第 2 年折旧中前 9 个月的折旧之和，所以 2018 年的折旧额=80 000÷12×3+48 000÷12×9=56 000（元）。

该货架第 5 年的折旧额=[固定资产原值×(1－年折旧率)$^{(N-2)}$－净残值]÷

2＝[200000×(1－40%)³－2000]÷2＝20 600（元）。

> 在使用双倍余额递减法时要注意计提最后两年折旧，是将固定资产账面净值扣除预计净残值后的净值平均摊销。
>
> 由于双倍余额递减法不考虑固定资产的残值收入，因此，即不能使固定资产的账面折余价值降低到它的预计残值收入以下。

业务4：采用年数总和法计提折旧

1. 年数总和法

年数总和法是将固定资产的原值减去残值后的净额乘以一个逐年递减的分数计算确定固定资产折旧额的一种方法。其计算公式为：

第 t 年折旧额＝（原值－预计净残值）×尚可使用年限÷年数总和

其中：第 t 年——固定资产的第 t 个折旧年度，某折旧年度的折旧不一定是某会计年度的折旧。

可使用年限＝$N－t+1$

年数总和＝$N(N+1)÷2$

其中：N——固定资产的预计使用年限。

2. 计算装卸设备应计提的折旧额

装卸设备的年数总和＝固定资产的预计使用年限×（固定资产的预计使用年限＋1）÷2＝5×（5＋1）÷2＝15（年）。

预计净残值＝预计残值－预计清理费用＝3 000－1 000＝2 000（元）。

该设备第1年折旧额＝（原值－预计净残值）×尚可使用年限÷年数总和＝(200 000－2 000)×5÷15＝66 000（元）。

该设备2017年的折旧＝66 000÷12×9＝45 900（元）。

该设备第2年的折旧＝（原值－预计净残值）×尚可使用年限÷年数总和＝(200 000－2 000)×4÷15＝52 800（元）。

该设备2018年的折旧＝66 000÷12×3＋52 800÷12×9＝56 100（元）。

该设备第5年的折旧＝(200 000－2 000)×1÷15＝13 200（元）。

业务5：填制固定资产月折旧计算表

企业一般通过编制"固定资产折旧计算表"进行折旧的计算和分配，并作为折旧核算的原始凭证。固定资产折旧计算表一般于月末编制，为了简化核算，企业各月计提折旧额可在上月计提的折旧额的基础上，加上上月增加的固定资产应计提的折旧额，减去上月减少的固定资产应计提的折旧额。

本月应计提的固定资产折旧额计算公式如下：

本月应计提固定资产折旧额＝上月计提的固定资产折旧额＋上月增加的固定资产折旧额－上月减少的固定资产折旧额

则：生产车间本月应计提的固定资产折旧额＝18 900＋500＝19 400（元）。

行政管理部门本月应计提的固定资产折旧额＝3 000＋600－240＝3 360（元）。

专设销售机构本月应计提的固定资产折旧额＝1 800＋200－500＝1 500（元）。

出租设备应计提的固定资产折旧额＝700（元）。

所以，本月应计提的固定资产折旧额总计为 19 400＋3 360＋1 500＋700＝24 960（元）。

根据计算结果，填制固定资产月折旧计算表如图 3-3-2 所示。

固定资产月折旧计算表

编制单位：新疆彭洪有限公司　　　　　　　　　　　　编制时间：2017年06月30日

项目内容／使用部门	上月计提的固定资产折旧额（元）	上月增加的固定资产折旧额（元）	上月减少的固定资产折旧额（元）	本月应提的固定资产折旧额（元）	应计入会计科目
生产车间	18 900	500	0	19 400	制造费用
行政管理部门	3 000	600	240	3 360	管理费用
专设销售机构	1 800	200	500	1 500	销售费用
出租设备	700	0	0	700	其他业务成本
合计	24 400	1 300	740	24 960	—

制单：×××　　　　　　复核：　　　　　　财务经理：

图 3-3-2

业务6：完成会计处理

1. 分析固定资产折旧业务

根据固定资产计提折旧会计处理的有关规定，固定资产应当按月计提折旧，计提的折旧应当计入"累计折旧"账户，并根据用途计入相关资产的成本或者当期损溢。

在自行建造固定资产过程中使用的固定资产，其计提的折旧应计入在建工程成本；基本生产车间所使用的固定资产，其计提的折旧应计入制造费用；管理部门所使用的固定资产，其计提的折旧应计入管理费用；销售部门所使用的固定资产，其计提的折旧应计入销售费用；经营租出的固定资产，其应提的折旧应计入其他业务成本。所以，企业计提固定资产折旧时，借记"制造费用""销售费用""管理费用"等账户，贷记"累计折旧"账户。

2. 编制会计分录并填制记账凭证

根据以上分析可知，这笔业务属于计提固定资产折旧的情况。在填制记账凭证时注意按顺序编号，假设本凭证编号为"15号"；时间为"2017年6月30日"；"摘要"栏要简明扼要地说明该经济业务内容，该经济业务是计提固定资产折旧，所以可以填写为"计提本月固定资产折旧"；"附件"为原始凭证的张数共计1张，填制凭证如图3-3-3所示。

记 账 凭 证

2017年06月30日   记字15号

摘　　要	一级科目	二级或明细科目	√	借方金额	贷方金额
计提本月固定资产折旧	制造费用			19 400.00	
计提本月固定资产折旧	管理费用			3 360.00	
计提本月固定资产折旧	销售费用			1 500.00	
计提本月固定资产折旧	其他业务成本			700.00	
计提本月固定资产折旧	累计折旧				24 960.00
合　　计				¥24 960.00	¥24 960.00

附件壹张

会计主管：×××　　记账：×××　　审核：×××　　出纳：×××　　制单：×××

图3-3-3

业务7：登记累计折旧总账

累计折旧账户无二级明细账户，应登记累计折旧总账，该账户本期的期初余额为0。根据以上分析，登记"累计折旧总账"如图3-3-4所示。

总 账

会计科目：累计折旧

2017年		凭证		摘要	借方										贷方										借或贷	余额										√
月	日	字	号		亿	千	百	十	万	千	百	十	元	角	分	亿	千	百	十	万	千	百	十	元	角	分		亿	千	百	十	万	千	百	十	元	角	分	
6	1			期初余额																							平									0	0	0	
	30	记	5	计提本月固定资产折旧															2	4	9	6	0	0	0	贷					2	4	9	6	0	0	0	
6	30			本月合计															2	4	9	6	0	0	0	贷					2	4	9	6	0	0	0	

图3-3-4

战术提升

长风有限公司的地址在新疆乌鲁木齐金地大厦 1901 室，电话是 0991-82527966。企业为一般纳税人，纳税人识别号：110226585874078。该企业在中国工商银行乌市支行开立基本账户，账号：0200097419020104943。

2017 年 3 月企业陆续购进各项固定资产，其原值、使用年限、残值率、折旧方法如表 3-3-1 所示。

表 3-3-1　　　　　各项固定资产相关折旧信息

使用部门		原值（元）	使用年限（年）	总工作量（公里）	残值率（%）	折旧方法
车间	厂房	1 000 000	40	—	1	年限平均法
	设备	800 000	10	—	20	双倍余额递减法
行政部门	房屋	200 000	10	—	1	年数总和法
	汽车	120 000	—	600 000	1	工作量法
合计		2 120 000				

企业行政部门的汽车在 2017 年 4 月实际行驶 8000 公里。假如你是长风有限公司的会计，且主要负责该企业有关固定资产折旧业务的会计核算，那么，请计算该企业各项固定资产 4 月应计提的折旧额，填制固定资产月折旧计算表，并进行相应的会计处理。

任务四　处置固定资产

瞄准靶心

能够进行固定资产出售业务的核算。
能够进行固定资产报废业务的核算。
能够进行固定资产毁损业务的核算。

军令如山

新疆彭洪有限公司的地址在新疆伊犁伊宁 5 号院 1631 室，属增值税一般纳税人，纳税人识别号：486002726700686。该企业在中国工商银行伊宁支行开立基本账户，账号：0200538827990088700。2017 年该企业处置了以下固定资产：

(1) 企业因资金紧张且办公大楼利用率不高，经企业董事会批准于 3 月 11 日将办公大楼出售，如图 3-4-1、图 3-4-2 所示，未计提固定资产减值准备，且已通过银行收回价款，如图 3-4-3 所示。

固定资产处置申请书

申报单位：新疆彭洪有限公司				固定资产编号：A-056	
名称	办公大楼	出厂时间		出厂编号	
型号、规格		投产时间		单位	座
制造厂	万友有限公司	使用单位			
原值（元）	2 000 000.00	净值（元）	1 500 000.00		
已提折旧（元）	500 000.00	残值（元）			

处置原因：

　　因公司资金紧张且办公大楼利用率不高，故拟出售。

报告人：×××

2017年3月5日

图 3-4-1

固定资产出售申报清单

2017年03月11日

事由：

　　因公司资金紧张且办公大楼利用率不高，经批准2017年3月11日将大楼出售。该大楼原值200万元，已提折旧50万元，出售价款180万元已收到，该出售事宜已全部结束。

经办人：×××

图 3-4-2

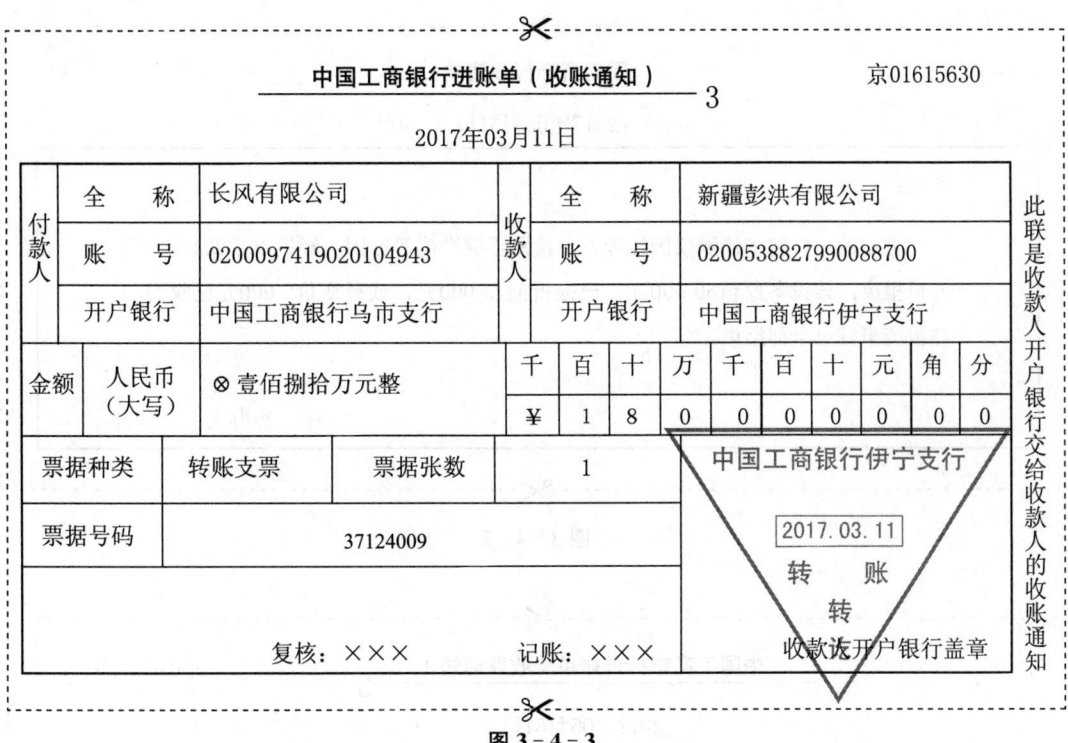

图 3-4-3

（2）企业有一台精密检测仪由于性能等原因决定提前报废，经管理会批准于5月31日报废，如图3-4-4、图3-4-5所示，未计提固定资产减值准备。报废时的残料变价收入已存入银行，如图3-4-6所示，报废清理过程中以现金支付清理费用如图3-4-7所示。假定不考虑相关税费的影响。

固定资产处置申请书

申报单位：新疆彭洪有限公司		固定资产编号：B-015	
名称	精密检测仪	出厂时间	出厂编号
型号、规格		投产时间	单位 台
制造厂	易安有限公司	使用单位	
原值（元）	50 000.00	净值（元）	5 000.00
已提折旧（元）	45 000.00	残值（元）	

处置原因：

精密检测仪因性能差，检测不够精确等原因，故拟报废。

报告人：×××
2017年5月20日

图 3-4-4

固定资产报废清单

2017年05月31日

事由：

公司的一台精密检测仪因性能差，检测不够准确等原因，经批准于2017年5月31日报废。该设备原值50 000元，已提折旧45 000元，残料变价2 000元已收到，该报废事宜已全部结束。

经办人：×××

图 3－4－5

中国工商银行进账单（收账通知） 京01615630

2017年05月31日

付款人	全　称	易安有限公司	收款人	全　称	新疆彭洪有限公司
	账　号	0200013309200008573		账　号	0200538827990088700
	开户银行	中国工商银行新市支行		开户银行	中国工商银行伊宁支行

金额	人民币（大写）	⊗ 贰仟元整	千	百	十	万	千	百	十	元	角	分
						¥	2	0	0	0	0	0

票据种类	转账支票	票据张数	1
票据号码		33724072	

复核：×××　　记账：×××

中国工商银行伊宁支行
2017.05.31
转账
收款达开户银行盖章

此联是收款人开户银行交给收款人的收账通知

图 3－4－6

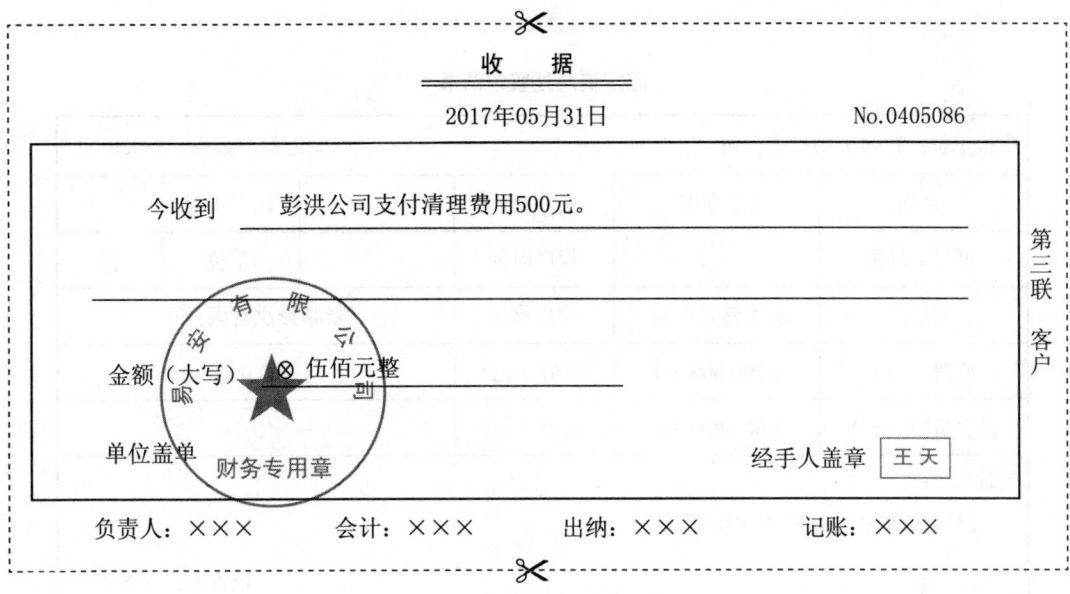

图 3-4-7

(3) 9月4日,企业的2号仓库因遭受火灾导致毁损,2号仓库的处置如图3-4-8、图3-4-9所示,未计提减值准备。收到仓库残料变价收入如图3-4-10所示,收到经保险企业核定赔偿的损失费如图3-4-11所示。假定不考虑相关税费的影响,该仓库处置事宜已结束,如图3-4-12所示。

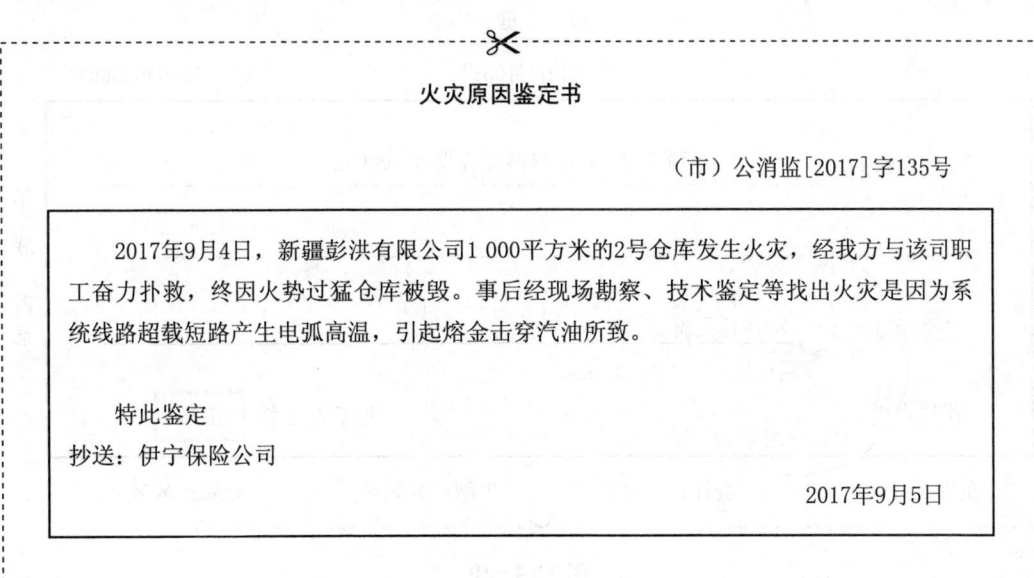

图 3-4-8

固定资产处置申请书

申报单位：新疆彭洪有限公司　　　　　　　　　固定资产编号：A-226

名称	2号仓库	出厂时间		出厂编号	
型号、规格		投产时间		单位	间
制造厂	润杰建筑公司	使用单位	新疆彭洪有限公司		
原值（元）	5 000 000.00	净值（元）	1 000 000.00		
已提折旧（元）	4 000 000.00	残值（元）			

处置原因：

2号仓库因火灾烧毁无法使用。

报告人：×××

2017年9月5日

图 3-4-9

收　据

2017年09月05日　　　　　　　　　　　　　　　No.0405086

今收到　　伟光工厂拆除2号仓库材料变价收入5 000元。

金额（大写）　·伍仟元整

单位盖章（财务专用章）　　　　　　　　　经手人盖章　王天

负责人：×××　　会计：×××　　出纳：×××　　记账：×××

第二联　财务

图 3-4-10

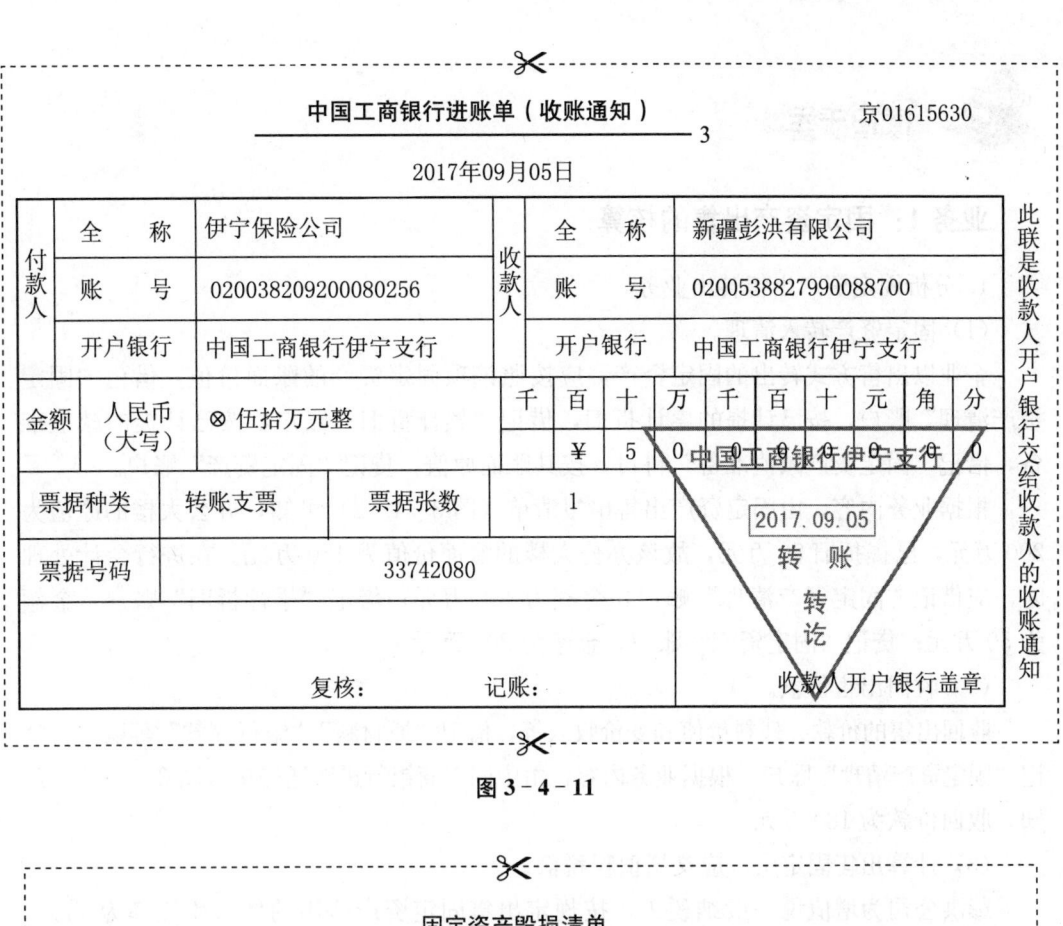

图 3-4-11

图 3-4-12

假如你是新疆彭洪有限公司财务部的一名会计，主要负责固定资产处置业务的会计核算。该企业固定资产清理账户本期无期初余额，对于上述三种固定资产的处置情况，该如何处理？

业务1：固定资产出售的核算

1. 分析固定资产出售转出业务

（1）固定资产转入清理。

企业以出售方式转出的固定资产，应按照该项固定资产的账面价值，借记"固定资产清理"账户，按已计提的累计折旧，借记"累计折旧"账户，按已计提的减值准备，借记"固定资产减值准备"科目，按其账面原值，贷记"固定资产"账户。

根据业务内容，由固定资产出售申报清单（图3-4-2）可知，办公大楼的原值为200万元，已提折旧50万元，故该办公大楼的账面价值为150万元。在进行会计处理时，应借记"固定资产清理"账户，金额为150万元；借记"累计折旧"账户，金额为50万元；贷记"固定资产"账户，金额为200万元。

（2）收回出售价款。

收回出售的价款、残料价值和变价收入等，借记"原材料""银行存款"等账户，贷记"固定资产清理"账户。根据业务内容，由中国工商银行进账通知单（图3-4-3）可知，收回价款为180万元。

（3）计算出售固定资产应交增值税税额。

彭洪公司为增值税一般纳税人，按规定出售固定资产适用的增值税税率为11%，应交增值税税额为198 000（即1 800 000×11%）元。在会计处理时，应借记"固定资产清理"账户，贷记"应交税费——应交增值税（销项税额）"账户。

（4）结转出售固定资产取得的收益。

固定资产清理完成后的净收益，借记"固定资产清理"科目，贷记"营业外收入"科目，金额为102 000元。

2. 编制会计分录并填制记账凭证

（1）固定资产转入清理。

根据以上分析可知，这笔业务属于将固定资产转入清理的情况。在填制记账凭证时注意按顺序编号，本凭证编号为"1号"；时间为"2017年3月11日"；"摘要"栏要简明扼要地说明该经济业务内容，该经济业务是将固定资产——办公大楼转入清理，所以可以填写为"处置办公大楼"；"附件"为原始凭证的张数共计1张，填制凭证如图3-4-13所示。

记 账 凭 证

2017年03月11日　　　　　　　　　　　　　　记字01号

摘　要	一级科目	二级或明细科目	√	借方金额	贷方金额
处置办公大楼	固定资产清理	办公大楼		1 500 000.00	
处置办公大楼	累计折旧			500 000.00	
处置办公大楼	固定资产	办公大楼			2 000 000.00
合　　计				￥2 000 000.00	￥2 000 000.00

附件壹张

会计主管：×××　　记账：×××　　审核：×××　　出纳：×××　　制单：×××

图 3 - 4 - 13

(2) 收回出售价款。

根据以上分析可知，这笔业务属于收回出售固定资产——办公大楼的价款情况。在填制记账凭证时注意按顺序编号，本凭证编号为"2号"；时间为"2017年3月11日"；"摘要"栏要简明扼要地说明该经济业务内容，该经济业务是收回出售固定资产——办公大楼的价款，所以可以填写为"出售办公大楼"；"附件"为原始凭证的张数共计1张，填制凭证如图3-4-14所示。

记 账 凭 证

2017年03月11日　　　　　　　　　　　　　　记字02号

摘　要	一级科目	二级或明细科目	√	借方金额	贷方金额
出售办公大楼	银行存款			1 800 000.00	
出售办公大楼	固定资产清理	办公大楼			1 800 000.00
合　　计				￥1 800 000.00	￥1 800 000.00

附件壹张

会计主管：×××　　记账：×××　　审核：×××　　出纳：×××　　制单：×××

图 3 - 4 - 14

(3) 计算出售固定资产应交增值税税额。

根据以上分析可知，这笔业务属于计算出售办公大楼应交增值税税额情况。在填制记账凭证时注意按顺序编号，本凭证编号为"3号"；时间为"2017年3月11日"；"摘要"栏要简明扼要地说明该经济业务内容，该经济业务是计算出售办公大楼应交增值税税额，所以可以填写为"出售办公大楼交纳税费"；"附件"为原始凭证的张数共计1张，填制凭证如图3-4-15所示。

记 账 凭 证

2017年03月11日　　　　　　　　　　　　　　　　　记字03号

摘　要	一级科目	二级或明细科目	√	借方金额	贷方金额
出售办公大楼交纳税费	固定资产清理	办公大楼		178 318.00	
出售办公大楼交纳税费	应交税费	应交增值税（销项税额）			178 318.00
合　计				¥178 318.00	¥178 318.00

附件壹张

会计主管：×××　　记账：×××　　审核：×××　　出纳：×××　　制单：×××

图 3-4-15

(4) 结转出售固定资产取得的收益。

根据以上分析可知，这笔业务属于结转出售固定资产取得收益情况。在填制记账凭证时注意按顺序编号，本凭证编号为"4号"；时间为"2017年3月11日"；"摘要"栏要简明扼要地说明该经济业务内容，该经济业务是结转出售固定资产取得的收益，所以可以填写为"出售办公大楼取得收益"；"附件"为原始凭证的张数共计1张，填制凭证如图3-4-16所示。

记 账 凭 证

2017年03月11日　　　　　　　　　　　　　　　　　　记字04号

摘　　要	一级科目	二级或明细科目	√	借方金额	贷方金额
出售办公大楼取得收益	固定资产清理	办公大楼		121 622.00	
出售办公大楼取得收益	营业外收入				121 622.00
合　　计				¥121 622.00	¥121 622.00

附件壹张

会计主管：×××　　记账：×××　　审核：×××　　出纳：×××　　制单：×××

图 3-4-16

业务2：固定资产报废的核算

1. 分析固定资产报废业务

（1）固定资产转入清理。

企业固定资产报废时，应按照该项固定资产的账面价值，借记"固定资产清理"账户，按已计提的累计折旧，借记"累计折旧"账户，按已计提的减值准备，借记"固定资产减值准备"科目，按其账面原值，贷记"固定资产"账户。

根据业务内容，由固定资产报废清单（图3-4-5）可知，精密检测仪的原值为50 000元，已提折旧45 000元，故该精密检测仪的账面价值为5 000元。在进行会计处理时，应借记"固定资产清理"账户，金额为5 000元；借记"累计折旧"账户，金额为45 000元；贷记"固定资产"账户，金额为50 000元。

（2）收回残料变价收入。

企业收回报废精密检测仪的残料变价收入等，应冲减清理支出，借记"银行存款"账户，贷记"固定资产清理"账户。根据业务内容，由中国工商银行进账通知单（图3-4-6）可知，收回价款为2 000元。

（3）支付清理费用。

固定资产清理过程中发生的清理费用，借记"固定资产清理"账户，贷记"库存现金"账户，金额为500元。

（4）结转报废固定资产发生的净损失。

固定资产清理完成后的净损失，属于生产经营期间正常的处理损失，借记"营业外支出——处置非流动资产损失"账户，贷记"固定资产清理"账户；属于生产经营期间由于自然灾害等非正常原因造成的，借记"营业外支出——非常损失"账户，贷记"固定资产清理"账户。精密检测仪的报废属于生产经营期间正常情况，故借记"营业外支出——处置非流动资产损失"账户，贷记"固定资产清理"账户，金额为3 500元。

2. 编制会计分录并填制记账凭证

（1）固定资产转入清理。

根据以上分析可知，这笔业务属于将报废的固定资产——精密检测仪转入清理的情况。在填制记账凭证时注意按顺序编号，本凭证编号为"1号"；时间为"2017年5月31日"；"摘要"栏要简明扼要地说明该经济业务内容，该经济业务是将报废的精密检测仪转入清理，所以可以填写为"处置精密检测仪"；"附件"为原始凭证的张数共计2张，填制凭证如图3-4-17所示。

记账凭证

2017年05月31日　　　　　　　　　　　　　　记字01号

摘　要	一级科目	二级或明细科目	√	借方金额	贷方金额
处置精密检测仪	固定资产清理	精密检测仪		5 000.00	
处置精密检测仪	累计折旧			45 000.00	
处置精密检测仪	固定资产	精密检测仪			50 000.00
合　　计				¥50 000.00	¥50 000.00

附件贰张

会计主管：×××　　记账：×××　　审核：×××　　出纳：×××　　制单：×××

图3-4-17

（2）收回残料变价收入。

根据以上分析可知，这笔业务属于收回报废精密检测仪的残料变价收入情况。在填制记账凭证时注意按顺序编号，本凭证编号为"2号"；时间为"2017年5月31日"；"摘要"栏要简明扼要地说明该经济业务内容，该经济业务是收回报废精密检测仪的残料变价收入，所以可以填写为"收回残料变价收入"；"附件"为原始凭证的张数共计1张，填制凭证如图3-4-18所示。

记账凭证

2017年05月31日　　　　　　　　　　　　　　　　　　　记字02号

摘　　要	一级科目	二级或明细科目	√	借方金额	贷方金额
收回残料变价收入	银行存款			2 000.00	
收回残料变价收入	固定资产清理	精密检测仪			2 000.00
合　　计				¥2 000.00	¥2 000.00

附件壹张

会计主管：×××　　记账：×××　　审核：×××　　出纳：×××　　制单：×××

图 3-4-18

(3) 支付清理费用。

根据以上分析可知，这笔业务属于支付清理精密检测仪费用的情况。在填制记账凭证时注意按顺序编号，本凭证编号为"3号"；时间为"2017年5月31日"；"摘要"栏要简明扼要地说明该经济业务内容，该经济业务是支付清理精密检测仪费用，所以可以填写为"支付清理费用"；"附件"为原始凭证的张数共计1张，填制凭证如图 3-4-19所示。

记账凭证

2017年05月31日　　　　　　　　　　　　　　　　　　　记字03号

摘　　要	一级科目	二级或明细科目	√	借方金额	贷方金额
支付清理费用	固定资产清理	精密检测仪		500.00	
支付清理费用	库存现金				500.00
合　　计				¥500.00	¥500.00

附件壹张

会计主管：×××　　记账：×××　　审核：×××　　出纳：×××　　制单：×××

图 3-4-19

(4) 结转报废固定资产发生的净损失。

根据以上分析可知，这笔业务属于报废精密检测仪净损失的结转情况。在填制记账凭证时注意按顺序编号，本凭证编号为"4号"；时间为"2017年5月31日"；"摘要"栏要简明扼要地说明该经济业务内容，该经济业务是结转报废精密检测仪的净损失，所以可以填写为"报废固定资产发生的净损失"；"附件"为原始凭证的张数共计1张，填制凭证如图3-4-20所示。

记 账 凭 证

2017年05月31日　　　　　　　　　　　　　　　记字04号

摘 要	一级科目	二级或明细科目	√	借方金额	贷方金额
报废固定资产发生的净损失	营业外支出			3 500.00	
报废固定资产发生的净损失	固定资产清理	精密检测仪			3 500.00
合　　计				￥3 500.00	￥3 500.00

附件壹张

会计主管：×××　　记账：×××　　审核：×××　　出纳：×××　　制单：×××

图 3-4-20

业务3：固定资产毁损的核算

1. 分析固定资产毁损业务

（1）固定资产转入清理。

企业固定资产确认毁损后，应按照该项固定资产的账面价值，借记"固定资产清理"账户，按已计提的累计折旧，借记"累计折旧"账户，按已计提的减值准备，借记"固定资产减值准备"科目，按其账面原值，贷记"固定资产"账户。

根据业务内容，由固定资产处置申请（图3-4-9）可知，2号仓库的原值为500万元，已提折旧400万元，故该仓库的账面价值为100万元。在进行会计处理时，应借记"固定资产清理"账户，金额为1 000 000元；借记"累计折旧"账户，金额为4 000 000元；贷记"固定资产"账户，金额为5 000 000元。

（2）收回残料变价收入。

企业收回2号仓库的残料变价收入，应借记"库存现金"账户，贷记"固定资产清理"账户。根据业务内容，由收据（图3-4-10）可知，收回价款为5 000元。

（3）收到保险赔款。

企业收到的由保险公司或过失人赔偿的损失，应冲减清理支出，借记"其他应收款"、"银行存款"等账户，贷记"固定资产清理"账户。故由中国工商银行进账单（图3-4-11）可知保险公司支付赔偿费50万元，借记"其他应收款"账户，贷记"固定资产清理"账户。

（4）结转毁损固定资产发生的净损失。

固定资产清理完成后的净损失，属于生产经营期间正常的处理损失，借记"营业外支出——处置非流动资产损失"账户，贷记"固定资产清理"账户；属于生产经营期间由于自然灾害等非正常原因造成的，借记"营业外支出——非常损失"账户，贷记"固定资产清理"账户。2号仓库的烧毁属于非正常原因造成的，故借记"营业外支出——非常损失"账户，贷记"固定资产清理"账户，金额为495 000元。

2. 编制会计分录并填制记账凭证

（1）固定资产转入清理。

根据以上分析可知，这笔业务属于毁损的固定资产——2号仓库转入清理的情况。在填制记账凭证时注意按顺序编号，本凭证编号为"1号"；时间为"2017年9月5日"；"摘要"栏要简明扼要地说明该经济业务内容，该经济业务是毁损的2号仓库转入清理，所以可以填写为"处置2号仓库"；"附件"为原始凭证的张数共计2张，填制凭证如图3-4-21所示。

记 账 凭 证

2017年09月05日　　　　　　　　　　　　　　　记字01号

摘　　要	一级科目	二级或明细科目	√	借方金额	贷方金额
处置2号仓库	固定资产清理	2号仓库		1 000 000.00	
处置2号仓库	累计折旧			4 000 000.00	
处置2号仓库	固定资产	2号仓库			5 000 000.00
合　　计				¥5 000 000.00	¥5 000 000.00

附件贰张

会计主管：×××　　记账：×××　　审核：×××　　出纳：×××　　制单：×××

图 3-4-21

（2）收回残料变价收入。

根据以上分析可知，这笔业务属于收回2号仓库残料变价收入的情况。在填制记账凭证时注意按顺序编号，本凭证编号为"2号"；时间为"2017年9月5日"；"摘要"栏要简明扼要地说明该经济业务内容，该经济业务是收回2号仓库残料变价收入，所以可以填写为"收回残料变价收入"；"附件"为原始凭证的张数共计1张，填制凭证如图 3-4-22 所示。

记 账 凭 证

2017年09月05日　　　　　　　　　　　　　　　　　　记字02号

摘　要	一级科目	二级或明细科目	✓	借方金额	贷方金额
收回残料变价收入	库存现金			5 000.00	
收回残料变价收入	固定资产清理	2号仓库			5 000.00
合　　计				¥5 000.00	¥5 000.00

附件壹张

会计主管：×××　　记账：×××　　审核：×××　　出纳：×××　　制单：×××

图 3-4-22

(3) 收到保险赔款。

根据以上分析可知，这笔业务属于收到保险公司赔款的情况。在填制记账凭证时注意按顺序编号，本凭证编号为"3号"；时间为"2017年9月5日"；"摘要"栏要简明扼要地说明该经济业务内容，该经济业务是收到保险公司关于2号仓库的赔款，所以可以填写为"收到保险赔款"；"附件"为原始凭证的张数共计1张，填制凭证如图 3-4-23、图 3-4-24 所示。

记 账 凭 证

2017年09月05日　　　　　　　　　　　　　　　　　　记字03号

摘　要	一级科目	二级或明细科目	✓	借方金额	贷方金额
收到保险赔款	其他应收款	伊宁保险公司		500 000.00	
收到保险赔款	固定资产清理	2号仓库			500 000.00
合　　计				¥500 000.00	¥500 000.00

附件壹张

会计主管：×××　　记账：×××　　审核：×××　　出纳：×××　　制单：×××

图 3-4-23

记 账 凭 证

2017年09月05日　　　　　　　　　　　　　记字04号

摘　　要	一级科目	二级或明细科目	√	借方金额	贷方金额
收到保险赔款	银行存款			500 000.00	
收到保险赔款	其他应收款	伊宁保险公司			500 000.00
合　　计				￥500 000.00	￥500 000.00

附件壹张

会计主管：×××　　记账：×××　　审核：×××　　出纳：×××　　制单：×××

图 3－4－24

（4）结转毁损固定资产发生的净损失。

根据以上分析可知，这笔业务属于毁损的2号仓库发生的净损失结转情况。在填制记账凭证时注意按顺序编号，本凭证编号为"5号"；时间为"2017年9月5日"；"摘要"栏要简明扼要地说明该经济业务内容，该经济业务是结转毁损2号仓库发生的净损失，所以可以填写为"毁损固定资产发生的净损失"；"附件"为原始凭证的张数共计1张，填制凭证如图3－4－25所示。

记 账 凭 证

2017年09月05日　　　　　　　　　　　　　记字05号

摘　　要	一级科目	二级或明细科目	√	借方金额	贷方金额
毁损固定资产发生的净损失	营业外支出	非常损失		495 000.00	
毁损固定资产发生的净损失	固定资产清理				495 000.00
合　　计				￥495 000.00	￥495 000.00

附件壹张

会计主管：×××　　记账：×××　　审核：×××　　出纳：×××　　制单：×××

图 3－4－25

业务 4：登记固定资产清理明细账、总账

固定资产清理明细账应采用三栏式明细账，该账户及其明细账户本期的期初余额均为 0。根据以上分析，登记"固定资产清理明细账"、"固定资产清理总账"如图 3-4-26 至图 3-4-29 所示。

固定资产清理　明细账

明细科目：办公大楼

2017年		凭证		摘要	借方	贷方	借或贷	余额	
月	日	字	号		亿千百十万千百十元角分	亿千百十万千百十元角分		亿千百十万千百十元角分	√
3	1			期初余额			平	0 0 0	
	11	记	1	处置办公大楼	1 5 0 0 0 0 0 0 0		借	1 5 0 0 0 0 0 0 0	
	11	记	2	出售办公大楼		1 8 0 0 0 0 0 0 0	贷	3 0 0 0 0 0 0 0	
	11	记	3	出售办公大楼交纳税	1 7 8 3 1 8 0 0 0		贷	1 2 1 6 8 2 0 0 0	
	11	记	4	出售办公大楼取得收入	1 0 2 0 0 0 0 0		平	0 0 0	
3	31			本月合计	1 8 0 0 0 0 0 0 0	1 8 0 0 0 0 0 0 0	平	0 0 0	

图 3-4-26

固定资产清理　明细账

明细科目：精密检测仪

2017年		凭证		摘要	借方	贷方	借或贷	余额	
月	日	字	号		亿千百十万千百十元角分	亿千百十万千百十元角分		亿千百十万千百十元角分	√
5	1			期初余额			平	0 0 0	
	31	记	1	处置精密检测仪	5 0 0 0 0 0		借	5 0 0 0 0 0	
	31	记	2	收回残料变价收入		2 0 0 0 0 0	借	3 0 0 0 0 0	
	31	记	3	支付清理费用	5 0 0 0 0		借	3 5 0 0 0 0	
	31	记	4	报废固定资产发生的净损失		3 5 0 0 0 0	平	0 0 0	
5	31			本月合计	5 5 0 0 0 0	5 5 0 0 0 0	平	0 0 0	

图 3-4-27

固定资产清理　明细账

明细科目：2号仓库

2017年		凭证		摘要	借方	贷方	借或贷	余额	
月	日	字	号		亿千百十万千百十元角分	亿千百十万千百十元角分		亿千百十万千百十元角分	√
9	1			期初余额			平	0 0 0	
	5	记	1	处置2号仓库	1 0 0 0 0 0 0 0		借	1 0 0 0 0 0 0 0	
	5	记	2	收回残料变价收入		5 0 0 0 0	借	9 9 5 0 0 0 0	
	5	记	3	收到保险赔偿		5 0 0 0 0 0	借	4 9 5 0 0 0 0	
	5	记	5	毁损固定资产发生的净损失		4 9 5 0 0 0 0	平	0 0 0	
9	30			本月合计	1 0 0 0 0 0 0 0	1 0 0 0 0 0 0 0	平	0 0 0	

图 3-4-28

总　账

会计科目：固定资产清理

2017年		凭证		摘要	借方（亿千百十万千百十元角分）	贷方（亿千百十万千百十元角分）	借或贷	余额（亿千百十万千百十元角分）	√
月	日	字	号						
3	1			期初余额			平	0 0 0	
	11	记	1	处置办公大楼	1 5 0 0 0 0 0 0		借	1 5 0 0 0 0 0 0	
	11	记	2	出售办公大楼		1 8 0 0 0 0 0 0	贷	3 0 0 0 0 0 0	
	11	记	3	出售办公大楼交纳税	1 7 8 3 1 8 0 0		贷	1 2 1 6 8 2 2 0 0	
	11	记	4	出售办公大楼取得收入	1 2 1 6 2 2		平	0 0 0 0 0 0	
3	31			本月合计	1 1 2 1 6 2 2 0 0	1 8 0 0 0 0 0 0	平	0 0 0 0 0 0	
				……					
5	1			期初余额			贷	1 0 0 0 0 0	
	31	记	1	处置精密检测仪	5 0 0 0 0		贷	9 5 0 0 0	
	31	记	2	收回残料变价收入		2 0 0 0	贷	9 7 0 0 0	
	31	记	3	支付清理费用	5 0 0 0		贷	9 6 5 0 0	
	31	记	4	报废固定资产发生的净损失		3 5 0 0 0	贷	1 0 0 0 0 0	
5	31			本月合计	5 5 0 0 0	5 5 0 0 0	贷	1 0 0 0 0 0	
				……					
9	1			期初余额			贷	1 0 0 0 0 0	
	5	记	1	处置2号仓库	1 0 0 0 0 0 0		借	9 0 0 0 0 0	
	5	记	2	收回残料变价收入		5 0 0 0 0	借	8 5 0 0 0 0	
	5	记	3	收到保险赔偿		5 0 0 0 0 0	借	3 5 0 0 0 0	
	5	记	5	毁损固定资产发生的净损失		4 5 0 0 0 0	贷	1 0 0 0 0 0	
9	30			本月合计	1 0 0 0 0 0 0	1 0 0 0 0 0 0	贷	1 0 0 0 0 0	

图 3-4-29

战术提升

长风有限公司的地址在新疆乌鲁木齐金地大厦1901室，电话是0991-82527966。企业为一般纳税人，纳税人识别号：110226585874078。该公司在中国工商银行乌市支行开立基本账户，账号：0200097419020104943。2017年，该公司处置了以下固定资产。

（1）2月25日，公司将一栋厂房售出，该厂房的账面原值500 000元，已提折旧100 000元，出售取得价款450 000元，存入银行，依照11%税率征收率缴纳增值税44594.59元。原始凭证如图3-4-30、图3-4-31、图3-4-32所示。

固定资产处置申请书

申报单位：长风有限公司　　　　　　　　　　　固定资产编号：CF-05

名称	厂房	出厂时间		出厂编号	
型号、规格		投产时间		单位	座
制造厂	万友有限公司	使用单位			
原值（元）	500 000.00	净值（元）	400 000.00		
已提折旧（元）	100 000.00	残值（元）			

处置原因：
　　因公司资金紧张且办公大楼利用率不高，拟将其出售。

报告人：×××

2017年2月15日

图 3－4－30

固定资产出售申报清单

2017年02月25日

事由：
　　因公司资金紧张且办公大楼利用率不高，经批准2017年2月25日将大楼出售。该大楼原值500 000元，已提折旧100 000元，出售价款450 000元已收到，该出售事宜已全部结束。

经办人：×××

图 3－4－31

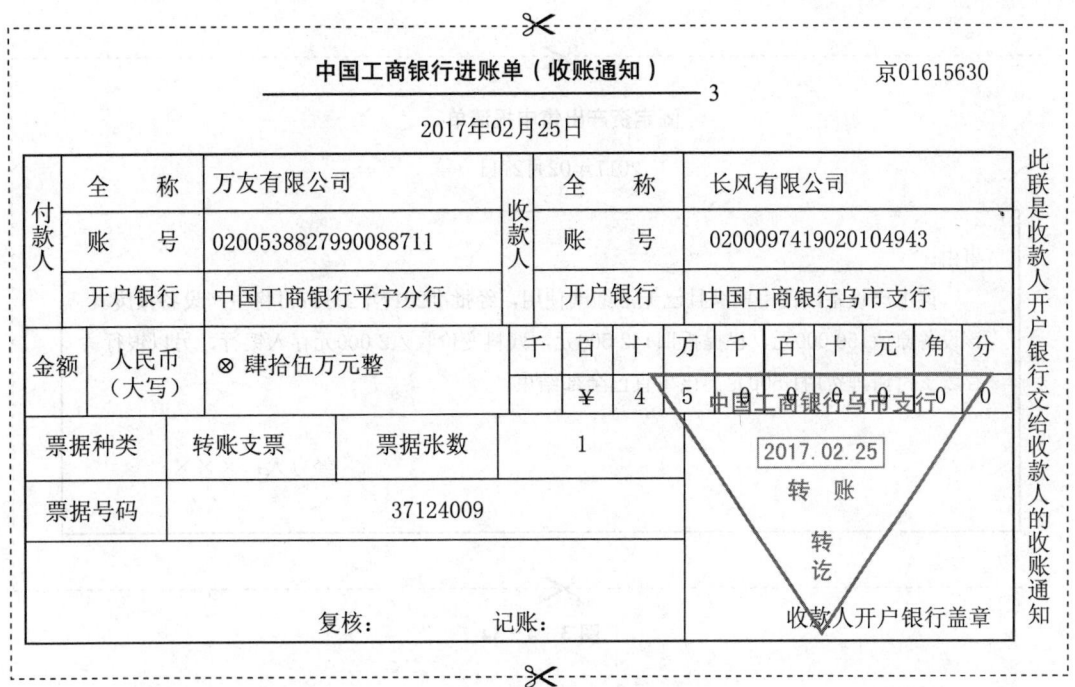

图 3-4-32

(2) 2月27日，企业的一台生产设备因使用期满且已无法继续使用，经批准报废，该设备的账面原值 150 000 元，已提折旧 142 500 元。在清理过程中，残料变价收入 2 000 元存入银行，企业另以银行存款支付清理费用 1 500 元。原始凭证如图 3-4-33 至图 3-4-36 所示。

图 3-4-33

固定资产出售申报清单

2017年02月27日

事由：
　　该生产设备因使用期满且已无法继续使用，经批准2017年2月27日将生产设备报废。该设备原值150 000元，已提折旧142 500元，残料变价收入2 000元存入银行，另以银行存款支付清理费用1 500元，该事宜已全部结束。

经办人：×××

图 3-4-34

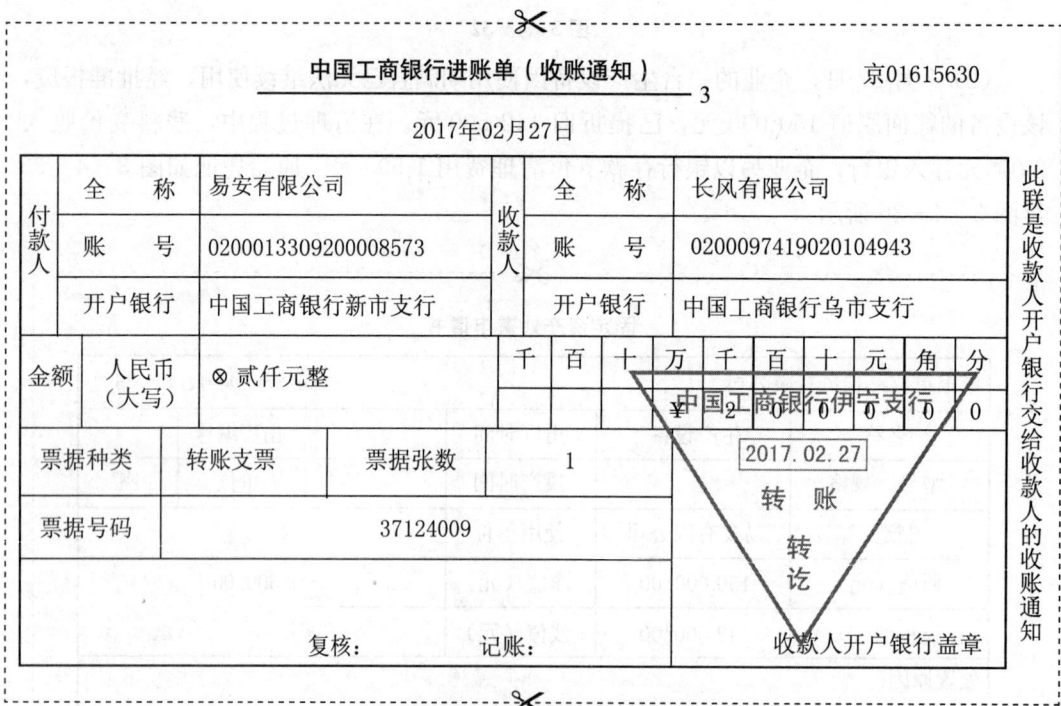

图 3-4-35

图 3-4-36

(3) 5月20日，企业因故毁损设备一台，该设备的账面原值 250 000 元，已提折旧 100 000 元，已提固定资产减值准备 50 000 元，现经批准处理，企业以银行存款支付清理费用 3 000 元，残料作价 2 000 元作为原材料入库，另收到其他残料收入 1 000 元存入银行，应收保险公司的赔款 50 000 元。原始凭证如图 3-4-37 至图 3-4-41 所示。

火灾原因鉴定书

（市）公消监[2017]字56号

2017年5月20日，长风有限公司一生产车间发生火灾，经我方与该司职工奋力扑救，终因火势过猛毁损设备一台。事后经现场勘察、技术鉴定等找出火灾是因为系统线路超载短路产生电弧高温，引起熔金击穿汽油所致。

特此鉴定

抄送：乌市保险公司

2017年5月20日

图 3-4-37

固定资产处置申请书

申报单位：长风有限公司　　　　　　　　　　固定资产编号：CF-26

名称	设备	出厂时间		出厂编号	
型号、规格		投产时间		单位	台
制造厂	易安有限公司	使用单位		长风有限公司	
原值（元）	250 000.00	净值（元）		100 000.00	
已提折旧（元）	100 000.00	残值（元）			

处置原因：
生产设备因火灾烧毁无法使用。

报告人：×××

2017年5月20日

图 3-4-38

中国工商银行
转账支票存根

10201520

01173860

附加信息

出票日期：2017年05月20日

收　款　人：	易安有限公司
金　　　额：	¥3 000.00
用　　　途：	支付清理费用

单位主管：×××　会计：×××

图 3-4-39

收 据

2017年05月20日　　　　　　　　　　　　　　No.0405086

今收到　　易安有限公司拆除生产设备材料变价收入1 000元。

金额（大写）　⊗ 壹仟元整

单位盖单　　　　　　　　　　　经手人盖章　王天

负责人：×××　　会计：×××　　出纳：×××　　记账：

第二联　财务

图 3－4－40

固定资产毁损清单

2017年05月20日

事由：
　　公司的生产设备因火灾烧毁不能使用，经批准于2017年5月20日报废。该设备原值250 000元，已提折旧100 000万元，已提固定资产减值准备50 000元，企业以银行存款支付清理费用3 000元，残料作价2 000元作为原材料入库，另收到其他残料收入1 000元存入银行，应收保险赔偿费50 000元。

经办人：×××

图 3－4－41

（4）企业投资转出生产设备一台，该设备账面原值 300 000 元，已提折旧 50 000 元，已提固定资产减值准备 20 000 元，投资作价 240 000 元，企业持股比例为 10%，被投资企业为非上市公司。

请完成上述固定资产处置的会计处理。

任务五　清查固定资产

🎯 瞄准靶心

能够编制固定资产盘点报告表。

能够根据固定资产的清查结果进行会计核算。

✏️ 军令如山

新疆彭洪有限公司的地址在新疆伊犁市伊宁 5 号院 1631 室，属增值税一般纳税人，纳税人识别号：486002726700686。该企业在中国工商银行伊宁支行开立基本账户，账号：0200538827990088700。2017 年 8 月，该企业对固定资产要求进行全面清查，固定资产清查明细表如图 3-5-1 所示，清查盘点表如图 3-5-2 所示，关于清查结果的处理意见如图 3-5-3 所示。

新疆彭洪有限公司固定资产清查明细表

填制单位：新疆彭洪有限公司

序号	资产名称	规格型号	购置日期	单位	数量	原值（元）	资产管理部门	资产使用部门	存放地点	资产质量	备注
1	广播系统		2009.12	政工部	1	68 000.00	生产部	政工部	政工部	完好	
2	传真机	理光388	2010.12	调度室	1	4 900.00	生产部	调度室	调度室	完好	
3	复印机	美达2030	2012.12	经营部	2	39 940.00	生产部	办公室	办公室	完好	
4	打字机	NPS16	2012.12	办公室	1	11 793.00	生产部	办公室	办公室	完好	
5	工业电视监控		2013.12	生产部	1	706 000.00	生产部	生产部	生产部	完好	
6	空调	大金K	2013.12	后勤部	7	30 100.00	后勤部	各部门	各部门	完好	
7	红外线火源探测仪	MST-6	2014.8	通防部	1	17 200.00	生产部	通防部	生产部	完好	
8	工业电视补套		2014.9	生产部	1	121 000.00	生产部	生产部	生产部	完好	
9	人员安全监测考勤系统		2014.11	生产部	1	363 260.00	生产部	生产部	生产部	完好	
10	商用纯平式电脑	联想M203	2014.12	生产部	20	110 800.00	生产部	生产部	生产部	完好	
11	矿井安全生产管理可视化信息系统	诚达	2015.1	生产部	1	75 600.00	生产部	生产部	生产部	完好	
12	打印机	惠普102	2015.12	生产部	3	4 800.00	生产部	生产部	生产部	完好	
	合计					1 553 393.00					

资产管理部门负责人：×××　　　　盘点人：×××　　　　制表：×××

图 3-5-1

新疆彭洪有限公司固定资产清查盘点表

填制单位：新疆彭洪有限公司

序号	资产名称	规格型号	购置日期	单位	数量	原值（元）	资产管理部门	资产使用部门	存放地点	资产质量	双方签字 管理部门	双方签字 使用部门	备注
1	广播系统		2009.12	政工部	1	68 000.00	生产部	政工部	政工部	完好			
2	传真机	理光388	2010.12	调度室	1	4 900.00	生产部	调度室	调度室	完好			
3	复印机	美达2030	2012.12	经营部	2	39 940.00	生产部	办公室	办公室	完好			
4	打字机	NPS16	2012.12	办公室	1	11 793.00	生产部	办公室	办公室	完好			
5	工业电视监控		2013.12	生产部	1	706 000.00	生产部	生产部	生产部	完好			
6	空调	大金K	2013.12	后勤部	8	34 400.00	后勤部	各部门	各部门	完好			
7	红外线火源探测仪	MST-6	2014.8	通防部	1	17 200.00	生产部	通防部	生产部	完好			
8	工业电视补套		2014.9	生产部	1	121 000.00	生产部	生产部	生产部	完好			
9	人员安全监测考勤系统		2014.11	生产部	1	363 260.00	生产部	生产部	生产部	完好			
10	商用纯平式电脑	联想M203	2014.12	生产部	19	1 052.60	生产部	生产部	生产部	完好			
11	矿井安全生产管理可视化信息系统	诚达	2015.1	生产部	1	75 600.00	生产部	生产部	生产部	完好			
12	打印机	惠普102	2015.12	生产部	3	4 800.00	生产部	生产部	生产部	完好			
	合计					1 552 153.00							

资产管理部门负责人：×××　　　　盘点人：×××　　　　制表：×××

图 3-5-2

固定资产清查结果的处理意见

2017年08月30日

　　在此次固定资产全面清查中，盘盈一台空调，盘亏一台商用纯平式电脑。经查核盘盈的空调为2015年12月购买后账面漏记，盘亏的电脑为保管不力丢失。

　　现对这两种结果的处理决定如下：

　　盘盈的空调按照重置成本，计入以前年度损益调整，并填制固定资产卡片入账。

　　盘亏的电脑已计提折旧1 080元，按其剩余的账面价值由保管员张平和公司各承担50%的损失费。

资产管理部经理：×××　　　　盘点人：×××　　　　财务经理：×××

图 3-5-3

企业会计岗位实务

假如你是新疆彭洪有限公司财务部的一名会计,现要求完成此次全面清查固定资产的相关会计处理,具体需要完成的任务如下:

(1)根据固定资产清查明细表、清查盘点表以及固定资产清查结果的处理意见编制固定资产盘点报告表。

(2)该企业以前年度损溢调整账户无二级明细账户,且以前年度损溢调整账户与待处理财产损溢账户本期均无期初余额,完成固定资产清查盘点结果的会计核算。

(3)该企业规定空调采用直线法计提折旧,且使用年限为8年,净残值为300元。对盘盈的固定资产进行登记入账,即填制固定资产卡片。

请问,该怎么做呢?

业务1:编制固定资产盘点报告表

核对固定资产盘点表和固定资产明细表的期末余额,发现二者不一致的,应进一步核对固定资产盘点表和固定资产明细表各项内容,将差异填制于固定资产盘点报告表中,并查明原因提出解决方案,经领导审批后将原因与处理结果填至固定资产盘点报告表的备注栏内。此次固定资产的全面清查结果如图3-5-4所示。

固定资产盘点报告表

单位名称:新疆彭洪有限公司　　　　　　　　　　　2017年08月30日

固定资产名称	实存数量	账存数量	对比结果		原值（重置价值）	累计折旧	备注
			盘盈	盘亏			
空调	8	7	1		4 300		账面漏记
商用纯平式电脑	19	20		1	5 540	1 080	丢失,张平和公司各承担50%

图3-5-4

固定资产清查的程序

进行固定资产的清查,首先应建立清查小组,并组织清查工作人员学习有关政策规定,掌握有关法律、法规和相关业务知识,以提高财产清查的工作质量;其次确定清查的对象和范围,制定清查方案,具体安排清查的内容、时间、步骤、方法及必要的清查前准备工作;再次本着先清查数量,核对有关账簿记录,后认定质量的原则实施清查,并填制盘存单;最后会计人员核对盘存单和账簿记录,填制"固定资产盘存报告表",并据以进行账务处理。

业务2:固定资产清查盘点结果的会计核算

固定资产盘点结果的账务处理包括两种情况,一种是发现固定资产盘盈或盘亏时的账务处理,即审批前的处理;另一种是批准转销时的账务处理,即审批后的处理。

1. 盘亏电脑

(1) 分析固定资产盘亏业务。

固定资产盘亏是指固定资产清查时,盘点实物数少于账面应有数的情况。该业务中,对于盘亏的电脑,在审批前,应按照电脑净值借记"待处理财产损溢"账户,金额为4 460元;按已提折旧额借记"累计折旧"账户,金额为1 080元;同时按固定资产原值贷记"固定资产"账户,金额为5 540元。

批准转销后,根据清查结果处理意见,盘亏的电脑按其账面价值由保管员张平和企业各承担50%的损失费。对于应由责任人张平赔偿的部分结转计入"其他应收款"账户,金额为2 230元;对于应由企业承担的部分应结转计入"营业外支出"账户,金额为2 230元;贷记"待处理财产损溢"账户,金额为4 460元。

(2) 编制会计分录并填制记账凭证。

根据以上分析可知,这笔业务属于固定资产盘亏情况。

批准前:在填制记账凭证时注意按顺序编号,本凭证编号为"1号";时间为"2017年8月30日";"摘要"栏要简明扼要地说明该经济业务内容,该经济业务是盘亏一台商用纯平电脑,所以可以填写为"盘亏纯平电脑";"附件"为原始凭证的张数共计1张,填制凭证如图3-5-5所示。

记 账 凭 证

2017年08月30日　　　　　　　　　　　　　　记字01号

摘　　要	一级科目	二级或明细科目	√	借方金额	贷方金额
盘亏纯平电脑	待处理财产损溢	待处理固定资产损溢		4 460.00	
盘亏纯平电脑	累计折旧			1 080.00	
盘亏纯平电脑	固定资产	纯平电脑			5 540.00
合　　计				¥5 540.00	¥5 540.00

附件壹张

会计主管：×××　　记账：×××　　审核：×××　　出纳：×××　　制单：×××

图 3－5－5

批准后：在填制记账凭证时注意按顺序编号，本凭证编号为"2号"；时间为"2017年8月30日"；"摘要"栏要简明扼要地说明该经济业务内容，该经济业务是转销盘亏的商用纯平电脑，所以可以填写为"转销盘亏纯平电脑"；"附件"为原始凭证的张数共计1张，填制凭证如下。

记 账 凭 证

2017年08月30日　　　　　　　　　　　　　　记字02号

摘　　要	一级科目	二级或明细科目	√	借方金额	贷方金额
转销盘亏纯平电脑	其他应收款	张平		2 230.00	
转销盘亏纯平电脑	营业外支出			2 230.00	
转销盘亏纯平电脑	待处理财产损溢	待处理固定资产损溢			4 460.00
合　　计				¥4 460.00	¥4 460.00

附件壹张

会计主管：×××　　记账：×××　　审核：×××　　出纳：×××　　制单：×××

图 3－5－6

固定资产盘亏与减少的区别

固定资产减少是固定资产的价值流出和实物流出在同一会计期间内的统一。即：在账簿上记录固定资产减少时，固定资产实物也必定同时减少。在账务处理上，应通过"固定资产清理"账户进行核算。

固定资产盘亏是在固定资产清查中发现实存数小于账存数的一种账实不符的现象。这种账实不符的现象有可能是平时记错账导致的。而且，在对固定资产盘亏进行账务处理时，借记"固定资产"账户只是为了把账实不符调整为账实相符。实际上此时并没有固定资产实物的流出。因此，固定资产盘亏核算属于固定资产清查的核算范畴而不属于固定资产清理的核算范畴，应通过"待处理财产损溢——待处理固定资产损溢"账户进行核算。

2. 盘盈空调

（1）分析固定资产盘盈业务。

固定资产盘盈是指企业在进行财产清查盘点中，固定资产的实存数量超过账面数量而出现的盈余。该业务中，对于企业盘盈的固定资产——空调，在审批前，应作为前期差错处理，按照重置价值借记"固定资产"账户，贷记"以前年度损溢调整"账户，金额为4 300元。批准转销后，根据清查结果处理意见，将前述"以前年度损溢调整"结转至相应账户，并填制固定资产卡片入账。一般而言，应借记"以前年度损溢调整"账户，贷记"利润分配——未分配利润"账户，金额为4 300元。

（2）编制会计分录并填制记账凭证。

根据以上分析可知，这笔业务属于固定资产盘盈情况。

批准前：在填制记账凭证时注意按顺序编号，本凭证编号为"3号"；时间为"2017年8月30日"；"摘要"栏要简明扼要地说明该经济业务内容，该经济业务是盘盈一台空调，所以可以填写为"盘盈空调"；"附件"为原始凭证的张数共计1张，填制凭证如图3-5-7所示。

记 账 凭 证

2017年08月30日　　　　　　　　　　　　记字03号

摘　要	一级科目	二级或明细科目	√	借方金额	贷方金额
盘盈空调	固定资产	空调		4 300.00	
盘盈空调	以前年度损益调整				4 300.00
合　计				¥4 300.00	¥4 300.00

附件壹张

会计主管：×××　　记账：×××　　审核：×××　　出纳：×××　　制单：×××

图 3-5-7

批准后：在填制记账凭证时注意按顺序编号，本凭证编号为"4号"；时间为"2017年8月30日"；"摘要"栏要简明扼要地说明该经济业务内容，该经济业务是转销盘盈的空调，所以可以填写为"转销盘盈空调"；"附件"为原始凭证的张数共计1张，填制凭证如图3-5-8所示。

记 账 凭 证

2017年08月30日　　　　　　　　　　　　记字04号

摘　要	一级科目	二级或明细科目	√	借方金额	贷方金额
转销盘盈空调	以前年度损益调整			4 300.00	
转销盘盈空调	利润分配	未分配利润			4 300.00
合　计				¥4 300.00	¥4 300.00

附件壹张

会计主管：×××　　记账：×××　　审核：×××　　出纳：×××　　制单：×××

图 3-5-8

业务3：填制固定资产卡片

1. 固定资产卡片账

固定资产卡片是指登记固定资产各种资料的卡片，固定资产进行明细分类核算的一种账簿形式。它是每一项固定资产的全部档案记录，即固定资产从进入企业开始到退出企业的整个生命周期所发生的全部情况，都要在卡片上予以记载。

2. 登记盘盈空调的固定资产卡片账

根据盘盈的空调，登记新的固定资产卡片账，该空调为2015年12月购买的大金空调，且企业规定空调采用直线法计提折旧，且使用年限为8年，净残值为300元。所以，填制固定资产卡片如图3-5-9所示。

固定资产卡片（正面）

类别：
名称：空调

形式		停用记录						
制造国家	中国	原因	日期	原因	日期	原因	日期	备注
制造厂商	大金							
制造日期								
制造号码								
使用年限	8							
购置日期	2015.12							
原值	4 300							
其中：安装费				大修记录				
净残值	300			日期	凭证号	摘要		金额
折旧	年	月						
折旧额	500							

图 3-5-9

业务 4：登记待处理财产损溢、以前年度损溢调整明细账、总账

待处理财产损溢明细账应采用三栏式明细账，该账户及其明细账户本期的期初余额均为 0。以前年度损溢调整账户无二级明细账户，应登记总账。根据以上分析，登记"待处理财产损溢明细账""待处理财产损溢总账""以前年度损溢调整总账"如图 3-5-10 至图 3-5-12 所示。

待处理财产损溢　明细账

明细科目：待处理固定资产损溢

2017年		凭证		摘要	借方									贷方									借或贷	余额									√
月	日	字	号		亿	千	百	十	万	千	百	十	元	角	分	亿	千	百	十	万	千	百	十	元	角	分		亿	千	百	十	万	千	百	十	元	角	分	
8	1			期初余额																								平									0	0	0	
	30	记	1	盘亏纯平电脑					4	4	6	0	0	0													借					4	4	6	0	0	0	
	30	记	2	转销盘亏纯平电脑																4	4	6	0	0	0		平									0	0	0	
8	31			本月合计					4	4	6	0	0	0						4	4	6	0	0	0		平									0	0	0	

图 3-5-10

总　账

会计科目：待处理财产损溢

2017年		凭证		摘要	借方									贷方									借或贷	余额									√
月	日	字	号		亿	千	百	十	万	千	百	十	元	角	分	亿	千	百	十	万	千	百	十	元	角	分		亿	千	百	十	万	千	百	十	元	角	分	
8	1			期初余额																								平									0	0	0	
	30	记	1	盘亏纯平电脑					4	4	6	0	0	0													借					4	4	6	0	0	0	
	30	记	2	转销盘亏纯平电脑																4	4	6	0	0	0		平									0	0	0	
8	31			本月合计					4	4	6	0	0	0						4	4	6	0	0	0		平									0	0	0	

图 3-5-11

总　　账

会计科目：以前年度损溢调整

2017年		凭证		摘　要	借方										贷方										借或贷	余额										✓
月	日	字	号		亿	千	百	十	万	千	百	十	元	角	分	亿	千	百	十	万	千	百	十	元	角	分		亿	千	百	十	万	千	百	十	元	角	分	
8	1			期初余额																							平									0	0	0	
	30	记	3	盘盈空调																	4	3	0	0	0	0	贷							4	3	0	0	0	0	
	30	记	4	转销盘盈空调						4	3	0	0	0	0												平									0	0	0	
8	31			本月合计						4	3	0	0	0	0							4	3	0	0	0	0	平									0	0	0	

图 3-5-12

战术提升

长风有限公司的地址在新疆乌鲁木齐金地大厦1901室，属增值税一般纳税人，纳税人识别号：110226585874078。该企业在中国工商银行乌市支行开立基本账户，账号：0200097419020104943。2016年年末，该企业对固定资产进行了全面清查，清查结果如图3-5-13所示。

固定资产清查表

2016年12月30日

固定资产名称	单位	数量		原值	已提折旧	账面价值	盘亏		盘盈		盈亏原因
		账存	实存				数量	金额	数量	金额	
甲设备	台	0	1						1	3万	待查
A汽车	辆	2	0	12万	9万	3万	2	6万			待查

盘点人：×××　　　　　　　　　　　　　　　　　制表人：×××

图 3-5-13

其中，经批准后，盘盈的甲设备用以前年度损溢调整，甲设备的重置成本为30 000元；盘亏的A汽车作为企业损失计入营业外支出。

那么，请完成上述固定资产清查结果的会计处理。

任务六　核算无形资产

瞄准靶心

能够进行无形资产取得业务的会计核算。

能够进行无形资产摊销业务的会计核算。

能够进行无形资产处置业务的会计核算。

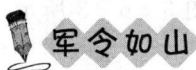

军令如山

新疆彭洪有限公司的地址在新疆伊犁市伊宁 5 号院 1631 室，属增值税一般纳税人，纳税人识别号：486002726700686。该企业在中国工商银行伊宁支行开立基本账户，账号：0200538827990088700。该企业的无形资产账户及其明细账户 2017 年 5 月的期初余额均为 0。2017 年该企业发生的有关无形资产的经济业务如下。

（1）5 月 1 日，企业购入一项非专利技术，如图 3-6-1 所示，签发转账支票支付该非专利技术价款和有关费用，如图 3-6-2 所示。

无形资产验收单
2017年05月01日

名称	单位	数量	单价	已摊销价值	账面价值（元）	评估确认价值（元）	备注
非专利技术	项	1	60 000.00		60 000.00	60 000.00	

图 3-6-1

图 3-6-2

(2) 5月31日，本月取得的非专利技术使用寿命为5年，不考虑残值因素，采用直线法进行摊销，计算本月无形资产的月摊销额。

(3) 12月1日，企业将该非专利技术出售给长风有限公司，如图3-6-3所示，收到转让价款，如图3-6-4所示，假设无相关税费。

专利权转让合同

转让方名称：新疆彭洪有限公司
受让方名称：长风有限公司
前言（鉴于条款）
——鉴于转让方新疆彭洪有限公司拥有非专利技术。
——鉴于受让方长风有限公司对上述专利权的了解，希望获得该专利权。
——鉴于转让方同意将其拥有的专利权转让给受让方。双方一致同意签订本合同。
转让方向受让方交付资料——非专利技术的全部相关资料。
第二条　交付资料的时间、地点及方式
1.交付资料的时间
合同生效后，转让方收到受让方支付给转让方的转让费后2日内，转让方向受让方交付合同第一条所述的全部资料。
2.交付资料的方式和地点
转让方将上述全部资料以面交方式递交给受让方。
转让费及支付方式
本合同涉及的专利权的转让费为（¥58 000.00，人民币伍万捌仟元整），采用一次付清方式，在合同生效之日起5日内，受让方将转让费全部汇至转让方的银行账户。
违约及索赔
对转让方：
转让方拒不交付合同规定的全部资料，办理专利权转让手续的，受让方有权解除合同，要求转让方返还转让费，并支付违约金32万。
对受让方：
受让方拒付转让费，转让方有权解除合同，要求返还全部资料，并要求赔偿其损失或支付违约金32万。
争议的解决处理办法
1.双方在履行合同中发生争执的，应按本合同条款，友好协商，自行解决。
2.双方不能协商解决争议的，提请受让方所在地或合同签约地专利管理机关调处，对调处结果不服的，向法院起诉。

甲方：新疆彭洪有限公司　　　　乙方：长风有限公司
法人代表：彭洪　　　　　　　　法人代表：李云
电话：010-82527966　　　　　　电话：010-67788202
签约日期：2017年11月30日　　　签约日期：2017年11月30日

图 3-6-3

图 3-6-4

假如你是新疆彭洪有限公司主要负责无形资产相关业务会计核算的一名会计，请问，对于上述经济业务，该怎么做呢？

业务1：取得无形资产

1. 分析企业取得无形资产业务

企业通过外购方式取得无形资产，按应计入无形资产成本的金额，借记"无形资产"账户，贷记"银行存款"等账户。外购无形资产的成本包括购买价款、相关税费以及直接归属于使该项资产达到预定用途所发生的其他支出。

根据业务内容，企业此次购入的非专利技术，由转账支票存根（图3-6-2）可知价款和相关费用共花费了 60 000 元，也就是说此项非专利技术的取得成本为 60 000 元。所以，应借记"无形资产"账户，贷记"银行存款"账户，金额为 60 000 元。

2. 编制会计分录并填制记账凭证

根据以上分析可知，这笔业务属于取得无形资产情况。在填制记账凭证时注意按顺序编号，本凭证编号为"01号"；时间为"2017年5月1日"；"摘要"栏要简明扼要地说明该经济业务内容，该经济业务是取得一项非专利技术，所以可以填写为"购入非专利技术"；"附件"为原始凭证的张数共计2张，填制凭证如图3-6-5所示。

记账凭证

2017年05月01日　　　　　　　　记字01号

摘要	一级科目	二级或明细科目	✓	借方金额	贷方金额
购入非专利技术	无形资产	非专利技术		60 000.00	
购入非专利技术	银行存款				60 000.00
合　计				¥60 000.00	¥60 000.00

附件贰张

会计主管：×××　　记账：×××　　审核：×××　　出纳：×××　　制单：×××

图 3-6-5

小贴士

　　为了核算无形资产的取得、摊销和处置等情况，企业应当设置"无形资产"、"累计摊销"等账户。

　　"无形资产"账户。该账户属于资产类账户，用来核算企业持有的无形资产成本。该账户借方登记取得无形资产的成本；贷方登记出售无形资产转出的无形资产账面余额；期末借方余额，反映企业无形资产的成本。本账户可按无形资产项目设置明细账，进行明细核算。

　　"累计摊销"账户。该账户属于"无形资产"的调整账户，用来核算企业对使用寿命有限的无形资产计提的累计摊销。该账户贷方登记企业计提的无形资产摊销；借方登记处置无形资产转出的累计摊销；期末贷方余额，反映企业无形资产的累计摊销。

　　此外，企业无形资产发生减值的，还应当设置"无形资产减值准备"账户进行核算。

业务2：摊销无形资产

1. 分析企业摊销无形资产业务

　　该企业取得的非专利技术属于使用寿命有限的无形资产，应当在其使用寿命内摊销，应摊销金额为其成本扣除预计残值后的金额，已计提减值准备的无形资产还应扣除已计提的无形资产减值准备累计金额。

　　无形资产摊销方法包括直线法和生产总量法等。企业选择的无形资产摊销方法，应当反映与该项无形资产有关的经济利益的预期实现方式。无法可靠确定预期实现方式的，应当采用直线法摊销。直线法摊销下，月摊销额＝无形资产原价÷摊销年限÷12。

所以，本月应摊销取得的无形资产——非专利技术的摊销额为 60 000÷5÷12＝1 000 元，应借记"管理费用"账户，贷记"累计摊销"账户，金额为 1 000 元。

 小贴士

> 企业应在取得无形资产时判断其使用寿命。使用寿命有限的无形资产应当在其使用寿命内摊销，使用寿命不确定的无形资产不予摊销，但需要至少于每一会计期末进行减值测试。企业应按月计提无形资产摊销，借记"管理费用"、"其他业务支出"等科目，贷记"累计摊销"科目。
> 借：管理费用（自用）
> 　　其他业务成本（经营出租）
> 　　研发支出（为研发另一项无形资产而使用）
> 　　制造费用（专为生产某产品使用）
> 贷：累计摊销
> 企业摊销无形资产，应当自无形资产可供使用时起，至不再作为无形资产确认时止。

2. 编制会计分录并填制记账凭证

根据以上分析可知，这笔业务属于摊销无形资产情况。在填制记账凭证时注意按顺序编号，本凭证编号为"02 号"；时间为"2017 年 5 月 31 日"；"摘要"栏要简明扼要地说明该经济业务内容，该经济业务是摊销取得的无形资产——非专利技术，所以可以填写为"无形资产摊销"；"附件"为原始凭证的张数共计 1 张，填制凭证如图 3－6－6 所示。

记账凭证

2017年05月31日　　　　　　　　　　记字02号

摘　要	一级科目	二级或明细科目	√	借方金额	贷方金额
无形资产摊销	管理费用			1 000.00	
无形资产摊销	累计摊销				1 000.00
合　计				￥1 000.00	￥1 000.00

附件壹张

会计主管：×××　　记账：×××　　审核：×××　　出纳：×××　　制单：×××

图 3－6－6

业务3：处置无形资产

1. 分析企业处置无形资产业务

该企业出售的非专利技术，结合业务2可知，非专利技术的账面价值为60 000元，截至12月出售时，该无形资产已摊销7个月，摊销金额为7 000（1000×7）元。由转让合同（图3-6-3）和银行进账单（图3-6-4）可知出售无形资产实际取得的收入为58 000元。所以，企业出售无形资产时，按实际取得的收入借记"银行存款"账户，金额为58 000元；按无形资产已累计摊销的金额，借记"累计摊销"账户，金额为7 000元；按无形资产的账面价值，贷记"无形资产"账户，金额为60 000元；按其差额，贷记"营业外收入"账户，金额为5 000（58 000＋7 000－60 000）元。

2. 编制会计分录并填制记账凭证

根据以上分析可知，这笔业务属于处置无形资产中出售无形资产的情况。在填制记账凭证时注意按顺序编号，本凭证编号为"03号"；时间为"2017年12月01日"；"摘要"栏要简明扼要地说明该经济业务内容，该经济业务是处置无形资产中出售无形资产的情况，所以可以填写为"出售无形资产"；"附件"为原始凭证的张数共计2张，填制凭证如图3-6-7所示。

记 账 凭 证

2017年12月01日　　　　　　　　　　　　　记字03号

摘　要	一级科目	二级或明细科目	√	借方金额	贷方金额	
出售无形资产	银行存款			58 000.00		附件贰张
出售无形资产	累计摊销			7 000.00		
出售无形资产	无形资产	非专利技术			60 000.00	
出售无形资产	营业外收入	处置非流动资产利得			5 000.00	
合　计				¥65 000.00	¥65 000.00	

会计主管：×××　　记账：×××　　审核：×××　　出纳：×××　　制单：×××

图 3-6-7

业务4：登记无形资产明细账、总账

无形资产明细账应采用三栏式明细账，该账户及其明细账户2017年5月的期初余额均为0。根据以上分析，登记"无形资产明细账""无形资产总账"如图3-6-8、图3-6-9所示。

无形资产　明细账

明细科目：非专利资产

2017年		凭证		摘要	借方 亿千百十万千百十元角分	贷方 亿千百十万千百十元角分	借或贷	余额 亿千百十万千百十元角分	✓
月	日	字	号						
5	1			期初余额			平	0 0 0	
	1	记	1	购入非专利技术	6 0 0 0 0 0 0		借	6 0 0 0 0 0 0	
5	31			本月合计	6 0 0 0 0 0 0		借	6 0 0 0 0 0 0	
12	1			期初余额			借	6 0 0 0 0 0 0	
	1	记	3	出售无形资产		6 0 0 0 0 0 0	平	0 0 0	
12	31			本月合计		6 0 0 0 0 0 0	平	0 0 0	

图 3-6-8

总账

会计科目：无形资产

2017年		凭证		摘要	借方 亿千百十万千百十元角分	贷方 亿千百十万千百十元角分	借或贷	余额 亿千百十万千百十元角分	✓
月	日	字	号						
5	1			期初余额			平	0 0 0	
	1	记	1	购入非专利技术	6 0 0 0 0 0 0		借	6 0 0 0 0 0 0	
5	31			本月合计	6 0 0 0 0 0 0		借	6 0 0 0 0 0 0	
12	1			期初余额			借	6 0 0 0 0 0 0	
	1	记	3	出售无形资产		6 0 0 0 0 0 0	平	0 0 0	
12	31			本月合计		6 0 0 0 0 0 0	平	0 0 0	

图 3-6-9

战术提升

长风有限公司的地址在新疆乌鲁木齐金地大厦1901室，电话是0991-82527966。企业为一般纳税人，纳税人识别号：110226585874078。该企业在中国工商银行乌市支行开立基本账户，账号：0200097419020104943。

2017年企业发生与无形资产相关的经济业务如下。

（1）3月，企业自行研究开发一项新产品专利技术，在研究开发过程中发生材料费60万元、人工工资15万元，以及其他费用45万元，总计120万元，其中，符合资本化条件的支出为75万元，期末，该专利技术已经达到预定用途。

（2）企业将某商标权的使用权出租给乙公司，合同规定出租期限为三年，每月租金收入200 000元，每月月末收取当月租金。2017年7月31日收到当月的租金及增值税税额合计212 000元，已办理入账手续。该商标权每月的摊销额为100 000元。

（3）企业原拥有一项非专利技术，采用直线法进行摊销，预计使用期限为10年。现该项非专利技术已被内部研发成功的新技术所替代，并且根据市场调查，用该非专利技术生产的产品已没有市场，预期不能再为企业带来任何经济利益，故应当予以转销。转销时，该项非专利技术的成本为9 000 000元，已摊销6年，累计计提减值准备2 400 000元，该项非专利技术的残值为0。假定不考虑其他相关因素。

请完成上述经济业务的会计处理。

岗位四　职工薪酬核算岗位实务

任务一　认知职工薪酬核算岗位

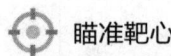

能够认知职工薪酬核算岗位的岗位职责。
能够认知职工薪酬核算岗位的业务流程。

步骤一：认知职工薪酬核算岗位职责

1. 职工薪酬核算岗位

职工薪酬核算岗位是核算企业为获得职工提供的服务而给予各种形式的报酬以及其他相关支出的专职岗位。

要想胜任职工薪酬核算岗位，首先要了解该岗位的工作内容与工作职责。职工薪酬岗位的主要工作内容包括协助财务经理建立与完善薪酬制度，或协助有关部门拟定薪酬管理，根据考勤记录、员工工资升降级别变动标准通知单等，编制薪酬分配表。根据国家有关规定，每月按工资总额计提工会经费和教育经费等，并配合人力资源部做好人力资源成本分析工作。

2. 职工薪酬核算岗位的岗位职责

（1）会同有关部门拟定各项职工薪酬计算、发放、缴纳的具体标准、程序、方法。

（2）根据企业员工实有数、工资等级和标准，审核人力资源部编制的工资计算表，计提各项五险一金、个人所得税等代扣代缴款项，计算实发工资。

（3）对职工薪酬的分配和结算进行明细核算，并及时编制有关报表。

（4）根据企业制度，会同人力资源部掌握工资和各种奖金的支付情况，对违反规定滥发奖金、津贴的行为要予以制止，并及时上报相关领导。

（5）会装订、保管相关会计凭证、工资报表，定期送至财务档案管理人员处。

（6）在财务负责人的指导下，编制年度职工薪酬计划，并定期对计划执行情况进行分析。

步骤二：认知职工薪酬核算岗位的业务流程

1. 职工薪酬核算岗位的核算流程
(1) 统计考勤及产量工时记录。
(2) 编制薪酬费用分配表或职工薪酬结算单。
(3) 根据经审核的原始凭证编制会计凭证。
(4) 登记账簿（图 4-1-1）。

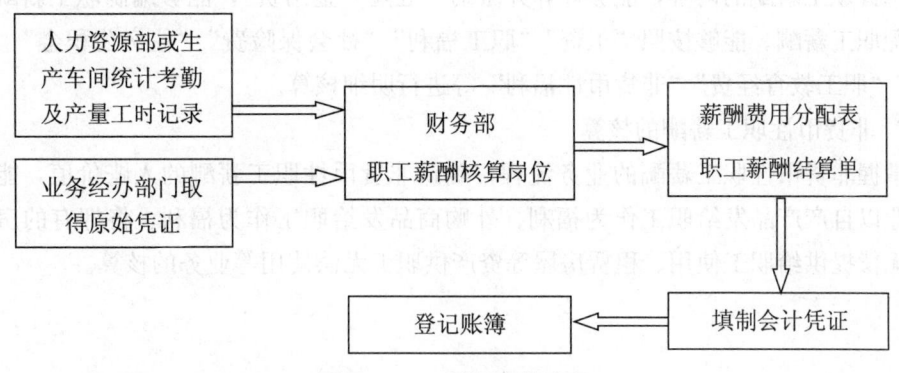

图 4-1-1　登记账簿流程

2. 职工薪酬的业务流程

职工薪酬的业务流程如图 4-1-2 所示。

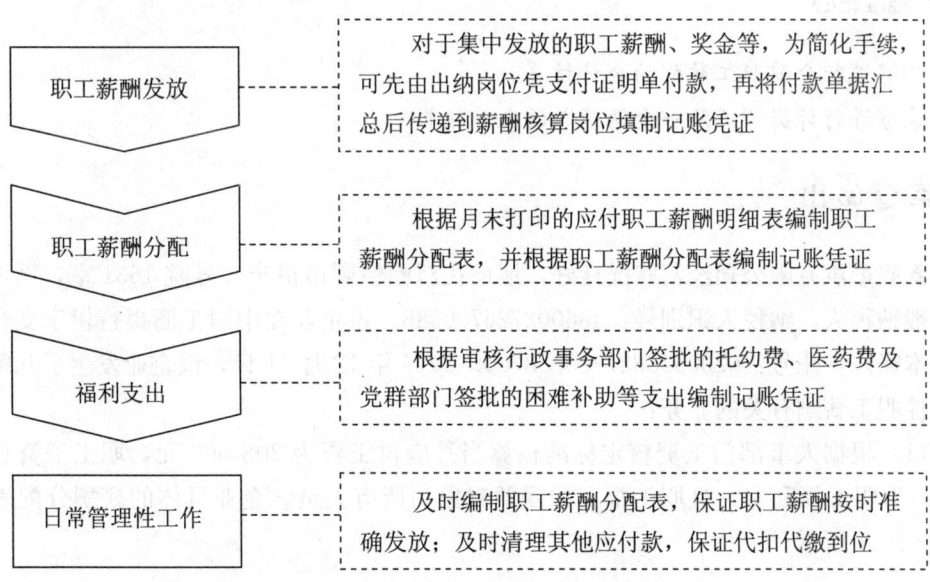

图 4-1-2　职工薪酬业务流程

步骤三：认知职工薪酬核算岗位的主要核算内容和技能要求

职工薪酬岗位是核算企业为获得职工提供的服务而给予的各种形式的报酬及其他相关支出、计算和缴纳企业有关"五险一金两费"等业务的专职岗位，有的企业则由劳资人事部门进行职工薪酬核算。那么，按照《企业会计准则——职工薪酬》、《会计基础规范》的要求，职工薪酬核算岗位需要掌握的主要核算内容和技能要求如下。

1. 货币性职工薪酬的核算

掌握职工薪酬的内容，能够计算并缴纳"五险一金两费"，能够编制职工薪酬分配表分配职工薪酬。能够按照"工资""职工福利""社会保险费""住房公积金""工会经费""职工教育经费""非货币性福利"等进行明细核算。

2. 非货币性职工薪酬的核算

掌握非货币性职工薪酬的业务流程，确认非货币性职工薪酬的入账价值，能够进行企业以自产产品发给职工作为福利、外购商品发给职工作为福利、将拥有的房屋等资产无偿提供给职工使用、租赁房屋等资产供职工无偿使用等业务的核算。

任务二　核算货币性职工薪酬

瞄准靶心

能够进行分配职工薪酬的会计核算。

能够进行计提"五险一金两费"的会计核算。

军令如山

新疆彭洪有限公司经营状况良好，地址在新疆伊犁市伊宁5号院1631室，属增值税一般纳税人，纳税人识别号：486002726700686。该企业在中国工商银行伊宁支行开立基本账户，账号：0200538827990088700。2016年12月31日，该企业发生了几笔与货币性职工薪酬有关的业务：

（1）根据人事部门工资核定标准核算当月应付工资为208 000元，职工工资总额的2%为职工福利费，且职工福利的受益对象为所有人员。企业具体的薪酬分配表如图4-2-1所示。

职工薪酬分配表

2016年12月31日　　　　　　　　　　　　　　　　　单位：元

部门		职工工资	职工福利费	合计
车间	生产工人	110 000	2 200	112 200
	管理人员	20 000	400	20 400
行政部门		45 000	900	45 900
销售部门		15 000	300	15 300
建厂房人员		18 000	360	18 360
合计		208 000	4 160	212 160

制单：×××

图 4-2-1

（2）根据规定，企业分别按照职工工资总额的一定比例计提"五险一金"，根据缴纳比例，编制社会保险、住房公积金计算表如图 4-2-2 所示。

社会保险、住房公积金计算表

2016年12月31日　　　　　　　　　　　　　　　　　单位：元

项目	计算基数	企业负担		个人负担		合计
		比例	金额	比例	金额	
养老保险	208 000	20%	41 600	8%	16 640	58 240
医疗保险	208 000	9%	18 720	2%	4 160	22 880
失业保险	208 000	2%	4 160	1%	2 080	6 240
生育保险	208 000	0.8%	1 664	无须缴纳		1 664
工伤保险	208 000	0.5%	1 040	无须缴纳		1 040
社保小计	—	—	67 184	—	22 880	90 064
住房公积金	208 000	12%	24 960	12%	24 960	49 920
合计	—	—	92 144	—	47 840	139 984

制单：×××

图 4-2-2

（3）企业按照职工工资总额的 2% 和 1.5% 计提工会经费和职工教育经费，计算表如图 4-2-3 所示。

工会经费、职工教育经费计算表
2016年12月31日　　　　　　　　　　　　　　　　　单位：元

项目	工会经费		职工教育经费		合计
	比例	金额	比例	金额	
计算基数	—	208 000	—	208 000	—
应付职工薪酬	2%	4 160	1.5%	3 120	7 280

图 4-2-3

假如该企业的应付职工薪酬账户及其明细账户本期的期初余额均为0，对于上述经济业务，该怎么处理呢？

业务1：分配职工薪酬

1. 分析企业分配职工薪酬业务

企业应当在职工为其提供服务的会计期间，根据职工提供服务的受益对象，将应确认的职工薪酬计入相关资产成本或当期损益，同时确认为应付职工薪酬。生产部门人员的职工薪酬，记入"生产成本""制造费用""劳务成本"等账户；管理部门人员的职工薪酬，记入"管理费用"账户；销售人员的职工薪酬，记入"销售费用"账户；应由在建工程、研发支出负担的职工薪酬，记入"在建工程""研发支出"等账户；外商投资企业按规定从净利润中提取的职工奖励及福利基金，记入"利润分配——提取的职工奖励及福利基金"中。

根据业务内容，由职工薪酬分配表（图4-2-1）可知，该业务应借记"生产成本""制造费用""管理费用""销售费用""在建工程"账户，金额分别为112 200、20 400、45 900、15 300、18 360元；应贷记"应付职工薪酬"账户，金额为212 160元。

2. 编制会计分录并填制记账凭证

根据以上分析可知，这笔业务属于分配职工薪酬的情况。在填制记账凭证时注意按顺序编号，本凭证编号为"01号"；时间为"2016年12月31日"；"摘要"栏要简明扼要地说明该经济业务内容，该经济业务是分配职工薪酬，所以可以填写为"分配职工薪酬"；"附件"为原始凭证的张数共计1张，填制凭证如图4-2-4所示。

记 账 凭 证

2016 年 12 月 31 日　　　　　　　　　　　　　　记字 01 号

摘　要	一级科目	二级或明细科目	√	借方金额	贷方金额
分配职工薪酬	生产成本			112 200.00	
分配职工薪酬	制造费用			20 400.00	
分配职工薪酬	管理费用			45 900.00	
分配职工薪酬	销售费用			15 300.00	
分配职工薪酬	在建工程			18 360.00	
分配职工薪酬	应付职工薪酬	工资			208 000.00
分配职工薪酬	应付职工薪酬	职工福利			4 160.00
合　计				¥ 212 160.00	¥ 212 160.00

附件壹张

会计主管：×××　　记账：×××　　审核：×××　　出纳：×××　　制单：×××

图 4-2-4

业务 2：计提社会保险费、住房公积金的核算

1. 分析计提社会保险费、住房公积金业务

当期缴纳各项社会保险费、住房公积金时，由企业承担的部分计入成本费用，由个人承担的部分计入其他应收款。所以，该业务中，应由企业承担的社会保险费、住房公积金应借记"管理费用"账户，金额为 92 144 元；由个人承担的应借记"其他应收款"账户，金额为 47 840 元；贷方应计入"应付职工薪酬"账户，并通过"社会保险费"和"住房公积金"两个明细账户核算。

2. 编制会计分录并填制记账凭证

根据以上分析可知，这笔业务属于企业计提社会保险费、住房公积金的情况。在填制记账凭证时注意按顺序编号，本凭证编号为"02 号"；时间为"2016 年 12 月 31 日"；"摘要"栏要简明扼要地说明该经济业务内容，该经济业务是计提社会保险费、住房公积金，所以可以填写为"计提五险一金"；"附件"为原始凭证的张数共计 1 张，填制凭证如图 4-2-5 所示。

记 账 凭 证

2016 年 12 月 31 日　　　　　　　　　　　记字 02 号

摘　要	一级科目	二级或明细科目	√	借方金额	贷方金额	
计提五险一金	管理费用			92 144.00		附件壹张
计提五险一金	其他应收款			47 840.00		
计提五险一金	应付职工薪酬	社会保险费			90 064.00	
计提五险一金	应付职工薪酬	住房公积金			49 920.00	
合　计				￥139 984.00	￥139 984.00	

会计主管：×××　　　记账：×××　　　审核：×××　　　出纳：×××　　　制单：×××

图 4-2-5

小贴士

"五险一金"是指养老保险、医疗保险、失业保险、工伤保险、生育保险和住房公积金。企业和个人按照一定的比例负担五项社会保险费和住房公积金，每个地区的缴费基数与缴费比例都有所差异，需根据当地规定缴纳。

业务 3：计提工会经费和职工教育经费的核算

1. 分析计提工会经费和职工教育经费业务

企业应当在职工为其提供服务的会计期间，按规定的计提基础和计提比例计算提取工会经费和职工教育经费。该业务中，应按照职工工资总额的 2% 和 1.5% 的计提标准，确认工会经费和职工教育经费，由工会经费、职工教育经费计算表（图 4-2-3）可知，计提的工会经费为 4 160 元，计提的职工教育经费为 3 120 元。所以，应借记"管理费用"账户，贷记"应付职工薪酬"账户，金额为 7 280 元。

2. 编制会计分录并填制记账凭证

根据以上分析可知，这笔业务属于企业计提工会经费和职工教育经费的情况。在填制记账凭证时注意按顺序编号，本凭证编号为"03 号"；时间为"2016 年 12 月 31 日"；"摘要"栏要简明扼要地说明该经济业务内容，该经济业务是计提工会经费和职工教育经费，所以可以填写为"计提两费"；"附件"为原始凭证的张数共计 1 张，填制凭证如图 4-2-6 所示。

记 账 凭 证

2016 年 12 月 31 日　　　　　　　　　　　　　记字 03 号

摘　要	一级科目	二级或明细科目	√	借方金额	贷方金额
计提两费	管理费用			7 280.00	
计提两费	应付职工薪酬	工会经费			4 160.00
计提两费	应付职工薪酬	职工教育经费			3 120.00
合　计				¥ 7 280.00	¥ 7 280.00

附件壹张

会计主管：×××　　记账：×××　　审核：×××　　出纳：×××　　制单：×××

图 4-2-6

业务 4：登记应付职工薪酬明细账、总账

应付职工薪酬明细账应采用三栏式明细账，该账户及其明细账户本期的期初余额均为 0。根据以上分析，登记"应付职工薪酬明细账""应付职工薪酬总账"如图 4-2-7 至图 4-2-13 所示。

应付职工薪酬　明细账

明细科目：工资

2016年 月	日	凭证 字	号	摘　要	借方 亿千百十万千百十元角分	贷方 亿千百十万千百十元角分	借或贷	余额 亿千百十万千百十元角分	√
12	31			期初余额			平	0 0 0	
	31	记	1	分配职工薪酬		2 0 8 0 0 0 0 0	贷	2 0 8 0 0 0 0 0	
12	31			本月合计		2 0 8 0 0 0 0 0	贷	2 0 8 0 0 0 0 0	

图 4-2-7

应付职工薪酬　明细账

明细科目：职工福利

2016年 月	日	凭证 字	号	摘　要	借方 亿千百十万千百十元角分	贷方 亿千百十万千百十元角分	借或贷	余额 亿千百十万千百十元角分	√
12	31			期初余额			平	0 0 0	
	31	记	1	分配职工薪酬		4 1 6 0 0 0 0	贷	4 1 6 0 0 0 0	
12	31			本月合计		4 1 6 0 0 0 0	贷	4 1 6 0 0 0 0	

图 4-2-8

应付职工薪酬 明细账

明细科目：社会保险费

2016年		凭证	摘要	借方	贷方	借或贷	余额	√
月	日	字号		亿千百十万千百十元角分	亿千百十万千百十元角分		亿千百十万千百十元角分	
12	31		期初余额			平	0 0 0	
	31	记2	计提五险一金		9 0 0 6 4 0 0	贷	9 0 0 6 4 0 0	
12	31		本月合计		9 0 0 6 4 0 0	贷	9 0 0 6 4 0 0	

图 4-2-9

应付职工薪酬 明细账

明细科目：住房公积金

2016年		凭证	摘要	借方	贷方	借或贷	余额	√
月	日	字号		亿千百十万千百十元角分	亿千百十万千百十元角分		亿千百十万千百十元角分	
12	31		期初余额			平	0 0 0	
	31	记2	计提五险一金		4 9 9 2 0 0 0	贷	4 9 9 2 0 0 0	
12	31		本月合计		4 9 9 2 0 0 0	贷	4 9 9 2 0 0 0	

图 4-2-10

应付职工薪酬 明细账

明细科目：工会经费

2016年		凭证	摘要	借方	贷方	借或贷	余额	√
月	日	字号		亿千百十万千百十元角分	亿千百十万千百十元角分		亿千百十万千百十元角分	
12	31		期初余额			平	0 0 0	
	31	记3	计提两费		4 1 6 0 0 0	贷	4 1 6 0 0 0	
12	31		本月合计		4 1 6 0 0 0	贷	4 1 6 0 0 0	

图 4-2-11

应付职工薪酬 明细账

明细科目：职工教育经费

2016年		凭证	摘要	借方	贷方	借或贷	余额	√
月	日	字号		亿千百十万千百十元角分	亿千百十万千百十元角分		亿千百十万千百十元角分	
12	31		期初余额			平	0 0 0	
	31	记3	计提两费		3 1 2 0 0 0	贷	3 1 2 0 0 0	
12	31		本月合计		3 1 2 0 0 0	贷	3 1 2 0 0 0	

图 4-2-12

总　账

会计科目：应付职工薪酬

2016年		凭证		摘　要	借方										贷方										借或贷	余额										√
月	日	字	号		亿	千	百	十	万	千	百	十	元	角	分	亿	千	百	十	万	千	百	十	元	角	分		亿	千	百	十	万	千	百	十	元	角	分	
12	31			期初余额																							平									0	0	0	
	31	记	1	分配职工薪酬															2	1	2	1	6	0	0	0	贷				2	1	2	1	6	0	0	0	
	31	记	2	计提五险一金															1	3	9	9	8	4	0	0	贷				3	5	2	1	4	4	0	0	
	31	记	3	计提两费																7	2	8	0	0	0	0	贷				3	5	9	4	2	4	0	0	
12	31			本月合计															3	5	9	4	2	4	0	0	贷				3	5	9	4	2	4	0	0	

图 4-2-13

战术提升

长风有限公司的地址在新疆乌鲁木齐金地大厦1901室，电话是0991-82527966。企业为一般纳税人，纳税人识别号：110226585874078。该企业在中国工商银行乌市支行开立基本账户，账号：0200097419020104943。

2017年3月有关货币性职工薪酬业务摘录如下。

（1）企业3月应付职工工资总额693 000元，"职工薪酬分配表"中列示的产品生产工人工资为480 000元，车间管理人员工资为105 000元，行政管理人员工资为90 600元，专设销售机构人员工资17 400元。原始凭证如图4-2-14所示。

职工薪酬分配表
2017年03月31日　　　　　　　　　　　　　　　　　　单位：元

部门		职工工资
车间	生产工人	480 000
	管理人员	105 000
行政管理人员		90 600
专设销售机构人员		17 400
合计		693 000

图 4-2-14

（2）企业通过银行向职工发放工资。原始凭证如图4-2-15所示。

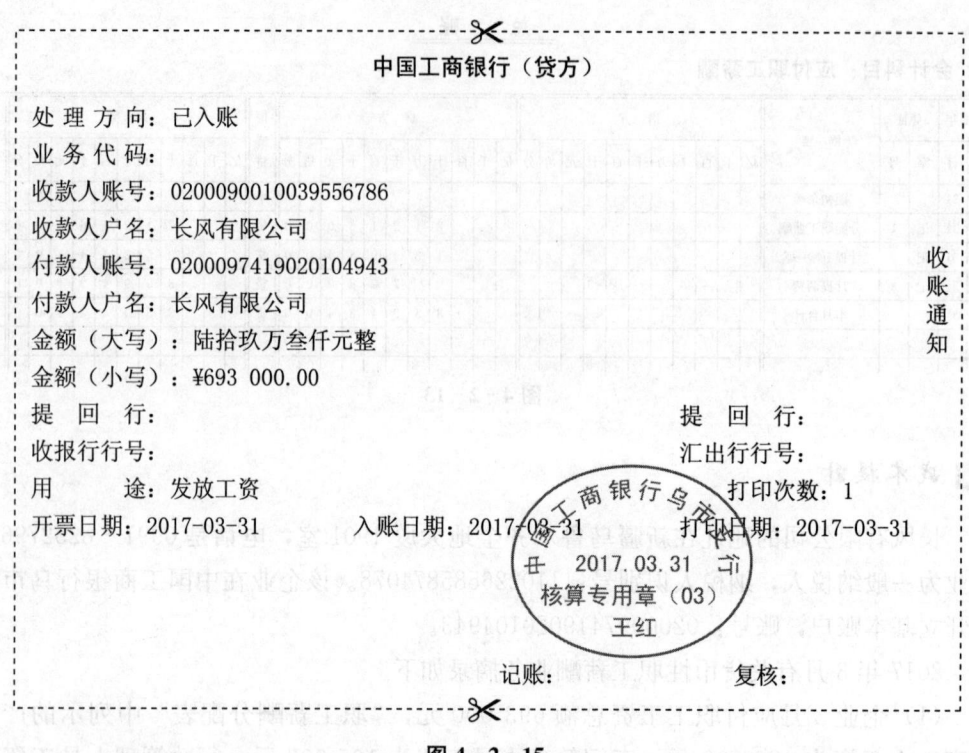

图 4-2-15

（3）企业根据相关规定，分别按照职工工资总额的 2% 和 2.5% 的计提标准，确认应付工会经费和职工教育经费。原始凭证如图 4-2-16 所示。

图 4-2-16

（4）企业根据历史经验数据，确定除销售人员外每个职工每月补贴 150 元的餐饮费，其中企业生产工人 210 人，车间管理人员 35 人，行政管理人员 21 人。原始凭证如图 4-2-17 所示。

餐饮费补贴分配表

2016年03月31日　　　　　　　　　　　　　　　　　　　单位：元

部门		人数	每人每月贴补金额	合计
车间	生产工人	210	150	31 500
	管理人员	35	150	5 250
行政管理人员		21	150	3 150
合计		266	150	39 900

图 4-2-17

（5）企业用现金支付 39 900 元补贴给职工。原始凭证如图 4-2-18 所示。

现金支出单

2017年03月31日

部门	姓名	摘要	金额								
			百	十	万	千	百	十	元	角	分
生产部		发放餐饮费补贴			3	1	5	0	0	0	0
车间管理		发放餐饮费补贴				5	2	5	0	0	0
行政管理		发放餐饮费补贴			3	1	5	0	0	0	0
合计金额	人民币⊗佰⊗拾叁万玖仟玖佰零拾零元零角零分		¥39 900.00								

领导审批：×××　　会计主管：×××　　审核：×××　　出纳：×××　　领款人：×××

图 4-2-18

假如你是长风有限公司主要负责职工薪酬业务的会计，那么，针对企业发生的以上货币性职工薪酬经济业务，该如何处理呢？

任务三 核算非货币性职工薪酬

🎯 瞄准靶心

能够确认非货币性职工薪酬的入账价值。

能够进行非货币性职工薪酬业务的会计核算。

军令如山

新疆彭洪有限公司的地址在新疆伊犁市伊宁5号院1631室,属增值税一般纳税人,纳税人识别号:486002726700686。该企业在中国工商银行伊宁支行开立基本账户,账号:0200538827990088700。企业共有职工234名,其中普通生产人员200人,管理人员34人。

2016年年末,该企业发生了以下几笔与非货币性职工薪酬有关的业务。

(1)企业以外购的颈椎按摩器作为元旦福利发放给企业的每一位职工。购买颈椎按摩器时取得的增值税专用发票如图4-3-1所示。

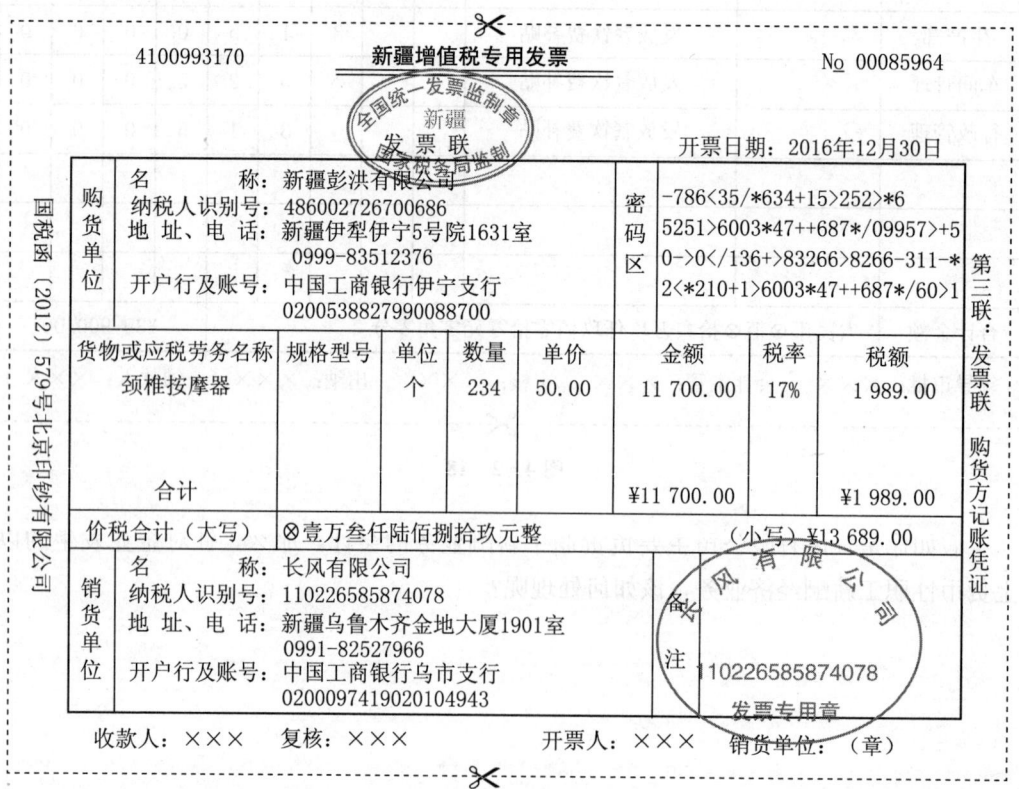

图4-3-1

（2）企业以自产产品冰箱作为新年福利发放给企业的每一位职工，如图4-3-2所示。该冰箱成本价为2 000元/台，售价为3 000元/台。

出 库 单

用途：发放职工福利　　　　2016年12月31日　　　　　　　　编号：0001

产品名称	单位	数量	单位成本	总成本
冰箱	台	234	2 000.00	468 000.00
合计	—	200	2 000.00	468 000.00

仓库负责人：×××　　　　　保管员：×××　　　　　　提货人：×××

图4-3-2

（3）企业将拥有的公寓无偿提供给管理人员居住，公寓月折旧额每套为5 000元。

该企业应付职工薪酬账户及其明细账户本期的期初余额均为0。对于企业发生的上述非货币性职工薪酬业务，该怎么处理呢？

业务1：外购商品作为职工福利的核算

1. 分析企业外购商品作为职工福利业务

此业务中，由外购商品取得的增值税专用发票（图4-3-1）可知，购买颈椎按摩器共花费13 689元，即计入成本费用的职工薪酬金额；由于企业生产工人200人，管理人员34人，故生产工人应负担的职工薪酬为11 700元，管理人员应负担的职工薪酬为1 989元。所以，应借记"生产成本"账户，金额为11 700元；借记"管理费用"账户，金额为1 989元；贷记"应付职工薪酬——非货币性福利"账户，金额为13 689元。

2. 编制会计分录并填制记账凭证

根据以上分析可知，这笔业务属于企业外购商品作为职工福利的情况。

企业外购商品时：在填制记账凭证时注意按顺序编号，本凭证编号为"01号"；时间为"2016年12月31日"；"摘要"栏要简明扼要地说明该经济业务内容，该经济业务是企业外购用于非货币性职工福利的商品，所以可以填写为"外购福利商品"；"附件"为原始凭证的张数共计1张，填制凭证如图4-3-3所示。

记 账 凭 证

2016 年 12 月 31 日　　　　　　　　　　　　记字 01 号

摘　要	一级科目	二级或明细科目	√	借方金额	贷方金额
外购福利商品	应付职工薪酬	非货币性福利		13 689.00	
外购福利商品	银行存款				13 689.00
合　计				¥13 689.00	¥13 689.00

会计主管：×××　　记账：×××　　审核：×××　　出纳：×××　　制单：×××

附件壹张

图 4-3-3

企业决定发放非货币性职工福利时：在填制记账凭证时注意按顺序编号，本凭证编号为"02号"；时间为"2016年12月31日"；"摘要"栏要简明扼要地说明该经济业务内容，该经济业务是企业决定发放非货币性职工福利，所以可以填写为"发放非货币职工福利"；"附件"为原始凭证的张数共计1张，填制凭证如图4-3-4所示。

记 账 凭 证

2016 年 12 月 31 日　　　　　　　　　　　　记字 02 号

摘　要	一级科目	二级或明细科目	√	借方金额	贷方金额
发放非货币职工福利	生产成本			11 700.00	
发放非货币职工福利	管理费用			1 989.00	
发放非货币职工福利	应付职工薪酬	非货币性福利			13 689.00
合　计				¥13 689.00	¥13 689.00

会计主管：×××　　记账：×××　　审核：×××　　出纳：×××　　制单：×××

附件壹张

图 4-3-4

业务2：企业将自产产品作为职工福利的核算

1. 分析企业将自产产品作为职工福利业务

此业务中，企业将自产产品冰箱作为职工福利发给职工，确认计量相关收入及成本时，应视同销售，该冰箱的成本价为2 000元/台，售价为3 000元/台。

在企业决定发放非货币性职工薪酬时，应确认的职工薪酬为234×3 000×（1+17%）=821 340元，其中生产人员应负担702 000元，管理人员应负担119 340元。

此时，应借记"生产成本"账户，金额为 702 000 元；借记"管理费用"账户，金额为 119 340 元；贷记"应付职工薪酬"账户，金额为 821 340 元。

在实际发放时，应确认收入为 821 340 元，结转成本 468 000 元。所以，确认收入时应借记"应付职工薪酬"账户，金额为 821 340 元；贷记"主营业务收入"账户，金额为 702 000 元；贷记"应交税费——应缴增值税（销项税额）"账户，金额为 119 340 元。结转成本时应借记"主营业务成本"账户，金额为 468 000 元；贷记"库存商品"账户，金额为 468 000 元。

2. 编制会计分录并填制记账凭证

根据以上分析可知，这笔业务属于企业将自产产品作为职工福利的情况。

企业决定发放非货币职工薪酬时：在填制记账凭证时注意按顺序编号，本凭证编号为"03号"；时间为"2016年12月31日"；"摘要"栏要简明扼要地说明该经济业务内容，该经济业务是企业决定发放非货币性职工福利，所以可以填写为"发放非货币职工福利"；"附件"为原始凭证的张数共计1张，填制凭证如图 4-3-5 所示。

记 账 凭 证

2016 年 12 月 31 日　　　　　　　　　　　　　　记字 03 号

摘　要	一级科目	二级或明细科目	√	借方金额	贷方金额
发放非货币职工福利	生产成本			702 000.00	
发放非货币职工福利	管理费用			119 340.00	
发放非货币职工福利	应付职工薪酬	非货币性福利			821 340.00
合　计				¥ 821 340.00	¥ 821 340.00

会计主管：×××　　记账：×××　　审核：×××　　出纳：×××　　制单：×××

附件壹张

图 4-3-5

确认收入时：在填制记账凭证时注意按顺序编号，本凭证编号为"04号"；时间为"2016年12月31日"；"摘要"栏要简明扼要地说明该经济业务内容，该经济业务是企业发放福利视同销售确认收入，所以可以填写为"发放福利确认收入"；"附件"为原始凭证的张数共计1张，填制凭证如图 4-3-6 所示。

记 账 凭 证

2016 年 12 月 31 日　　　　　　　　　　　　　　记字 04 号

摘　要	一级科目	二级或明细科目	√	借方金额	贷方金额
发放福利确认收入	应付职工薪酬	非货币性福利		821 340.00	
发放福利确认收入	主营业务收入				702 000.00
发放福利确认收入	应交税费	应缴增值税（销项税额）			119 340.00
合　计				￥821 340.00	￥821 340.00

附件壹张

会计主管：×××　　记账：×××　　审核：×××　　出纳：×××　　制单：×××

图 4-3-6

结转成本时：在填制记账凭证时注意按顺序编号，本凭证编号为"05 号"；时间为"2016 年 12 月 31 日"；"摘要"栏要简明扼要地说明该经济业务内容，该经济业务是企业发放福利视同销售结转产品成本，所以可以填写为"发放福利结转成本"；"附件"为原始凭证的张数共计 1 张，填制凭证如图 4-3-7 所示。

记 账 凭 证

2016 年 12 月 31 日　　　　　　　　　　　　　　记字 05 号

摘　要	一级科目	二级或明细科目	√	借方金额	贷方金额
发放福利结转成本	主营业务成本			468 000.00	
发放福利结转成本	库存商品				468 000.00
合　计				￥468 000.00	￥468 000.00

附件壹张

会计主管：×××　　记账：×××　　审核：×××　　出纳：×××　　制单：×××

图 4-3-7

业务 3：将拥有的资产无偿提供给职工使用的核算

1. 分析企业将拥有的资产无偿提供给职工使用业务

此业务中，企业将自有公寓无偿提供给管理人员居住，在企业决定发放非货币性职工薪酬时，应借记"管理费用"账户，贷记"应付职工薪酬"账户，金额为 170 000（5 000×34）元；按月计提公寓折旧时，应借记"应付职工薪酬"账户，贷记"累计折旧"账户，金额为 170 000 元。

2. 编制会计分录并填制记账凭证

根据以上分析可知，这笔业务属于企业将拥有的资产无偿提供给职工使用的情况。

企业决定发放非货币职工薪酬时：在填制记账凭证时注意按顺序编号，本凭证编号为"06 号"；时间为"2016 年 12 月 31 日"；"摘要"栏要简明扼要地说明该经济业务内容，该经济业务是企业将自有公寓提供给管理人员使用，所以可以填写为"发放非货币职工薪酬"；"附件"为原始凭证的张数共计 1 张，填制凭证如图 4-3-8 所示。

记 账 凭 证

2016 年 12 月 31 日　　　　　　　　　　　　　　　　记字 06 号

摘　　要	一级科目	二级或明细科目	√	借方金额	贷方金额
发放非货币职工薪酬	管理费用			170 000.00	
发放非货币职工薪酬	应付职工薪酬	非货币性福利			170 000.00
合　　计				¥170 000.00	¥170 000.00

附件壹张

会计主管：×××　　记账：×××　　审核：×××　　出纳：×××　　制单：×××

图 4-3-8

按月计提公寓折旧时：在填制记账凭证时注意按顺序编号，本凭证编号为"07 号"；时间为"2016 年 12 月 31 日"；"摘要"栏要简明扼要地说明该经济业务内容，该经济业务是企业计提作为职工福利的自有公寓折旧额，所以可以填写为"计提福利公寓折旧"；"附件"为原始凭证的张数共计 1 张，填制凭证如图 4-3-9 所示。

记 账 凭 证

2016 年 12 月 31 日　　　　　　　　　　　　　　　　记字 07 号

摘　　要	一级科目	二级或明细科目	√	借方金额	贷方金额
计提福利公寓折旧	应付职工薪酬	非货币性福利		170 000.00	
计提福利公寓折旧	累计折旧				170 000.00
合　　计				¥170 000.00	¥170 000.00

附件壹张

会计主管：×××　　记账：×××　　审核：×××　　出纳：×××　　制单：×××

图 4-3-9

业务4：登记应付职工薪酬明细账、总账

应付职工薪酬明细账应采用三栏式明细账，该账户及其明细账户本期的期初余额均为0。根据以上分析，登记"应付职工薪酬明细账""应付职工薪酬总账"如图4-3-10和图4-3-11所示。

应付职工薪酬　明细账

明细科目：非货币性福利

2016年		凭证		摘要	借方										贷方										借或贷	余额										√
月	日	字	号		亿	千	百	十	万	千	百	十	元	角	分	亿	千	百	十	万	千	百	十	元	角	分		亿	千	百	十	万	千	百	十	元	角	分	
12	31			期初余额																							平									0	0	0	
	31	记	1	外购福利商品				1	3	6	8	9	0	0													借				1	3	6	8	9	0	0	
	31	记	2	发放非货币职福利															1	3	6	8	9	0	0		平									0	0	0	
	31	记	3	发放非货币职福利															8	2	1	3	4	0	0		贷				8	2	1	3	4	0	0	
	31	记	4	发放福利确认收入				8	2	1	3	4	0	0													平									0	0	0	
	31	记	6	发放非货币职工薪酬															1	7	0	0	0	0	0		贷				1	7	0	0	0	0	0	
	31	记	7	计提福利公寓折旧				1	7	0	0	0	0	0													平									0	0	0	
12	31			本月合计			1	0	0	5	0	2	9	0	0			1	0	0	5	0	2	9	0	0	平									0	0	0	

图4-3-10

总　账

会计科目：应付职工薪酬

2016年		凭证		摘要	借方										贷方										借或贷	余额										√
月	日	字	号		亿	千	百	十	万	千	百	十	元	角	分	亿	千	百	十	万	千	百	十	元	角	分		亿	千	百	十	万	千	百	十	元	角	分	
12	31			期初余额																							平									0	0	0	
	31	记	1	外购福利商品				1	3	6	8	9	0	0													借				1	3	6	8	9	0	0	
	31	记	2	发放非货币职福利															1	3	6	8	9	0	0		平									0	0	0	
	31	记	3	发放非货币职福利															8	2	1	3	4	0	0		贷				8	2	1	3	4	0	0	
	31	记	4	发放福利确认收入				8	2	1	3	4	0	0													平									0	0	0	
	31	记	6	发放非货币职工薪酬															1	7	0	0	0	0	0		贷				1	7	0	0	0	0	0	
	31	记	7	计提福利公寓折旧				1	7	0	0	0	0	0													平									0	0	0	
12	31			本月合计			1	0	0	5	0	2	9	0	0			1	0	0	5	0	2	9	0	0	平									0	0	0	

图4-3-11

战术提升

长风有限公司的地址在新疆乌鲁木齐金地大厦1901室，电话是0991-82527966。企业为一般纳税人，纳税人识别号：110226585874078。该企业在中国工商银行乌市支行开立基本账户，账号：0200097419020104943。企业共有职工200名，其中170名为生产人员，27名为经理级管理人员，3名总裁级管理人员。

2016年12月有关非货币性职工薪酬的业务摘录如下：

（1）企业以其生产的电暖器作为元旦福利发放给每一位职工，该电暖器的成本价

为900元，市场售价为1 000元。

（2）企业无偿提供汽车供经理级管理人员使用，该汽车每辆每月计提折旧1 000元。

（3）企业为总裁级管理人员每人租赁一套公寓无偿供其居住，该公寓月租金为每套3 000元。

假如你是长风有限公司主要负责核算职工薪酬相关业务的会计，那么，针对企业发生的以上非货币性职工薪酬业务，该如何处理？

岗位五 资金核算岗位实务

任务一 认知资金核算岗位

◎ 瞄准靶心

能够认知资金核算岗位的工作职责。

能够认知资金核算岗位的核算内容与要求。

步骤一：认知资金核算岗位工作职责

1. 资金核算岗位

资金核算岗位是为核算企业筹集资金与投资资金而设立的专职岗位。要想胜任资金核算岗位，首先要了解该岗位的工作内容与工作职责。资金核算岗位的主要工作内容包括资金筹集和对外投资两大方面。对于资金筹集，能够准确预测企业的资金需要量，设计筹资方案；对于对外投资，能够做好投资市场调研，收集有关投资市场信息资料，提出投资方向建议。根据国家与企业的规定，协助领导合理进行资金分析和调配，优化资金结构，确保资金安全。

2. 资金核算岗位的岗位职责

（1）协助领导拟定资金管理和核算办法。

（2）协助领导合理进行资金分析和调配，编制资金收支计划。

（3）负责企业筹资项目的成本核算，设计筹资方案。

（4）负责分析市场，预测企业短期及较长期的资金需求量，出具分析报告。

（5）负责做好行业研究与投资市场调研等前期工作，收集整理有关投资市场的信息资料。

（6）编制投资市场调研报告，提出投资方向建议。

（7）负责企业资金筹集的明细分类核算。

（8）负责企业各项投资的明细分类核算。

步骤二：认知资金核算岗位的主要核算内容和技能要求

资金核算岗位是进行企业筹资资金以及对外投资业务的会计核算。那么，按照财务、税收、金融等有关的政策法规要求，资金核算岗位需要掌握的主要核算内容和技能要求如下。

1. 筹资的核算

掌握财务、税收、金融有关的政策法规，能够独立撰写各类筹资分析报告，能够对企业的资金筹集进行统筹、分析和归纳。能够进行企业负债筹资和权益筹资相关业务的会计核算。

2. 投资的核算

掌握投资价值、风险评估以及相关的法律法规，熟悉资本市场交易品种、交易规则及各类理财产品。能够在做好基础的行业研究、投资市场调研的同时，编写投资市场调查报告，提出投资建议。能够进行企业各项投资的明细分类核算以及投资收益的分析。

任务二 核算资金筹集业务

瞄准靶心

能够进行权益资本筹集的会计核算。

能够进行采用短期借款与长期借款方式筹集资金的会计核算。

军令如山

新疆彭洪有限公司的地址在新疆伊犁市伊宁5号院1631室，属增值税一般纳税人，纳税人识别号：486002726700686。该企业在中国工商银行伊宁支行开立基本账户，账号：0200538827990088700。2017年，该企业发生了以下几笔与资金筹集有关的业务。

（1）1月1日，企业向中国工商银行伊宁支行借入期限为三个月的短期借款用于项目资金周转，如图5-2-1、图5-2-2所示。利息直接支付，不预提，到期还本付息。

```
合同编号：20170112-ZJG
                    短期借款合同（节选）
                   签订时间：2017年01月01日

     借款人：新疆彭洪有限公司
     贷款人：中国工商银行伊宁支行

     为明确责任，恪守信用，双方遵照有关法律，协商一致，订立本合同。
     第一条  借款金额：人民币贰万元整（大写）   RMB20 000.00（小写）。
     第二条  贷款期限：自2017年01月01日至2017年03月31日止。
     ……
     贷款利率和利息
     第七条  本合同项下借款利率根据双方协商，采用优惠利率，确定为5%。
     第八条  本合同项下借款，自贷款方放款之日起按实际借款时间计息，按实际借款天数
     结息，借款到期后一次还本付息。
     ……
     第二十五条  本合同一式二份，借款人和贷款人各执一份。

     借款人：新疆彭洪有限公司              贷款人：中国工商银行伊宁支行
     基本账户开户行：中国工商银行伊宁支行    电话：0906-46728198
     账号：0200538827990088700              传真：0906-46728198-802
     借款人（公章）：                       贷款人（公章）：
     法定代表人：彭洪                       法定代表人：张君
     2017年01月01日                         2017年01月01日
```

图 5-2-1

中国工商银行借款借据（收账通知）
2017年01月01日

借款人	新疆彭洪有限公司		账 户	0200538827990088700									
贷款金额	人民币（大写）贰万元整			百	亿	千	百	十	万	千	百	十 元	角 分
								¥	2	0	0	0 0	0 0
用 途	项目资金周转	期 限	约定还款日期	2017年03月31日									
		3个月	贷款利率	5%	贷款合同	20170112-ZJG							

上列借款已批准发放，已转入你单位存款账户，借款到期时应按期归还。
此致
　　（银行盖章）
　　复核：记　　　　　　　　　　　记账：

图 5-2-2

(2) 6月1日，企业向中国工商银行借入期限为两年的长期贷款用于厂房建设，款项已存入银行，如图 5-2-3、图 5-2-4 所示。2017 年 6 月与 2018 年 1 月分别以银行存款支付工程款，如图 5-2-5、图 5-2-6 所示。2018 年 6 月该厂房建造完毕，达到预定可使用状态，如图 5-2-7 所示。每年年末计提利息如图 5-2-8 所示，到期一次还本付息。

合同编号：201706812-HJZ

长期借款合同（节选）

签订时间：2017年06月01日
借款人：新疆彭洪有限公司
贷款人：中国工商银行伊宁支行

为明确责任，恪守信用，双方遵照有关法律，协商一致，订立本合同：

第一章　借款
第一条　借款金额：人民币壹佰万元整（大写）　￥1 000 000.00（小写）。实际借款额以借据为准。
第二条　贷款用途：厂方建设。
第三条　借款期限：自2017年06月01日至2019年06月01日止。
第四条　借款利率：9%，每年年末计提利息，到期一次还本付息。
……

基本账户开户行：中国工商银行伊宁支行　　　电话：0906-46728198
账户：0200538827990088700　　　　　　　　　传真：0906-46728198-802
借款人（公章）　　　　　　　　　　　　　　贷款人（公章）
法定代表人：彭洪　　　　　　　　　　　　　法定代表人：张君
2017年06月01日　　　　　　　　　　　　　　2017年06月01日

图 5-2-3

中国工商银行借款借据（收账通知）

2017年06月01日

借款人	新疆彭洪有限公司		账　户	0200538827990088700									
贷款金额	人民币（大写）壹佰万元整			百	亿	千	百	十	万	千	百	十	元	角	分
						¥	1	0	0	0	0	0	0	0	0
用　途	厂方建设	期　限	约定还款日期	2019年06月01日
		2 年	贷款利率	9%	贷款合同	201706812-HJZ

上列借款已批准发放，已转入你单位存款账户，借款到期时应按期归还。

此致

（银行盖章） 中国工商银行保定支行 2017.06.01

复核：　　转讫　　　　　　　　记账：

图 5-2-4

图 5-2-5　　　　　　　　图 5-2-6

固定资产验收交接单

2018年06月30日   No. 20150128
单位：元

资产编号	资产名称	规格型号	计量单位	数量	设备价值	设备基础及安装费用	附加费用	合 计
01	厂方		栋	1	1 100 000.00			
资产来源	建造		使用年限	20			1	
制造厂名	长风有限公司		估计残值			主要附属内容	2	
制造日期及编号	2018.6.30		基本折旧率	2%			3	
使用部门			复杂系数				4	

交验部门：×××   点交人：×××   接管部门：×××   接管人：×××

图 5-2-7

长期借款利息计算表

2017年06月01日

本 金	利 率	计算期限	利 息
1 000 000	9%	2017年12月31日	45 000
1 000 000	9%	2018年12月31日	90 000
1 000 000	9%	2019年06月01日	45 000

图 5-2-8

（3）7月1日，企业收到所有者彭洪投入的资金80万元，资金已存入银行，如图 5-2-9 所示。

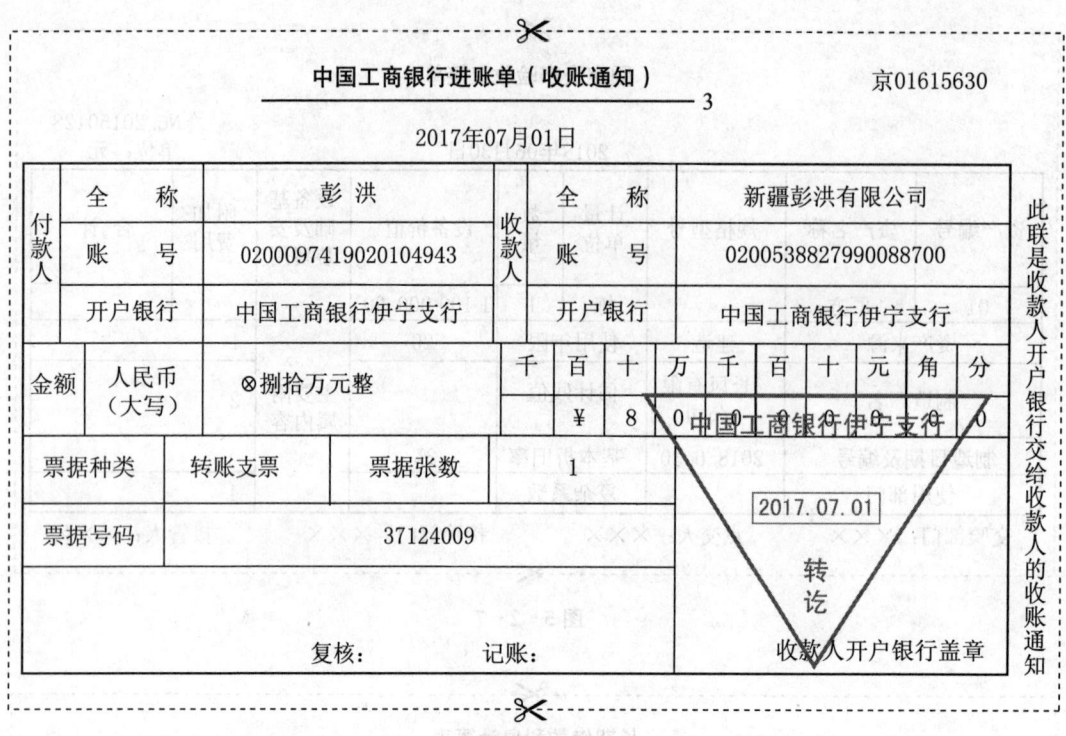

图 5-2-9

假设该企业短期借款、长期借款、实收资本等账户的期初余额均为 0。对于企业发生的上述有关筹集资金的业务，该怎么处理呢？

业务1：采用短期借款方式筹集资金的核算

1. 分析企业采用短期借款方式筹集资金业务

此业务中，企业取得期限为三个月的短期借款，由短期借款合同（图5-2-1）可知，借款金额为 20 000 元，年利率为 5%，且为到期一次还本付息。

（1）取得借款。

取得借款时，使企业的短期借款增加，款项存入银行使企业的银行存款增加，银行存款为资产类账户，增加记借方；短期借款为负债类账户，增加记贷方。故应借记"银行存款"账户，贷记"短期借款"账户，金额为 20 000 元。

（2）到期一次还本付息。

到期一次还本付息说明企业在短期借款到期时，除了偿还本金外，还应支付利息，也说明利息在发生的时候不预提，到期时直接计入当期损溢（财务费用）。到期应交的利息金额为 $20\,000 \times 5\% \div 12 \times 3 = 250$ 元。所以，应借记"短期借款"账户，金额为

20 000 元；借记"财务费用"账户，金额为 250 元；贷记"银行存款"账户，金额为 20 250 元。

2. 编制会计分录并填制记账凭证

根据以上分析可知，这笔业务属于企业采用短期借款方式筹集资金的情况。

（1）取得借款。

在填制记账凭证时注意按顺序编号，本凭证编号为"01 号"；时间为"2017 年 01 月 01 日"；"摘要"栏要简明扼要地说明该经济业务内容，该经济业务是企业采用短期借款方式筹集资金，所以可以填写为"取得短期借款"；"附件"为原始凭证的张数共计 2 张，填制凭证如图 5-2-10 所示。

记 账 凭 证

2017 年 01 月 01 日　　　　　　　　　　　记字 01 号

摘　要	一级科目	二级或明细科目	√	借方金额	贷方金额
取得短期借款	银行存款			20 000.00	
取得短期借款	短期借款				20 000.00
合　计				¥ 20 000.00	¥ 20 000.00

附件贰张

会计主管：×××　　记账：×××　　审核：×××　　出纳：×××　　制单：×××

图 5-2-10

（2）到期一次还本付息。

在填制记账凭证时注意按顺序编号，本凭证编号为"02 号"；时间为"2017 年 03 月 31 日"；"摘要"栏要简明扼要地说明该经济业务内容，该经济业务是企业的短期借款到期偿还本息，所以可以填写为"偿还短期借款本息"；"附件"为原始凭证的张数共计 1 张，填制凭证如图 5-2-11 所示。

记 账 凭 证

2017 年 03 月 31 日　　　　　　　　　　　　　记字 02 号

摘　要	一级科目	二级或明细科目	√	借方金额	贷方金额
偿还短期借款本息	短期借款			20 000.00	
偿还短期借款本息	财务费用			250.00	
偿还短期借款本息	银行存款				20 250.00
合　计				￥20 250.00	￥20 250.00

附件壹张

会计主管：×××　　　记账：×××　　　审核：×××　　　出纳：×××　　　制单：×××

图 5-2-11

小贴士

企业预提利息时，应借记"财务费用"账户，贷记"应付利息"账户；支付已预提的利息时，应借记"应付利息"账户，贷记"银行存款"账户。

1. "应付利息"账户

"应付利息"账户属于负债类账户，用以核算企业按照合同约定应支付的利息，包括吸收存款、分期付息到期还本的长期借款、企业债券等应支付的利息。

该账户贷方登记企业按合同利率计算确定的应付未付利息，借方登记归还的利息。期末余额在贷方，反映企业应付未付的利息。

2. "财务费用"账户

"财务费用"账户属于损益类账户，用以核算企业为筹集生产经营所需资金等而发生的筹资费用，包括利息支付"减利息收入"、汇兑损益以及相关的手续费、企业发生的现金折扣或收到的现金折扣等。为构建或生产满足资本化条件的资产发生的应予资本化的借款费用，通过"在建工程""制造费用"等账户核算。

该账户借方登记手续费、利息费用等的增加额，贷方登记应冲减财务费用的利息收入等。期末结转后，该账户无余额。

业务 2：采用长期借款方式筹集资金的核算

1. 分析采用长期借款方式筹集资金业务

此业务中，企业因取得期限为两年的长期借款，由长期借款合同（图 5-2-3）可知，借款金额为 1 000 000 元，年利率为 9%，且每年年末计提利息（图 5-2-8），到期一次还本付息。

(1) 2017 年 6 月 1 日，取得借款。

取得借款时，使企业的长期借款增加，款项存入银行，使企业的银行存款增加，银行存款为资产类账户，增加记借方；长期借款为负债类账户，增加记贷方，故应借记"银行存款"账户，贷记"长期借款"账户，金额为 1 000 000 元。

(2) 2017 年 6 月 1 日，支付工程款。

此借款用于厂房建设，在支付工程款时，应借记"在建工程"账户，贷记"银行存款"账户，金额为 600 000 元。

(3) 2017 年年末计提借款利息。

计提长期借款利息时，此借款是用于工程建设的，且发生在该资产达到预计可使用状态前，应借记"在建工程"账户，贷记"应付利息"账户，由长期借款利息计算表（图 5-2-8）知金额为 45 000 元。

(4) 2018 年 1 月 1 日，支付工程款。

此借款用于厂房建设，在支付工程款时，应借记"在建工程"账户，贷记"银行存款"账户，金额为 500 000 元。

(5) 2018 年 6 月，厂房达到预定可使用状态。

企业建造的厂房达到预定可使用状态，计提利息时，应借记"在建工程"账户，贷记"应付利息"账户，金额为 45 000 元；资产完工，由在建工程转入固定资产，借记"固定资产"账户，贷记"在建工程"账户，金额为 1 190 000 元。

(6) 2018 年年末计提借款利息。

计提长期借款利息时，此借款是用于工程建设的，且发生在该资产达到预计可使用状态后，应借记"财务费用"账户，贷记"应付利息"账户，由长期借款利息计算表（图 5-2-8）知金额为 45 000 元。

(7) 2019 年 6 月长期借款到期偿还本息。

到期还本付息说明企业在长期借款到期时，除了偿还本金外，还应支付利息。在支付利息时，除了用银行存款支付前期已计提的利息外，还应支付未计提的利息，未计提的利息应直接计入当期损溢（财务费用）。所以，企业在支付利息时，应借记"应付利息"账户，金额为 135 000 元；借记"财务费用"账户，金额为 45 000 元；贷记"银行存款"账户，金额为 180 000 元。在偿还本金时，应借记"长期借款"账户，贷记"银行存款"账户，金额为 1 000 000 元。

2. 编制会计分录并填制记账凭证

根据以上分析可知，这笔业务属于企业采用长期借款方式筹集资金的情况。

(1) 2017 年 6 月 1 日，取得借款。

在填制记账凭证时注意按顺序编号，本凭证编号为"01 号"；时间为"2017 年 06 月 01 日"；"摘要"栏要简明扼要地说明该经济业务内容，该经济业务是企业采用长期借款方式筹集资金，所以可以填写为"取得长期借款"；"附件"为原始凭证的张数共计 2 张，填制凭证如图 5-2-12 所示。

记 账 凭 证

2017年06月01日　　　　　　　　　　　　　记字01号

摘　要	一级科目	二级或明细科目	√	借方金额	贷方金额
取得长期借款	银行存款			1 000 000.00	
取得长期借款	长期借款				1 000 000.00
合　计				¥1 000 000.00	¥1 000 000.00

附件贰张

会计主管：×××　　记账：×××　　审核：×××　　出纳：×××　　制单：×××

图 5-2-12

(2) 2017年6月1日，支付工程款。

在填制记账凭证时注意按顺序编号，本凭证编号为"02号"；时间为"2017年06月01日"；"摘要"栏要简明扼要地说明该经济业务内容，该经济业务是企业用长期借款方式筹集的资金支付工程款，所以可以填写为"支付工程款"；"附件"为原始凭证的张数共计1张，填制凭证如图5-2-13所示。

记 账 凭 证

2017年06月01日　　　　　　　　　　　　　记字02号

摘　要	一级科目	二级或明细科目	√	借方金额	贷方金额
支付工程款	在建工程			600 000.00	
支付工程款	银行存款				600 000.00
合　计				¥600 000.00	¥600 000.00

附件壹张

会计主管：×××　　记账：×××　　审核：×××　　出纳：×××　　制单：×××

图 5-2-13

(3) 2017年年末计提借款利息。

在填制记账凭证时注意按顺序编号，本凭证编号为"03号"；时间为"2017年12月31日"；"摘要"栏要简明扼要地说明该经济业务内容，该经济业务是企业年末计提长期借款利息，所以可以填写为"计提借款利息"；"附件"为原始凭证的张数共计1张，填制凭证如图5-2-14所示。

记 账 凭 证

2017 年 12 月 31 日　　　　　　　　　　　　　　记字 03 号

摘　要	一级科目	二级或明细科目	√	借方金额	贷方金额
计提借款利息	在建工程			45 000.00	
计提借款利息	应付利息				45 000.00
合　计				¥ 45 000.00	¥ 45 000.00

会计主管：×××　　记账：×××　　审核：×××　　出纳：×××　　制单：×××

附件壹张

图 5-2-14

(4) 2018 年 1 月 1 日，支付工程款。

在填制记账凭证时注意按顺序编号，本凭证编号为"04 号"；时间为"2018 年 01 月 01 日"；"摘要"栏要简明扼要地说明该经济业务内容，该经济业务是企业支付工程款，所以可以填写为"支付工程款"；"附件"为原始凭证的张数共计 1 张，填制凭证如图 5-2-15 所示。

记 账 凭 证

2018 年 01 月 01 日　　　　　　　　　　　　　　记字 04 号

摘　要	一级科目	二级或明细科目	√	借方金额	贷方金额
支付工程款	在建工程			500 000.00	
支付工程款	银行存款				500 000.00
合　计				¥ 500 000.00	¥ 500 000.00

会计主管：×××　　记账：×××　　审核：×××　　出纳：×××　　制单：×××

附件壹张

图 5-2-15

(5) 2018 年 6 月，资产达到预定可使用状态。

计提利息：在填制记账凭证时注意按顺序编号，本凭证编号为"05 号"；时间为"2018 年 06 月 30 日"；"摘要"栏要简明扼要地说明该经济业务内容，该经济业务是企业计提长期借款利息，所以可以填写为"计提借款利息"；"附件"为原始凭证的张数共计 1 张，填制凭证如图 5-2-16 所示。

记 账 凭 证

2018 年 06 月 30 日　　　　　　　　　　　　　记字 05 号

摘　要	一级科目	二级或明细科目	√	借方金额	贷方金额
计提借款利息	在建工程			45 000.00	
计提借款利息	应付利息				45 000.00
合　计				¥ 45 000.00	¥ 45 000.00

附件壹张

会计主管：×××　　记账：×××　　审核：×××　　出纳：×××　　制单：×××

图 5-2-16

资产完工：在填制记账凭证时注意按顺序编号，本凭证编号为"06 号"；时间为"2018 年 06 月 30 日"；"摘要"栏要简明扼要地说明该经济业务内容，该经济业务是厂房建设完工，由在建工程转入固定资产，所以可以填写为"资产完工"；"附件"为原始凭证的张数共计 1 张，填制凭证如图 5-2-17 所示。

记 账 凭 证

2018 年 06 月 30 日　　　　　　　　　　　　　记字 06 号

摘　要	一级科目	二级或明细科目	√	借方金额	贷方金额
资产完工	固定资产	厂房		1 190 000.00	
资产完工	在建工程				1 190 000.00
合　计				¥ 1 190 000.00	¥ 1 190 000.00

附件壹张

会计主管：×××　　记账：×××　　审核：×××　　出纳：×××　　制单：×××

图 5-2-17

(6) 2018 年年末计提借款利息。

在填制记账凭证时注意按顺序编号，本凭证编号为"07 号"；时间为"2018 年 12 月 31 日"；"摘要"栏要简明扼要地说明该经济业务内容，该经济业务是年末计提长期借款利息，所以可以填写为"计提借款利息"；"附件"为原始凭证的张数共计 1 张，填制凭证如图 5-2-18 所示。

记 账 凭 证

2018 年 12 月 31 日　　　　　　　　　　　　记字 07 号

摘　要	一级科目	二级或明细科目	√	借方金额	贷方金额
计提借款利息	财务费用			45 000.00	
计提借款利息	应付利息				45 000.00
合　计				¥45 000.00	¥45 000.00

附件壹张

会计主管：×××　　记账：×××　　审核：×××　　出纳：×××　　制单：×××

图 5-2-18

(7) 2019 年 6 月长期借款到期偿还本息。

支付利息：在填制记账凭证时注意按顺序编号，本凭证编号为"08 号"；时间为"2019 年 06 月 30 日"；"摘要"栏要简明扼要地说明该经济业务内容，该经济业务是长期借款到期支付利息，所以可以填写为"支付借款利息"；"附件"为原始凭证的张数共计 1 张，填制凭证如图 5-2-19 所示。

记 账 凭 证

2019 年 06 月 30 日　　　　　　　　　　　　记字 08 号

摘　要	一级科目	二级或明细科目	√	借方金额	贷方金额
支付借款利息	应付利息			135 000.00	
支付借款利息	财务费用			45 000.00	
支付借款利息	银行存款				180 000.00
合　计				¥180 000.00	¥180 000.00

附件壹张

会计主管：×××　　记账：×××　　审核：×××　　出纳：×××　　制单：×××

图 5-2-19

偿还本金：在填制记账凭证时注意按顺序编号，本凭证编号为"09 号"；时间为"2019 年 06 月 30 日"；"摘要"栏要简明扼要地说明该经济业务内容，该经济业务是长期借款到期偿还本金，所以可以填写为"借款到期还本"；"附件"为原始凭证的张数共计 1 张，填制凭证如图 5-2-20 所示。

记 账 凭 证

2019 年 06 月 30 日　　　　　　　　　　　　　　记字 09 号

摘　要	一级科目	二级或明细科目	√	借方金额	贷方金额	
借款到期还本	长期借款			1 000 000.00		附件壹张
借款到期还本	银行存款				1 000 000.00	
合　计				¥1 000 000.00	¥1 000 000.00	

会计主管：×××　　记账：×××　　审核：×××　　出纳：×××　　制单：×××

图 5-2-20

 小贴士

长期借款的利息

长期借款的利息应在资产负债表日按照实际利率计算确定，按照权责发生制原则按期预提，计入在建工程的成本或当期损溢。若是筹建期间发生的，计入"管理费用"科目；若是企业生产经营期间，计入"财务费用"科目；若是用来构建固定资产，那么，在资产达到预计可使用状态前计入"在建工程"科目，在资产达到预计可使用状态后计入"财务费用"科目（图 5-2-21）。

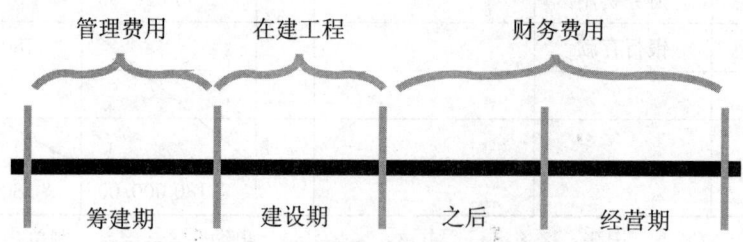

图 5-2-21　构建固定资产达到预定可使用状态

分期付息的利息	到期一次还本付息
借：管理费用/财务费用/在建工程 　贷：应付利息	借：管理费用/财务费用/在建工程 　贷：长期借款——应付利息

业务3：权益资金筹集的核算

1. 分析企业权益资金筹集业务

企业接受投资者投资，一方面使企业的资产增加，另一方面使所有者权益增加。彭洪以货币资金形式出资 800 000 元，这笔业务的发生，一方面反映企业的银行存款增加，应计入"银行存款"账户的借方；另一方面反映实收资本的增加，应记入"实收资本"账户的贷方，金额为 800 000 元。

2. 编制会计分录并填制记账凭证

根据以上分析可知，这笔业务属于企业收到所有者投入的货币资金情况。在填制记账凭证时注意按顺序编号，本凭证编号为"01号"；时间为"2017年07月01日"；"摘要"栏要简明扼要地说明该经济业务内容，该经济业务是企业收到所有者所投入的货币资金，所以可以填写为"接受投资"；"附件"为原始凭证的张数共计1张，填制凭证如图 5-2-22 所示。

记 账 凭 证

2017 年 07 月 01 日　　　　　　　　　　　记字 01 号

摘　　要	一级科目	二级或明细科目	√	借方金额	贷方金额
接受投资	银行存款			800 000.00	
接受投资	实收资本				800 000.00
合　　计				¥800 000.00	¥800 000.00

附件壹张

会计主管：×××　　记账：×××　　审核：×××　　出纳：×××　　制单：×××

图 5-2-22

业务4：登记短期借款、长期借款、实收资本总账

短期借款、长期借款、实收资本等账户无二级明细账户，且期初余额均为0，故可以仅登记总分类账。根据以上分析，登记"短期借款总账""长期借款总账""实收资本总账"如图 5-2-23 至图 5-2-25 所示。

总　账

会计科目：短期借款

2017年		凭证		摘要	借方										贷方										借或贷	余额										√
月	日	字	号		亿	千	百	十	万	千	百	十	元	角	分	亿	千	百	十	万	千	百	十	元	角	分		亿	千	百	十	万	千	百	十	元	角	分	
1	1			期初余额																							平									0	0	0	
	1	记	1	取得短期借款															2	0	0	0	0	0	0	0	贷					2	0	0	0	0	0	0	
1	31			本月合计															2	0	0	0	0	0	0	0	贷					2	0	0	0	0	0	0	
				……																																		
3	1			期初余额																							贷												
	31	记	1	偿还短期借款本息					2	0	0	0	0	0	0												平									0	0	0	
3	31			本月合计					2	0	0	0	0	0	0												平									0	0	0	

图 5-2-23

总　账

会计科目：长期借款

2017年		凭证		摘要	借方										贷方										借或贷	余额										√
月	日	字	号		亿	千	百	十	万	千	百	十	元	角	分	亿	千	百	十	万	千	百	十	元	角	分		亿	千	百	十	万	千	百	十	元	角	分	
6	1			期初余额																							平									0	0	0	
	1	记	1	取得长期借款														1	0	0	0	0	0	0	0	0	贷				1	0	0	0	0	0	0	0	
	30	记	9	偿还到期借款				1	0	0	0	0	0	0	0	0											平												
6	30			本月合计				1	0	0	0	0	0	0	0	0			1	0	0	0	0	0	0	0	0	平												

图 5-2-24

总　账

会计科目：实收资本

2017年		凭证		摘要	借方										贷方										借或贷	余额										√
月	日	字	号		亿	千	百	十	万	千	百	十	元	角	分	亿	千	百	十	万	千	百	十	元	角	分		亿	千	百	十	万	千	百	十	元	角	分	
7	1			期初余额																							平									0	0	0	
	1	记	1	接受投资														8	0	0	0	0	0	0	0	0	贷				8	0	0	0	0	0	0	0	
7	31			本月合计															8	0	0	0	0	0	0	0	0	贷				8	0	0	0	0	0	0	0	

图 5-2-25

战术提升

长风有限公司的地址在新疆乌鲁木齐金地大厦1901室，电话是0991-82527966。企业为一般纳税人，纳税人识别号：110226585874078。该企业在中国工商银行乌市支行开立基本账户，账号：0200097419020104943。2016年有关资金筹集业务摘录如下。

（1）7月1日，企业为扩大生产规模向中国工商银行借入期限为三年的长期贷款500 000元，款项已存入银行。该借款的借款利率为8%，每年年末计提利息，到期时一次还本付息。原始凭证如图5-2-26至图5-2-28所示。

合同编号：201607590-CQJ

长期借款合同（节选）

签订时间：2016年07月01日
借款人：长风有限公司
贷款人：中国工商银行乌市支行

为明确责任，恪守信用，双方遵照有关法律，协商一致，订立本合同：

第一章　借款
第一条　借款金额：人民币伍拾万元整（大写）　¥500 000.00（小写）。实际借款额以借据为准。
第二条　贷款用途：扩大生产。
第三条　借款期限：自2016年07月01日至2019年07月01日止。
第四条　借款利率：8%，每年年末计提利息，到期一次还本付息。
……

基本账户开户行：中国工商银行乌市支行　　　电话：0906-46728198
账户：02000974190201049	43　　　　　　　　　传真：0906-46728198-802
借款人（公章）　　　　　　　　　　　　　　贷款人（公章）
法定代表人：李云　　　　　　　　　　　　　法定代表人：章琳
2016年07月01日　　　　　　　　　　　　　　2016年07月01日

图 5-2-26

中国工商银行借款借据（收账通知）

2016年07月01日

借款人	长风有限公司		账户		02000974190201049 43								
贷款金额	人民币（大写）伍拾万元整			百亿	千	百	十	万	千	百	十	元	角	分
				¥		5	0	0	0	0	0	0	0	0
用途	扩大生产规模	期限	约定还款日期		2019年07月01日								
		3年	贷款利率	8%	借款合同		201607590-CQJ						

上列借款已批准发放，已转入你单位存款账户，借款到期时应按期归还。
此致
（银行盖章）
　　　　　　复核：　　　　　　　　　　　　　　　　　　记账：

图 5-2-27

长期借款利息计算表

2016年07月01日

本　金	利　率	计算期限	利　息
500 000	8%	2016年12月31日	20 000
500 000	8%	2017年12月31日	40 000
500 000	8%	2018年12月31日	40 000
500 000	8%	2019年07月01日	20 000

图 5-2-28

(2) 11月5日，企业收到易安有限公司作为资本投入的不需要安装的机器设备一台，合同约定该机器设备的价值为 1 000 000 元，增值税进项税额为 170 000 元。经约定甲公司接受乙公司的投入资本为 1 170 000 元。合同约定的固定资产价值与公允价值相符，不考虑其他因素（图 5-2-29、图 5-2-30）。

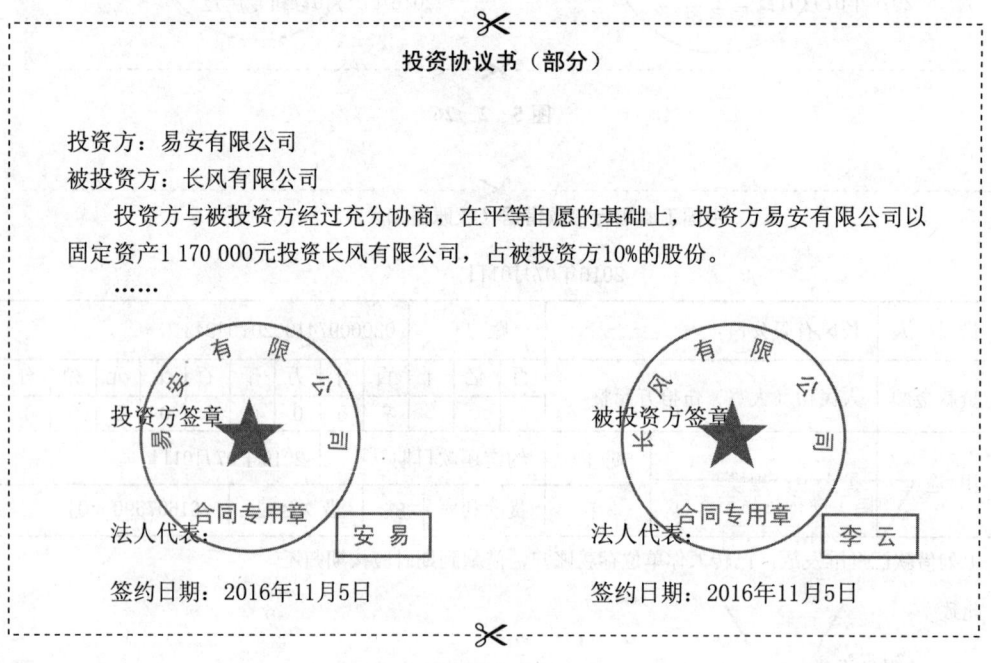

图 5-2-29

固定资产验收单

2016年11月05日 单位：元

名称	单位	数量	单价	已摊销价值	账面价值	评估确认价值	备注
机器设备	台	1	1 170 000		1 170 000	1 170 000	易安公司投资

图 5－2－30

针对企业发生的以上经济业务，该如何处理？

任务三　核算对外投资业务

瞄准靶心

能够进行交易性金融资产业务的会计核算。

能够进行持有至到期投资业务的会计核算。

新疆彭洪有限公司的地址在新疆伊犁市伊宁 5 号院 1631 室，属增值税一般纳税人，纳税人识别号：486002726700686。该企业在中国工商银行伊宁支行开立基本账户，账号：0200538827990088700。该企业发生了以下几笔与对外投资有关的业务。

（1）企业 2017 年 1 月 1 日购入一批易安有限公司 2016 年 1 月 1 日发行的债券作为交易性金融资产，债券票面利率 4%，实际支付价款 1 040 000 元，如图 5－3－1 所示，其中包含已到付息期但尚未领取的利息 4 000 元。另支付相关交易费用 20 000 元，如图 5－3－2 所示。2017 年 6 月 30 日该债券公允价值 1 150 000 元，2017 年 12 月 31 日该债券公允价值 1 100 000 元。2018 年 3 月 31 日出售该债券取得价款 1 170 000 元，如图 5－3－3 所示。该债券面值 1 000 000 元，每年付息一次。

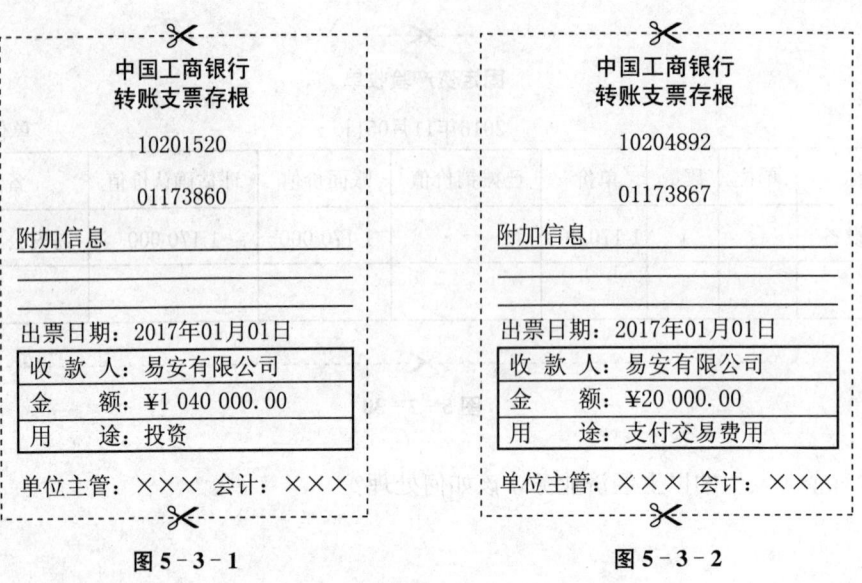

图 5-3-1　　　　　　　　　　图 5-3-2

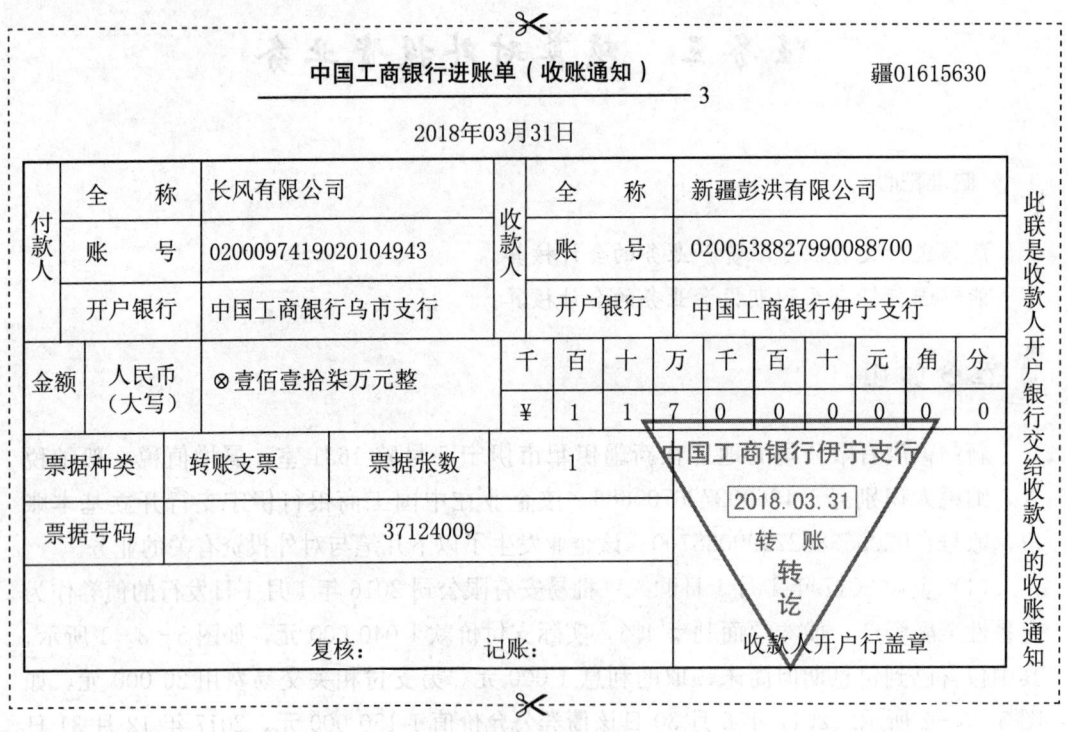

图 5-3-3

（2）企业在 2016 年 1 月 1 日以银行存款 36 720 元购入长风有限公司发行的五年期债券，面值为 40 000 元，票面利率 5%，市场利率 7%，该债券每年年末计息、到期一次还本付息，按直线法摊销折价。

假如你是新疆彭洪有限公司主要负责企业对外投资业务会计核算的一名会计。请问，对于企业发生的上述交易性金融资产和持有至到期投资业务，该怎么处理呢？

业务1：交易性金融资产的核算

1. 分析企业取得债券作为交易性金融资产业务

此业务中，企业取得交易性金融资产作为企业的一项投资。

（1）2017年1月1日，企业在取得债券时，支付的价款为1 040 000元，其中包含已到付息期但尚未领取的利息40 000元，这40 000元利息应从投资成本中扣除，单独作为"应收利息"入账，故该项交易性金融资产的初始成本为1 000 000（1 040 000－40 000）元，取得过程中发生的交易费用20 000元应计入投资收益。所以，应借记"交易性金融资产——成本"账户，金额为1 000 000元；借记"应收利息"账户，金额为40 000元；借记"投资收益"账户，金额为20 000元；贷记"银行存款"账户，金额为1 060 000元。

（2）2017年6月30日，该债券的公允价值1 150 000元高于债券的账面余额1 000 000元，应借记"交易性金融资产——公允价值变动"账户，贷记"公允价值变动损溢"账户，金额为150 000元。

（3）2017年12月31日，该债券的公允价值1 100 000低于债券的账面余额1 150 000元，应借记"公允价值变动损溢"账户，贷记"交易性金融资产——公允价值变动"账户，金额为50 000元。

（4）2018年3月31日，企业出售该债券，取得价款1 170 000元。企业应按实际收到的价款借记"银行存款"账户，并将售价扣除各项费用的净收入与应注销的交易性金融资产成本和应收利息后的差额计入"投资收益"账户。所以，应借记"银行存款"账户，金额为1 170 000元；贷记"交易性金融资产——成本"账户，金额为1 000 000；贷记"交易性金融资产——公允价值变动"账户，金额为100 000元；差额为70 000（1 170 000－1 000 000－100 000）元应计入"投资收益"账户的贷方。

同时，应将之前的临时性收益转至正式收益中，应借记"公允价值变动损溢"账户，贷记"投资收益"账户，金额为100 000元。

2. 编制会计分录并填制记账凭证

根据以上分析可知，这笔业务属于企业取得交易性金融资产作为企业的一项投资。

（1）2017年1月1日，取得债券。

在填制记账凭证时注意按顺序编号，本凭证编号为"01号"；时间为"2017年01月01日"；"摘要"栏要简明扼要地说明该经济业务内容，该经济业务是企业取得债券作为交易性金融资产，所以可以填写为"取得债券"；"附件"为原始凭证的张数共计1张，填制凭证如图5-3-4所示。

记 账 凭 证

2017 年 01 月 01 日　　　　　　　　　　　　　　记字 01 号

摘　要	一级科目	二级或明细科目	√	借方金额	贷方金额
取得债券	交易性金融资产	成本		1 000 000.00	
取得债券	应收利息			40 000.00	
取得债券	投资收益			20 000.00	
取得债券	银行存款				1 060 000.00
合　计				¥1 060 000.00	¥1 060 000.00

会计主管：×××　　记账：×××　　审核：×××　　出纳：×××　　制单：×××

附件壹张

图 5-3-4

（2）2017 年 6 月 30 日，债券公允价值变动。

在填制记账凭证时注意按顺序编号，本凭证编号为"02 号"；时间为"2017 年 06 月 30 日"；"摘要"栏要简明扼要地说明该经济业务内容，该经济业务是企业取得的债券公允价值发生变动，所以可以填写为"债券公允价值变动"；"附件"为原始凭证的张数共计 1 张，填制凭证如图 5-3-5 所示。

记 账 凭 证

2017 年 06 月 30 日　　　　　　　　　　　　　　记字 02 号

摘　要	一级科目	二级或明细科目	√	借方金额	贷方金额
债券公允价值变动	交易性金融资产	公允价值变动		150 000.00	
债券公允价值变动	公允价值变动损溢				150 000.00
合　计				¥150 000.00	¥150 000.00

会计主管：×××　　记账：×××　　审核：×××　　出纳：×××　　制单：×××

附件壹张

图 5-3-5

（3）2017 年 12 月 31 日，债券公允价值变动。

在填制记账凭证时注意按顺序编号，本凭证编号为"03 号"；时间为"2017 年 12 月 31 日"；"摘要"栏要简明扼要地说明该经济业务内容，该经济业务是企业取得的债券公允价值发生变动，所以可以填写为"债券公允价值变动"；"附件"为原始凭证的张数共计 1 张，填制凭证如图 5-3-6 所示。

记 账 凭 证

2017 年 12 月 31 日　　　　　　　　　　　记字 03 号

摘　要	一级科目	二级或明细科目	√	借方金额	贷方金额
债券公允价值变动	公允价值变动损溢			50 000.00	
债券公允价值变动	交易性金融资产	公允价值变动			50 000.00
合　计				￥50 000.00	￥50 000.00

附件壹张

会计主管：×××　　记账：×××　　审核：×××　　出纳：×××　　制单：×××

图 5 - 3 - 6

(4) 2018 年 3 月 31，出售债券。

在填制记账凭证时注意按顺序编号，本凭证编号为"04 号"；时间为"2018 年 03 月 31 日"；"摘要"栏要简明扼要地说明该经济业务内容，该经济业务是企业出售债券，所以可以填写为"出售债券"；"附件"为原始凭证的张数共计 1 张，填制凭证如图 5 - 3 - 7 所示。

记 账 凭 证

2018 年 03 月 31 日　　　　　　　　　　　记字 04 号

摘　要	一级科目	二级或明细科目	√	借方金额	贷方金额
出售债券	银行存款			1 170 000.00	
出售债券	交易性金融资产	成本			1 000 000.00
出售债券	交易性金融资产	公允价值变动			100 000.00
出售债券	投资收益				70 000.00
合　计				￥1 170 000.00	￥1 170 000.00

附件壹张

会计主管：×××　　记账：×××　　审核：×××　　出纳：×××　　制单：×××

图 5 - 3 - 7

在填制记账凭证时注意按顺序编号，本凭证编号为"05 号"；时间为"2018 年 03 月 31 日"；"摘要"栏要简明扼要地说明该经济业务内容，该经济业务是企业结转出售债券的公允价值变动，所以可以填写为"结转公允价值变动"；"附件"为原始凭证的张数共计 1 张，填制凭证如图 5 - 3 - 8 所示。

记 账 凭 证

2018 年 03 月 31 日　　　　　　　　　　　记字 05 号

摘　要	一级科目	二级或明细科目	√	借方金额	贷方金额
结转债券公允价值变动	公允价值变动损溢			100 000.00	
结转债券公允价值变动	投资收益				100 000.00
合　计				￥100 000.00	￥100 000.00

附件壹张

会计主管：×××　　记账：×××　　审核：×××　　出纳：×××　　制单：×××

图 5-3-8

业务 2：持有至到期投资的核算

1. 分析企业取得债券作为持有至到期投资的业务

此业务中，企业取得持有至到期投资作为企业的一项投资。

（1）2016 年 1 月 1 日，企业在取得债券时，支付的价款为 36 720 元，债券面值为 40 000 元。所以，应按照购入债券的面值，借记"持有到期投资——成本"账户；按照实际支付的价款，贷记"银行存款"账户；将两者的差额 3 280 元计入"持有至到期投资——利息调整"账户的贷方。

（2）该债券为每年年末计息、到期一本还本付息的债券，所以企业在该债券持有期间，每年年末都应计提利息，应计利息＝面值×票面利率＝40 000×5％＝2 000 元，后续计量按照实际利率法计算，按摊余成本计量。故 2016 年 12 月 31 日，计提利息，应借记"持有至到期投资——应计利息"账户，金额为 2 000 元；借记"持有至到期投资——利息调整"账户，金额为 570.4 元；贷记"投资收益"账户，金额为 2 570.4 元。

2017 年、2018 年、2019 年、2020 年年末计提债券利息依照利息摊销表计算。

（3）2021 年 1 月 1 日，债券到期收回本金和利息。

2021 年 1 月 1 日，五年期债券到期，应收回本金 40 000 元，收回利息 10 000（2 000×5）元。故应借记"银行存款"账户，贷记"持有至到期投资——应计利息""持有至到期投资——成本"账户。

2. 编制会计分录并填制记账凭证

（1）2016 年 1 月 1 日，取得债券。

在填制记账凭证时注意按顺序编号，本凭证编号为"01 号"；时间为"2016 年 01 月 01 日"；"摘要"栏要简明扼要地说明该经济业务内容，该经济业务是企业取得债券作为持有至到期投资，所以可以填写为"取得债券"；"附件"为原始凭证的张数共计 1 张，填制凭证如图 5-3-9 所示。

记 账 凭 证

2016 年 01 月 01 日　　　　　　　　　　　　记字 01 号

摘　要	一级科目	二级或明细科目	√	借方金额	贷方金额
取得债券	持有至到期投资	成本		40 000.00	
取得债券	银行存款				36 720.00
取得债券	持有至到期投资	利息调整			3 280.00
合　计				￥40 000.00	￥40 000.00

会计主管：×××　　记账：×××　　审核：×××　　出纳：×××　　制单：×××

附件壹张

图 5-3-9

(2) 2016 年 12 月 31 日，计提利息。

在填制记账凭证时注意按顺序编号，本凭证编号为"02 号"；时间为"2016 年 12 月 31 日"；"摘要"栏要简明扼要地说明该经济业务内容，该经济业务是企业年末计提债券利息，所以可以填写为"计提债券利息"；"附件"为原始凭证的张数共计 1 张，填制凭证如图 5-3-10 所示。

记 账 凭 证

2016 年 12 月 31 日　　　　　　　　　　　　记字 02 号

摘　要	一级科目	二级或明细科目	√	借方金额	贷方金额
计提债券利息	持有至到期投资	应计利息		2 000.00	
计提债券利息	持有至到期投资	利息调整		656.00	
计提债券利息	投资收益				2 656.00
合　计				￥2 656.00	￥2 656.00

会计主管：×××　　记账：×××　　审核：×××　　出纳：×××　　制单：×××

附件壹张

图 5-3-10

2017 年、2018 年、2019 年、2020 年年末计提债券利息及后续计量采用实际利率法，按摊余成本计量。

(3) 2021 年 1 月 1 日，债券到期收回本金和利息。

在填制记账凭证时注意按顺序编号，本凭证编号为"03 号"；时间为"2021 年 01 月 01 日"；"摘要"栏要简明扼要地说明该经济业务内容，该经济业务是企业债券到期收回本息，所以可以填写为"债券到期收回本息"；"附件"为原始凭证的张数共计 1

张,填制凭证如图 5-3-11 所示。

记 账 凭 证

2021 年 01 月 01 日　　　　　　　　　　　记字 03 号

摘　要	一级科目	二级或明细科目	√	借方金额	贷方金额
债券到期收回本息	银行存款			50 000.00	
债券到期收回本息	持有至到期投资	应计利息			10 000.00
债券到期收回本息	持有至到期投资	成本			40 000.00
合　计				￥50 000.00	￥50 000.00

附件壹张

会计主管：×××　　记账：×××　　审核：×××　　出纳：×××　　制单：×××

图 5-3-11

业务 3：登记交易性金融资产、持有至到期投资明细账、总账

交易性金融资产、持有至到期投资明细账应采用三栏式明细账,该账户及其明细账户的期初余额均为 0。根据以上分析,登记"交易性金融资产明细账""持有至到期投资明细账""交易性金融资产总账""持有至到期投资总账"如图 5-3-12 至图 5-3-36 所示。

交易性金融资产　明细账

明细科目：成本

2017 年		凭证		摘　要	借方										贷方										借或贷	余额										√
月	日	字	号		亿	千	百	十	万	千	百	十	元	角	分	亿	千	百	十	万	千	百	十	元	角	分		亿	千	百	十	万	千	百	十	元	角	分	
1	1			期初余额																							平									0	0	0	
	1	记	1	取得债券		1	0	0	0	0	0	0	0	0	0												借		1	0	0	0	0	0	0	0	0	0	
1	31			本月合计		1	0	0	0	0	0	0	0	0	0												借		1	0	0	0	0	0	0	0	0	0	

图 5-3-12

交易性金融资产　明细账

明细科目：成本

2018 年		凭证		摘　要	借方											贷方											借或贷	余额											√
月	日	字	号		亿	千	百	十	万	千	百	十	元	角	分	亿	千	百	十	万	千	百	十	元	角	分		亿	千	百	十	万	千	百	十	元	角	分	
3	1			期初余额																							借		1	0	0	0	0	0	0	0	0	0	
	31	记	4	出售债券													1	0	0	0	0	0	0	0	0	0	平									0	0	0	
3	31			本月合计													1	0	0	0	0	0	0	0	0	0	平									0	0	0	

图 5-3-13

交易性金融资产　明细账

明细科目：公允价值变动

2017年		凭证字号	摘要	借方 亿千百十万千百十元角分	贷方 亿千百十万千百十元角分	借或贷	余额 亿千百十万千百十元角分	√
月	日							
6	1		期初余额			平	0 0 0	
	30	记2	债券公允价值变动	1 5 0 0 0 0 0 0		借	1 5 0 0 0 0 0 0	
6	30		本月合计	1 5 0 0 0 0 0 0		借	1 5 0 0 0 0 0 0	
……								
12	1		期初余额			借	1 5 0 0 0 0 0 0	
	31	记3	债券公允价值变动		5 0 0 0 0 0 0	借	1 0 0 0 0 0 0 0	
12	31		本月合计		5 0 0 0 0 0 0	借	1 0 0 0 0 0 0 0	

图 5-3-14

交易性金融资产　明细账

明细科目：公允价值变动

2018年		凭证字号	摘要	借方 亿千百十万千百十元角分	贷方 亿千百十万千百十元角分	借或贷	余额 亿千百十万千百十元角分	√
月	日							
3	1		期初余额			借	1 0 0 0 0 0 0 0	
	31	记4	出售债券		1 0 0 0 0 0 0 0	平	0 0 0	
12	31		本月合计		1 0 0 0 0 0 0 0	平	0 0 0	

图 5-3-15

总　账

会计科目：交易性金融资产

2017年		凭证字号	摘要	借方 亿千百十万千百十元角分	贷方 亿千百十万千百十元角分	借或贷	余额 亿千百十万千百十元角分	√
月	日							
1	1		期初余额			平	0 0 0	
	1	记1	取得债券	1 0 0 0 0 0 0 0 0		借	1 0 0 0 0 0 0 0 0	
1	31		本月合计	1 0 0 0 0 0 0 0 0		借	1 0 0 0 0 0 0 0 0	
……								
6	1		期初余额			借	1 0 0 0 0 0 0 0 0	
	30	记2	债券公允价值变动	1 5 0 0 0 0 0 0		借	1 1 5 0 0 0 0 0 0	
6	30		本月合计	1 5 0 0 0 0 0 0		借	1 1 5 0 0 0 0 0 0	
……								
12	1		期初余额			借	1 1 5 0 0 0 0 0 0	
	31	记3	债券公允价值变动		5 0 0 0 0 0 0	借	1 1 0 0 0 0 0 0 0	
12	31		本月合计		5 0 0 0 0 0 0	借	1 1 0 0 0 0 0 0 0	

图 5-3-16

总　账

会计科目：交易性金融资产

2018年		凭证		摘要	借方（亿千百十万千百十元角分）	贷方（亿千百十万千百十元角分）	借或贷	余额（亿千百十万千百十元角分）	√
月	日	字	号						
3	1			期初余额			借	1 1 0 0 0 0 0 0 0	
	31	记	4	出售债券		1 1 0 0 0 0 0 0 0	平	0 0 0	
3	31			本月合计		1 1 0 0 0 0 0 0 0	平	0 0 0	

图 5-3-17

持有至到期投资　明细账

明细科目：成本

2016年		凭证		摘要	借方（亿千百十万千百十元角分）	贷方（亿千百十万千百十元角分）	借或贷	余额（亿千百十万千百十元角分）	√
月	日	字	号						
1	1			期初余额			平	0 0 0	
	1	记	1	取得债券	4 0 0 0 0 0 0		借	4 0 0 0 0 0 0	
1	31			本月合计	4 0 0 0 0 0 0		借	4 0 0 0 0 0 0	

图 5-3-18

持有至到期投资　明细账

明细科目：成本

2021年		凭证		摘要	借方（亿千百十万千百十元角分）	贷方（亿千百十万千百十元角分）	借或贷	余额（亿千百十万千百十元角分）	√
月	日	字	号						
1	1			期初余额			借	4 0 0 0 0 0 0	
	1	记	3	债券到期收回本息		4 0 0 0 0 0 0	平	0 0 0	
1	31			本月合计		4 0 0 0 0 0 0	平	0 0 0	

图 5-3-19

持有至到期投资　明细账

明细科目：利息调整

2016年		凭证		摘要	借方（亿千百十万千百十元角分）	贷方（亿千百十万千百十元角分）	借或贷	余额（亿千百十万千百十元角分）	√
月	日	字	号						
1	1			期初余额			平	0 0 0	
	1	记	1	取得债券		3 2 8 0 0 0	贷	3 2 8 0 0 0	
1	31			本月合计		3 2 8 0 0 0	贷	3 2 8 0 0 0	
				……					
12	1			期初余额			贷	3 2 8 0 0 0	
	31	记	2	计提债券利息	5 7 0 4 0		贷	2 7 0 9 6 0	
12	31			本月合计	5 7 0 4 0		贷	2 7 0 9 6 0	

图 5-3-20

持有至到期投资 明细账

明细科目：利息调整

2017年		凭证		摘要	借方 亿千百十万千百十元角分	贷方 亿千百十万千百十元角分	借或贷	余额 亿千百十万千百十元角分	√
月	日	字	号						
12	1			期初余额			贷	2 7 0 9 6 0	
	31	记	1	计提债券利息	6 1 0 3 3		贷	2 0 9 9 2 7	
12	31			本月合计	6 1 0 3 3		贷	2 0 9 9 2 7	

图 5-3-21

持有至到期投资 明细账

明细科目：利息调整

2018年		凭证		摘要	借方 亿千百十万千百十元角分	贷方 亿千百十万千百十元角分	借或贷	余额 亿千百十万千百十元角分	√
月	日	字	号						
12	1			期初余额			贷	2 0 9 9 2 7	
	31	记	1	计提债券利息	6 5 3 0 5		贷	1 4 4 6 2 2	
12	31			本月合计	6 5 3 0 5		贷	1 4 4 6 2 2	

图 5-3-22

持有至到期投资 明细账

明细科目：利息调整

2019年		凭证		摘要	借方 亿千百十万千百十元角分	贷方 亿千百十万千百十元角分	借或贷	余额 亿千百十万千百十元角分	√
月	日	字	号						
12	1			期初余额			贷	1 4 4 6 2 2	
	31	记	1	计提债券利息	6 9 8 7 6		贷	7 4 7 4 6	
12	31			本月合计	6 9 8 7 6		贷	7 4 7 4 6	

图 5-3-23

持有至到期投资 明细账

明细科目：利息调整

2020年		凭证		摘要	借方 亿千百十万千百十元角分	贷方 亿千百十万千百十元角分	借或贷	余额 亿千百十万千百十元角分	√
月	日	字	号						
12	1			期初余额			贷	7 4 7 4 6	
	31	记	1	计提债券利息	7 4 7 4 6		平	0 0 0	
12	31			本月合计	7 4 7 4 6		平	0 0 0	

图 5-3-24

持有至到期投资 明细账

明细科目：应计利息

2016年		凭证		摘要	借方 亿千百十万千百十元角分	贷方 亿千百十万千百十元角分	借或贷	余额 亿千百十万千百十元角分	√
月	日	字	号						
12	1			期初余额			平	0 0 0	
	31	记	2	计提债券利息	2 0 0 0 0 0		借	2 0 0 0 0 0	
12	31			本月合计	2 0 0 0 0 0		借	2 0 0 0 0 0	

图 5-3-25

持有至到期投资　明细账

明细科目：应计利息

2017年		凭证		摘要	借方 亿千百十万千百十元角分	贷方 亿千百十万千百十元角分	借或贷	余额 亿千百十万千百十元角分	√
月	日	字	号						
12	1		-	期初余额			借	2 0 0 0 0 0	
	31	记	1	计提债券利息	2 0 0 0 0 0		借	4 0 0 0 0 0	
12	31			本月合计	2 0 0 0 0 0		借	4 0 0 0 0 0	

图 5-3-26

持有至到期投资　明细账

明细科目：应计利息

2018年		凭证		摘要	借方	贷方	借或贷	余额	√
月	日	字	号						
12	1			期初余额			借	4 0 0 0 0 0	
	31	记	1	计提债券利息	2 0 0 0 0 0		借	6 0 0 0 0 0	
12	31			本月合计	2 0 0 0 0 0		借	6 0 0 0 0 0	

图 5-3-27

持有至到期投资　明细账

明细科目：应计利息

2019年		凭证		摘要	借方	贷方	借或贷	余额	√
月	日	字	号						
12	1			期初余额			借	6 0 0 0 0 0	
	31	记	1	计提债券利息	2 0 0 0 0 0		借	8 0 0 0 0 0	
12	31			本月合计	2 0 0 0 0 0		借	8 0 0 0 0 0	

图 5-3-28

持有至到期投资　明细账

明细科目：应计利息

2020年		凭证		摘要	借方	贷方	借或贷	余额	√
月	日	字	号						
12	1			期初余额			借	8 0 0 0 0 0	
	31	记	1	计提债券利息	2 0 0 0 0 0		借	1 0 0 0 0 0 0	
12	31			本月合计	2 0 0 0 0 0		借	1 0 0 0 0 0 0	

图 5-3-29

持有至到期投资　明细账

明细科目：应计利息

2021年		凭证		摘要	借方	贷方	借或贷	余额	√
月	日	字	号						
12	1			期初余额			借	1 0 0 0 0 0 0	
	31	记	3	债券到期收回本息		1 0 0 0 0 0 0	平	0 0 0	
12	31			本月合计		1 0 0 0 0 0 0	平	0 0 0	

图 5-3-30

总　账

会计科目：持有至到期投资

2016年		凭证		摘要	借方 亿千百十万千百十元角分	贷方 亿千百十万千百十元角分	借或贷	余额 亿千百十万千百十元角分	√
月	日	字	号						
1	1			期初余额			平	0 0 0	
	1	记	1	取得债券	4 0 0 0 0 0 0 0	3 2 8 0 0 0	借	3 6 7 2 0 0 0	
1	31			本月合计	4 0 0 0 0 0 0 0	3 2 8 0 0 0	借	3 6 7 2 0 0 0	
				……					
12	1			期初余额			借	3 6 7 2 0 0 0	
	31	记	2	计提债券利息	2 5 7 0 4 0		借	3 9 2 9 0 4 0	
12	31			本月合计	2 5 7 0 4 0		借	3 9 2 9 0 4 0	

图 5-3-31

总　账

会计科目：持有至到期投资

2017年		凭证		摘要	借方 亿千百十万千百十元角分	贷方 亿千百十万千百十元角分	借或贷	余额 亿千百十万千百十元角分	√
月	日	字	号						
12	1			期初余额			借	3 9 2 9 0 4 0	
	31	记	1	计提债券利息	2 6 1 0 3 3		借	4 1 9 0 0 7 3	
12	31			本月合计	2 6 1 0 3 3		借	4 1 9 0 0 7 3	

图 5-3-32

总　账

会计科目：持有至到期投资

2018年		凭证		摘要	借方 亿千百十万千百十元角分	贷方 亿千百十万千百十元角分	借或贷	余额 亿千百十万千百十元角分	√
月	日	字	号						
12	1			期初余额			借	4 1 9 0 0 7 3	
	31	记	1	计提债券利息	2 6 5 3 0 5		借	4 4 5 5 3 7 8	
12	31			本月合计	2 6 5 3 0 5		借	4 4 5 5 3 7 8	

图 5-3-33

总　账

会计科目：持有至到期投资

2019年		凭证		摘要	借方 亿千百十万千百十元角分	贷方 亿千百十万千百十元角分	借或贷	余额 亿千百十万千百十元角分	√
月	日	字	号						
12	1			期初余额			借	4 4 5 5 3 7 8	
	31	记	1	计提债券利息	2 6 9 8 7 6		借	4 7 2 5 2 5 4	
12	31			本月合计	2 6 9 8 7 6		借	4 7 2 5 2 5 4	

图 5-3-34

总　账

会计科目：持有至到期投资

2020年		凭证		摘要	借方										贷方										借或贷	余额										√
月	日	字	号		亿	千	百	十	万	千	百	十	元	角	分	亿	千	百	十	万	千	百	十	元	角	分		亿	千	百	十	万	千	百	十	元	角	分	
12	1			期初余额																							借				4	7	2	5	2	5	4	
	31	记	1	计提债券利息					2	7	4	7	4	6													借				5	0	0	0	0	0	0	
12	31			本月合计					2	7	4	7	4	6													借				5	0	0	0	0	0	0	

图 5 - 3 - 35

总　账

会计科目：持有至到期投资

2021年		凭证		摘要	借方										贷方										借或贷	余额										√
月	日	字	号		亿	千	百	十	万	千	百	十	元	角	分	亿	千	百	十	万	千	百	十	元	角	分		亿	千	百	十	万	千	百	十	元	角	分	
12	1			期初余额																							借				5	0	0	0	0	0	0	
	31	记	1	计提债券利息															5	0	0	0	0	0	0		平							0	0	0	
12	31			本月合计															5	0	0	0	0	0	0		平							0	0	0	

图 5 - 3 - 36

战术提升

长风有限公司的地址在新疆乌鲁木齐金地大厦 1901 室，电话是 0991－82527966。企业为一般纳税人，纳税人识别号：110226585874078。该企业在中国工商银行乌市支行开立基本账户，账号：0200097419020104943。

企业发生的有关对外投资业务摘录如下：

（1）2017 年 3 月 9 日企业购入万友有限公司发行的股票 10 000 股作为交易性金融资产，每股价格 10.6 元（含已宣告但尚未发放的现金股利 0.6 元），另支付交易费用 1 000 元；4 月 3 日，收到万友公司发放的现金股利 6 000 元；6 月 30 日，万友公司的股票价格上涨到每股 13 元；8 月 15 日，企业将持有的万友公司股票全部售出，实际收到出售价款 15 0000 元存入银行。

（2）企业 2017 年 1 月 1 日以银行存款 10 053 500 元购入有爱公司 2016 年 1 月 1 日发行的五年期债券作为持有至到期投资，债券面值为 10 000 000 元，票面利率为 5%，实际利率为 6%，每年 1 月 5 日支付上年度的利息，按年计提利息，到期支付最后一次利息并一次还本。另支付相关交易费用 100 000 元。2018 年 12 月 31 日有爱公司发生财务困难，该债券的预计未来现金流量现值为 930 万元。

针对上述交易性金融资产与持有至到期投资业务，该如何处理？

岗位六　财务成果核算岗位实务

任务一　认知财务成果核算岗位

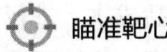

能够认知财务成果核算岗位的岗位职责。
能够认知财务成果核算岗位的工作内容与要求。

步骤一：认知财务成果核算岗位职责

1. 财务成果核算岗位

财务成果核算岗位是为核算企业销售收入、成本费用、利润形成与分配情况而设立的专职岗位。

2. 财务成果核算岗位的岗位职责

(1) 协助领导编制收入、利润计划，分析计划，促进目标的实现。

(2) 协助领导拟定企业利润管理与核算的实施办法。

(3) 负责核算各种管理费用、销售费用和财务费用。

(4) 负责企业各个利润项目的计算，以及利润的形成与分配的核算。

(5) 协助办理销售款项结算业务，增值税发票的认证工作。

(6) 负责企业销售收入、其他业务收入、其他业务成本、主营业务成本等明细账的核算。

(7) 能够对企业产品销售收入与销售成本进行分析，及时发现问题，提出建议与措施。

(8) 负责按照《会计基础工作规范》的要求，分配企业利润。

步骤二：认知财务成果核算岗位的主要核算内容与技能要求

财务成果核算岗位是进行企业收入、费用与利润业务的会计核算。那么，按照国家有关法律法规、财务制度的要求，财务成果核算岗位需要掌握的主要核算内容和技能要求如下：

1. 收入的核算

熟知《企业会计准则第 14 号——收入》，了解收入的概念与特征，掌握收入的确认条件，能够进行企业商品销售收入、劳务收入、让渡资产使用权收入和建造合同收入等的核算。

2. 费用及成本的核算

了解成本概念与确认条件，能够在确认企业销售收入的同时结转产品成本，进行主营业务成本、其他业务成本等的核算。掌握期间费用的概念与核算内容，能够区分管理费用、销售费用和财务费用，并能够进行各种管理费用、销售费用、财务费用等期间费用的核算。

3. 利润的核算

熟知《企业会计准则》与《公司法》等相关规定，能够按照弥补历年亏损、计缴所得税、提取盈余公积、向投资者分配利润的顺序进行财务成果的分配。掌握利润的构成，能够进行财务成果分配业务的核算，并根据对企业收入与费用的计算分析进行利润的分析，进而提出实现企业利润目标的建议与措施。

任务二　核算收入

瞄准靶心

能够进行销售商品收入的核算。
能够进行提供劳务收入的核算。
能够进行让渡资产使用权收入的核算。

军令如山

新疆彭洪有限公司的地址在新疆伊犁市伊宁 5 号院 1631 室，属于增值税一般纳税人，纳税人识别号：486002726700686，企业法人为彭洪。该企业在中国工商银行伊宁支行开立基本账户，账号：0200538827990088700。2017 年，该企业发生了以下几笔与收入有关的业务。

(1) 2月1日，企业销售给长风有限公司一批PH电脑，开出增值税专用发票如图6-2-1所示，发出商品如图6-2-2所示，收到销售款如图6-2-3所示。

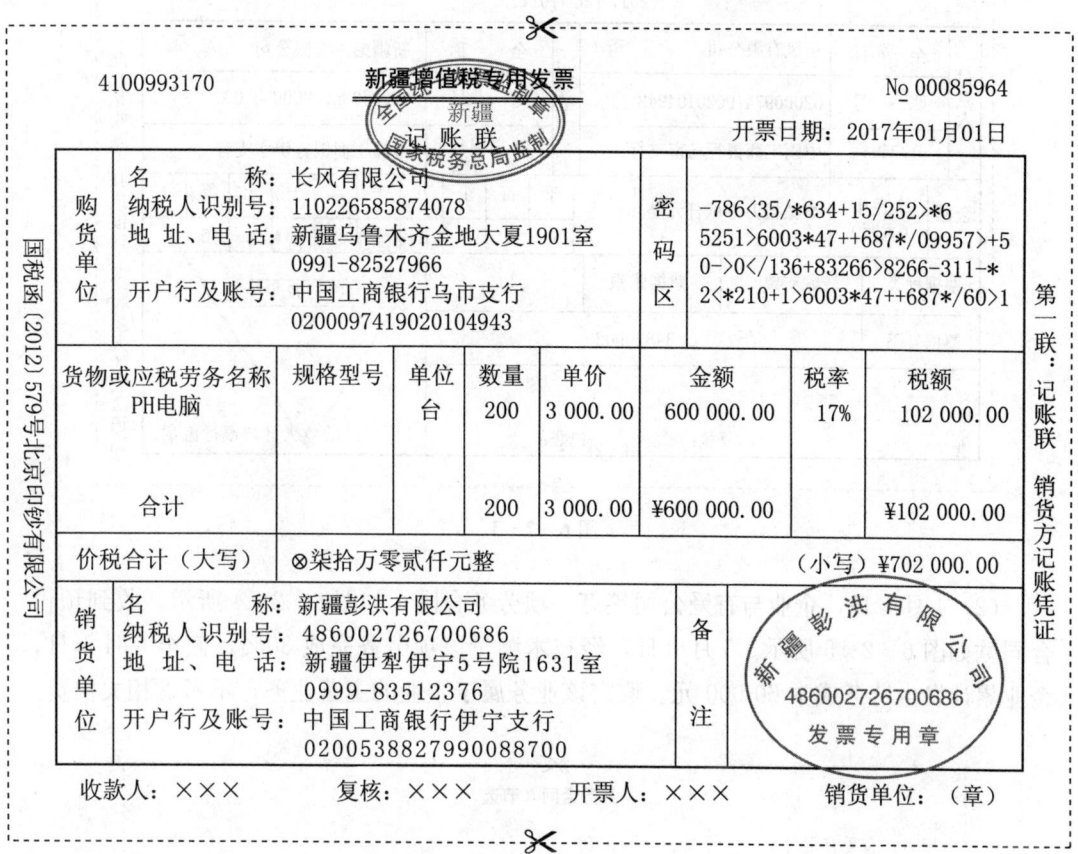

图6-2-1

图6-2-2

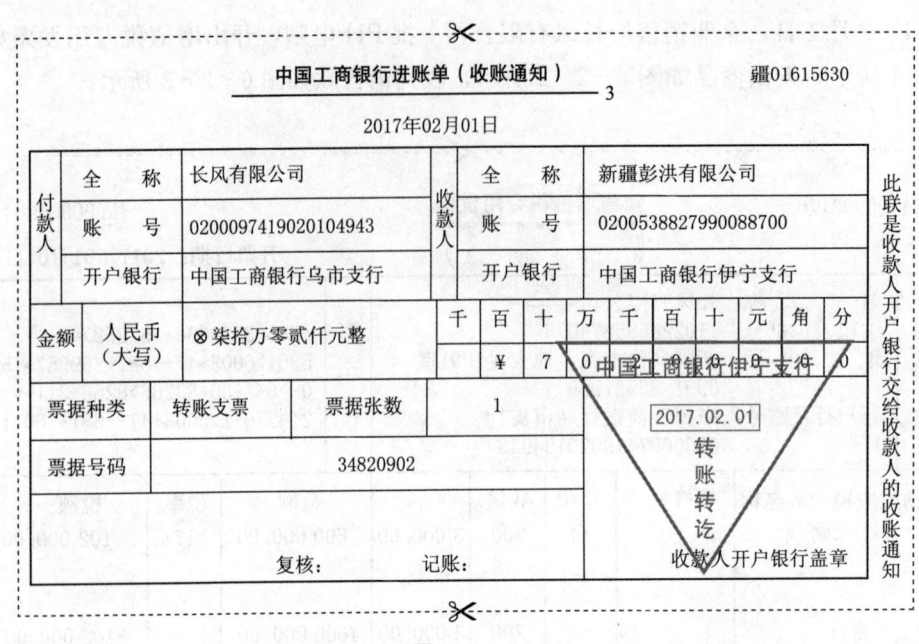

图 6-2-3

（2）4月1日，企业与有爱公司签订一项劳务合同，如图 6-2-4 所示，收到预付合同款如图 6-2-5 所示。5月1日，经技术测量该项劳务完成30%，截至5月1日，企业累计发生劳务成本 60 000 元。假定该业务属于企业的主营业务，不考虑相关税费。

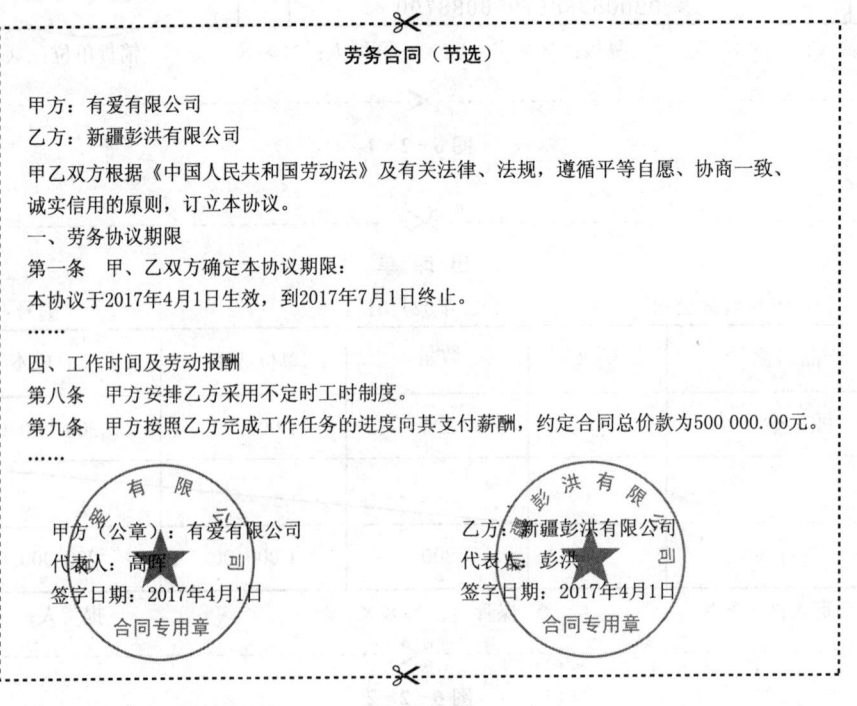

图 6-2-4

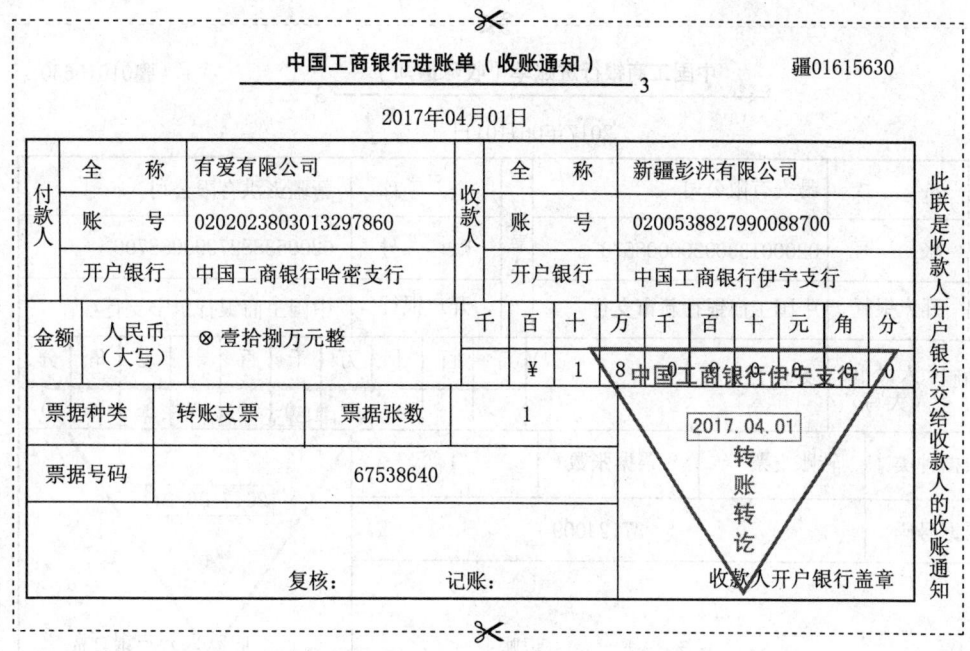

图 6-2-5

（3）6月1日，企业将软件《彭洪财务通 V3.0》的使用权转让给易安有限公司，如图 6-2-6 所示，收取使用费如图 6-2-7 所示。假定不提供后续服务且不考虑相关税费。

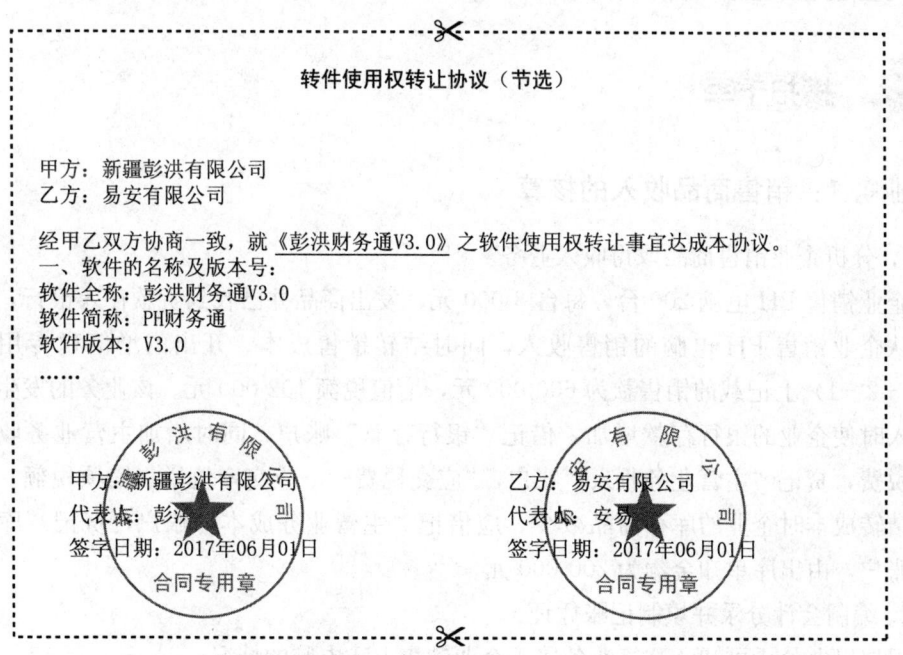

图 6-2-6

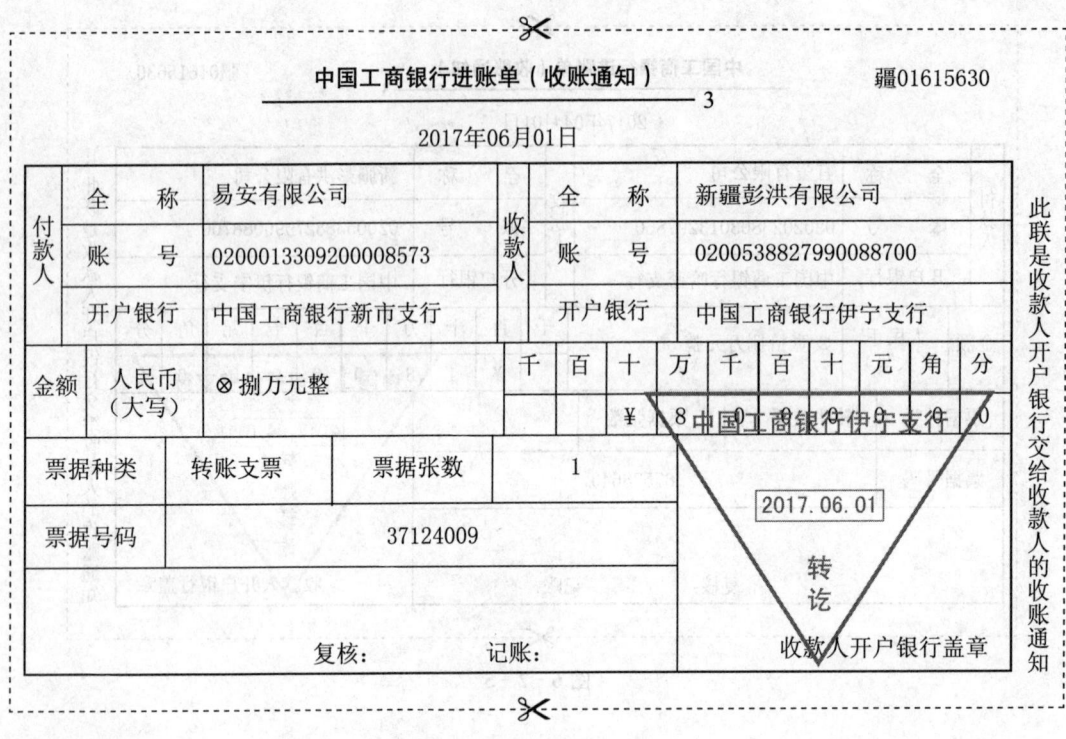

图 6-2-7

假设该企业的主营业务收入与其他业务收入账户均无期初余额。请问，对于企业发生的上述经济业务，该如何处理呢？

业务1：销售商品收入的核算

1. 分析企业销售商品取得收入业务

企业销售 PH 电脑 200 台，每台 3 000 元，发出商品并已收到货款存入银行，此时应确认企业销售 PH 电脑的销售收入，同时结转销售成本。开出的增值税专用发票（图6-2-1）上记载的销售款为 600 000 元，增值税额 102 000 元。该业务的发生，确认收入时使企业的银行存款增加，借记"银行存款"账户，同时增加主营业务收入和应交税费，贷记"主营业务收入"账户，"应交税费——应交增值税（销项税额）"账户；结转成本时企业的库存商品减少，应借记"主营业务成本"账户，贷记"库存商品"账户，由出库单知金额为 200 000 元。

2. 编制会计分录并填制记账凭证

根据以上分析可知，这笔业务属于企业销售 PH 电脑的情况。

(1) 发出商品，确认收入。

在填制记账凭证时注意按顺序编号，本凭证编号为"01号"；时间为"2017年02月01日"；"摘要"栏要简明扼要地说明该经济业务内容，该经济业务是企业发出销售PH电脑，确认销售收入，所以可以填写为"销售PH电脑"；"附件"为原始凭证的张数共计2张，填制凭证如图6-2-8所示。

记 账 凭 证

2017年02月01日　　　　　　　　　　　　　　　记字01号

摘　要	一级科目	二级或明细科目	√	借方金额	贷方金额
销售PH电脑	银行存款			702 000.00	
销售PH电脑	主营业务收入				600 000.00
销售PH电脑	应交税费	应交增值税（销项税额）			102 000.00
合　计				¥702 000.00	¥702 000.00

附件贰张

会计主管：×××　　记账：×××　　审核：×××　　出纳：×××　　制单：×××

图6-2-8

(2) 结转销售成本。

在填制记账凭证时注意按顺序编号，本凭证编号为"02号"；时间为"2017年02月01日"；"摘要"栏要简明扼要地说明该经济业务内容，该经济业务是企业销售PH电脑，结转销售成本，所以可以填写为"结转销售PH电脑成本"；"附件"为原始凭证的张数共计2张，填制凭证如图6-2-9所示。

记 账 凭 证

2017年02月01日　　　　　　　　　　　　　　　记字02号

摘　要	一级科目	二级或明细科目	√	借方金额	贷方金额
结转销售PH电脑成本	主营业务成本			200 000.00	
结转销售PH电脑成本	库存商品	PH电脑			200 000.00
合　计				¥200 000.00	¥200 000.00

附件贰张

会计主管：×××　　记账：×××　　审核：×××　　出纳：×××　　制单：×××

图6-2-9

业务2：提供劳务收入的核算

1. 分析企业提供劳务取得收入业务

此业务中，企业与有爱公司签订一项劳务合同，约定按照完成工作任务的进度向我司支付薪酬，合同中协议总价款为 500 000 元。4 月 1 日收到有爱公司预付合同款 180 000 元存入银行，应借记"银行存款"账户，贷记"预收账款"账户。5 月 1 日，按照劳务完工进度 30% 应确认企业该项劳务的收入为 150 000（500 000×30%）元，应借记"预收账款"账户，贷记"主营业务收入"账户；同时结转劳务成本，应借记"主营业务成本"账户，贷记"劳务成本"账户，金额为 60 000 元。

2. 编制会计分录并填制记账凭证

根据以上分析可知，这笔业务属于企业提供劳务取得收入，并结转劳务成本的情况。

（1）4 月 1 日，收到预付款。

在填制记账凭证时注意按顺序编号，本凭证编号为"03 号"；时间为"2017 年 04 月 01 日"；"摘要"栏要简明扼要地说明该经济业务内容，该经济业务是企业收到有爱公司预付的合同款，所以可以填写为"收到预付合同款"；"附件"为原始凭证的张数共计 2 张，填制凭证如图 6-2-10 所示。

记 账 凭 证

2017 年 04 月 01 日　　　　　　　　　　　　　　　记字 03 号

摘　要	一级科目	二级或明细科目	√	借方金额	贷方金额	
收到预付合同款	银行存款			180 000.00		附件贰张
收到预付合同款	预收账款	有爱公司			180 000.00	
合　计				￥180 000.00	￥180 000.00	

会计主管：×××　　记账：×××　　审核：×××　　出纳：×××　　制单：×××

图 6-2-10

（2）5 月 1 日，确认劳务收入并结转成本。

确认劳务收入：在填制记账凭证时注意按顺序编号，本凭证编号为"04 号"；时间为"2017 年 05 月 01 日"；"摘要"栏要简明扼要地说明该经济业务内容，该经济业务是企业确认提供劳务取得的收入，所以可以填写为"确认劳务收入"；"附件"为原始凭证的张数共计 1 张，填制凭证如图 6-2-11 所示。

记 账 凭 证

2017 年 05 月 01 日　　　　　　　　　　　　　　记字 04 号

摘　要	一级科目	二级或明细科目	√	借方金额	贷方金额
确认劳务收入	预收账款	有爱公司		150 000.00	
确认劳务收入	主营业务收入				150 000.00
合　计				¥150 000.00	¥150 000.00

附件壹张

会计主管：×××　　记账：×××　　审核：×××　　出纳：×××　　制单：×××

图 6-2-11

同时，结转劳务成本：在填制记账凭证时注意按顺序编号，本凭证编号为"05号"；时间为"2017 年 05 月 01 日"；"摘要"栏要简明扼要地说明该经济业务内容，该经济业务是企业确认提供劳务取得收入的同时结转劳务成本，所以可以填写为"结转劳务成本"；"附件"为原始凭证的张数共计1张，填制凭证如图 6-2-12 所示。

记 账 凭 证

2017 年 05 月 01 日　　　　　　　　　　　　　　记字 05 号

摘　要	一级科目	二级或明细科目	√	借方金额	贷方金额
结转劳务成本	主营业务成本			60 000.00	
结转劳务成本	劳务成本				60 000.00
合　计				¥60 000.00	¥60 000.00

附件壹张

会计主管：×××　　记账：×××　　审核：×××　　出纳：×××　　制单：×××

图 6-2-12

业务3：让渡资产使用权收入的核算

1. 分析企业让渡资产使用权取得收入业务

企业将软件《彭洪财务通 V3.0》的使用权转让给易安有限公司，属于让渡资产使用权业务，收取使用费时，应借记"银行存款"账户，贷记"其他业务收入"账户，金额为 80 000 元。

2. 编制会计分录并填制记账凭证

根据以上分析可知，这笔业务属于企业让渡资产使用权取得收入的情况。在填制记账凭证时注意按顺序编号，本凭证编号为"06号"；时间为"2017年06月01日"；"摘要"栏要简明扼要地说明该经济业务内容，该经济业务是企业转让PH财务通使用权取得收入，所以可以填写为"转让PH财务通"；"附件"为原始凭证的张数共计2张，填制凭证如图6-2-13所示。

记 账 凭 证

2017年06月01日　　　　　　　　　　　　　　　记字06号

摘　要	一级科目	二级或明细科目	√	借方金额	贷方金额
转让PH财务通	银行存款			80 000.00	
转让PH财务通	其他业务收入				80 000.00
合　计				¥ 80 000.00	¥ 80 000.00

附件贰张

会计主管：×××　　记账：×××　　审核：×××　　出纳：×××　　制单：×××

图 6-2-13

业务4：登记主营业务收入、其他业务收入总账

主营业务收入、其他业务收入账户均无二级明细账户，且期初余额均为0，故可以仅登记总分类账。根据以上分析，登记"主营业务收入总账""其他业务收入总账"如图6-2-14、图6-2-15所示。

总　账

会计科目：主营业务收入

2017年		凭证		摘　要	借方	贷方	借或贷	余额	√
月	日	字	号		亿千百十万千百十元角分	亿千百十万千百十元角分		亿千百十万千百十元角分	
2	1			期初余额			平	0 0 0	
	1	记	1	销售PH电脑	6 0 0 0 0 0 0		贷	6 0 0 0 0 0 0	
2	28			本月合计	6 0 0 0 0 0 0		贷	6 0 0 0 0 0 0	
				……					
5	1			期初余额			贷	6 0 0 0 0 0 0	
	1	记	4	确认劳务收入	1 5 0 0 0 0 0		贷	7 5 0 0 0 0 0	
5	31			本月合计	1 5 0 0 0 0 0		平	7 5 0 0 0 0 0	

图 6-2-14

总　账

会计科目：其他业务收入

2017年		凭证字号	摘　要	借方 亿千百十万千百十元角分	贷方 亿千百十万千百十元角分	借或贷	余　额 亿千百十万千百十元角分	√
月	日							
6	1		期初余额			平	0 0 0	
	1	记6	转让PH财务通		8 0 0 0 0 0 0	贷	8 0 0 0 0 0 0	
6	30		本月合计		8 0 0 0 0 0 0	贷	8 0 0 0 0 0 0	

图 6-2-15

1. 建造合同收入应如何确认与核算？
2. 企业如果采用分期收款的方式销售商品确认收入时应如何处理？

战术提升

长风有限公司的地址在新疆乌鲁木齐金地大厦1901室，电话是0991-82527966。企业为一般纳税人，纳税人识别号：110226585874078。该企业在中国工商银行乌市支行开立基本账户，账号：0200097419020104943。

2017年有关销售与收款业务摘录如下：

（1）3月1日，企业销售给易安公司甲产品4 000件，购销合同约定售价为10元/件，采用异地托收承付方式结算，商品已发出且托收手续已办妥。原始凭证如图6-2-16、图6-2-17所示。

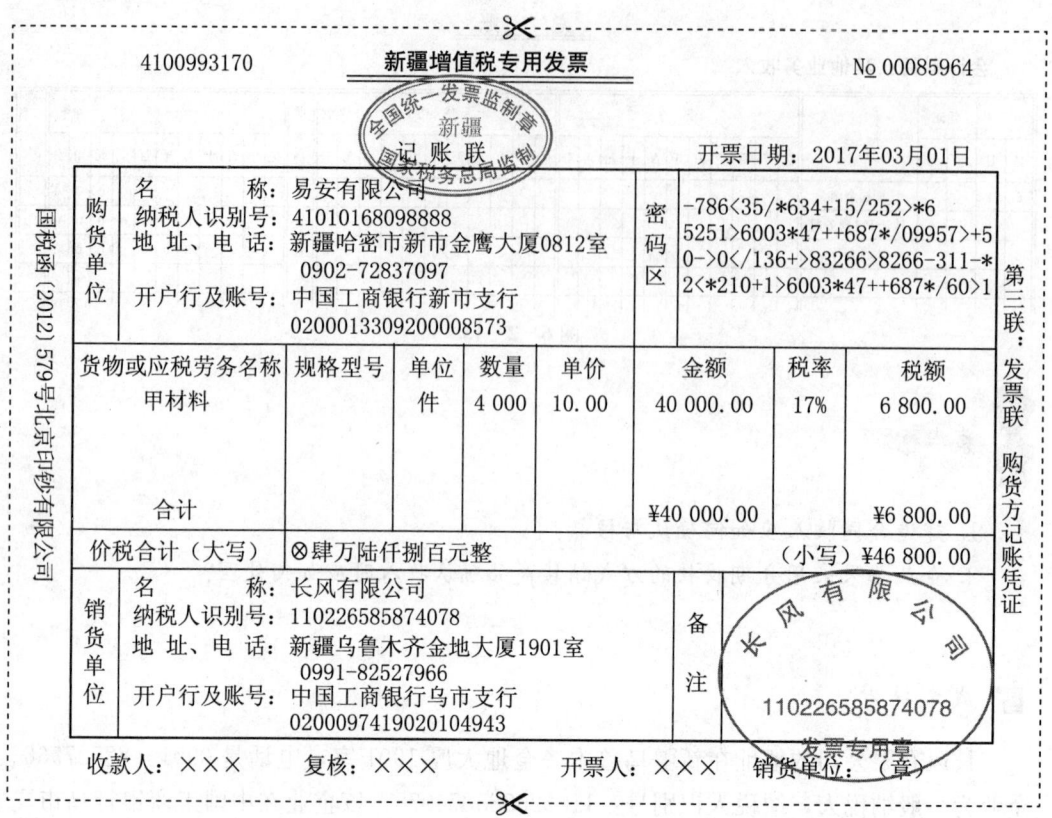

图 6-2-16

图 6-2-17

（2）3月10日，企业销售给彭洪公司乙产品500件，销售单价为100元/件，增值税发票上记载的货款为50 000元，增值税税额为8 500元。双方约定的现金折扣条件为"2/10，1/20，n/30"，假定计算折扣时不考虑增值税。3月15日，彭洪公司付清货款。原始凭证如图6-2-18、图6-2-19所示。

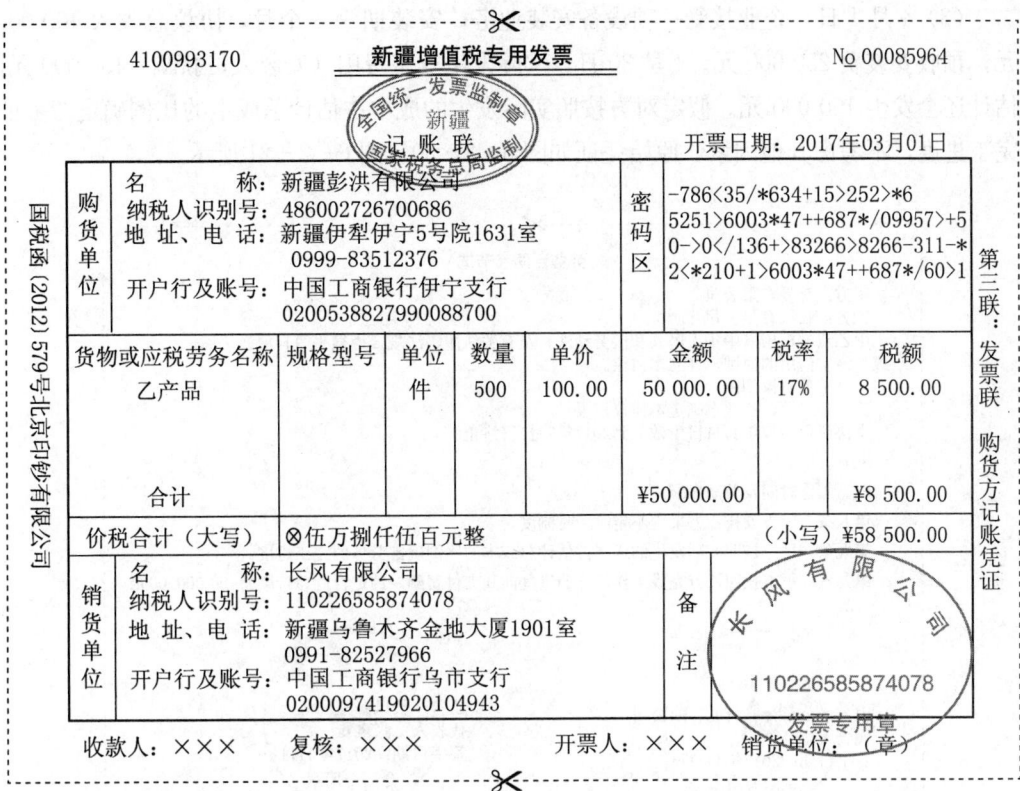

图 6-2-18

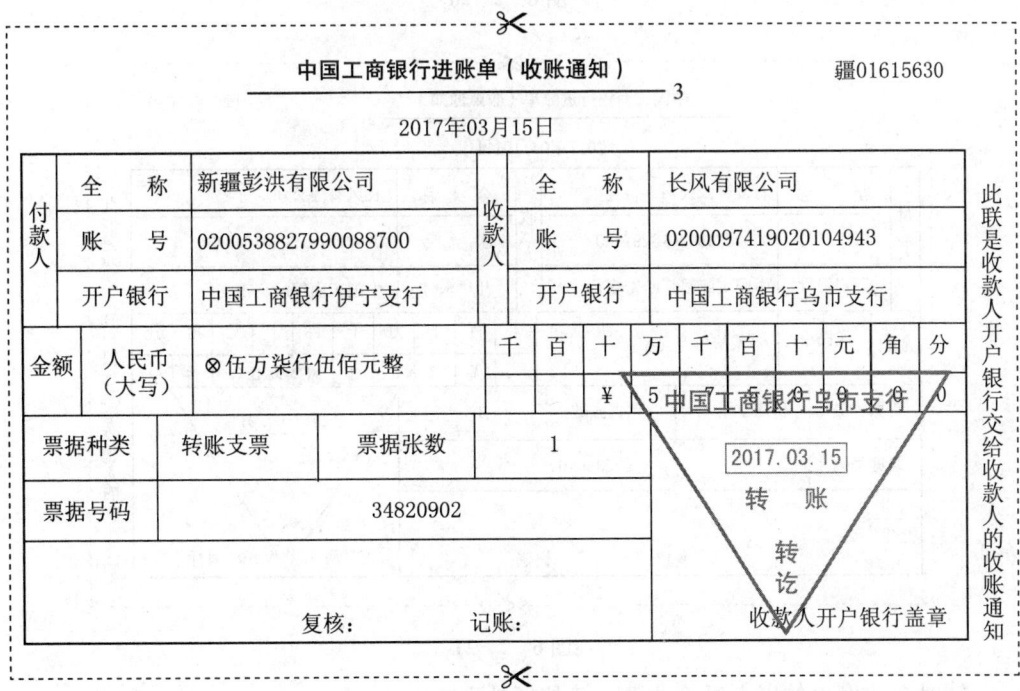

图 6-2-19

(3) 4月1日，企业接受一项设备安装业务，安装期为3个月，协议总收入400 000元，预收安装费250 000元。4月30日，实际发生安装费用（安装人员薪酬）150 000元，估计还会发生150 000元。假定对方按照实际发生的成本占估计总成本的比例确定劳务的完工进度，不考虑其他因素。原始凭证如图6-2-20、图6-2-21所示。

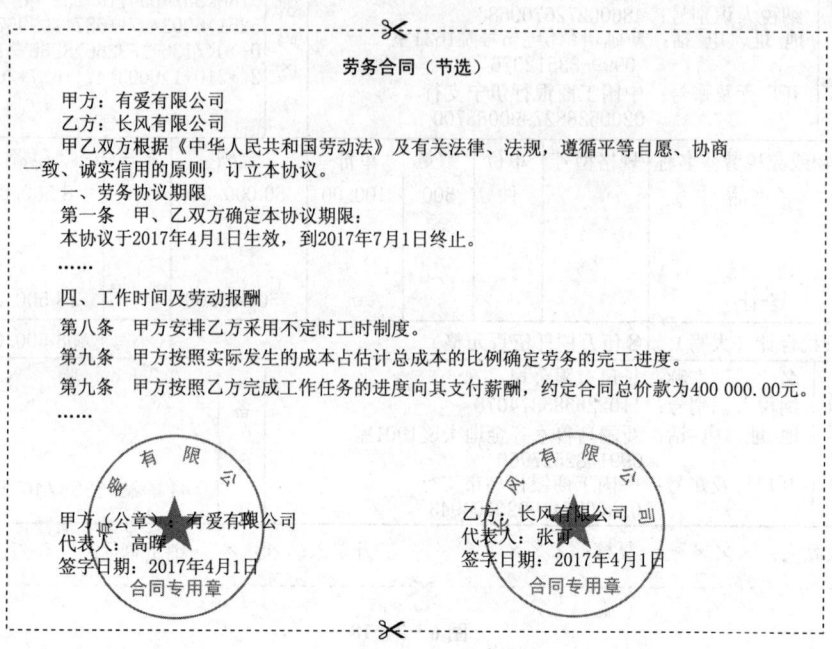

图6-2-20

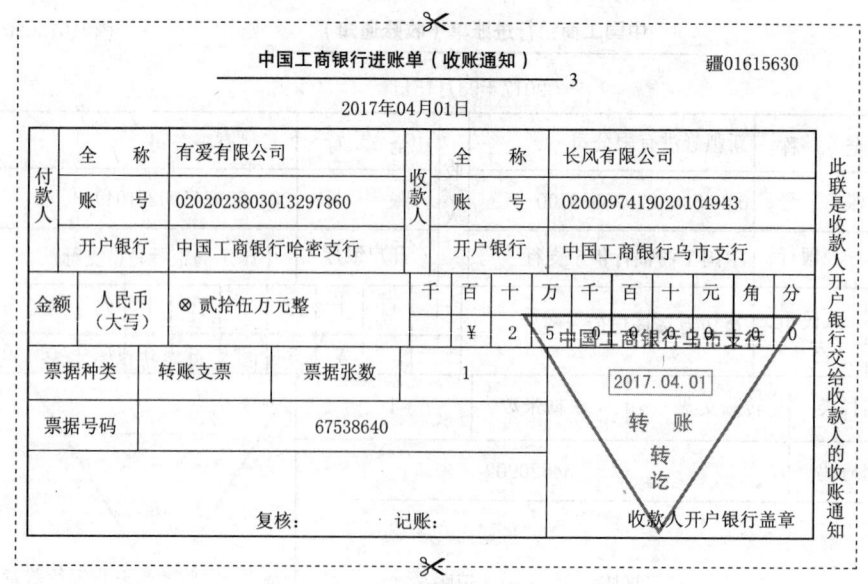

图6-2-21

针对企业发生的以上经济业务，该如何处理？

任务三 核算费用

 瞄准靶心

能够进行营业成本的会计核算。
能够进行期间费用的会计核算。

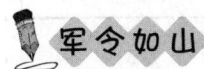

新疆彭洪有限公司的地址在新疆伊犁市伊宁5号院1631室,属增值税一般纳税人,纳税人识别号:486002726700686。该企业在中国工商银行伊宁支行开立基本账户,账号:0200538827990088700。该企业2017年2月发生的业务摘录如下。

(1) 2月1日,企业销售给长风有限公司一批PH电脑,发出商品如图6-3-1所示,收到销售款。

出 库 单

收货单位:长风有限公司　　　2017年02月01日　　　编号:0001

产品名称	单位	数量	单位成本	总成本
PH电脑	台	200	1000.00	200 000.00
合计	—	200	1000.00	200 000.00

仓库负责人:×××　　　保管员:×××　　　提货人:×××

图6-3-1

(2) 2月5日,企业销售多余材料一批,发出材料如图6-3-2所示,已确认收到货款。

出 库 单

收货单位：易安有限公司　　　　2017年02月05日　　　　　　　编号：0005

产品名称	单位	数量	单位成本	总成本
A材料	吨	200	400.00	80 000.00
合计	—	200	400.00	80 000.00

仓库负责人：×××　　　　保管员：×××　　　　提货人：×××

图 6-3-2

（3）2月6日，企业行政管理部门购买办公用品一批如图6-3-3所示，以银行存款支付货款如图6-3-4所示。

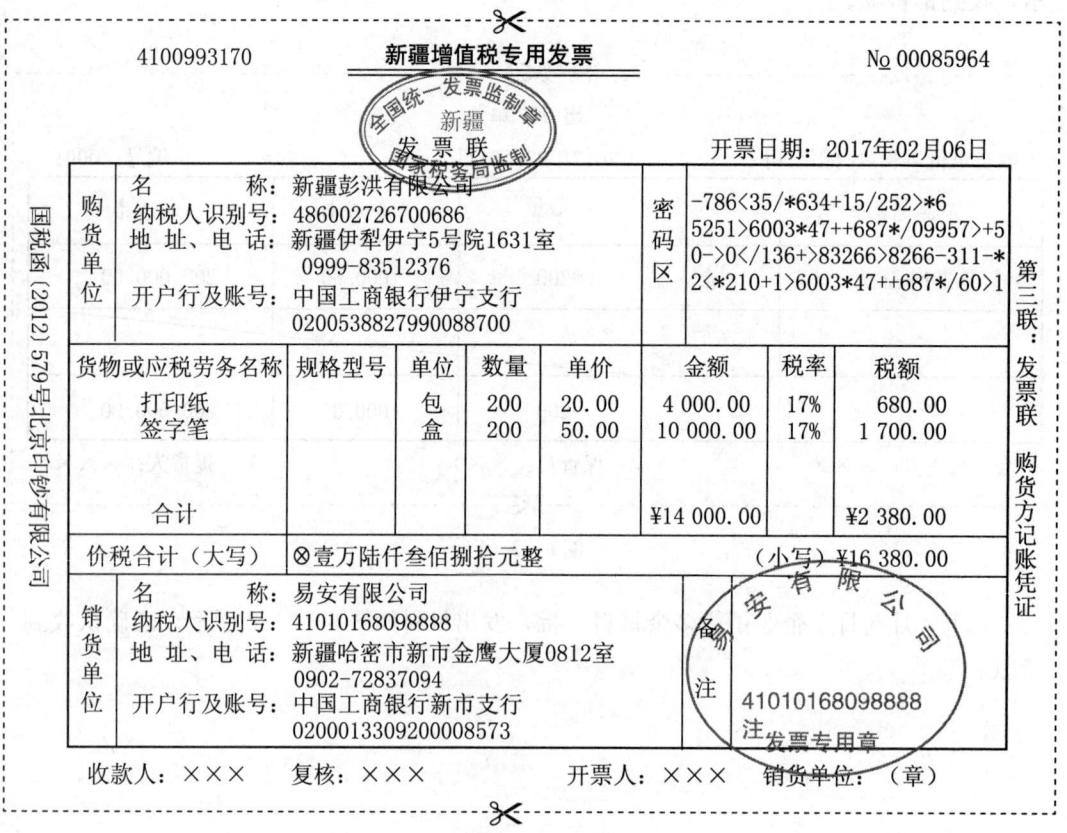

图 6-3-3

图 6-3-4

(4) 2月10日，计提企业专设销售部门的职工工资如图6-3-5所示。

专设销售部门职工工资汇总表

单位：新疆彭洪有限公司　　　2017年02月10日　　　　　　　单位：元

部门	基本工资	绩效/资金	应付工资	代扣款合计	实发工资
专设销售部门	30 000	52 000	82 000	18 000	64 000
合计	30 000	52 000	82 000	18 000	64 000

主管：×××　　　　　　审核：×××　　　　　　制表：×××

图 6-3-5

(5) 2月22日，收到银行借款利息通知单如图6-3-6所示。

中国工商银行借款利息通知单					
2017年02月22日					
账号	0200538827990088700		户名	新疆彭洪有限公司	
计息期	2017年1月1日至2017年1月31日				
本金	100 000.00	利率（率）	6%	利息	500.00
大写金额	人民币伍佰元整				
上列款项已从你单位往来户如数支付。				备注：	

图 6-3-6

假设该企业会计账户本期的期初余额均为 0，请问，对于企业发生的上述与费用相关的经济业务，该怎么处理呢？

业务1：主营业务成本的核算

1. 分析企业核算销售商品成本业务

此业务中，企业销售 PH 电脑 200 台，发出商品并已收到销售款。企业在确认这笔业务销售收入的同时还应结转销售 PH 电脑的成本。结转成本时企业的库存商品减少，应借记"主营业务成本"账户，贷记"库存商品"账户，金额为 200 000 元。

2. 编制会计分录并填制记账凭证

根据以上分析可知，这笔业务属于企业结转销售商品成本的情况。在填制记账凭证时注意按顺序编号，本凭证编号为"01号"；时间为"2017年2月1日"；"摘要"栏要简明扼要地说明该经济业务内容，该经济业务是核算销售 PH 电脑成本，所以可以填写为"结转销售 PH 电脑成本"；"附件"为原始凭证的张数共计1张，填制凭证如图 6-3-7 所示。

记 账 凭 证

2017 年 02 月 01 日　　　　　　　　　　　　　　记字 01 号

摘　要	一级科目	二级或明细科目	√	借方金额	贷方金额
销售 PH 电脑	主营业务成本			200 000.00	
销售 PH 电脑	库存商品	PH 电脑			200 000.00
合　计				¥200 000.00	¥200 000.00

附件壹张

会计主管：×××　　记账：×××　　审核：×××　　出纳：×××　　制单：×××

图 6 - 3 - 7

业务 2：其他业务成本的核算

1. 分析企业核算销售材料成本业务

此业务中，企业销售 A 材料 200 吨，发出材料并已收到销售款。企业在确认这笔销售收入的同时还应结转销售材料的成本。结转成本时企业的原材料减少，应借记"其他业务成本"账户，贷记"原材料"账户，金额为 80 000 元。

2. 编制会计分录并填制记账凭证

根据以上分析可知，这笔业务属于企业结转销售材料成本的情况。在填制记账凭证时注意按顺序编号，本凭证编号为"02 号"；时间为"2017 年 2 月 5 日"；"摘要"栏要简明扼要地说明该经济业务内容，该经济业务是核算销售 A 材料成本，所以可以填写为"结转销售 A 材料成本"；"附件"为原始凭证的张数共计 1 张，填制凭证如图 6 - 3 - 8 所示。

记 账 凭 证

2017 年 02 月 05 日　　　　　　　　　　　　　　记字 02 号

摘　要	一级科目	二级或明细科目	√	借方金额	贷方金额
销售 A 材料	其他业务成本			80 000.00	
销售 A 材料	原材料	A 材料			80 000.00
合　计				¥80 000.00	¥80 000.00

附件壹张

会计主管：×××　　记账：×××　　审核：×××　　出纳：×××　　制单：×××

图 6 - 3 - 8

业务3：管理费用的核算

1. 分析企业行政管理部门购买办公用品业务

此业务是企业行政管理部门购买办公用品，该项费用属于管理费用，应借记"管理费用"账户金额为 14 000 元，同时借记"应交税费——应缴增值税进项税额"，金额为 2 380 元，贷记"银行存款"账户，金额为 16 380 元。

2. 编制会计分录并填制记账凭证

根据以上分析可知，这笔业务属于企业行政管理部门购买办公用品的情况。在填制记账凭证时注意按顺序编号，本凭证编号为"03号"；时间为"2017年2月6日"；"摘要"栏要简明扼要地说明该经济业务内容，该经济业务是核算企业行政管理部门购买的办公用品，所以可以填写为"购买办公用品"；"附件"为原始凭证的张数共计1张，填制凭证如图 6-3-9 所示。

记 账 凭 证

2017 年 02 月 06 日　　　　　　　　　　　　记字 03 号

摘　要	一级科目	二级或明细科目	√	借方金额	贷方金额
购买办公用品	管理费用	办公费		14 000	
购买办公用品	应交税费	应缴增值税（进项税额）		2 380	
购买办公用品	银行存款	工商银行			16 380.00
合　计				￥16 380.00	￥16 380.00

附件壹张

会计主管：×××　　记账：×××　　审核：×××　　出纳：×××　　制单：×××

图 6-3-9

业务4：销售费用的核算

1. 分析企业计提专设销售机构职工工资业务

此业务为企业计提专设销售机构的职工工资，该项费用属于销售费用，应借记"销售费用"账户，贷记"应付职工薪酬"账户，金额为 64 000 元。

2. 编制会计分录并填制记账凭证

根据以上分析可知，这笔业务属于企业计提专设销售机构职工工资的情况。在填制记账凭证时注意按顺序编号，本凭证编号为"04号"；时间为"2017年2月10日"；"摘要"栏要简明扼要地说明该经济业务内容，该经济业务是核算企业计提专设销售机构职工的工资，所以可以填写为"计提销售部门薪酬"；"附件"为原始凭证的张数共计1张，填制凭证如图 6-3-10 所示。

记 账 凭 证

2017 年 02 月 10 日　　　　　　　　　　　　　　　记字 04 号

摘　要	一级科目	二级或明细科目	√	借方金额	贷方金额
计提销售部门薪酬	销售费用	工资		64 000.00	
计提销售部门薪酬	应付职工薪酬	工资			64 000.00
合　计				¥ 64 000.00	¥ 64 000.00

附件壹张

会计主管：×××　　记账：×××　　审核：×××　　出纳：×××　　制单：×××

图 6-3-10

业务 5：财务费用的核算

1. 分析企业借款利息支出业务

此业务为核算企业借款的利息支出，该项费用属于财务费用，应借记"财务费用"账户，贷记"银行存款"账户，金额为 500 元。

2. 编制会计分录并填制记账凭证

根据以上分析可知，这笔业务属于企业核算借款利息支出的情况。在填制记账凭证时注意按顺序编号，本凭证编号为"05 号"；时间为"2017 年 2 月 22 日"；"摘要"栏要简明扼要地说明该经济业务内容，该经济业务是核算企业借款的利息支出，所以可以填写为"利息支出"；"附件"为原始凭证的张数共计 1 张，填制凭证如图 6-3-11 所示。

记 账 凭 证

2017 年 02 月 22 日　　　　　　　　　　　　　　　记字 05 号

摘　要	一级科目	二级或明细科目	√	借方金额	贷方金额
利息支出	财务费用	利息支出		500.00	
利息支出	银行存款	工商银行			500.00
合　计				¥ 500.00	¥ 500.00

附件壹张

会计主管：×××　　记账：×××　　审核：×××　　出纳：×××　　制单：×××

图 6-3-11

期间费用的核算

1. 管理费用

企业应设置"管理费用"账户,核算为组织和管理企业生产经营所发生的管理费用。管理费用的核算内容主要包括行政管理部门职工薪酬、修理费、物料消耗、低值易耗品摊销、业务招待费、差旅费、房产税、车船使用税、土地使用税、印花税、技术转让费、矿产资源补偿费、研究费用和排污费等。在核算时,应借记"管理费用"账户,贷记"银行存款""应付职工薪酬""累计折旧"等账户。

2. 销售费用

企业应设置"销售费用"账户,核算企业在销售产品、自制半成品和工业性劳务等过程中发生的各项费用以及为销售本企业产品而专设销售机构的各项费用。企业在销售商品过程中发生的包装费、保险费、展览费和广告费、运输费、装卸费等费用,核算时应借记"销售费用"账户,贷记"库存现金""银行存款"账户。企业发生的为销售本企业商品而专设的销售机构的职工薪酬、业务费等经营费用,核算时应借记"销售费用",贷记"应付职工薪酬""银行存款""累计折旧"等科目。

3. 财务费用

企业应设置"财务费用"账户,核算企业为筹集生产经营所需资金等而发生的筹资费用,包括利息支出(减利息收入)、汇兑差额以及相关的手续费、企业发生的现金折扣或收到的现金折扣等。

为购建或生产满足资本化条件的资产发生的应予资本化借款费用,在"在建工程""制造费用"等账户核算,不在财务费用账户核算。

业务6:登记费用相关账户的明细账或总账

管理费用、销售费用、财务费用账户的明细账均为多栏式明细账,主营业务成本账户与其他业务成本账户无二级明细账户,只需登记总分类账,且该企业费用相关会计账户本期均无期初余额。根据以上分析,登记"管理费用明细账""销售费用明细账""财务费用明细账""管理费用总账""销售费用总账""财务费用总账""主营业务成本总账""其他业务成本总账"如图6-3-12至图6-3-19所示。

管理费用　明细分类账

2017年		凭证字号	摘要	对方科目	办公费	差旅费	……	借或贷	余额
月	日				千百十万千百十元角分	千百十万千百十元角分	千百十万千百十元角分		千百十万千百十元角分
2	1		期初余额					平	0 0 0
	6	记3	购买办公用品	银行存款	1 6 3 8 0 0			借	1 6 3 8 0 0
2	28		本月合计		1 6 3 8 0 0			借	1 6 3 8 0 0

图 6-3-12

管理费用　明细分类账

2017年		凭证字号	摘要	对方科目	广告费	工资	……	借或贷	余额
月	日				千百十万千百十元角分	千百十万千百十元角分	千百十万千百十元角分		千百十万千百十元角分
2	1		期初余额					平	0 0 0
	10	记4	计提销售部分薪酬	应付职工薪酬		6 4 0 0 0 0 0		借	6 4 0 0 0 0 0
2	28		本月合计			6 4 0 0 0 0 0		借	6 4 0 0 0 0 0

图 6-3-13

管理费用　明细分类账

2017年		凭证字号	摘要	对方科目	手续费	利息支出	……	借或贷	余额
月	日				千百十万千百十元角分	千百十万千百十元角分	千百十万千百十元角分		千百十万千百十元角分
2	1		期初余额					平	0 0 0
	22	记4	利息支出	银行存款		5 0 0 0 0		借	5 0 0 0 0
2	28		本月合计			5 0 0 0 0		借	5 0 0 0 0

图 6-3-14

总　账

会计科目：管理费用

2017年		凭证字号	摘要	借方	贷方	借或贷	余额	√
月	日			亿千百十万千百十元角分	亿千百十万千百十元角分		亿千百十万千百十元角分	
2	1		期初余额			平	0 0 0	
	6	记3	购买办公用品	1 6 3 8 0 0		借	1 6 3 8 0 0	
2	28		本月合计	1 6 3 8 0 0		借	1 6 3 8 0 0	

图 6-3-15

总　账

会计科目：销售费用

2017年		凭证字号	摘要	借方	贷方	借或贷	余额	√
月	日			亿千百十万千百十元角分	亿千百十万千百十元角分		亿千百十万千百十元角分	
2	1		期初余额			平	0 0 0	
	10	记4	计提销售部分薪酬	6 4 0 0 0 0 0		借	6 4 0 0 0 0 0	
2	28		本月合计	6 4 0 0 0 0 0		借	6 4 0 0 0 0 0	

图 6-3-16

总　　账

会计科目：财务费用

2017年		凭证		摘要	借方									贷方									借或贷	余额									√
月	日	字	号		亿	千	百	十	万	千	百	十	元	角	分	亿	千	百	十	万	千	百	十	元	角	分		亿	千	百	十	万	千	百	十	元	角	分	
2	1			期初余额																							平									0	0	0	
	22	记	5	利息支出						5	0	0	0	0	0												借							5	0	0	0	0	
2	28			本月合计						5	0	0	0	0	0												借							5	0	0	0	0	

图 6-3-17

总　　账

会计科目：主营业务成本

2017年		凭证		摘要	借方											贷方											借或贷	余额											√
月	日	字	号		亿	千	百	十	万	千	百	十	元	角	分	亿	千	百	十	万	千	百	十	元	角	分		亿	千	百	十	万	千	百	十	元	角	分	
2	1			期初余额																							平									0	0	0	
	1	记	1	销售PH电脑			2	0	0	0	0	0	0	0													借			2	0	0	0	0	0	0	0	
2	28			本月合计			2	0	0	0	0	0	0	0													借			2	0	0	0	0	0	0	0	

图 6-3-18

总　　账

会计科目：其他业务成本

2017年		凭证		摘要	借方											贷方											借或贷	余额											√
月	日	字	号		亿	千	百	十	万	千	百	十	元	角	分	亿	千	百	十	万	千	百	十	元	角	分		亿	千	百	十	万	千	百	十	元	角	分	
2	1			期初余额																							平									0	0	0	
	5	记	2	销售A材料				8	0	0	0	0	0	0													借				8	0	0	0	0	0	0	
2	28			本月合计				8	0	0	0	0	0	0													借				8	0	0	0	0	0	0	

图 6-3-19

战术提升

长风有限公司的地址在新疆乌鲁木齐金地大厦1901室，电话是0991-82527966。企业为一般纳税人，纳税人识别号：110226585874078。该企业在中国工商银行乌市支行开立基本账户，账号：0200097419020104943。

企业2017年发生的有关费用的业务摘录如下：

（1）4月1日，销售乙产品100件，价税合计234 000元，乙产品已出库，其单位成本为800元/件，结转乙产品的销售成本。原始凭证如图6-3-20、图6-3-21所示。

出 库 单

收货单位：易安有限公司　　　2017年04月01日　　　　　　　编号：0001

产品名称	单位	数量	单位成本	总成本
乙产品	件	100	800.00	80 000.00
合计	—	100	800.00	80 000.00

仓库负责人：×××　　　　　保管员：×××　　　　　　　　提货人：×××

图 6-3-20

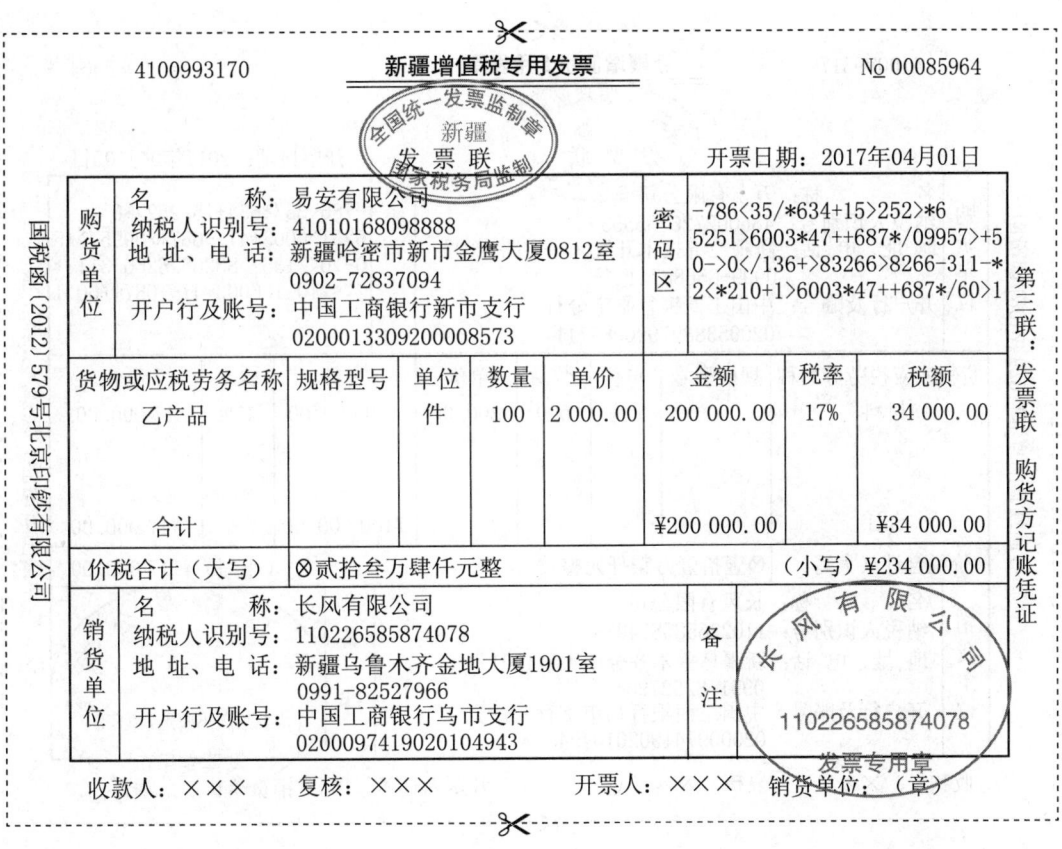

图 6-3-21

（2）4月5日，销售生产乙产品的主材料——A材料500千克，该材料成本单价为200元/千克，结转A材料的销售成本。原始凭证如图6-3-22、图6-3-23所示。

出 库 单

收货单位：万友有限公司　　　　2017年04月05日　　　　　　　　　　编号：0005

产品名称	单位	数量	单位成本	总成本
A材料	千克	500	200.00	100 000.00
合计	—	500	200.00	100 000.00

仓库负责人：×××　　　　保管员：×××　　　　提货人：×××

图 6-3-22

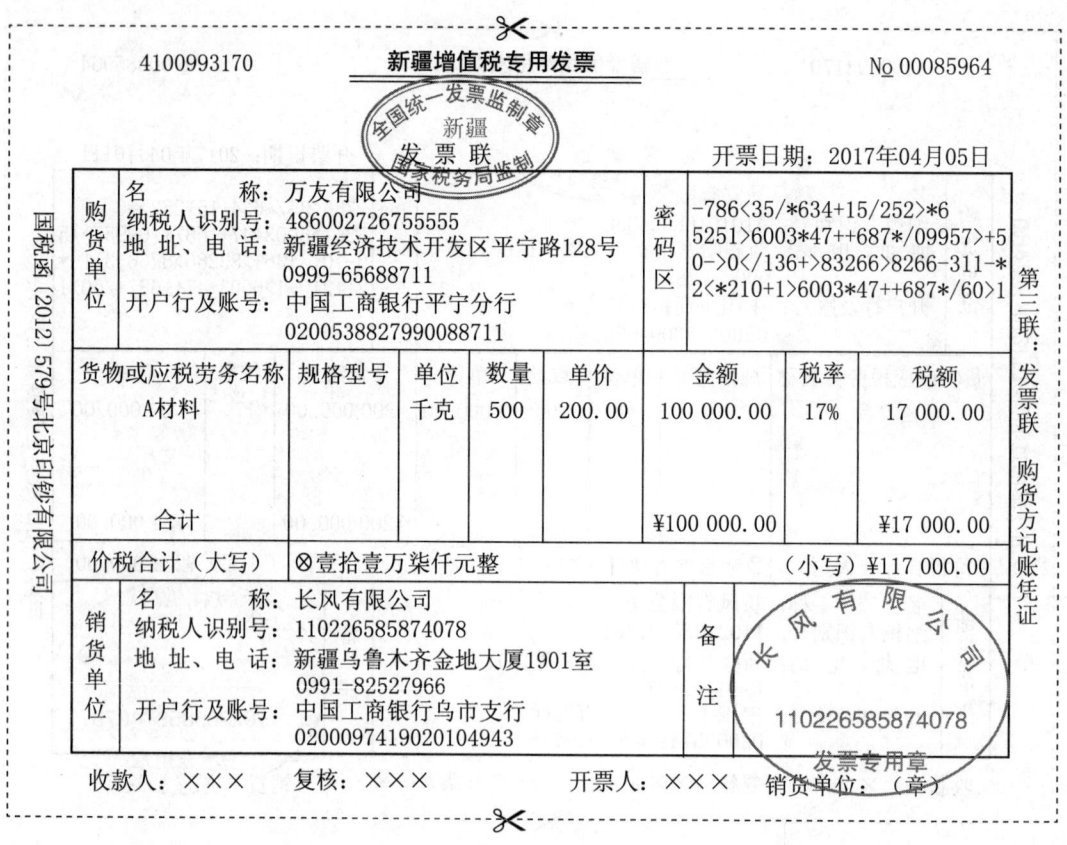

图 6-3-23

（3）4月8日，财务部门领用计算器10台，其实际成本为800元，采用一次摊销法摊销低值易耗品。原始凭证如图6-3-24所示。

		出　库　单		
收货单位：财务部门		2017年04月08日		编号：0009
产品名称	单位	数量	单位成本	总成本
计算器	台	10	800.00	8 000.00
合计	—	10	800.00	8 000.00

仓库负责人：×××　　　　　　保管员：×××　　　　　　提货人：×××

图 6-3-24

（4）4月10日，企业开出转账支票 50 000 元支付电视台的宣传广告费。原始凭证如图 6-3-25 所示。

图 6-3-25

（5）4月12日，接到银行通知，存款利息 680 元已转入企业存款户。原始凭证如图 6-3-26 所示。

中国工商银行借款利息通知单

2017年04月12日

账 号	0200097419020104943	户 名	长风有限公司
计息期	2017年3月1日至2017年3月31日		
本 金	163 200.00	利率（率）	5%	利 息	680.00
大写金额	人民币陆佰捌拾元整		
上列款项已从你单位往来户如数支付。中国工商银行乌市支行 2017.04.12 转账 银行盖章讫		备 注：	

图 6-3-26

（6）4月15日，以现金支付专设销售机构办公费600元。原始凭证如图6-3-27所示。

领 款 收 据

2017年04月15日

领款部门	专设销售机构	付款方式							
款项内容	办公费	现 金							
金额（大写）	⊗陆佰元整	百	十	万	千	百	十	元	角	分
					¥	6	0	0	0	0
备注										
财务主管：××× 复核：××× 出纳：××× 经办人：×××										

图 6-3-27

（7）4月18日，用银行存款支付业务招待费6 200元。原始凭证如图6-3-28所示。

图 6-3-28

(8) 4月20日，用银行存款300元购买印花税票。原始凭证如图6-3-29所示。

图 6-3-29

(9) 4月25日，用现金支付银行承兑汇票手续费300元。原始凭证如图6-3-30所示。

中国工商银行　手续费凭证　No.00466

手续费	承兑银行	中国工商银行乌市支行										
	凭证名称	银行承兑汇票　0010063										
	付款人	长风有限公司										
金额	人民币（大写）	⊗叁佰元	亿	千	百	十	万	千	百	十	元	角	分
							¥	3	0	0	0	0
备注												

财务签字：×××　　　出纳：×××　　　制单：×××

图 6-3-30

（10）4月28日，计提本月企业管理部门人员工资 20 000 元，专设销售机构人员工资 30 000 元。原始凭证如图 6-3-31 所示。

职工工资汇总表

单位：新疆彭洪有限公司　　2017年02月10日　　单位：元

部门	基本工资	绩效/资金	应付工资	代扣款合计	实发工资
管理部门	18 000	6 000	24 000	4 000	20 000
专设销售部门	15 000	2 200	37 000	7 000	30 000
合计					50 000

主管：×××　　　审核：×××　　　制表：×××

图 6-3-31

对于上述营业成本的结转以及期间费用的核算，该如何处理？

任务四　核算利润

◎ 瞄准靶心

能够计算营业利润、利润总额和净利润。
能够进行本年利润结转的会计核算。

新疆彭洪有限公司的地址在新疆伊犁市伊宁5号院1631室，属增值税一般纳税人，纳税人识别号：486002726700686。该企业在中国工商银行伊宁支行开立基本账户，账号：0200538827990088700。2017年4月企业发生了数笔销售业务及投资业务，前期已经做好记账工作，得出各损益类科目的本期发生额如图6-4-1所示。

损益类科目本期发生额汇总表

2017年04月　　　　　　　　　　　单位：元

科　目	借或贷	余　额
主营业务收入	贷	1 000 000
其他业务收入	贷	450 000
主营业务成本	借	700 000
其他业务成本	借	200 000
税金及附加	借	27 000
销售费用	借	49 000
管理费用	借	30 000
财务费用	借	5 040
公允价值变动收益	贷	500
投资收益	贷	50 000
营业外收入	贷	2 400
营业外支出	借	6 200

图 6-4-1

假如你是新疆彭洪有限公司财务部的一名会计，且主要负责企业利润形成与分配业务的会计核算。该企业本年利润账户本期的期初余额为0，那么请完成下列5个问题：

(1) 计算该企业4月的营业利润。

(2) 计算该企业4月的利润总额。

(3) 假设没有纳税调整事项，计算该企业 4 月的净利润。

(4) 结转各损溢类账户余额。

(5) 假设该企业 2017 年全年税后利润为 400 万元，年终按 10% 的比例提取法定盈余公积金，按税后利润扣除法定盈余公积后余额的 80% 向投资者分配利润。完成利润分配的核算。

业务1：营业利润的计算

1. 营业利润计算的公式

营业利润＝营业收入－营业成本－税金及附加－销售费用－管理费用－
　　　　　财务费用－资产减值损失＋公允价值变动收益
　　　　　（－公允价值变动损失）＋投资收益（－投资损失）

其中：

营业收入是指企业经营业务所确认的收入总额，包括主营业务收入和其他业务收入。

营业成本是指企业经营业务所发生的实际成本总额，包括主营业务成本和其他业务成本。

资产减值损失是指企业计提各项资产减值准备所形成的损失。

公允价值变动损溢是指企业交易性金融资产等公允价值变动形成的应计入当期损溢的利得或损失。

投资损溢是指企业以各种方式对外投资所取得的收益或发生的损失。

2. 计算该企业 4 月的营业利润

根据企业 4 月各损溢类科目本期发生额汇总表（图 6-4-1）的数据，计算该企业 4 月的营业利润：

营业收入＝主营业务收入＋其他业务收入＝1 000 000＋450 000＝1 450 000（元）

营业成本＝主营业务成本＋其他业务成本＝700 000＋200 000＝900 000（元）

营业利润＝营业收入－营业成本－税金及附加－销售费用－管理费用－
　　　　　财务费用－资产减值损失＋公允价值变动收益（－公允价值变动损失）＋
　　　　　投资收益（－投资损失）＝1 450 000－900 000－27 000－49 000－
　　　　　30 000－5 040－0＋500＋50 000＝489 460（元）

业务2：利润总额的计算

1. 利润总额的计算公式

利润总额＝营业利润＋营业外收入－营业外支出

其中：

营业外收入是指企业发生的与其日常活动无直接关系的各项利得，包括固定资产盘盈、处置固定资产净收益、处置无形资产净收益、罚款净收入等。

营业外支出是指企业发生的与其日常活动无直接关系的各项损失，包括固定资产盘亏、处置固定资产净损失、处置无形资产净损失、债务重组损失、罚款支出、捐赠支出、非常损失等。

2. 计算该企业 4 月的利润总额

利润总额＝营业利润＋营业外收入－营业外支出

$\qquad$ ＝489 460＋2 400－6 200

$\qquad$ ＝485 660（元）

业务 3：净利润的计算

1. 净利润的计算公式

净利润＝利润总额－所得税费用

其中：所得税费用是指企业确认的应从当期利润总额中扣除的所得税费用（图 6－4－2）。

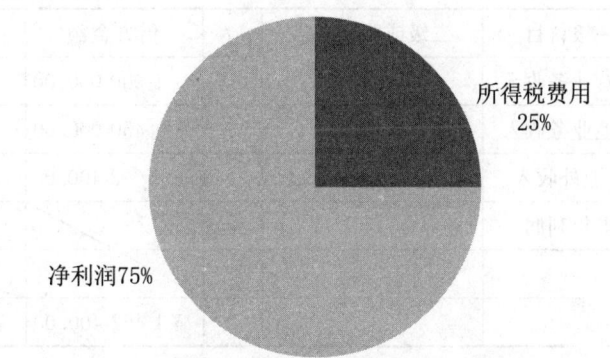

图 6－4－2　净利润与利润总额示意

2. 计算该企业 4 月的净利润

假设没有纳税调整事项，企业所得税税率为 25%。

应交所得税额＝应纳税所得额×所得税税率

$\qquad$ ＝税前会计利润×所得税税率

$\qquad$ ＝485 660×25%

$\qquad$ ＝121 415（元）

净利润＝利润总额－所得税费用

$\qquad$ ＝485 660－121 415

$\qquad$ ＝364 245（元）

业务 4：结转各损溢类账户余额

1. 分析结转各损溢类账户余额业务

企业应设置"本年利润"账户，用于核算企业当年实现的净利润或发生的净亏损。会计期末，企业应将收入类账户贷方发生额转入该账户贷方登记，借记"主营业务收入""其他业务收入""营业外收入"等账户，贷记"本年利润"账户；将费用类账户借方发生额转入该账户借方登记，借记"本年利润"账户，贷记"主营业务成本""其他业务成本""税金及附加""管理费用""销售费用""财务费用""资产减值损失""营业外支出""所得税费用"等账户。"公允价值变动损溢""投资收益"等账户若为净收益，则借记"公允价值变动收益""投资收益"账户，贷记"本年利润"账户；若为净损失，则借记"本年利润"账户，贷记"公允价值变动损失""投资收益"等账户。

2. 编制会计分录并填制记账凭证

（1）结转收入（图 6-4-3）。

记 账 凭 证

2017 年 04 月 30 日　　　　　　　　　　　　　　　　记字 01 号

摘　要	一级科目	二级或明细科目	√	借方金额	贷方金额
结转收入	主营业务收入			1 000 000.00	
结转收入	其他业务收入			450 000.00	
结转收入	营业外收入			2 400.00	
结转收入	本年利润				1 452 400.00
合　计				￥1 452 400.00	￥1 452 400.00

会计主管：×××　　记账：×××　　审核：×××　　出纳：×××　　制单：×××

附件　张

图 6-4-3

（2）结转成本费用（图 6-4-4、图 6-4-5）。

记 账 凭 证

2017 年 04 月 30 日　　　　　　　　　　记字 2（1）号

摘　要	一级科目	二级或明细科目	√	借方金额	贷方金额
结转成本费用	本年利润			1 138 655.00	
结转成本费用	主营业务成本				700 000.00
结转成本费用	其他业务成本				200 000.00
结转成本费用	税金及附加				27 000.00
结转成本费用	销售费用				49 000.00
合　计				—	—

会计主管：×××　　记账：×××　　审核：×××　　出纳：×××　　制单：×××

图 6-4-4

记 账 凭 证

2017 年 04 月 30 日　　　　　　　　　　记字 2（2）号

摘　要	一级科目	二级或明细科目	√	借方金额	贷方金额
结转成本费用	管理费用				30 000.00
结转成本费用	财务费用				5 040.00
结转成本费用	营业外支出				6 200.00
结转成本费用	所得税费用				121 415.00
合　计				¥ 1 138 655.00	¥ 1 138 655.00

会计主管：×××　　记账：×××　　审核：×××　　出纳：×××　　制单：×××

图 6-4-5

（3）结转投资收益（图 6-4-6）。

记 账 凭 证

2017 年 04 月 30 日　　　　　　　　　　　　　　记字 03 号

摘　要	一级科目	二级或明细科目	√	借方金额	贷方金额
结转投资收益	投资收益			50 000.00	
结转投资收益	公允价值变动收益			500.00	
结转投资收益	本年利润				50 500.00
合　计				¥ 50 500.00	¥ 50 500.00

会计主管：×××　　记账：×××　　审核：×××　　出纳：×××　　制单：×××

附件　张

图 6-4-6

（4）年度结转利润分配（图 6-4-7）。

记 账 凭 证

2017 年 04 月 30 日　　　　　　　　　　　　　　记字 04 号

摘　要	一级科目	二级或明细科目	√	借方金额	贷方金额
结转利润分配	本年利润			364 245.00	
结转利润分配	利润分配	未分配利润			364 245.00
合　计				¥ 364 245.00	¥ 364 245.00

会计主管：×××　　记账：×××　　审核：×××　　出纳：×××　　制单：×××

附件　张

图 6-4-7

业务 5：利润分配的核算

1. 分析利润分配核算业务

企业实现的净利润（即税后利润），应按照弥补企业以前年度发生的亏损（5 年以内亏损允许在税前弥补）、提取盈余公积、向投资者分配利润等顺序进行分配。该企业只需提取法定盈余公积、向投资者分配利润即可。提取法定盈余公积金时，应借记"利润分配——提取法定盈余公积"账户，贷记"盈余公积——法定盈余公积"账户；向投资者分配利润时，应借记"利润分配——应付利润"账户，贷记"应付利润"账户。

（1）提取法定盈余公积金。

提取的法定盈余公积金金额应为：$4\ 000\ 000 \times 10\% = 400\ 000$（元）

(2) 向投资者分配利润。

应向投资者分配的利润金额为：(4 000 000－400 000)×80%＝2 880 000（元）

2. 编制会计分录并填制记账凭证

(1) 提取法定盈余公积金（图 6-4-8）。

记 账 凭 证

2017 年 12 月 31 日　　　　　　　　　　　　　　　　记字 01 号

摘　要	一级科目	二级或明细科目	√	借方金额	贷方金额
提取法定盈余公积金	利润分配	提取法定盈余公积		400 000.00	
提取法定盈余公积金	盈余公积	法定盈余公积			400 000.00
合　计				¥400 000.00	¥400 000.00

附件　张

会计主管：×××　　记账：×××　　审核：×××　　出纳：×××　　制单：×××

图 6-4-8

(2) 向投资者分配利润（图 6-4-9）。

记 账 凭 证

2017 年 12 月 31 日　　　　　　　　　　　　　　　　记字 02 号

摘　要	一级科目	二级或明细科目	√	借方金额	贷方金额
向投资者分配利润	利润分配	应付利润		2 880 000.00	
向投资者分配利润	应付利润				2 880 000.00
合　计				¥2 880 000.00	¥2 880 000.00

附件　张

会计主管：×××　　记账：×××　　审核：×××　　出纳：×××　　制单：×××

图 6-4-9

业务 6：登记本年利润总账

本年利润账户无二级明细账户，且期初余额为 0，故可以仅登记总分类账。根据以上分析，登记"本年利润总账"如图 6-4-10 所示。

总　账

会计科目：**本年利润**

2017年		凭证		摘要	借方 (亿千百十万千百十元角分)	贷方 (亿千百十万千百十元角分)	借或贷	余额 (亿千百十万千百十元角分)	√
月	日	字	号						
4	1			期初余额			平	0 0 0	
	30	记	1	结转收入		1 4 5 2 4 0 0 0 0	贷	1 4 5 2 4 0 0 0 0	
	30	记	2	结转成本费用	1 1 3 8 6 5 5 0 0		贷	3 1 3 7 4 5 0 0	
	30	记	3	结转投资收益		5 0 5 0 0 0 0	贷	3 6 4 2 4 5 0 0	
	30	记	4	结转利润分配	3 6 4 2 4 5 0 0		平	0 0 0	
4	30			本月合计	1 5 0 2 9 0 0 0 0	1 5 0 2 9 0 0 0 0	平	0 0 0	

图 6 - 4 - 10

 小贴士

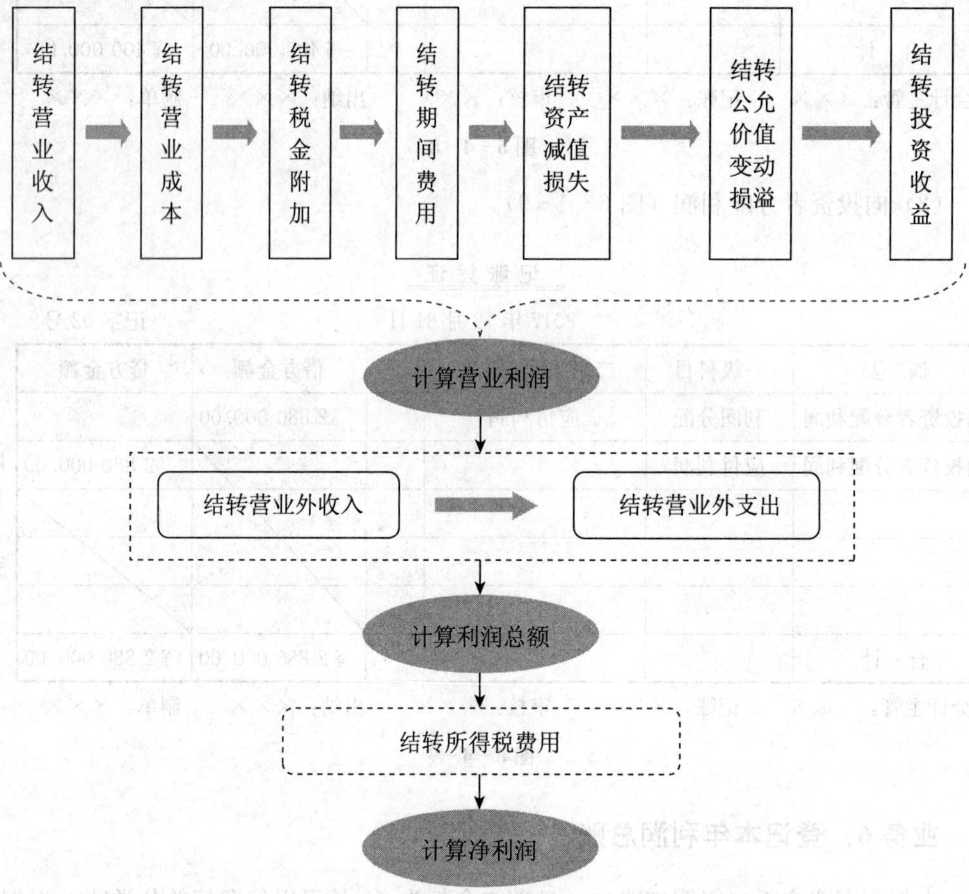

```
结转营业收入 → 结转营业成本 → 结转税金附加 → 结转期间费用 → 结转资产减值损失 → 结转公允价值变动损溢 → 结转投资收益
```

↓

计算营业利润

↓

结转营业外收入 → 结转营业外支出

↓

计算利润总额

↓

结转所得税费用

↓

计算净利润

图 6 - 4 - 11　利润的业务流程

战术提升

长风有限公司的地址在新疆乌鲁木齐金地大厦1901室，电话是0991-82527966。企业为一般纳税人，纳税人识别号：110226585874078。该企业在中国工商银行乌市支行开立基本账户，账号：0200097419020104943。

企业2016年有关损溢类科目的年末余额如图6-4-12所示（所得税税率为25%）：

损溢类科目期末余额汇总表

2017年12月　　　　　　　　　　　　　　　　　　　　　　　单位：元

科　目	借或贷	余　额
主营业务收入	贷	6 000 000
其他业务收入	贷	700 000
公允价值变动损溢	贷	150 000
投资收益	贷	600 000
营业外收入	贷	50 000
主营业务成本	借	4 000 000
其他业务成本	借	400 000
税金及附加	借	80 000
销售费用	借	500 000
管理费用	借	770 000
财务费用	借	200 000
资产减值损失	借	100 000
营业外支出	借	250 000

图6-4-12

那么，请根据该企业2016年损溢类科目的年末余额完成下列问题：

(1) 结转企业2016年年末的本年利润。
(2) 计算企业2016年年末的利润总额。
(3) 确认企业所得税费用，并将所得税费用结转入"本年利润"科目。
(4) 将"本年利润"科目年末余额转入"利润分配——未分配利润"科目。

岗位七 总账报表岗位实务

任务一 认知总账报表岗位

🎯 瞄准靶心

能够认知总账报表岗位的岗位职责与工作流程。

能够认知总账报表岗位的主要核算内容与技能要求。

步骤一：认知总账报表岗位职责

1. 总账报表岗位

总账报表岗位是每个企业都需要设置的岗位，该岗位可以一人一岗，可以一人多岗，也可以多人一岗，但为符合内部控制制度的要求，出纳人员不得监管总账报表岗位的工作。为了能够胜任该岗位工作，需要具有良好的时间与计划管理能力；具有较强的沟通能力、领导能力、组织协调能力、判断力；具有一定的系统思维能力、风险意识和风险控制能力、成本意识和成本控制能力；具有一定的计算机应用能力，熟练操作各种办公软件等。

2. 总账报表岗位的岗位职责

总账报表会计的岗位职责是协助财务经理完善本企业的会计核算体系，正确、及时地进行会计业务综合、汇总工作，具体包括：

（1）复核记账凭证、各类明细账，并根据审核无误的汇总记账凭证或科目汇总表登记总账。

（2）协助财务经理组织会计工作，参与会计核算体系、会计科目、会计凭证和会计账簿的建立与完善。

（3）定期对总账与各类明细账进行核对，保证账账相符，并指导其他会计人员做好记账、对账和结账工作。

（4）负责年度、中期资产负债表、利润表、现金流量表等的编制，并对财务报表进行分析与上报。

(5) 负责财务报告的送审、报批，为会计事务所审计工作提供各明细账情况表及相关审计资料。

(6) 负责为企业预算编制及管理提供财务数据，为统计人员提供相关财务数据。

(7) 完成上级交付的临时工作及其他任务。

步骤二：认知总账报表岗位的工作流程

总账报表岗位的工作流程如图7-1-1所示。

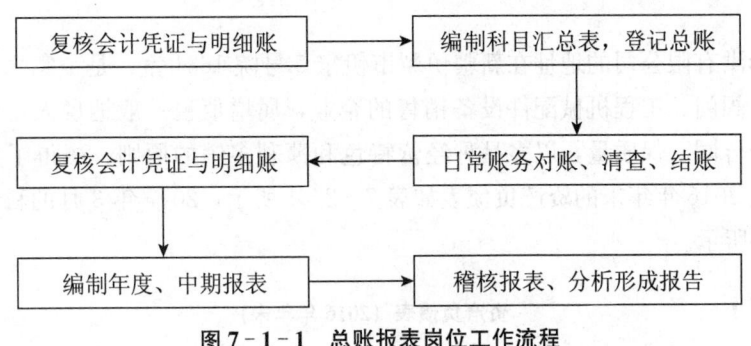

图7-1-1 总账报表岗位工作流程

步骤三：认知总账报表岗位的主要核算内容和技能要求

总账报表的岗位职责是协助财务经理，准确、及时地完成会计业务的综合汇总工作，主要的日常工作分为以下四大部分。

1. 复核凭证，登记总账

会计凭证是财务数据的基础，每日认真复核记账凭证及原始凭证，确保记账凭证手续完备，内容真实完整；定期登记总账账务，并核对总账与各明细账，保证账账相符。

2. 编制财务报表

根据会计凭证与会计账簿，按照会计核算期间编制资产负债表、利润表、现金流量表等财务报表，核对财务报表数据是否准确、真实反映企业经营成果，并对报表进行分析与上报。

3. 内部管理工作

遵守国家财经法律法规，关注并熟练掌握有关财经政策及会计制度，协助财务经理组织实施会计内部控制制度与内部会计监督制度；分析计划的完成情况，提出改善经营管理的建议和措施；分析经营效果，参与经营决策，参与审查合同；组织会计人员学习培训，参与制定对会计人员的考核办法，参与研究会计人员的任用和调配。

4. 其他辅助工作

积极配合企业各部门相关工作，为相关部门准确提供财务数据；配合企业财务工作，接待内外审计人员及税务人员；认真完成领导安排的临时任务及其他日常工作。

任务二 编制资产负债表

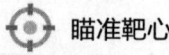

能够依据资产负债表的填列方法编制简易的资产负债表。

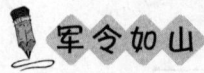

新疆彭洪有限公司的地址在新疆伊犁市伊宁5号院1631室,是一家主要经营汽车配件、水泵阀门、工程机械配件设备销售的企业,属增值税一般纳税人。该企业秉承重信用、守合同、保质量,以多品种经营特色和薄利多销的原则,赢得了广大客户的信任。企业2016年年末的资产负债表如表7-2-1所示,2017年3月的科目余额表如表7-2-2所示。

表7-2-1　　　　　　　　　资产负债表（2016年年末）

会企01表
编制单位：新疆彭洪有限公司　　　2016年12月31日　　　　　　　　单位：元

资产	年初余额	期末余额	负债和所有者权益（或股东权益）	年初余额	期末余额
流动资产：			流动负债：		
货币资金	1 278 000	1 406 300	短期借款	240 000	320 000
交易性金融资产	12 000	15 000	交易性金融负债	0	0
应收票据	360 000	246 000	应付票据	150 000	200 000
应收账款	280 300	299 100	应付账款	685 000	894 800
预付款项	270 000	100 000	预收账款	0	0
应收利息	0	0	应付职工薪酬	0	0
应收股利	0	0	应交税费	27 300	36 600
其他应收款	8 000	5 000	应付利息	0	0
存货	2 150 000	2 580 000	应付股利	0	0
划分为持有待售的资产	0	0	其他应付款	68 000	50 000
一年内到期的非流动资产	0	0	划分为持有待售的负债	0	0
其他流动资产	100 000	100 000	一年内到期的非流动负债	800 000	1 000 000
流动资产合计	4 458 300	4 751 400	其他流动负债	0	0

续 表

资　产	年初余额	期末余额	负债和所有者权益（或股东权益）	年初余额	期末余额
非流动资产：			流动负债合计	1 970 300	2 501 400
可供出售金融资产	0	0	非流动负债：		
持有至到期投资	0	0	长期借款	600 000	600 000
长期应收款	0	0	应付债券	0	0
长期股权投资	0	0	长期应付款	0	0
投资性房地产	0	0	专项应付款		
固定资产	1 350 000	1 100 000	预计负债	0	0
在建工程	980 000	1 500 000	递延收益	0	0
工程物资	0	0	递延所得税负债		
固定资产清理	0	0	其他非流动负债	0	0
生产性生物资产	0	0	非流动负债合计	600 000	600 000
油气资产	0	0	负债合计	2 570 300	3 101 400
无形资产	0	0	所有者权益（或股东权益）：		
开发支出	0	0	实收资本（或股本）	4 300 000	4 300 000
商誉	0	0	资本公积	0	0
长期待摊费用	0	0	减：库存股	0	0
递延所得税资产	0	0	其他综合收益	0	0
其他非流动资产	180 000	200 000	盈余公积	66 000	100 000
非流动资产合计	2 510 000	2 800 000	未分配利润	32 000	50 000
			所有者权益（或股东权益）合计	4 398 000	4 450 000
资产总计	6 968 300	7 551 400	负债和所有者权益（或股东权益）总计	6 968 300	7 551 400

表 7-2-2　　　　　　　　　　　　　　科目余额表

2017 年 03 月　　　　　　　　　　　　　　　　　　　　　　　　单位：元

资产账户	借或贷	余　额	负债及所有者权益账户	借或贷	余　额
库存现金	借	1 500	短期借款	贷	250 000
银行存款	借	800 000	应付票据	贷	25 500
其他货币资金	借	90 000	应付账款	贷	71 000
交易性金融资产	借	115 000	——丙企业	贷	91 000

续 表

资产账户	借或贷	余额	负债及所有者权益账户	借或贷	余额
应收票据	借	20 000	——丁企业	借	20 000
应收账款	借	75 000	预收账款	贷	14 700
——甲公司	借	80 000	——C公司	贷	14 700
——乙公司	贷	5 000	其他应付款	贷	12 000
坏账准备	贷	2 000	应交税费	贷	28 000
预付账款	借	36 100	长期借款	贷	506 000
——A公司	借	31 000	应付债券	贷	563 700
——B公司	借	5 100	其中一年到期的应付债券	贷	23 000
其他应收款	借	8 500	实收资本	贷	4 040 000
原材料	借	774 400	盈余公积	贷	158 100
生产成本	借	265 400	利润分配	贷	1 900
库存商品	借	193 200	——未分配利润	贷	1 900
固定资产	借	2 888 000	本年利润	贷	36 700
累计折旧	贷	4 900			
在建工程	借	447 400			
资产合计		5 707 600	负债及所有者权益合计		5 707 600

请问，根据以上资料如何编制企业2017年3月的资产负债表？

要想编制一张资产负债表，首先需要了解资产负债表的内容与结构，其次要掌握资产负债表的填列方法，才能编制出一张正确的资产负债表。

步骤一：了解资产负债表的内容与结构

1. 资产负债表的内容

资产负债表属于静态报表，是反映企业在某一特定日期财务状况的报表，是企业对外公布的一张重要报表。

2. 资产负债表的结构

资产负债表一般有表首、正表两部分（表7-2-3）。其中，表首概括地说明报表名称、编制单位、编制日期、报表编号、计量单位等。

正表是资产负债表的主体，列示了用以说明企业财务状况的各个项目。在我国，资产负债表采用账户式结构，如表7-2-3所示。账户式资产负债表是左右结构，左边列示资产，右边列示负债和所有者权益。资产负债表左右双方平衡，即资产总计等于负债与所有者权益的总计。

表7-2-3　　　　　　　　　　　资产负债表（空表）

会企01表

编制单位：　　　　　　　　　　　年　月　日　　　　　　　　　　　单位：元

资　产	年初余额	期末余额	负债和所有者权益（或股东权益）	年初余额	期末余额
流动资产：			流动负债：		
货币资金			短期借款		
交易性金融资产			交易性金融负债		
应收票据			应付票据		
应收账款			应付账款		
预付款项			预收账款		
应收利息			应付职工薪酬		
应收股利			应交税费		
其他应收款			应付利息		
存货			应付股利		
划分为持有待售的资产			其他应付款		
一年内到期的非流动资产			划分为持有待售的负债		
其他流动资产			一年内到期的非流动负债		
流动资产合计			其他流动负债		
非流动资产：			流动负债合计		
可供出售金融资产			非流动负债：		
持有至到期投资			长期借款		
长期应收款			应付债券		
长期股权投资			长期应付款		
投资性房地产			专项应付款		
固定资产			预计负债		
在建工程			递延收益		
工程物资			递延所得税负债		
固定资产清理			其他非流动负债		
生产性生物资产			非流动负债合计		

续 表

资　　产	年初余额	期末余额	负债和所有者权益 （或股东权益）	年初余额	期末余额
油气资产			负债合计		
无形资产			所有者权益（或股东权益）：		
开发支出			实收资本（或股本）		
商誉			资本公积		
长期待摊费用			减：库存股		
递延所得税资产			其他综合收益		
其他非流动资产			盈余公积		
非流动资产合计			未分配利润		
			所有者权益（或股东权益）合计		
资产总计			负债和所有者权益（或股东权益）总计		

3. 资产负债表的列示

在资产负债表中，资产按照其流动性分类列示，包括流动资产和非流动资产；所有者权益按照实收资本（股本）、资本公积、盈余公积、未分配利润等项目分项列示。

步骤二：填列资产负债表

1. 表首的填列

因为要求编制的是资产负债表，所以，报表名称统一填制为资产负债表、编制单位为新疆彭洪有限公司、编制时间为2017年03月31日，单位则为元，如图7-2-1所示。

资产负债表表首

会企01表

编制单位：新疆彭洪有限公司	2017年03月31日	单位：元

图 7-2-1　资产负债表表首示意

2. 正表"年初余额"的填列

资产负债表的各项目均需填列"年初余额"和"期末余额"两栏，资产负债表"年初余额"栏内各项数字，应根据上年末资产负债表的"期末余额"栏内所列数字填列。所以，应将上年度资产负债表（表7-2-1）中"期末余额"栏数额填入本月资产负债表中的"年初余额"，填列结果如表7-2-4所示。

表 7-2-4　　　　　　　　　　　资产负债表

会企 01 表
编制单位：新疆彭洪有限公司　　2017 年 03 月 31 日　　　　　　　　　　　单位：元

资　产	年初余额	期末余额	负债和所有者权益（或股东权益）	年初余额	期末余额
流动资产：			流动负债：		
货币资金	1 406 300		短期借款	320 000	
交易性金融资产	15 000		交易性金融负债	0	
应收票据	246 000		应付票据	200 000	
应收账款	299 100		应付账款	894 800	
预付款项	100 000		预收账款	0	
应收利息	0		应付职工薪酬	0	
应收股利	0		应交税费	36 600	
其他应收款	5 000		应付利息	0	
存货	2 580 000		应付股利	0	
划分为持有待售的资产	0		其他应付款	50 000	
一年内到期的非流动资产	0		划分为持有待售的负债	0	
其他流动资产	100 000		一年内到期的非流动负债	1 000 000	
流动资产合计	4 751 400		其他流动负债	0	
非流动资产：			流动负债合计	2 501 400	
可供出售金融资产	0	0	非流动负债：		
持有至到期投资	0	0	长期借款	600 000	
长期应收款	0	0	应付债券	0	
长期股权投资	0		长期应付款	0	
投资性房地产	0	0	专项应付款		
固定资产	1 100 000		预计负债	0	
在建工程	1 500 000		递延收益	0	
工程物资	0		递延所得税负债	0	
固定资产清理	0		其他非流动负债		
生产性生物资产	0		非流动负债合计	600 000	
油气资产	0		负债合计	3 101 400	
无形资产	0		所有者权益（或股东权益）：		
开发支出	0		实收资本（或股本）	4 300 000	

续表

资　产	年初余额	期末余额	负债和所有者权益（或股东权益）	年初余额	期末余额
商誉	0		资本公积	0	
长期待摊费用	0		减：库存股	0	
递延所得税资产	0		其他综合收益	0	
其他非流动资产	200 000		盈余公积	100 000	
非流动资产合计	2 800 000		未分配利润	50 000	
			所有者权益（或股东权益）合计	4 450 000	
资产总计	7 551 400		负债和所有者权益（或股东权益）总计	7 551 400	

小贴士

如果上年度资产负债表规定的各个项目的名称和内容与本年度不一致，应对上年年末资产负债表各项目的名称和数字按照本年度的规定进行调整，填入本表"年初余额"栏内。

3. 正表"期末余额"的填列

资产负债表中"期末余额"应根据科目余额表（表7-2-2）中的数据分析填列。

（1）流动资产的填列。

① "货币资金"项目，应根据"现金""银行存款""其他货币资金"账户的期末余额合计数计算填列。根据科目余额表得知：货币资金＝1 500＋800 000＋90 000＝891 500。

② "交易性金融资产""应付票据""其他应收款"项目应直接根据科目余额表中账户的期末余额填列。此处分别为"115 000""20 000"和"8 500"。

③ "应收账款"项目，应根据"应收账款"和"预收账款"两个账户所属的明细账户期末借方余额合计减去坏账准备贷方余额计算填列。根据科目余额表得知：应收账款借方余额－坏账准备贷方余额＝80 000－2 000＝78 000。

④ "预付款项"项目，应根据"应付账款""预付账款"科目所属明细科目期末借方余额合计填列，减去"坏账准备"科目中有关预付账款计提的坏账准备期末余额后的金额填列。根据科目余额表得知：预付款项＝36 100＋20 000＝56 100。

⑤ "存货"项目，应根据"材料采购（在途物资）""原材料""库存商品""生产成本""周转材料""委托加工物资""材料成本差异""发出商品"等账户的期末余额

合计减去"存货跌价准备"等账户期末余额后的净额填列。根据科目余额表得知：存货＝816 600＋265 400＋193 200－42 200＝1 233 000。

⑥流动资产合计为以上各项之和，即为：891 500＋115 000＋20 000＋78 000＋56 100＋8 500＋1 233 000＝2 402 100。

(2) 非流动资产的填列。

①"固定资产"项目，应根据"固定资产"科目的期末余额减去"累计折旧""固定资产减值准备"备抵科目余额后的净额填列。根据科目余额表得知：固定资产＝固定资产－累计折旧＝2 888 000－4 900＝2 883 100。

②"在建工程"项目，企业没有设置相关减值准备科目，根据科目余额表得知：可以直接填列为447 400元。

③非流动资产合计为以上两项之和：2 883 100＋447 400＝3 330 500。

(3) 资产合计的填列。

资产合计＝流动资产＋非流动资产＝2 402 100＋3 330 500＝5 732 600。

(4) 流动负债的填列。

①"短期借款""应付票据""应交税费""其他应付款"等项目应直接根据科目余额表的期末余额填列，分别为"250 000""25 500""28 000""12 000"。

②"应付账款"项目，应根据"应付账款""预付账款"等科目所属明细科目期末贷方余额合计，减去"坏账准备"科目中有关预付账款计提的坏账准备期末余额后的金额填列。根据科目余额表得知：应付账款＝91 000。

③"预收账款"项目，应根据"应收账款""预收账款"科目所属明细科目期末贷方明细余额合计填列。根据科目余额表得知：预收账款＝14 700＋5 000＝19 700。

④其中将于一年内到期的应付债券记入"一年内到期的非流动负债"项目，根据科目余额表得知为23 000。

⑤流动负债合计为以上各项之和：250 000＋25 500＋91 000＋19 700＋28 000＋12 000＋23 000＝449 200。

(5) 非流动负债的填列。

①"长期借款""应付债券"项目应根据"长期借款""应付债券"账户余额扣除"长期借款""应付债券"账户所属明细账户中将于一年内到期的长期借款、应付债券后的金额填列。根据科目余额表得知：一年内到期的长期借款为0，所以长期借款应为506 000；应付债券＝应付债券－一年到期的应付债券＝563 700－23 000＝540 700。

②非流动负债合计＝506 000＋540 700＝1 046 700。

(6) 负债合计＝流动负债＋非流动负债＝449 200＋1 046 700＝1 495 900。

(7) 所有者权益的填列。

①"实收资本""盈余公积"项目应直接根据科目余额表的期末余额填列。根据科目余额表得知："实收资本""盈余公积"项目分别为"4 040 000"和"158 100"。

②"未分配利润"项目为"所有者权益合计"减去"实收资本"与"盈余公积"

之和。根据科目余额表可知：未分配利润＝4 236 700－4 040 000－158 100＝38 600。

③所有者权益合计为以上各项之和：所有者权益合计＝4 040 000＋158 100＋38 600＝4 236 700。

（8）负债＋所有者权益＝1 495 900＋4 236 700＝5 732 600＝资产。

根据以上分析，依次填列以上各个项目，得出如下资产负债表（表7－2－5）：

表7－2－5　　　　　　　　资产负债表（填列完成）

编制单位：新疆彭洪有限公司　　　　2017年03月31日

会企01表
单位：元

资　　产	年初余额	期末余额	负债和所有者权益（或股东权益）	年初余额	期末余额
流动资产：			流动负债：		
货币资金	1 406 300	891 500	短期借款	320 000	250 000
交易性金融资产	15 000	115 000	交易性金融负债	0	0
应收票据	246 000	20 000	应付票据	200 000	25 500
应收账款	299 100	78 000	应付账款	894 800	91 000
预付款项	100 000	56 100	预收账款	0	19 700
应收利息	0	0	应付职工薪酬		
应收股利	0	0	应交税费	36 600	28 000
其他应收款	5 000	8 500	应付利息	0	0
存货	2 580 000	1 233 000	应付股利		
划分为持有待售的资产	0	0	其他应付款	50 000	12 000
一年内到期的非流动资产	0	0	划分为持有待售的负债	0	0
其他流动资产	100 000	0	一年内到期的非流动负债	1 000 000	23 000
流动资产合计	4 751 400	2 402 100	其他流动负债	0	0
非流动资产：			流动负债合计	2 501 400	449 200
可供出售金融资产	0	0	非流动负债：		
持有至到期投资	0	0	长期借款	600 000	506 000
长期应收款	0	0	应付债券	0	540 700
长期股权投资	0	0	长期应付款	0	0
投资性房地产	0	0	专项应付款	0	0
固定资产	1 100 000	2 883 100	预计负债	0	0
在建工程	1 500 000	447 400	递延收益	0	0

续　表

资　产	年初余额	期末余额	负债和所有者权益 （或股东权益）	年初余额	期末余额
工程物资	0	0	递延所得税负债	0	0
固定资产清理	0	0	其他非流动负债	0	0
生产性生物资产	0	0	非流动负债合计	600 000	1 046 700
油气资产			负债合计	3 101 400	1 495 900
无形资产	0	0	所有者权益（或股东权益）：		
开发支出	0	0	实收资本（或股本）	4 300 000	4 040 000
商誉			资本公积	0	0
长期待摊费用	0	0	减：库存股	0	0
递延所得税资产	0	0	其他综合收益	0	0
其他非流动资产	200 000	0	盈余公积	100 000	158 100
非流动资产合计	2 800 000	3 330 500	未分配利润	50 000	38 600
			所有者权益（或股东权益）合计	4 450 000	4 236 700
资产总计	7 551 400	5 732 600	负债和所有者权益（或股东权益）总计	7 551 400	5 732 600

战术提升

长风有限公司的地址在新疆乌鲁木齐金地大厦1901室，该企业2017年5月的资产负债表如表7-2-6所示，该资产负债表中的表头以及"年初余额"栏已填列。现有企业5月的科目余额表如表7-2-7所示。

表7-2-6　　　　　　　　　　　资产负债表

会企01表

编制单位：长风有限公司　　　　　2017年05月31日　　　　　　　　　单位：元

资　产	年初余额	期末余额	负债和所有者权益 （或股东权益）	年初余额	期末余额
流动资产：			流动负债：		
货币资金	140 630		短期借款	300 000	
交易性金融资产	1 500		交易性金融负债	0	
应收票据	24 600		应付票据	20 000	
应收账款	29 910		应付账款	95 380	

续表

资产	年初余额	期末余额	负债和所有者权益（或股东权益）	年初余额	期末余额
预付款项	10 000		预收账款	0	
应收利息	0		应付职工薪酬	11 000	
应收股利	0		应交税费	3 660	
其他应收款	500		应付利息	100	
存货	258 000		应付股利	0	
划分为持有待售的资产	0		其他应付款	5 000	
一年内到期的非流动资产	0		划分为持有待售的负债	0	
其他流动资产	10 000		一年内到期的非流动负债	100 000	
流动资产合计	475 140		其他流动负债	0	
非流动资产：			流动负债合计	265 140	
可供出售金融资产	0		非流动负债：		
持有至到期投资	0		长期借款	60 000	
长期应收款	0		应付债券	0	
长期股权投资	25 000		长期应付款	0	
投资性房地产	0		专项应付款	0	
固定资产	110 000		预计负债	0	
在建工程	150 000		递延收益	0	
工程物资	0		递延所得税负债	0	
固定资产清理	0		其他非流动负债	0	
生产性生物资产	0		非流动负债合计	60 000	
油气资产	0		负债合计	325 140	
无形资产	60 000		所有者权益（或股东权益）：		
开发支出	0		实收资本（或股本）	500 000	
商誉	0		资本公积	0	
长期待摊费用	0		减：库存股	0	
递延所得税资产	0		其他综合收益	0	
其他非流动资产	20 000		盈余公积	10 000	
非流动资产合计	365 000		未分配利润	5 000	
			所有者权益（或股东权益）合计	515 000	
资产总计	840 140		负债和所有者权益（或股东权益）总计	840 140	

表 7-2-7　　　　　　　　　科目余额表

2017 年 05 月　　　　　　　　　　　　　　　单位：元

资产账户	借或贷	余　额	负债及所有者权益账户	借或贷	余　额
库存现金	借	244 778	短期借款	贷	50 000
银行存款	借	160 000	应付账款	贷	30 000
应收账款	借	6 000	应付职工薪酬	贷	18 000
坏账准备	贷	180	应交税费	贷	12 439
预付账款	借	10 000	长期借款	贷	100 000
其他应收款	借	5 000	实收资本	贷	400 000
材料采购	借	275 000	资本公积	贷	60 000
原材料	借	27 500	盈余公积	贷	5 664
周转材料	借	4 500			
库存商品	借	3 805			
材料成本差异	借	210 000			
长期股权投资	借	26 000			
固定资产	借	100 000			
累计折旧	贷	17 000			
在建工程	借	40 000			
无形资产	借	80 000			
累计摊销	贷	8 000			
资产合计		676 103	负债及所有者权益合计		676 103

假如你是长风有限公司主要负责有关总账报表业务的一名会计，那么，请问对于该企业 2017 年 5 月的资产负债表中的"期末余额"栏，该如何填列呢？

任务三　编制利润表

瞄准靶心

能够依据利润表的填列方法编制简易的利润表。

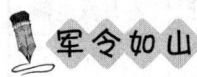

新疆彭洪有限公司的地址在新疆伊犁市伊宁 5 号院 1631 室，是一家主要经营汽车

配件、水泵阀门、工程机械配件设备销售的企业,属增值税一般纳税人。该企业秉承重信用、守合同、保质量,以多品种经营特色和薄利多销的原则,赢得了广大客户的信任。企业2017年4月的资产负债表如表7-3-1所示,2017年5月的各损溢类账户发生额汇总表如表7-3-2所示。

表7-3-1　　　　　　　　　　　利 润 表

会企01表

编制单位:新疆彭洪有限公司　　　2017年04月　　　　　　　　　单位:元

项　目	行　次	本月数	本年累计数
一、营业收入	1	300 000	1 800 000
减:营业成本	4	170 000	930 000
税金及附加	5	10 000	65 000
销售费用	10	20 000	130 000
管理费用	11	35 000	240 000
财务费用	14	2 500	15 000
资产减值损失	15	—	—
加:公允价值变动收益(损失以"—"号填列)	16	—	—
投资收益(亏损以"—"号填列)	18	11 500	64 000
其中:对联营企业和合营企业的投资收益	19	—	—
二、营业利润(亏损以"—"号填列)	22	74 000	484 000
加:营业外收入	23	16 000	42 000
减:营业外支出	25	10 000	14 000
三、利润总额(亏损总额以"—"号填列)	27	80 000	512 000
减:所得税费用	28	11 500	76 000
四、净利润(净亏损以"—"号填列)	30	68 500	436 000
五、每股收益	31	略	略
(一)基本每股收益	32	略	略
(二)稀释每股收益	33	略	略

表7-3-2　　　　　　　　损溢类账户发生额汇总表

2017年05月　　　　　　　　　　　　　　　　　单位:元

收入类账户	借或贷	本月发生额	支出类账户(费用)	借或贷	本月发生额
主营业务收入	贷	245 000	主营业务成本	借	106 500
其他业务收入	贷	15 000	其他业务成本	借	10 500

续　表

收入类账户	借或贷	本月发生额	支出类账户（费用）	借或贷	本月发生额
投资收益	贷	-3 500	税金及附加	借	11 850
营业外收入	贷	2 150	销售费用	借	21 320
			管理费用	借	31 110
			财务费用	借	1 880
			营业外支出	借	700
			所得税费用	借	10 200

制表：×××　　　　　　　　　　　审核：×××

请问，该如何完成企业2017年5月利润表的编制？

要想编制一张利润表，首先需要了解利润表的结构，其次要掌握利润表的编制方法，才能编制出一张准确的利润表。

步骤一：了解利润表的结构与编制原理

1. 利润表的结构

利润表是反映企业一段时期（中期、年度）内利润或亏损状况的财务报表，是关于企业在一定期间内的经营收支和经营成果的记录，是动态报表。利润表的结构主要有单步式利润表和多步式利润表两种。在我国，主要采用的是多步式利润表，如表7-3-1所示。

2. 利润表的编制原理

利润表编制的原理是"收入－费用＝利润"的会计平衡公式和收入与费用的配比原则。在生产经营中企业不断地发生各种费用支出，同时取得各种收入，收入减去费用，剩余的部分就是企业的盈利。取得的收入和发生的相关费用的对比情况就是企业的经营成果。如果企业经营不当，发生的生产经营费用超过取得的收入，企业就发生了亏损；反之企业就能取得一定的利润。所以，会计部门应定期（一般按月份）核算企业的经营成果，并将核算结果编制成报表，这就是利润表。

步骤二：编制利润表

多步式利润表的编制是按净利润形成的主要环节，将各种收入和相关成本费用在表中分别列示。

1. 表首的填列

利润表表首部分需要填列的项目主要包括编制单位、编制时间，以及计量单位。

要编制的是新疆彭洪有限公司 5 月的利润表，所以表首填列如图 7-3-1 所示。

利润表表首

编制单位：新疆彭洪有限公司　　　　2017 年 05 月　　　　　　　　　　单位：元

图 7-3-1　利润表表首

2. 利润表中"本月数"的填列

各项目的"本月数"反映本月实际发生额，应根据损益类账户的本月实际发生额计算分析填列。

（1）"营业收入"项目。

营业收入项目反映企业经营主要业务和其他业务所确认的收入总额，应根据"主营业务收入"和"其他业务收入"科目的发生额分析填列，营业收入＝主营业务收入＋其他业务收入。

根据企业 5 月各损益类账户发生额汇总表可知，5 月利润表中的"营业收入"项目应填列的数额为 245 000＋15 000＝260 000。

（2）"营业成本"项目。

营业成本项目反映企业经营主要业务和其他业务所发生的成本总额，应根据"主营业务成本"和"其他业务成本"科目的发生额分析填列，营业成本＝主营业务成本＋其他业务成本。

根据企业 5 月各损益类账户发生额汇总表可知，5 月利润表中的"营业成本"项目应填列的数额为 106 500＋10 500＝117 000。

（3）"税金及附加"项目。

营业税金及附加项目反映企业经营业务应负担的消费税、城市建设维护税、资源税、土地增值税和教育费附加等，应根据"税金及附加"科目的发生额分析填列。

根据企业 5 月各损益类账户发生额汇总表可知，5 月利润表中的"税金及附加"项目应填列的数额为 11 850。

（4）"销售费用""管理费用""财务费用"项目。

销售费用项目反映企业在销售商品过程中发生的包装费、广告费等费用和为销售本企业商品而专设的销售机构的职工薪酬业务费等经营费用。管理费用项目反映企业为组织和管理生产经营发生的管理费用。财务费用项目反映企业筹集生产经营所需资金等而发生的筹资费用等。这三项项目应根据"销售费用""管理费用""财务费用"科目的发生额分析填列。

根据企业 5 月各损益类账户发生额汇总表可知，5 月利润表中的"销售费用""管理费用""财务费用"项目应分别填列的数额为 21 320、31 110、1 880。

（5）"资产减值损失""公允价值变动收益"项目。

资产减值损失项目反映企业各项资产发生的减值损失，应根据"资产减值损失"

科目的发生额分析填列。公允价值变动收益项目反映企业应当计入当期损益的资产或负债公允价值变动收益,应根据"公允价值变动损益"科目的发生额分析填列,若为净损失以负号填列。

根据企业 5 月各损溢类账户发生额汇总表可知,"资产减值损失""公允价值变动收益"两个项目没有发生额,故 5 月利润表中的"资产减值损失""公允价值变动收益"项目无须填列。

(6)"投资收益"项目。

投资收益项目反映企业以各种方式对外投资所取得的收益,应根据"投资收益"科目的发生额分析填列,如为投资损失本项目以负号填列。

根据企业 5 月各损溢类账户发生额汇总表可知,5 月利润表中的"投资收益"项目应填列的数额为-3 500,"其中:对联营企业和合营企业的投资收益"项目无须填列。

(7)"营业利润"项目。

营业利润项目反映企业实现的营业利润,若为亏损应以负号填列。营业利润以营业收入为基础,减去营业成本、营业税金及附加、销售费用、管理费用、财务费用、资产减值损失,加上公允价值变动收益,加上投资收益,计算得出营业利润。

根据企业 5 月各损溢类账户发生额汇总表可知,营业利润=营业收入-营业成本-营业税金及附加-期间费用-资产减值损失+公允价值变动收益+投资收益=260 000-117 000-11 850-21 320-31 110-1 880+(-3 500)=73 340。所以 5 月利润表中的"营业利润"项目应填列的数额为 73 340。

(8)"营业外收入""营业外支出"项目。

营业外收入项目反映企业发生的与日常经营业务无直接关系的各项收入,应根据"营业外收入"科目的发生额分析填列。营业外支出项目反映企业发生的与日常经营业务无直接关系的各项支出,应根据"营业外支出"科目的发生额分析填列。

根据企业 5 月各损溢类账户发生额汇总表可知,5 月利润表中的"营业外收入""营业外支出"项目应填列的数额为 2 150、700。

(9)"利润总额"项目。

利润总额项目反映企业实现的利润,若为亏损应以负号填列。利润总额以营业利润为基础,加上营业外收入,减去营业外支出,计算出利润总额。

根据企业 5 月各损溢类账户发生额汇总表可知,利润总额=营业利润+营业外收入-营业外支出=73 340+2 150-700=74 790。所以 5 月利润表中的"营业利润"项目应填列的数额为 74 790。

(10)"所得税费用"项目。

所得税费用项目反映企业应从当期利润总额中扣除的所得税费用,应根据"所得税费用"科目的发生额分析填列。

根据企业 5 月各损溢类账户发生额汇总表可知,5 月利润表中的"所得税费用"项目应填列的数额为 10 200。

(11)"净利润"项目。

净利润项目反映企业实现的净利润,若为亏损应以负号填列。净利润以利润总额为基础,减去所得税费用,计算出净利润或净亏损。

根据企业 5 月各损溢类账户发生额汇总表可知,5 月利润表中的"净利润"项目应填列的数额为 74 790－10 200＝64 590。

(12)"每股收益"项目。

普通股或潜在普通股已公开交易的企业以及正处于公开发行普通股或潜在普通股过程中的企业,还应当在利润表中列示每股收益信息。

根据企业性质,以及 4 月的利润表与 5 月各损溢类账户发生额汇总表可知,"每股收益"项目无须填列。

经过以上各项目的分析,5 月利润表中"本月数"填列如表 7-3-3 所示:

表 7-3-3　　　　　　　　利润表(2017 年 5 月)

编制单位:新疆彭洪有限公司　　2017 年 05 月　　　　　　　　单位:元

项　目	行　次	本月数	本年累计数
一、营业收入	1	260 000	
减:营业成本	4	117 000	
税金及附加	5	11 850	
销售费用	10	21 320	
管理费用	11	31 110	
财务费用	14	1 880	
资产减值损失	15		
加:公允价值变动收益(损失以"—"号填列)	16		
投资收益(亏损以"—"号填列)	18	－3 500	
其中:对联营企业和合营企业的投资收益	19		
二、营业利润(亏损以"—"号填列)	22	73 340	
加:营业外收入	23	2 150	
减:营业外支出	25	700	
三、利润总额(亏损总额以"—"号填列)	27	74 790	
减:所得税费用	28	10 200	
四、净利润(净亏损以"—"号填列)	30	64 590	
五、每股收益	31	略	
(一)基本每股收益	32	略	
(二)稀释每股收益	33	略	

3. 利润表中"本年累计数"栏的填列

各项目的"本年累计数"反映各项目自年初起至本月止的累计实际发生金额，应根据本月数与上月月末累计数之和填列。

根据企业4月的利润表（表7-3-1）与填列的5月利润表"本月数"，将5月利润表中各项目的本月数与4月利润表中各项目本年累计数相加，填列到5月的利润表的本年累计数中，填列后5月利润如表7-3-4所示。

表7-3-4　　　　　　　　　利润表（填制完成）

编制单位：新疆彭洪有限公司　　　2017年05月　　　　　　　　　　　单位：元

项　目	行次	本月数	本年累计数
一、营业收入	1	260 000	2 060 000
减：营业成本	4	117 000	1 047 000
税金及附加	5	11 850	76 850
销售费用	10	21 320	151 320
管理费用	11	31 110	271 110
财务费用	14	1 880	16 880
资产减值损失	15		
加：公允价值变动收益（损失以"—"号填列）	16		
投资收益（亏损以"—"号填列）	18	－3 500	60 500
其中：对联营企业和合营企业的投资收益	19	—	
二、营业利润（亏损以"—"号填列）	22	73 340	557 340
加：营业外收入	23	2 150	44 150
减：营业外支出	25	700	14 700
三、利润总额（亏损总额以"—"号填列）	27	74 790	586 790
减：所得税费用	28	10 200	86 200
四、净利润（净亏损以"—"号填列）	30	64 590	500 590
五、每股收益	31	略	略
（一）基本每股收益	32	略	略
（二）稀释每股收益	33	略	略

战术提升

长风有限公司的地址在新疆乌鲁木齐金地大厦1901室。该企业2017年5月的利润表如表7-3-5所示，现有企业6月的各损溢类账户发生额汇总表如表7-3-6所示。

表 7-3-5　　　　　　　　　　　利润表（长风有限公司）

编制单位：长风有限公司　　　　　　　2017 年 05 月　　　　　　　　　　　　　　单位：元

项　目	行　次	本月数	本年累计数
一、营业收入	1	略	4 370 000
减：营业成本	4	略	1 420 000
税金及附加	5	略	56 500
销售费用	10	略	1 092 600
管理费用	11	略	1 357 400
财务费用	14	略	84 100
资产减值损失	15	略	—
加：公允价值变动收益（损失以"—"号填列）	16	略	—
投资收益（亏损以"—"号填列）	18	略	25 400
其中：对联营企业和合营企业的投资收益	19	略	—
二、营业利润（亏损以"—"号填列）	22	略	384 800
加：营业外收入	23	略	322 200
减：营业外支出	25	略	6 600
三、利润总额（亏损总额以"—"号填列）	27	略	700 400
减：所得税费用	28	略	42 300
四、净利润（净亏损以"—"号填列）	30	略	658 100
五、每股收益	31	略	略
（一）基本每股收益	32	略	略
（二）稀释每股收益	33	略	略

表 7-3-6　　　　　　　　损溢类账户发生额汇总表（长风有限公司）

2017 年 06 月　　　　　　　　　　　　　　单位：元

收入类账户	借或贷	本月发生额	支出类账户（费用）	借或贷	本月发生额
主营业务收入	贷	1 000 000	主营业务成本	借	700 000
营业外收入	贷	9000	税金及附加	借	3 600
			销售费用	借	49 900
			管理费用	借	20 400
			财务费用	借	5 900
			营业外支出	借	1 800
			所得税费用	借	16 900

制表：×××　　　　　　　　　　　　　　审核：×××

假如你是长风有限公司主要负责有关总账报表业务的一名会计，现要求你编制企业 6 月的利润表，结合上述所提供的资料该如何做呢？

参考文献

[1] 臧红文，张晓毅．会计人员岗位实战演练全书（智慧增强版）[M]．2版．北京：人民邮电出版社，2014．

[2] 邢铭强．往来账会计一点通[M]．北京：中国宇航出版社，2013．

[3] 席君．职工薪酬岗位会计[M]．1版．广州：广东经济出版社，2015．

[4] 徐刚．固定资产管理与会计核算一点通[M]．1版．北京：中国宇航出版社，2013．

[5] 苏洪琳，杨良，陈雪．谈"营改增"后不动产的会计核算[J]．财会月刊，2016（10）．

[6] 财政部．关于修改《企业会计准则——基本准则》的决定．财政部令〔2014〕76号，2014－07－23．

[7] 戴德明，林钢，赵西卜．财务会计学[M]．8版．北京：中国人民大学出版社，2015．

[8] 吴艳玲．浅析加强会计往来账目管理的细化[J]．商场现代化，2015（13）．

[9] 李旭．财务报表编制实用技能与技巧[M]．1版．北京：中华工商联合出版社，2014．

[10] 焦雪丽．往来及财务成果会计业务实战手册[M]．1版．沈阳：辽海出版社，2015．

[11] 财政部，国家税务总局．关于全面推开营业税改征增值税试点的通知．财税〔2016〕36号，2016－03－23．

[12] 财政部．关于印发《政府会计准则第3号——固定资产》应用指南的通知．财会〔2017〕4号，2017－02－21．

[13] 财政部．关于印发修订《企业会计准则第9号——职工薪酬》的通知．财会〔2014〕8号，2014－01－27．

[14] 刘纳新，伍中信．不动产进项税额分期抵扣会计政策解析[J]．财会月刊，2016（12）．

[15] 财政部，国家税务总局．关于广告费和业务宣传费支出税前扣除政策的通知．财税〔2017〕41号，2017－05－27．

中高职教育贯通培养模式教材
会计精品专业建设成果教材

企业会计岗位实务
（活页手册）

主编 姜 萍 晏利平 马 睿

中国财富出版社

图书在版编目（CIP）数据

企业会计岗位实务/姜萍，晏利平，马睿主编 .—北京：中国财富出版社，2017.12
（中高职教育贯通培养模式教材）
ISBN 978-7-5047-4884-3

Ⅰ.①企… Ⅱ.①姜…②晏…③马… Ⅲ.①企业管理—会计—职业教育—教材
Ⅳ.①F275.2

中国版本图书馆 CIP 数据核字（2017）第 315164 号

策划编辑	葛晓雯	责任编辑 葛晓雯		
责任印制	石 雷	责任校对 杨小静	责任发行	敬 东

出版发行	中国财富出版社
社　　址	北京市丰台区南四环西路 188 号 5 区 20 楼　　邮政编码　100070
电　　话	010-52227588 转 2048/2028（发行部）　010-52227588 转 321（总编室）
	010-68589540（读者服务部）　　　　　　010-52227588 转 305（质检部）
网　　址	http://www.cfpress.com.cn
经　　销	新华书店
印　　刷	中国农业出版社印刷厂
书　　号	ISBN 978-7-5047-4884-3/F·2849
开　　本	787mm×1092mm　1/16　　　　　　　　　版　次　2018 年 5 月第 1 版
印　　张	43.25　　　　　　　　　　　　　　　　　印　次　2018 年 5 月第 1 次印刷
字　　数	762 千字　　　　　　　　　　　　　　　　定　价　98.00 元（含活页手册）

版权所有·侵权必究·印装差错·负责调换

目 录

岗位一　往来核算岗位实务 ··· 1
　　任务二　核算应收账款 ··· 1
　　任务三　核算应收票据 ··· 10
　　任务四　核算预收账款 ··· 19
　　任务五　核算其他应收款 ··· 24
　　任务六　核算应付账款 ··· 31
　　任务七　核算应付票据 ··· 36
　　任务八　核算预付账款 ··· 42
　　任务九　核算其他应付款 ··· 50

岗位二　存货核算岗位实务 ··· 54
　　任务二　按实际成本核算原材料 ··································· 54
　　任务三　按计划成本核算原材料 ··································· 63
　　任务四　核算库存商品 ··· 71
　　任务五　核算周转材料 ··· 75
　　任务六　核算委托加工物资 ··· 84
　　任务七　清查存货 ··· 90

岗位三　固定资产核算岗位实务 ··· 93
　　任务二　取得固定资产 ··· 93
　　任务三　核算固定资产折旧 ··· 102
　　任务四　处置固定资产 ··· 103
　　任务五　清查固定资产 ··· 115
　　任务六　核算无形资产 ··· 118

岗位四　职工薪酬核算岗位实务 ··· 121
　　任务二　核算货币性职工薪酬 ····································· 121
　　任务三　核算非货币性职工薪酬 ································· 125

岗位五　资金核算岗位实务 126
任务二　核算资金筹集业务 126
任务三　核算对外投资业务 133

岗位六　财务成果核算岗位实务 134
任务二　核算收入 134
任务三　核算费用 141
任务四　核算利润 149

岗位一　往来核算岗位实务

任务二　核算应收账款

出　库　单					
收货单位：长风有限公司		2017年03月01日			编号：0001
产品名称	单位	数量	单位成本		总成本
A材料	吨	2 000	400.00		800 000.00
合计	—	2 000	400.00		800 000.00
仓库负责人：×××		保管员：×××		提货人：×××

图1-2-1

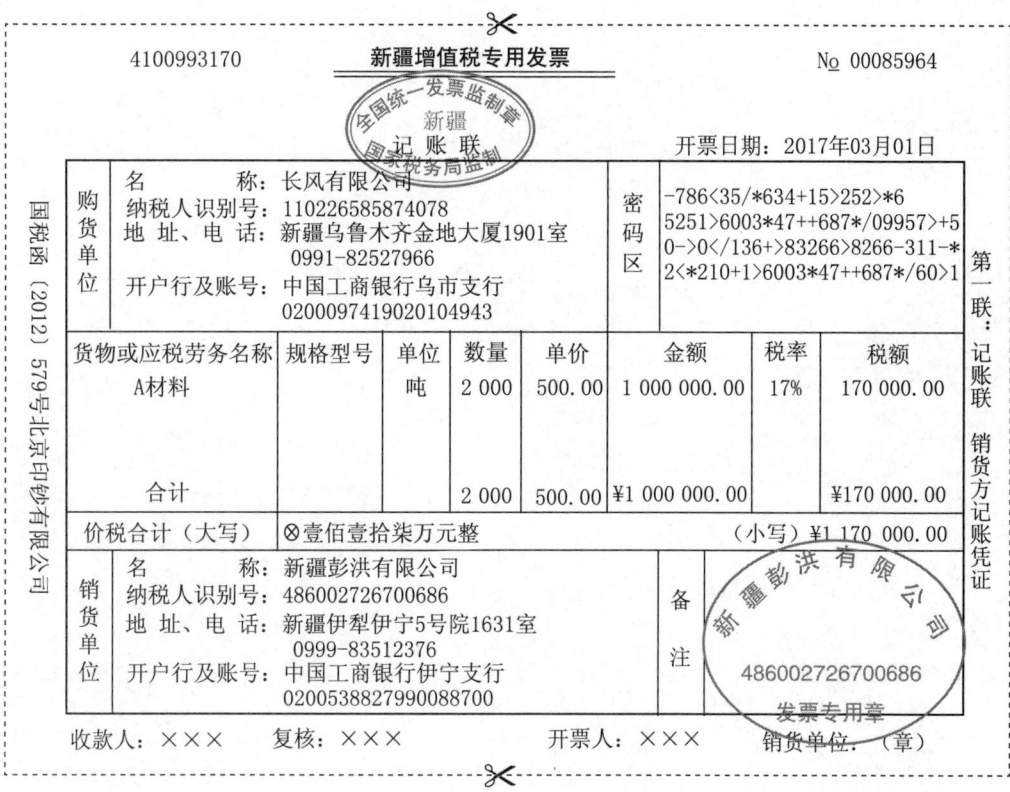

图 1-2-2

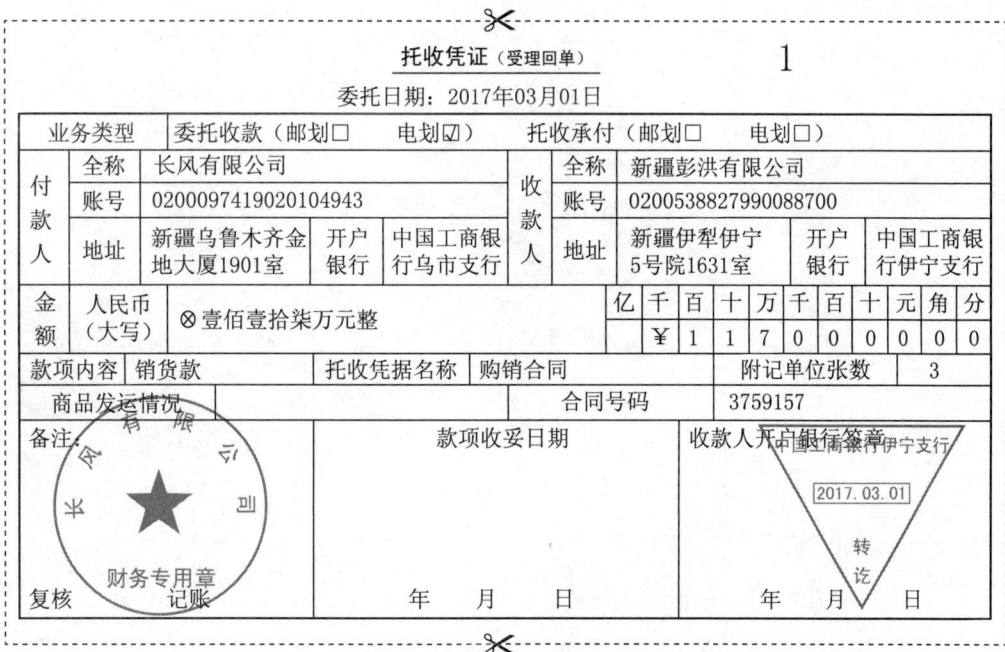

图 1-2-3

出 库 单

收货单位：长风有限公司　　　　2017年03月04日　　　　　　　编号：0002

产品名称	单位	数量	单位成本	总成本
B材料	吨	4 000	80.00	320 000.00
合计	—	4 000	80.00	320 000.00

仓库负责人：×××　　　　保管员：×××　　　　提货人：×××

图 1-2-4

4100993170　　　**新疆增值税专用发票**　　　No 00085964

开票日期：2017年03月04日

购货单位	名　　称：长风有限公司
	纳税人识别号：110226585874078
	地址、电话：新疆乌鲁木齐金地大厦1901室　0991-82527966
	开户行及账号：中国工商银行乌市支行　0200097419020104943

密码区：
-786<35/*634+15>252>*6
5251>6003*47++687*/09957>+5
0->0</136+>83266>8266-311-*
2<*210+1>6003*47++687*/60>1

货物或应税劳务名称	规格型号	单位	数量	单价	金额	税率	税额
B材料		吨	4 000	100	400 000.00	17%	68 000.00
折扣15%				-15.00	-60 000.00		-10 200.00
合计			4 000	85.00	¥340 000.00		¥57 800.00

价税合计（大写）　⊗叁拾玖万柒仟捌佰元整　　　（小写）¥397 800.00

销货单位	名　　称：新疆彭洪有限公司
	纳税人识别号：486002726700686
	地址、电话：新疆伊犁伊宁5号院1631室　0999-83512376
	开户行及账号：中国工商银行伊宁支行　0200538827990088700

收款人：×××　　复核：×××　　开票人：×××　　销货单位：（章）

第一联：记账联　销货方记账凭证

国税函（2012）579号北京印钞有限公司

图 1-2-5

出 库 单

收货单位：易安有限公司　　　　2017年03月09日　　　　　　编号：0003

产品名称	单位	数量	单位成本	总成本
C材料	吨	1 000	150.00	150 000.00
合计	—	1 000	150.00	150 000.00

仓库负责人：×××　　　　　保管员：×××　　　　　　提货人：×××

图 1-2-6

图 1-2-7

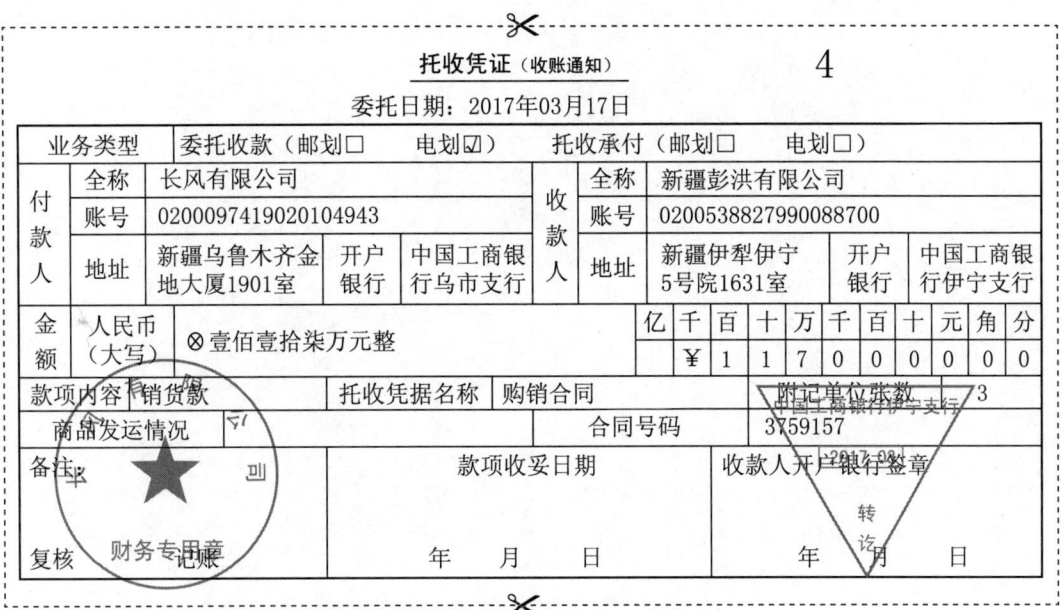

图 1-2-8

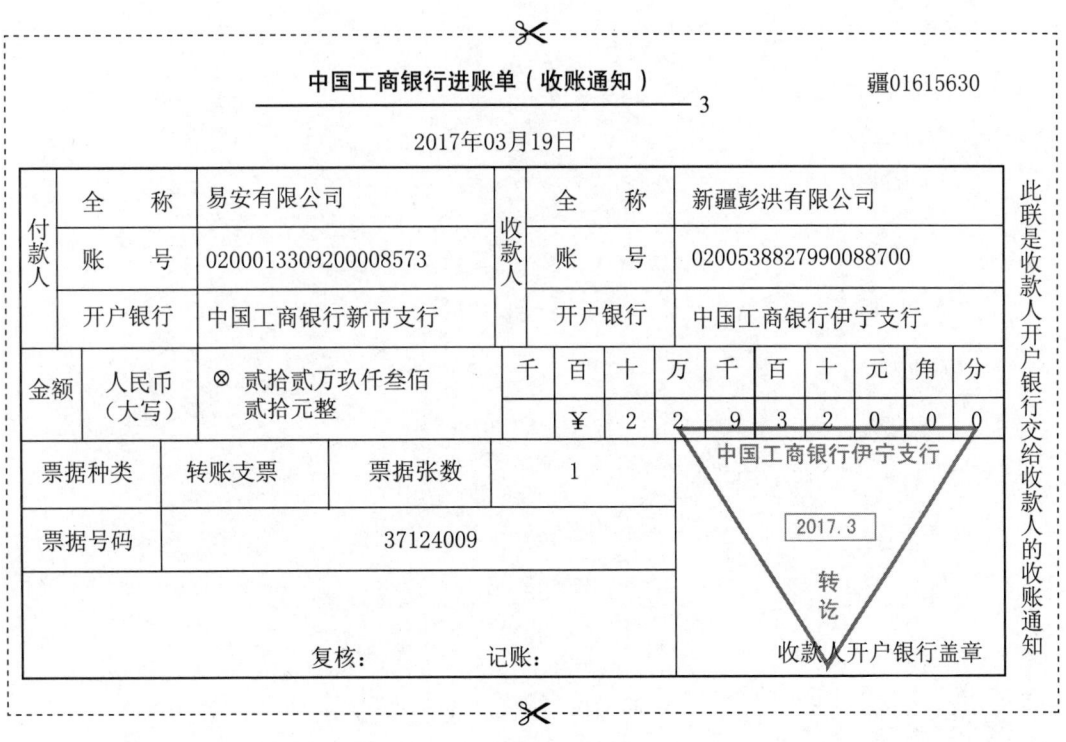

图 1-2-9

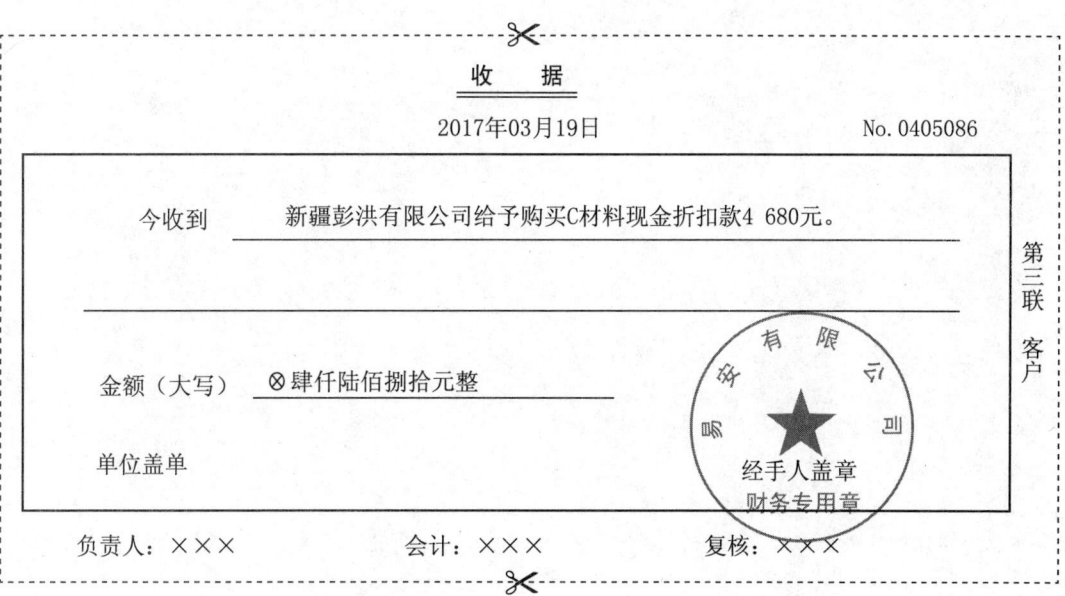

图 1－2－10

产品名称	单位	数量	单位成本	总成本
A材料	件	2 000	60.00	120 000.00
合计	—	2 000	60.00	120 000.00

仓库负责人：×××　　　保管员：×××　　　提货人：×××

图 1－2－33

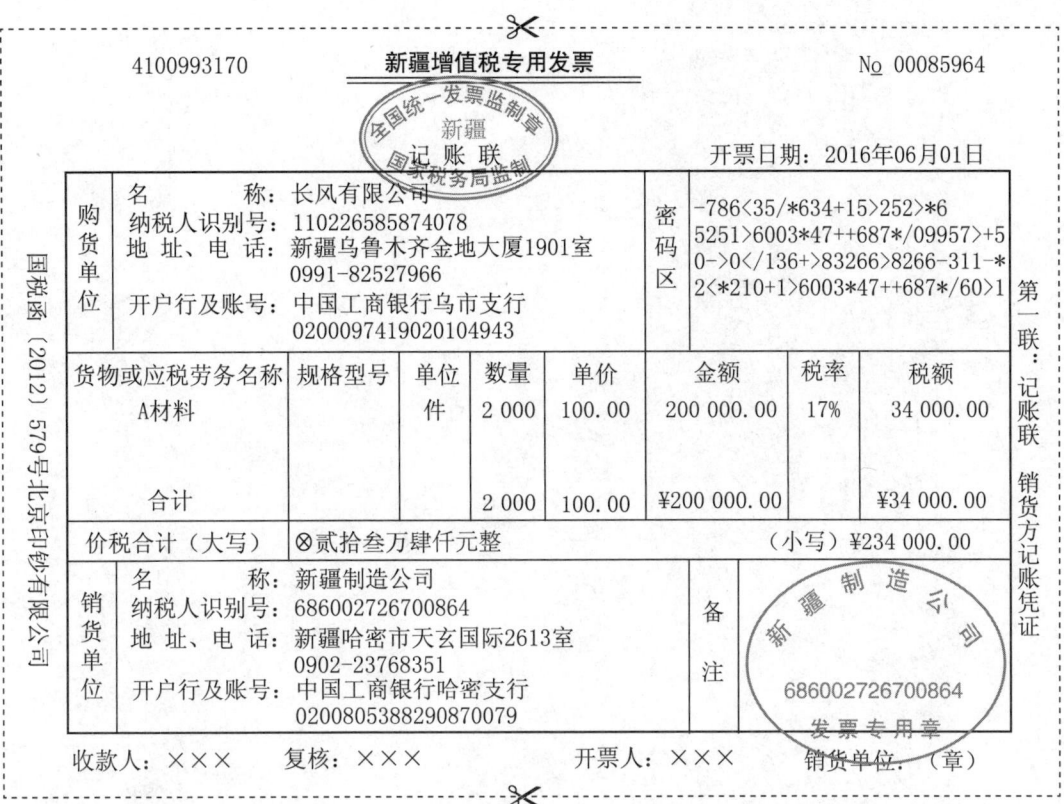

图 1-2-34

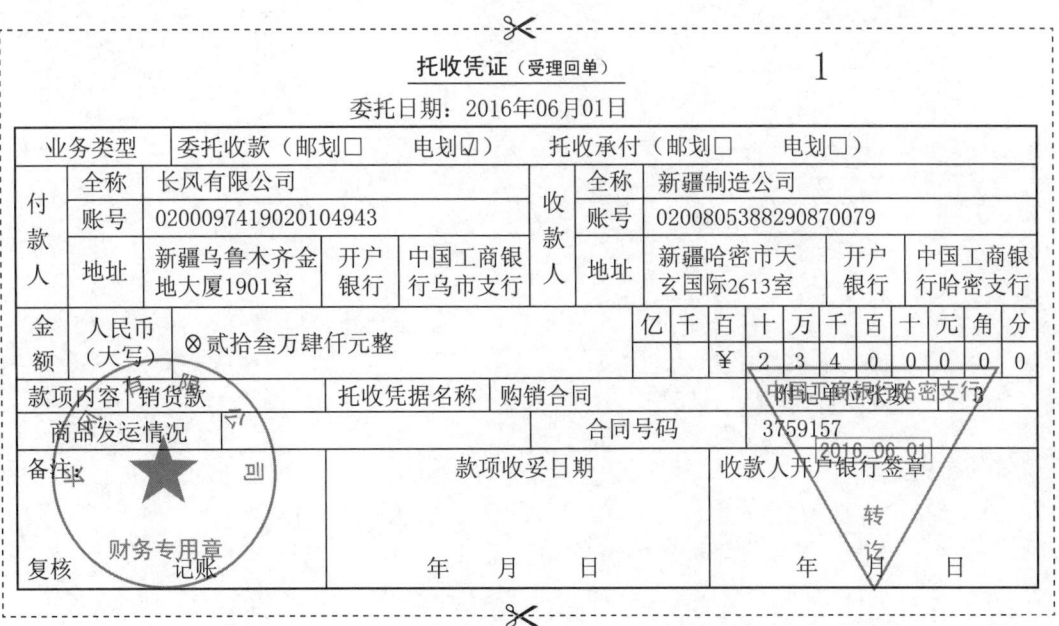

图 1-2-35

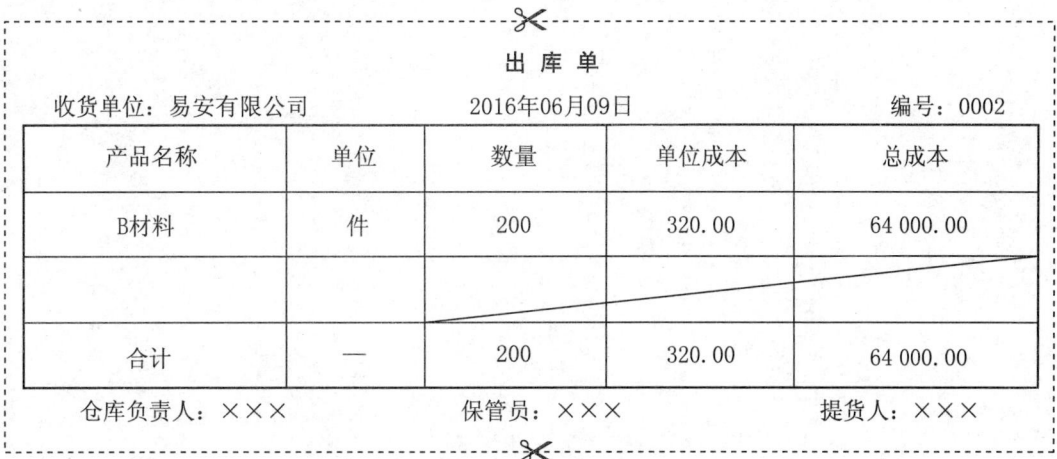

图 1-2-36

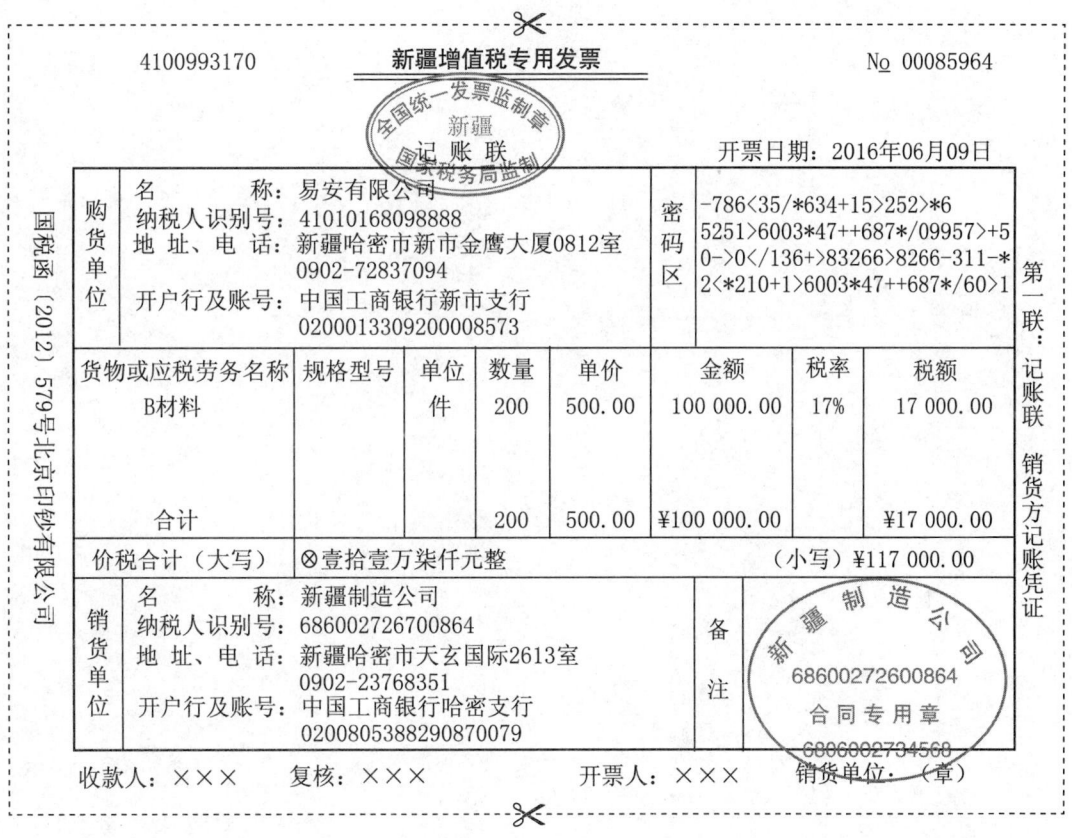

图 1-2-37

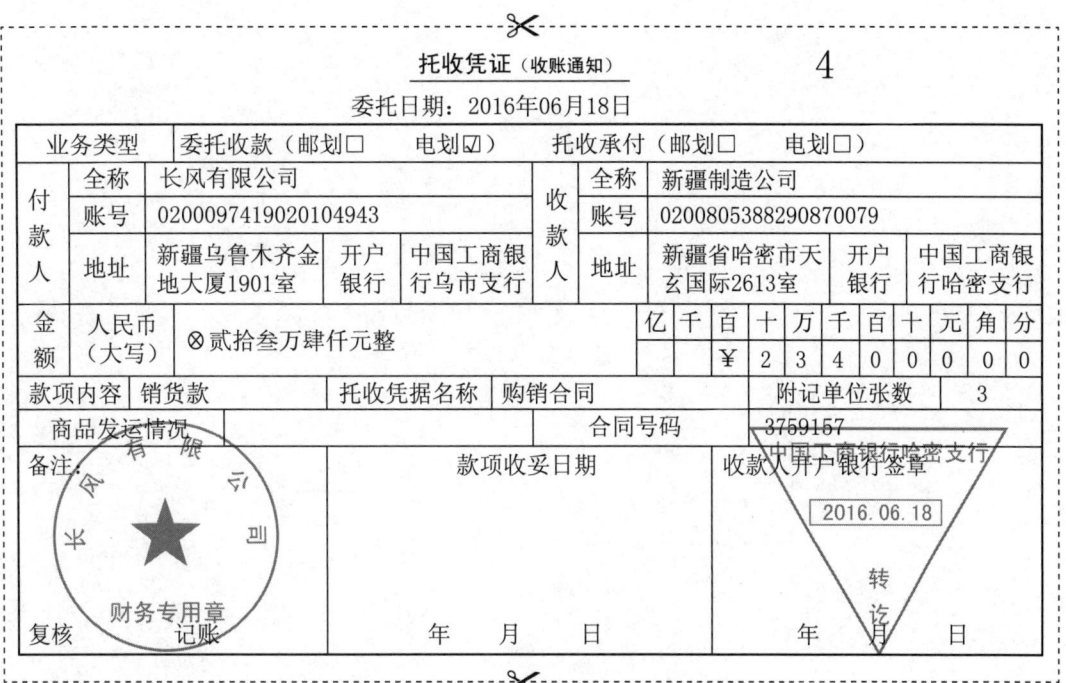

图 1-2-38

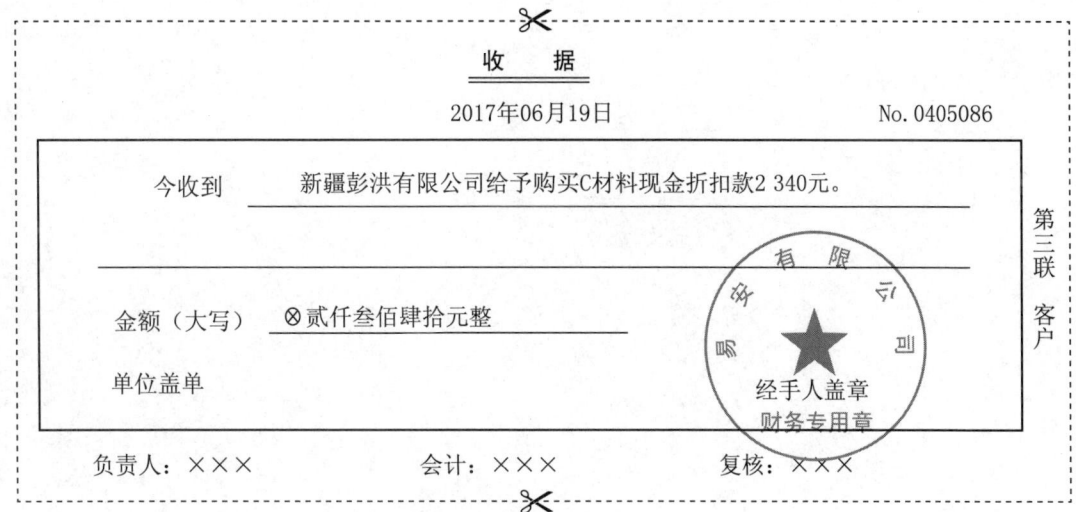

图 1-2-39

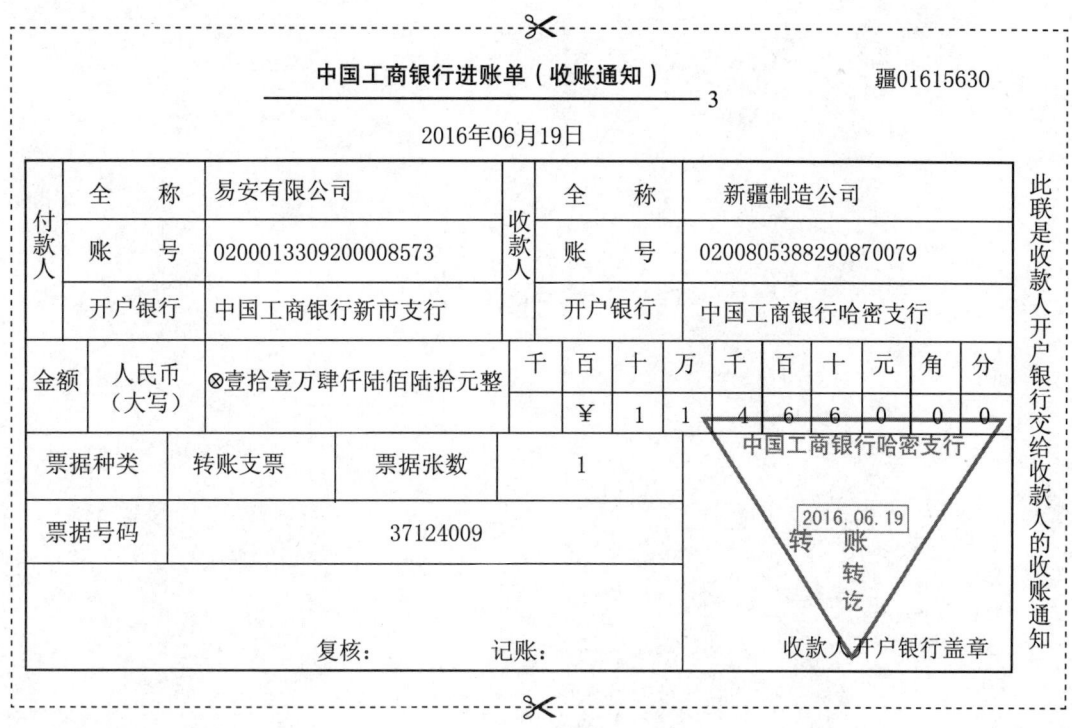

图 1-2-40

任务三 核算应收票据

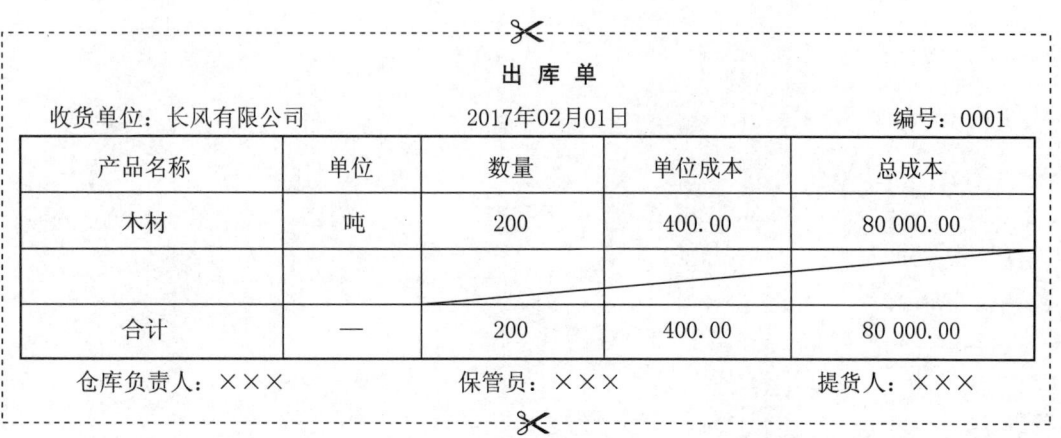

图 1-3-1

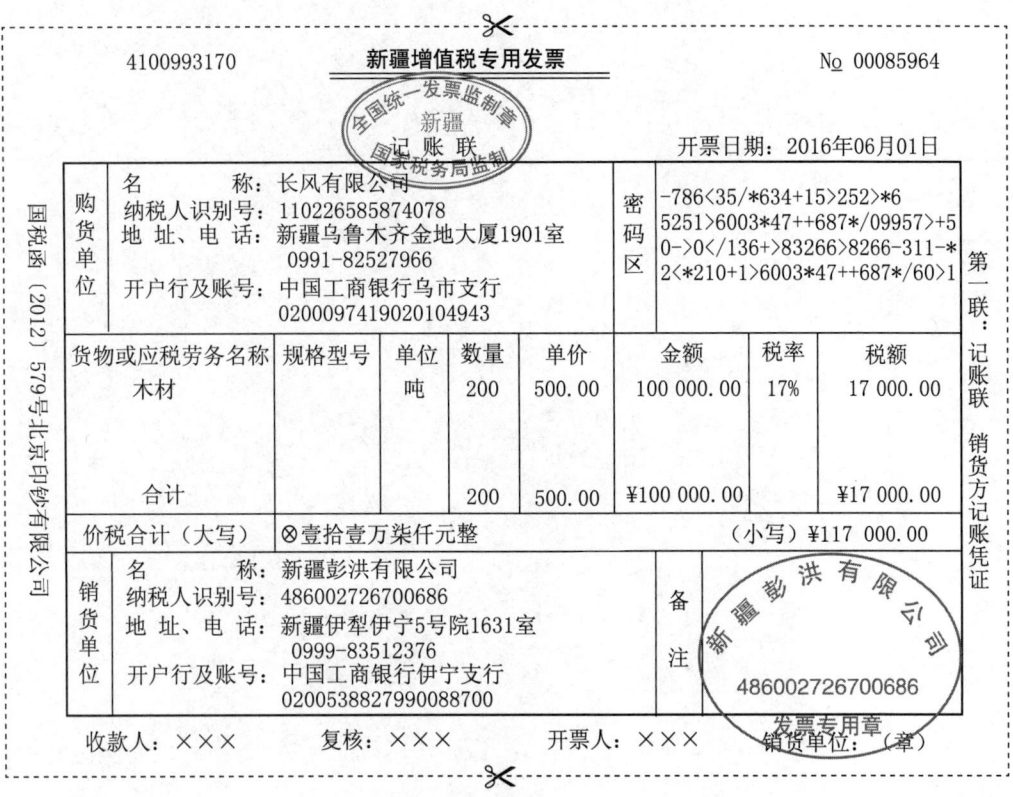

图 1-3-2

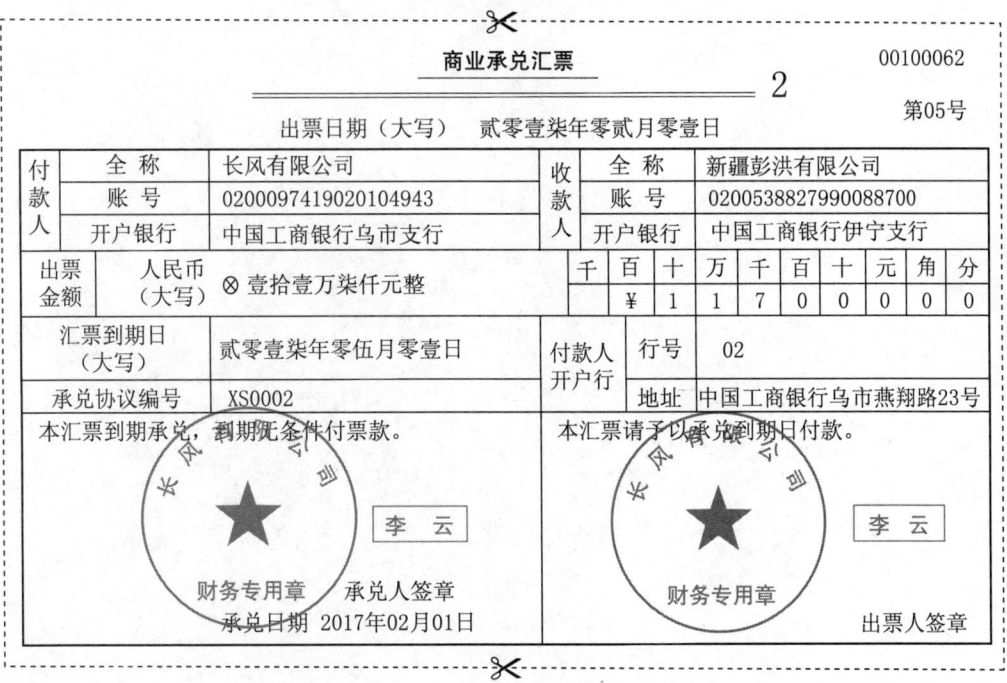

图 1-3-3

图 1-3-4

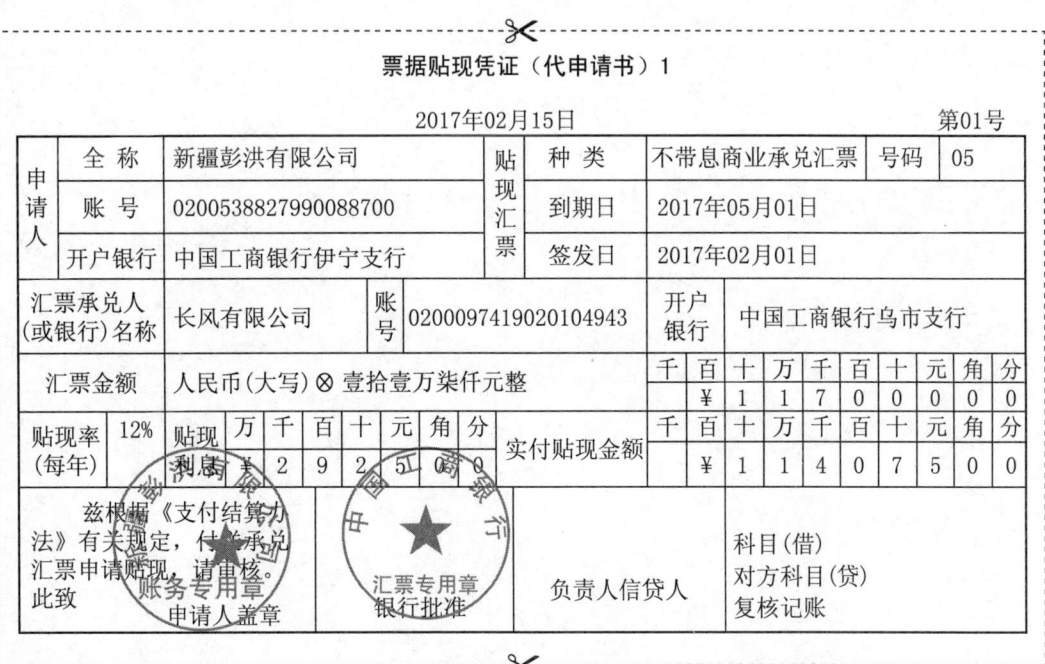

图 1-3-5

票据贴现凭证（收账通知）4

2017年02月15日　　　　　　　　　　　　　第01号

申请人	全称	新疆彭洪有限公司	贴现汇票	种类	不带息商业承兑汇票	号码	05
	账号	0200538827990088700		到期日	2017年05月01日		
	开户银行	中国工商银行伊宁支行		签发日	2017年02月01日		

汇票承兑人（或银行）名称	长风有限公司	账号	0200097419020104943	开户银行	中国工商银行乌市支行

汇票金额	人民币(大写) ⊗ 壹拾壹万柒仟元整	千	百	十	万	千	百	十	元	角	分
		¥	1	1	7	0	0	0	0	0	0

贴现率（每年）	12%	贴现利息	万	千	百	十	元	角	分	实付贴现金额	千	百	十	万	千	百	十	元	角	分
		¥	2	9	2	5	0	0			¥		1	1	4	0	7	5	0	0

兹根据《支付结算办法》有关规定，付送承兑汇票申请贴现，请审核。此致 申请人盖章	汇票专用章 银行批准	负责人信贷人	科目(借) 对方科目(贷) 复核记账

图 1-3-6

入 库 单

编制单位：新疆彭洪有限公司　　　2017年02月18日　　　　　编号：0001

产品编号	产品名称	计量单位	数量	
			应收数量	实收数量
0348	B产品	件	100	100
合计			100	100

主管：×××　　　　会计：×××　　　　仓管员：×××

图 1-3-7

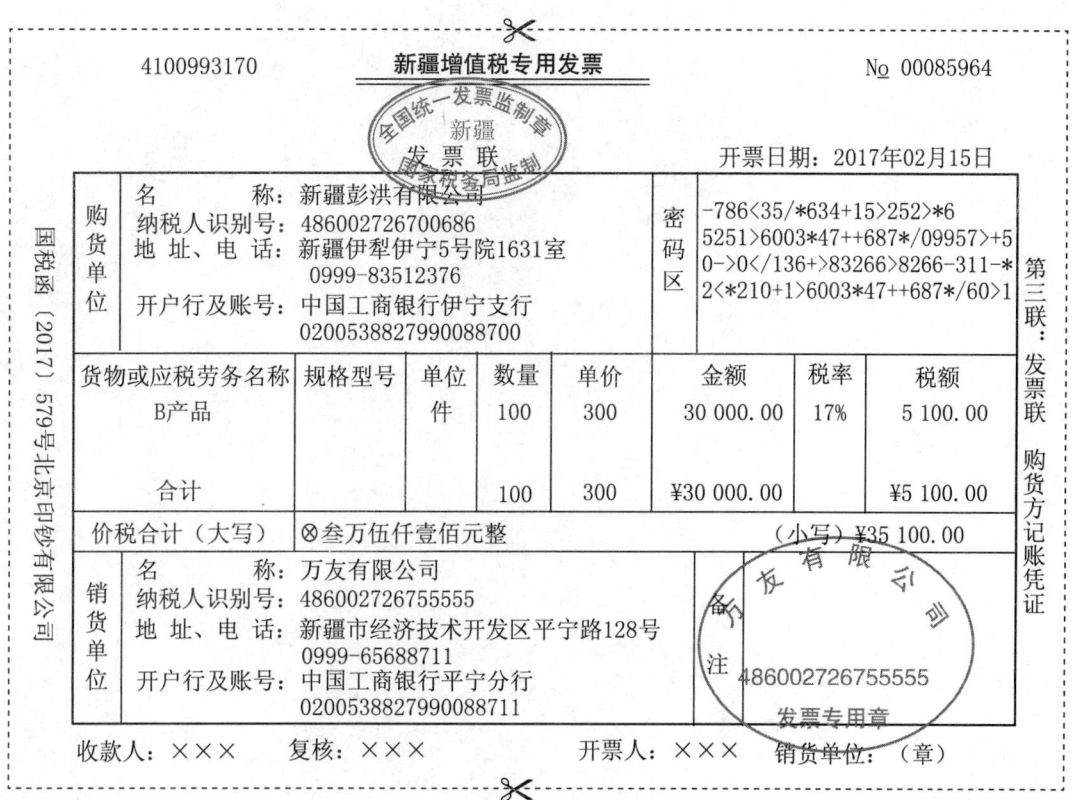

图 1-3-8

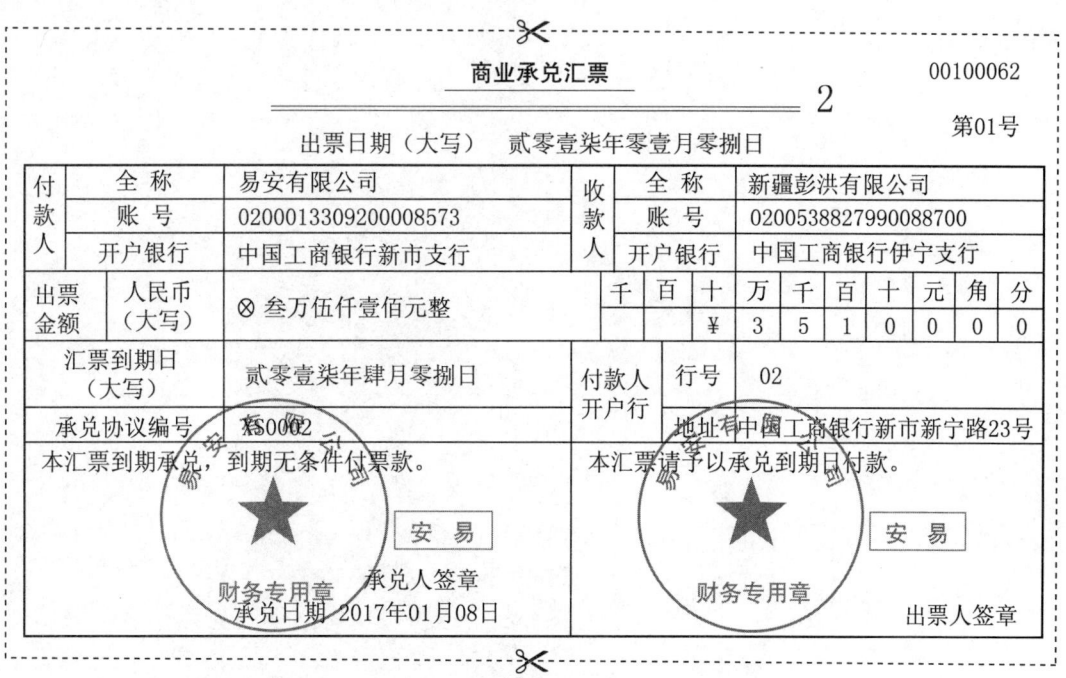

图 1-3-9

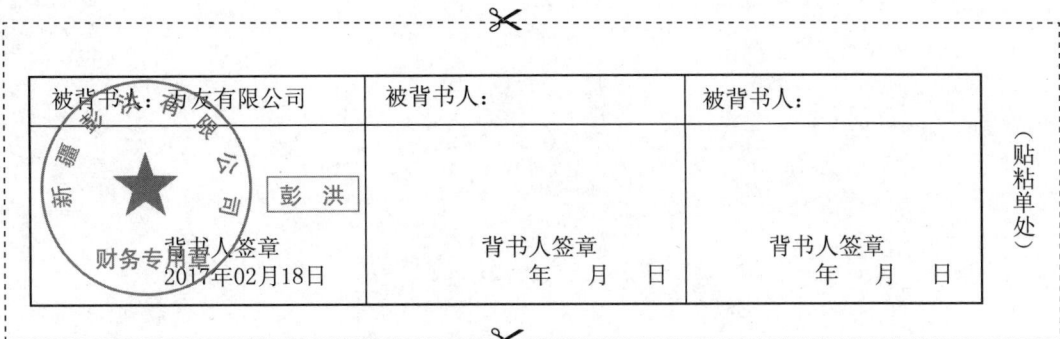

图 1-3-10

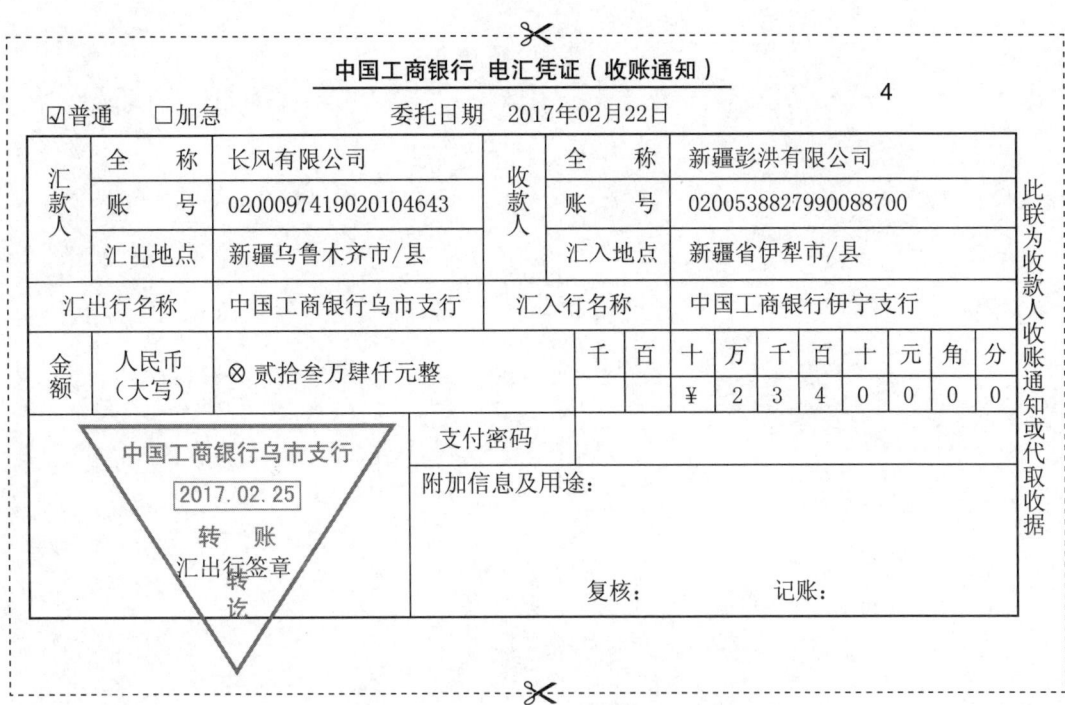

图 1-3-11

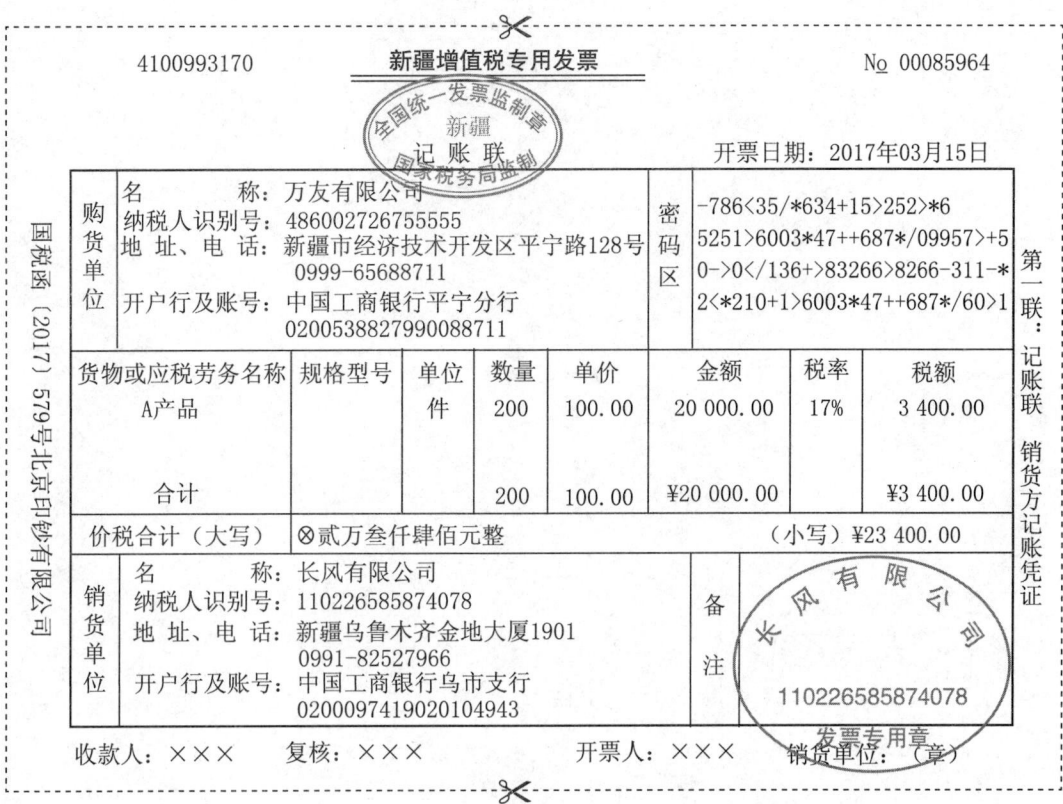

图 1-3-20

图 1-3-21

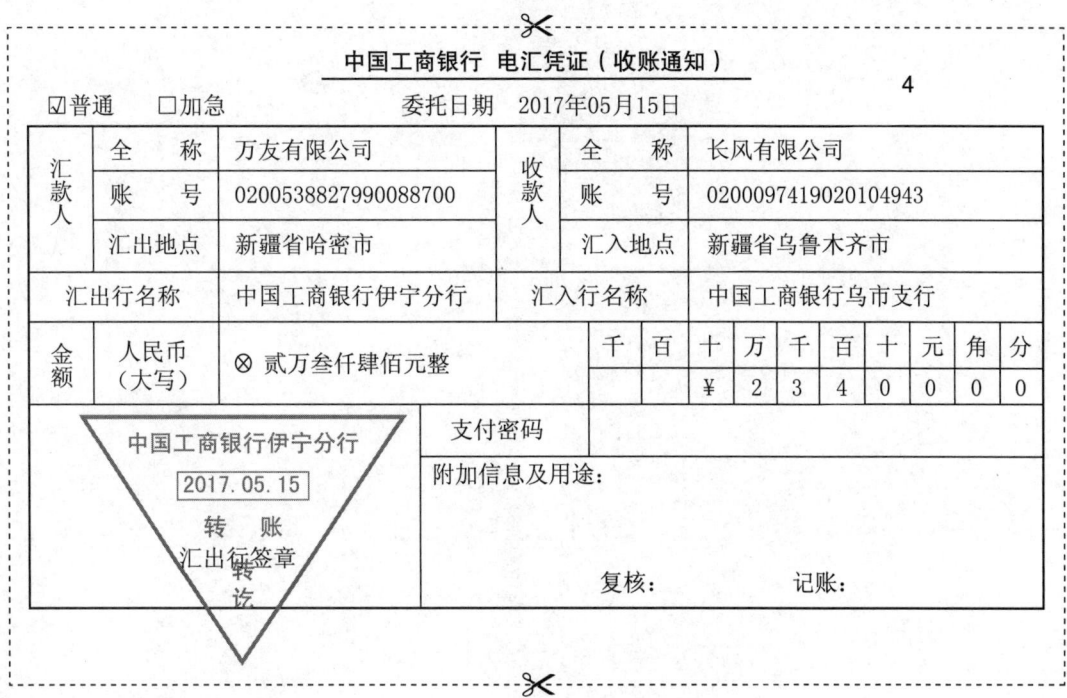

图 1-3-22

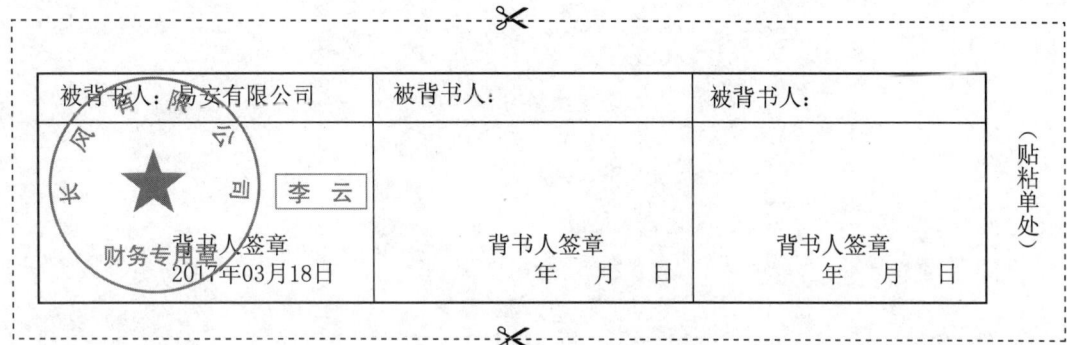

图 1-3-23

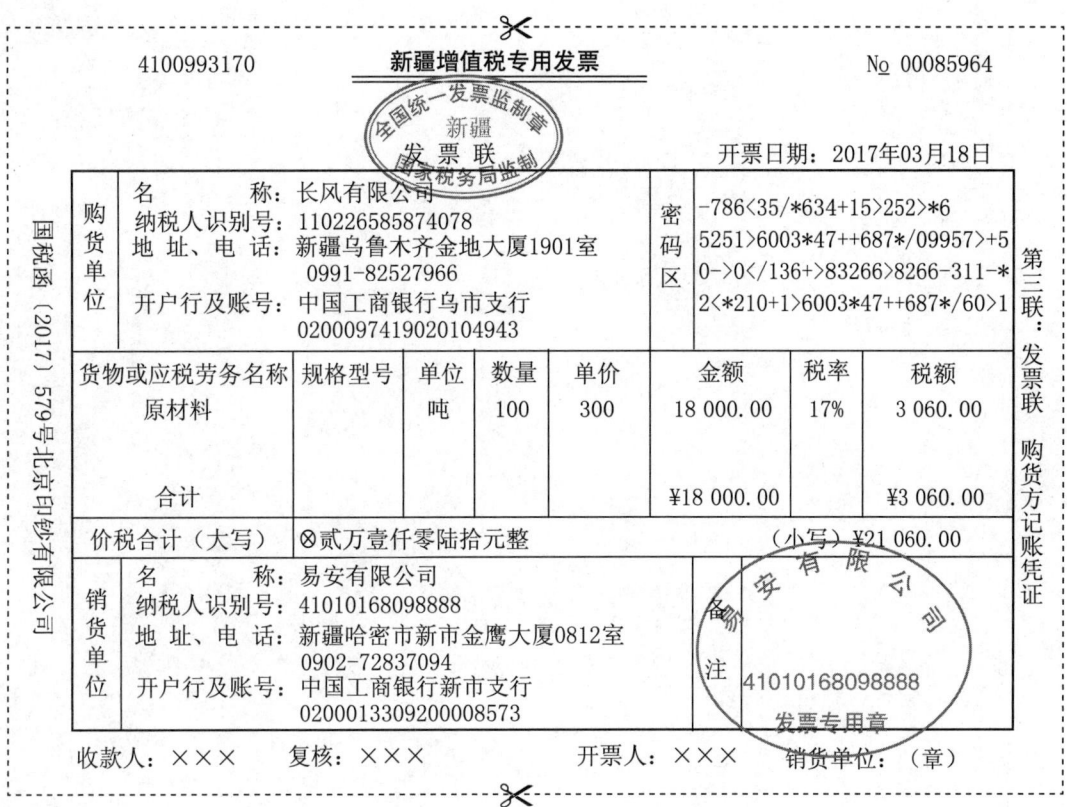

图 1-3-24

任务四 核算预收账款

中国工商银行进账单（收账通知）

疆01615630

2017年04月02日

付款人	全称	长风有限公司	收款人	全称	新疆彭洪有限公司
	账号	0200097419020104943		账号	0200538827990088700
	开户银行	中国工商银行乌市支行		开户银行	中国工商银行伊宁支行

金额	人民币（大写）	⊗伍万元整	千	百	十	万	千	百	十	元	角	分
					¥	5	0	0	0	0	0	0

票据种类	转账支票	票据张数	1
票据号码		37124009	

复核：　　　记账：

收款人开户银行盖章（中国工商银行伊宁支行 2017.04.02 转账）

此联是收款人开户银行交给收款人的收账通知

图1-4-1

出库单

收货单位：长风有限公司　　　2017年04月10日　　　编号：0001

产品名称	单位	数量	单位成本	总成本
木板	吨	200	300.00	60 000.00
合计	—	200	300.00	60 000.00

仓库负责人：×××　　　保管员：×××　　　提货人：×××

图1-4-2

图 1-4-3

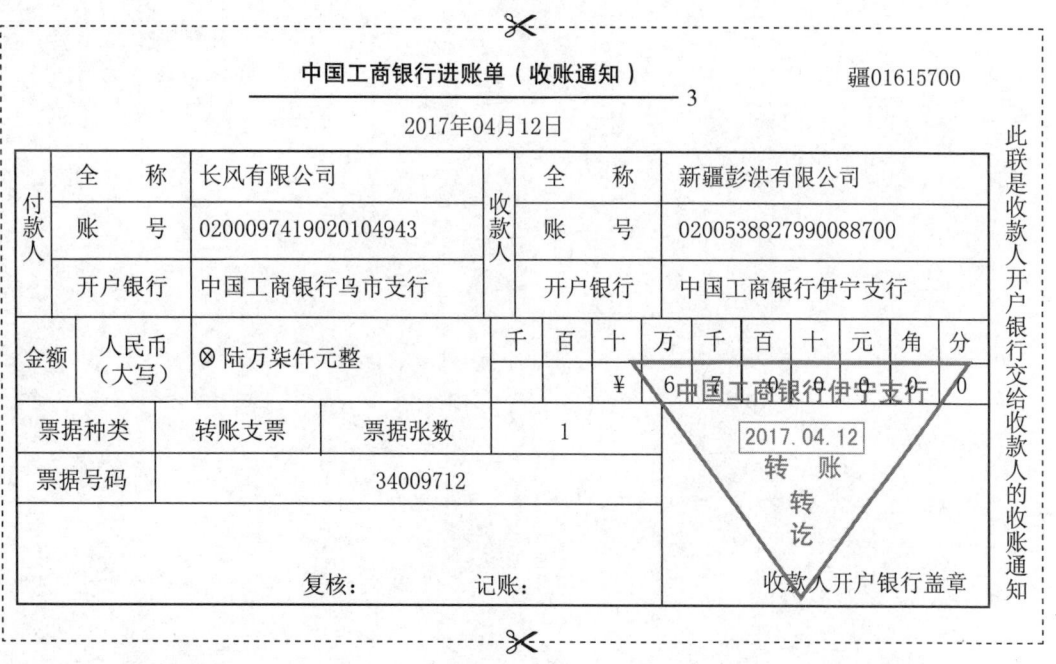

图 1-4-4

图 1-4-5

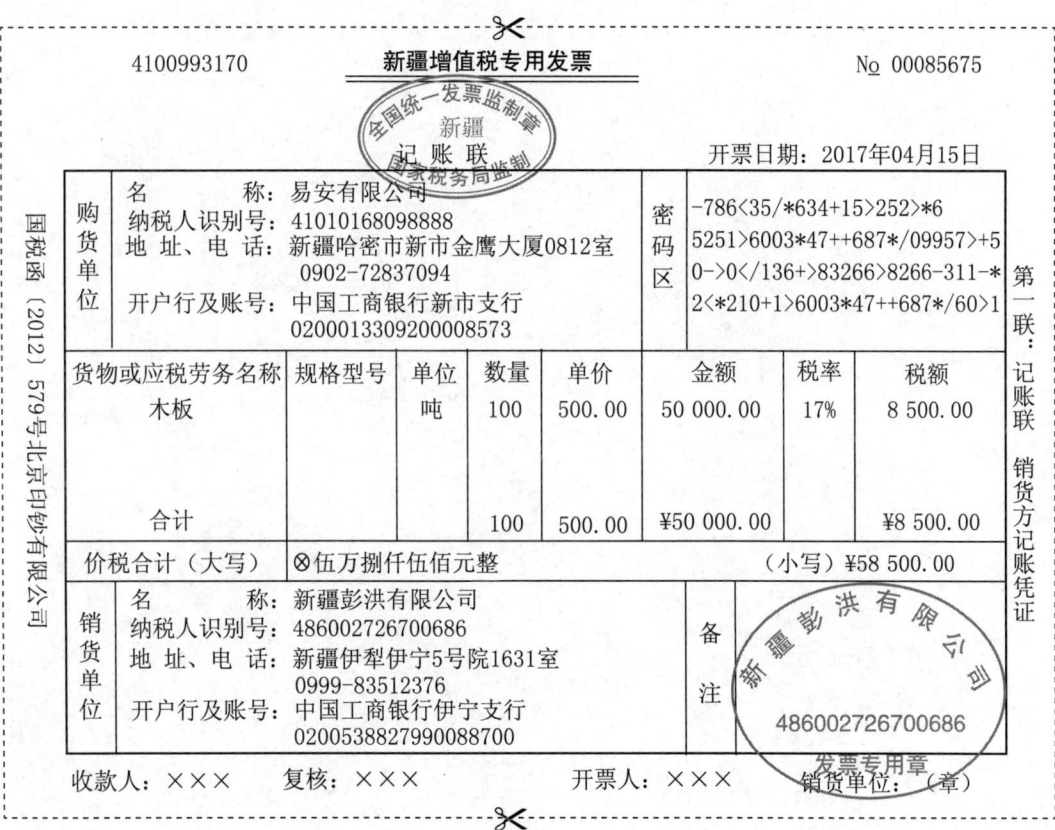

图 1-4-6

图 1-4-7

图 1-4-16

出 库 单

收货单位：万友有限公司　　　　2017年03月12日　　　　编号：0001

产品名称	单位	数量	单位成本	总成本
原材料	吨	100	300.00	30 000.00
合计	—	100	300.00	30 000.00

仓库负责人：×××　　　　保管员：×××　　　　提货人：×××

图 1-4-17

图 1-4-18

```
┌─ ─ ─ ─ ─ ─ ─ ✂ ─ ─ ─ ─ ─ ─ ┐
         中国工商银行
         转账支票存根
          10201520
          01173860
   附加信息 _____
   _____
   _____
   出票日期：2017年03月12日
   | 收 款 人：万友有限公司   |
   | 金   额：¥4 900.00      |
   | 用   途：退回多余预收账款 |
   单位主管：×××  会计：×××
└─ ─ ─ ─ ─ ─ ✂ ─ ─ ─ ─ ─ ─ ─┘
```

图 1-4-19

任务五　核算其他应收款

```
┌─ ─ ─ ─ ─ ─ ─ ✂ ─ ─ ─ ─ ─ ─ ┐
         中国工商银行
         转账支票存根

          10201520

          01173860
   附加信息 _____
   _____
   _____
   出票日期：2017年04月01日
   | 收 款 人：长风有限公司   |
   | 金   额：¥3 000.00      |
   | 用   途：支付租入包装物押金|
   单位主管：×××  会计：×××
└─ ─ ─ ─ ─ ─ ✂ ─ ─ ─ ─ ─ ─ ─┘
```

图 1-5-1

借 款 单

2017年04月01日

借款部门	采购部门	借款人	王天	还款期限	2017年04月15日
款项类别	（√）现金　　（　）支票，支票号码：					
借款用途及理由	到北京出差，预借差旅费				
借款金额	（大写）：⊗ 玖佰元整			（小写）：¥900.00	
还款方式	现金				
部门审批	×××	出纳付款	×××	会计审批	×××	总经理审批	×××

备注：1.借款金额参照规定额度；2.逾期不还，公司有权从工资中扣除。

图 1-5-2

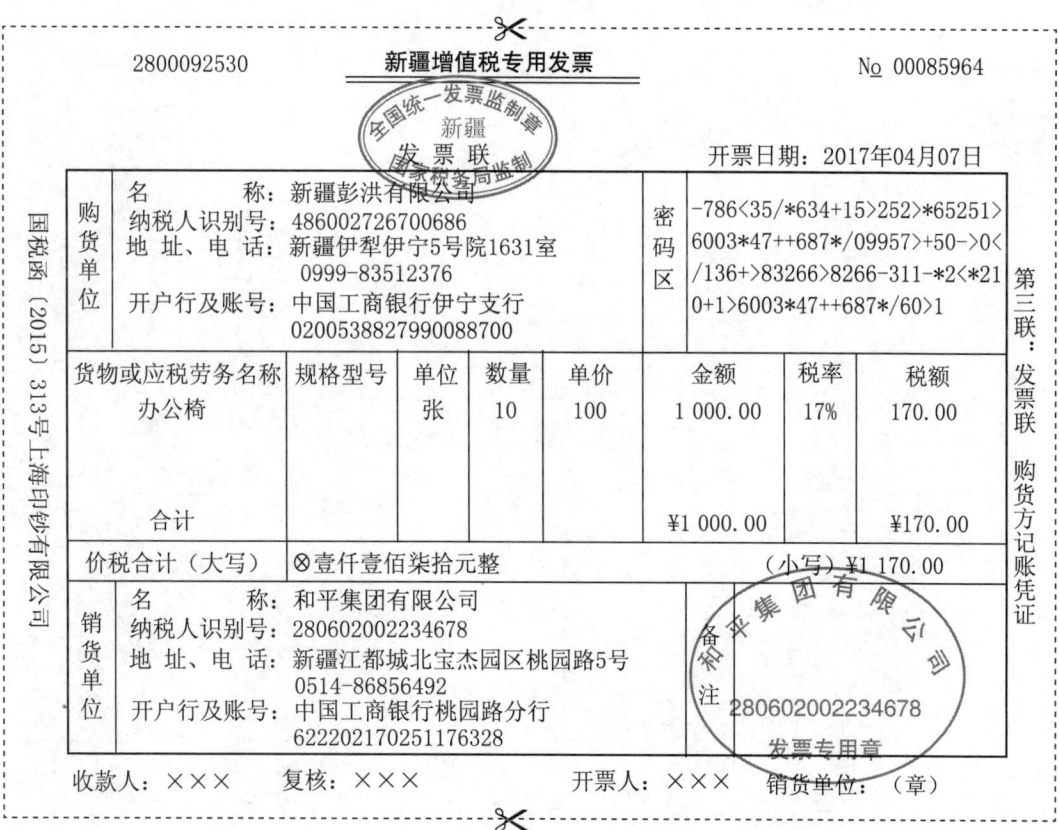

图 1-5-3

领 款 收 据

2017年04月07日

领款部门	行政部门	付款方式							
款项内容	补足备用金	现金							
金额（大写）	⊗壹仟壹佰柒拾元整	百	十	万	千	百	十	元	角	分
					¥ 1	1	7	0	0	0
备注										

财务主管：××× 　　复核：××× 　　出纳：××× 　　经办人：×××

图 1-5-4

差 旅 费 报 销 单

填报日期：2017年04月15日　　　　附单据1张

部门	采购部门			出差事由	北京出差培训				
出差人	王天	职务	职员						
出发				到达			交通工具	车船机费	目的地发生费用			
月	日	时	地点	月	日	时	地点			天数	住宿费	市内交通费	伙食费
4	1	06:55	新疆	4	1	12:40	北京	飞机	780.00				
小计									780.00				
报销金额（大写）	⊗人民币柒佰捌拾元整						(小写)	¥780.00					

领款人签字：××× 　　财务审核：××× 　　财务部经理：××× 　　总经理：×××
部门负责人：××× 　　分管领导：××× 　　主管财务副总：××× 　　出纳付讫：×××

图 1-5-5

收 据

2017年04月15日　　　　　　　　　　　　　　No 0405086

今收到　　采购部门职员王天交来预借差旅费余款120元。

金额（大写）　⊗壹佰贰拾元整

单位盖单　　　　　　　　　　　　经手人盖章　王天

负责人：×××　　会计：×××　　出纳：×××　　记账：×××

第二联 财务

图 1-5-6

中国工商银行进账单（收账通知）

疆01615630

2017年04月20日

付款人	全称	长风有限公司	收款人	全称	新疆彭洪有限公司
	账号	0200097419020104943		账号	0200538827990088700
	开户银行	中国工商银行乌市支行		开户银行	中国工商银行伊宁支行

金额	人民币（大写）	⊗叁仟元整	千	百	十	万	千	百	十	元	角	分
							¥3	0	0	0	0	0

票据种类	转账支票	票据张数	1
票据号码		37124009	

中国工商银行伊宁支行
2017.01.20
转账 转讫
收款人开户银行盖章

复核：　　记账：

此联是收款人开户银行交给收款人的收账通知

图 1-5-7

借 款 单

2017年01月05日

借款部门	管理部门	借款人	李婷	还款日期	2017年01月08日
款项类别	（√）现金　　（　）支票，支票号码：					
借款用途及理由	到深圳出差，预借差旅费				
借款金额	（大写）：⊗贰仟元整　　　　（小写）：¥2 000.00				
还款方式	现金				
部门审批	×××	出纳付款	×××	会计审批	×××	总经理审批	×××

备注：1.借款金额参照规定额度；2.逾期不还，公司有权从工资中扣除。

图 1－5－16

差 旅 费 报 销 单

填报日期：2017年01月08日　　　　　　　附单据1张

部门		管理部门			出差事由	深圳出差采购			
出差人		李婷	职务		职员					
出发				到达			交通工具	车船机费	目的地发生费用		
月	日	时	地点	月	日	时	地点			天数	住宿费	市内交通费	伙食费
1	5	14	新疆	1	5	17	深圳	飞机	1 000.00	2	500.00	100.00	
1	8	8	深圳	1	8	11	新疆	飞机	1 000.00				
小计									2 000.00		500.00	100.00	
报销金额（大写）	人民币贰仟陆佰元整							（小写）	¥2 600.00			

领款人签字：×××　　财务审核：×××　　财务部经理：×××　　总经理：×××
部门负责人：×××　　分管领导：×××　　主管财务副总：×××　　出纳付讫：×××

图 1－5－17

图 1-5-18

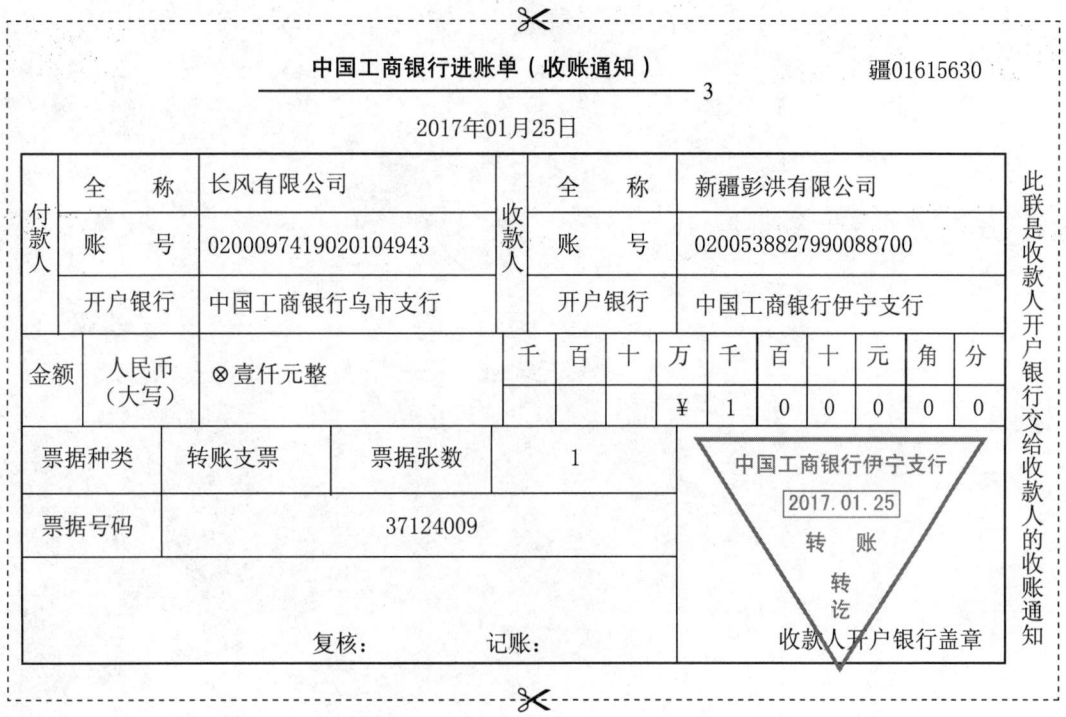

图 1-5-19

货物销售发票

发票联　　　　　　发票代码1234567

客户名称：新疆彭洪有限公司　　2017年01月28日　　发票号码12345

货物名称	规格	单位	数量	单价	金额							
					十	万	千	百	十	元	角	分
亮晶晶墨水	50ml	盒	100	20	¥	2	0	0	0	0	0	0
金额合计（大写）⊗贰仟元整									¥2 000.00			
开票单位（章）					开票人：×××							

第二联　发票联

图 1－5－20

领 款 收 据

2017年01月28日

领款部门	行政部门	付款方式							
款项内容	补足备用金	现金							
金额（大写）	⊗贰仟元整	百	十	万	千	百	十	元	角	分
					¥	2	0	0	0	0	0
备注									

财务主管：×××　　　复核：×××　　　出纳：×××　　　经办人：×××

（现金付讫）

图 1－5－21

任务六　核算应付账款

入库单

编制单位：长风有限公司　　　2017年02月05日　　　编号：0001

产品型号	产品名称	计量单位	数量	
			应收数量	实收数量
A型	板材	吨	20	20
合计			20	20

主管：×××　　　会计：×××　　　仓管员：×××

图1-6-1

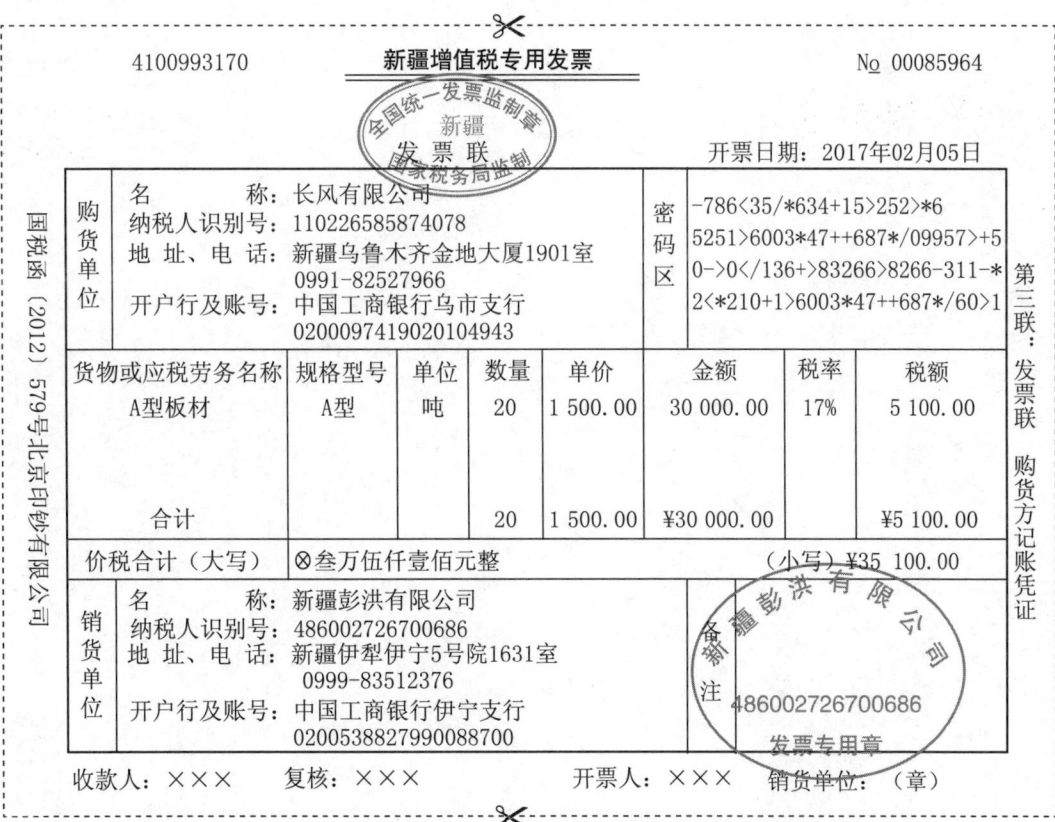

图1-6-2

图 1-6-3

图 1-6-4

入库单

编制单位：长风有限公司　　　　2017年02月10日　　　　　　　　编号：0001

产品编号	产品名称	计量单位	数量	
			应收数量	实收数量
0001	《财务管理》	本	500	500
合计			500	500

主管：×××　　　　会计：×××　　　　仓管员：×××

图 1-6-11

图 1-6-12

入 库 单

编制单位：长风有限公司　　2017年02月15日　　编号：0002

产品编号	产品名称	计量单位	数量	
			应收数量	实收数量
0002	空调	台	100	100
合计			100	100

主管：×××　　会计：×××　　仓管员：×××

图 1-6-13

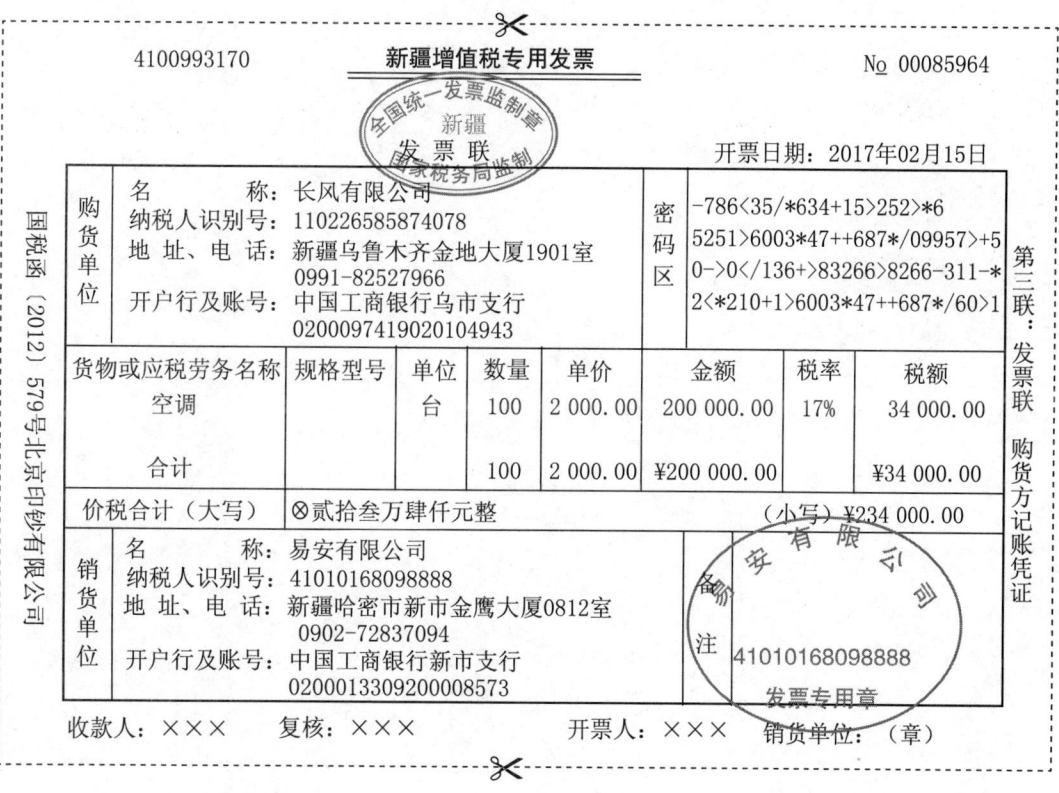

图 1-6-14

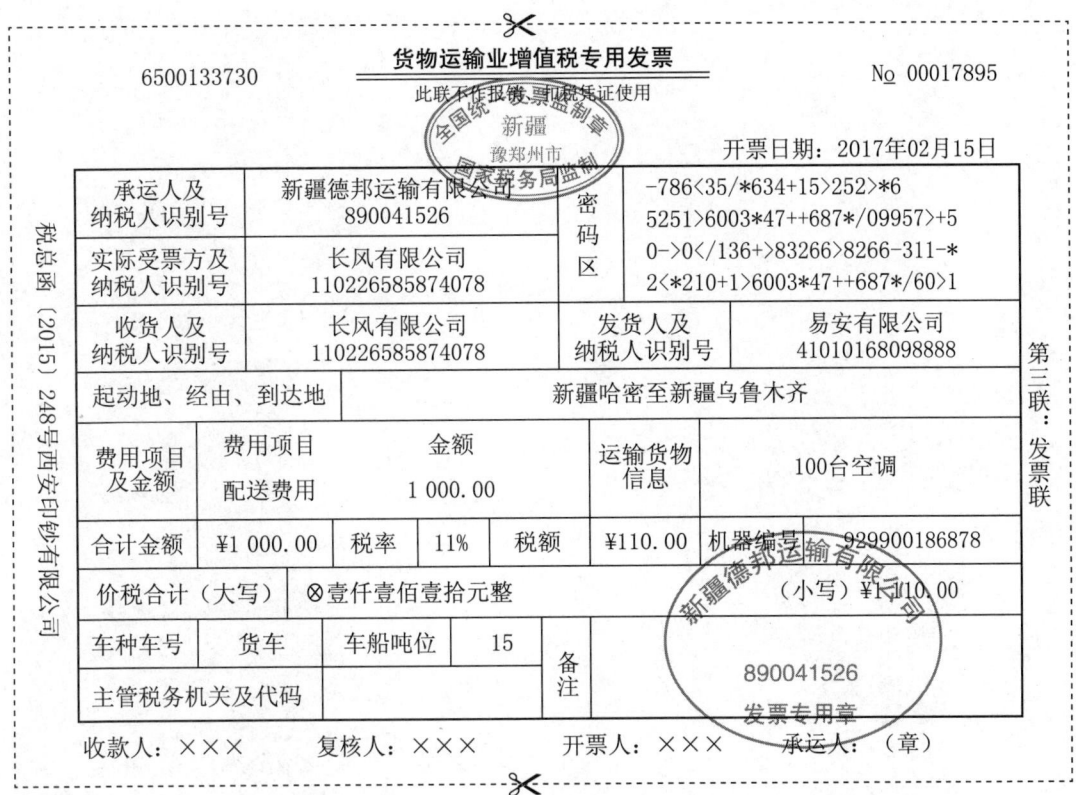

图 1-6-15

图 1-6-16

任务七　核算应付票据

```
中国工商银行　特种转账付出传票                     2
出票日期（大写）　贰零壹柒 年 零叁 月 零壹 日

收款人
  全    称：长风有限公司
  账    号：0200097419020104943
  开户银行：中国工商银行乌市支行

付款人
  全    称：新疆彭洪有限公司
  账    号：0200538827990088700
  开户银行：中国工商银行伊宁支行

金额（大写）：⊗叁拾肆万叁仟零捌拾柒元整
千 百 十 万 千 百 十 元 角 分
¥   3  4  3  0  8  7  0  0

汇票到期日（大写）：贰零壹柒年零叁月零壹日
原始凭证金额：¥343 087.00    赔偿金：
原始凭证名称：商业承兑汇票   号码：1455690
转账原因：兑付汇票款

银行盖章

（银行印章：中国工商银行伊宁支行　科目（付）　对方科目　2017.3　会计：×××　复核：×××　记账：×××　转账转讫）
```

图 1-7-1

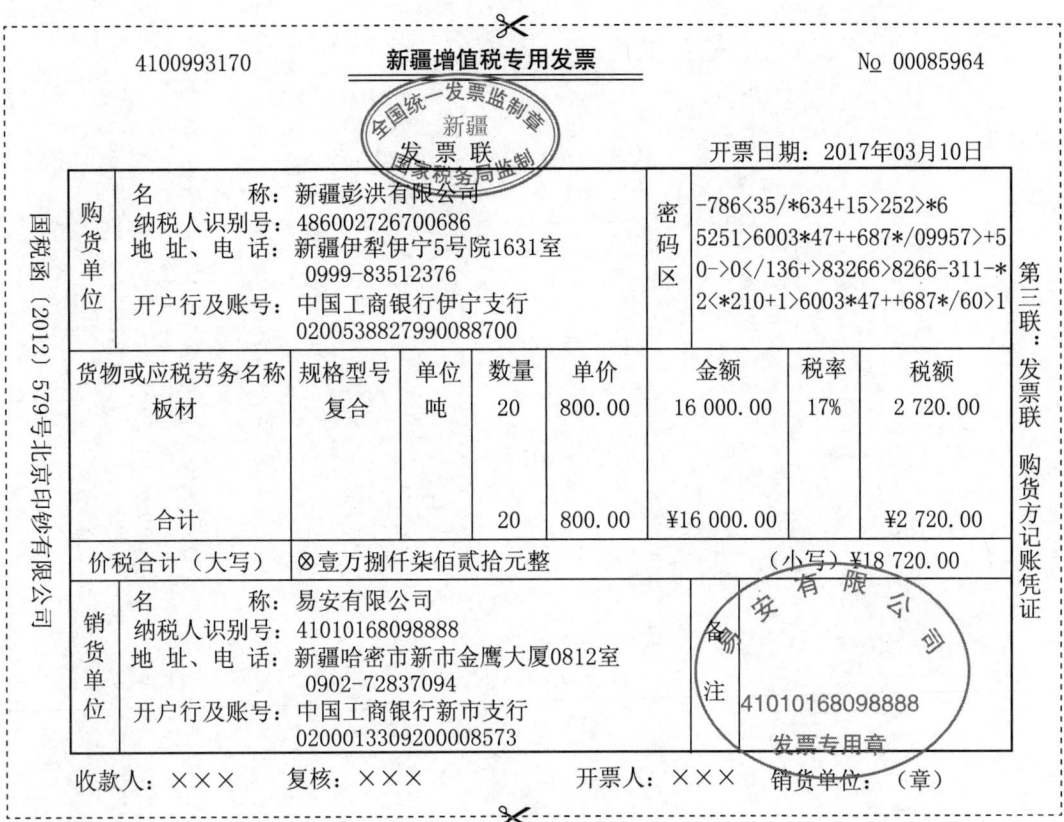

图 1-7-2

入库单

供货单位：易安有限公司　　　　2017年03月10日　　　　　　编号：0347

产品型号	产品名称	计量单位	数量	
			应收数量	实收数量
复合	板材	吨	20	20
合计			20	20

主管：×××　　　　会计：×××　　　　仓管员：×××

图 1-7-3

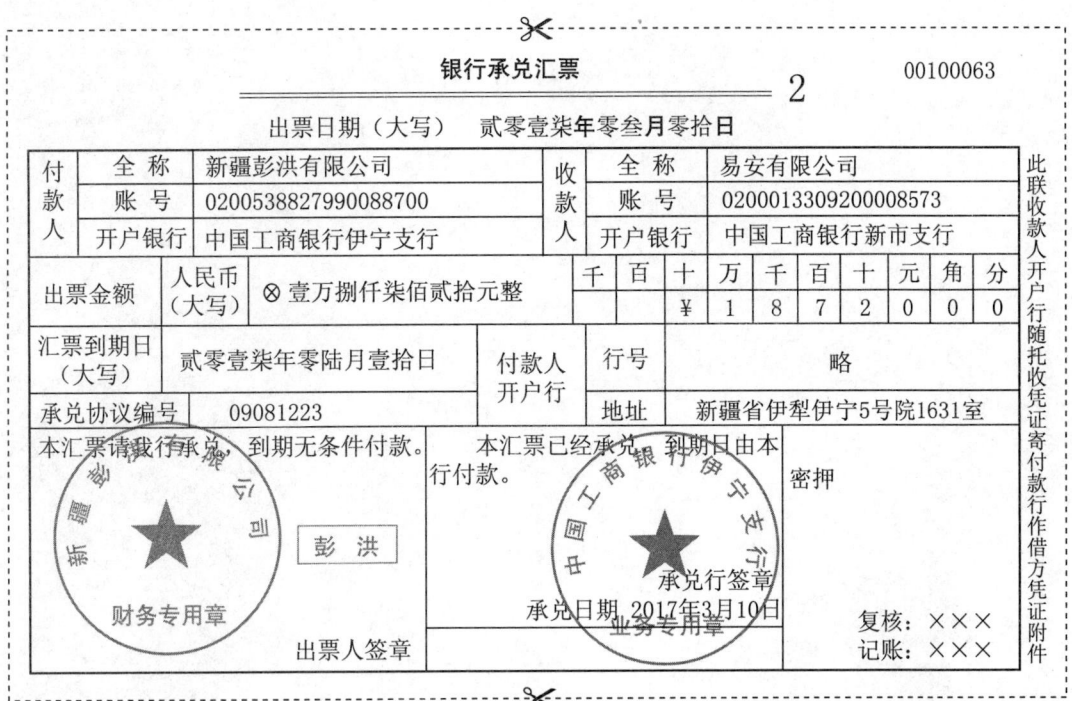

图 1-7-4

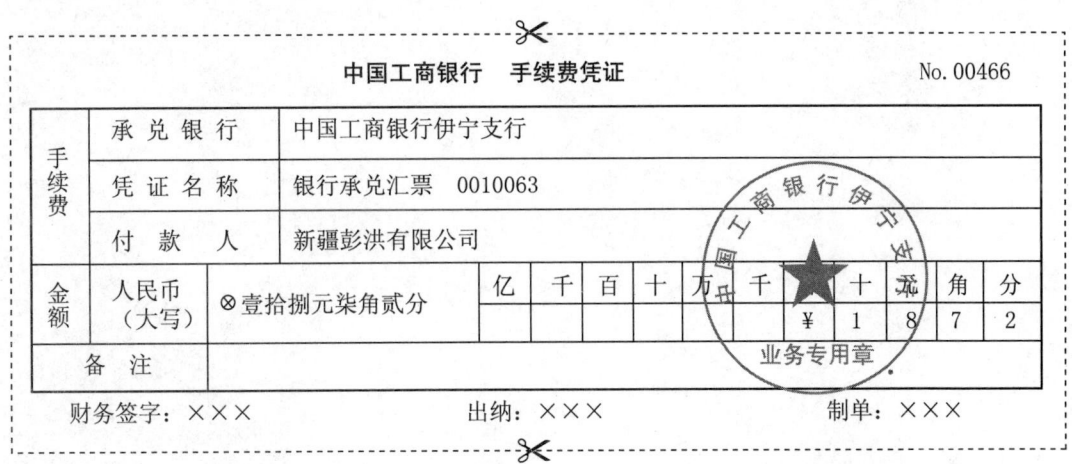

图 1-7-5

入库单

供货单位：易安有限公司　　　　2017年02月18日　　　　　　　　编号：0356

产品型号	产品名称	计量单位	数量	
			应收数量	实收数量
U33	A产品	件	15	15
合计			15	15

主管：×××　　　　会计：×××　　　　仓管员：×××

图 1-7-12

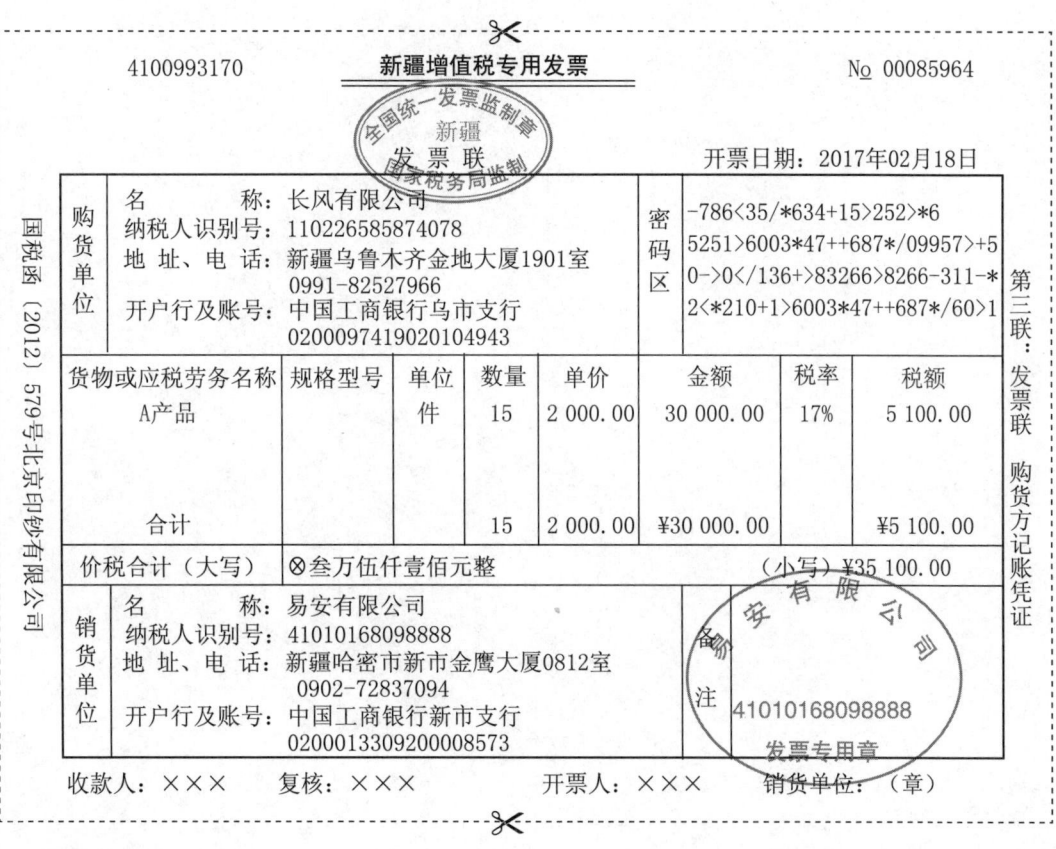

图 1-7-13

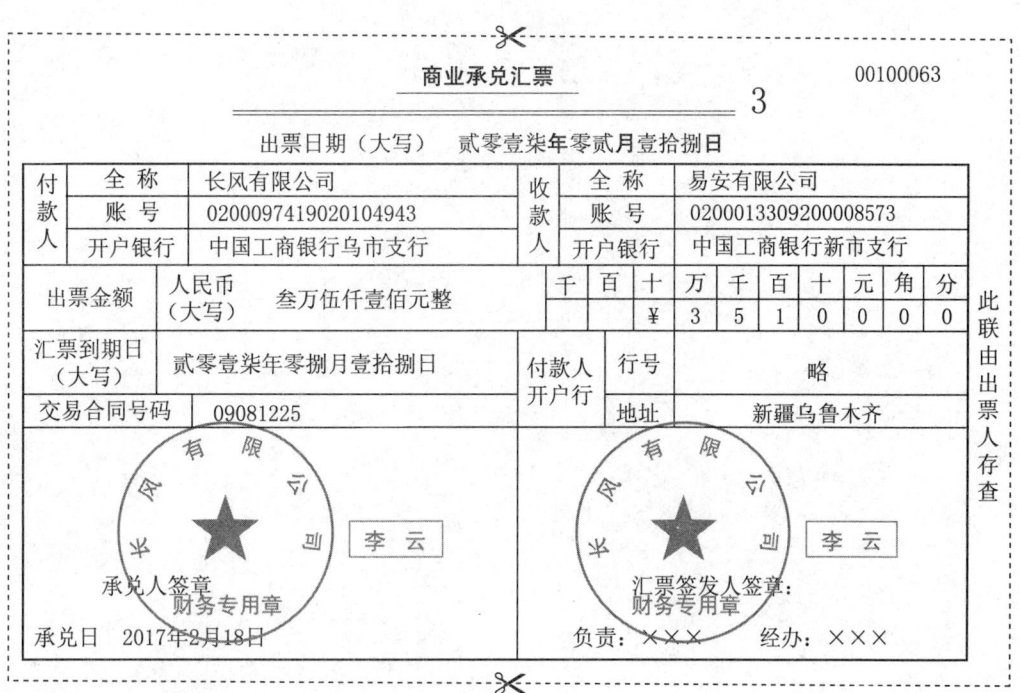

图 1-7-14

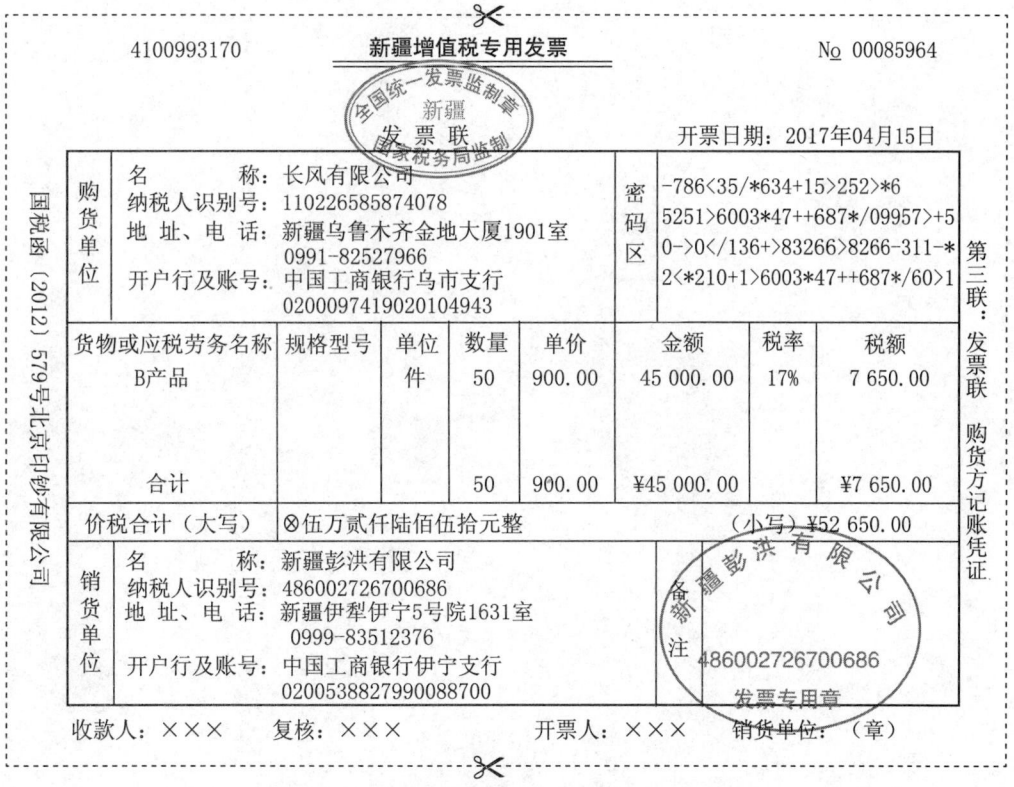

图 1-7-15

入库单

供货单位：新疆彭洪有限公司　　2017年04月15日　　编号：0356

产品型号	产品名称	计量单位	数量	
			应收数量	实收数量
HN107	B产品	件	50	50
合计			50	50

主管：×××　　会计：×××　　仓管员：×××

图 1-7-16

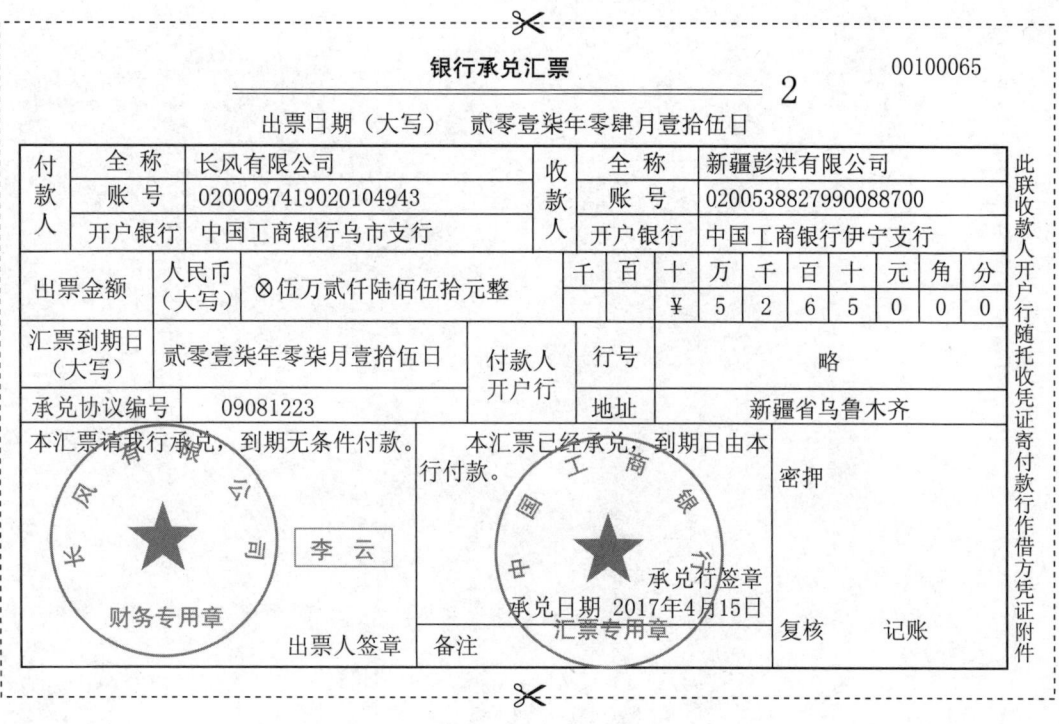

图 1-7-17

手续费	承兑银行	中国工商银行乌市支行											No.00466
	凭证名称	银行承兑汇票 0010065											
	付款人	长风有限公司											
金额	人民币（大写）	⊗伍拾贰元陆角伍分	亿	千	百	十	万	千	百	十	元	角	分
									¥	5	2	6	5
	备注												
财务签字：×××		出纳：×××							制单：×××				

中国工商银行　手续费凭证

图 1-7-18

任务八　核算预付账款

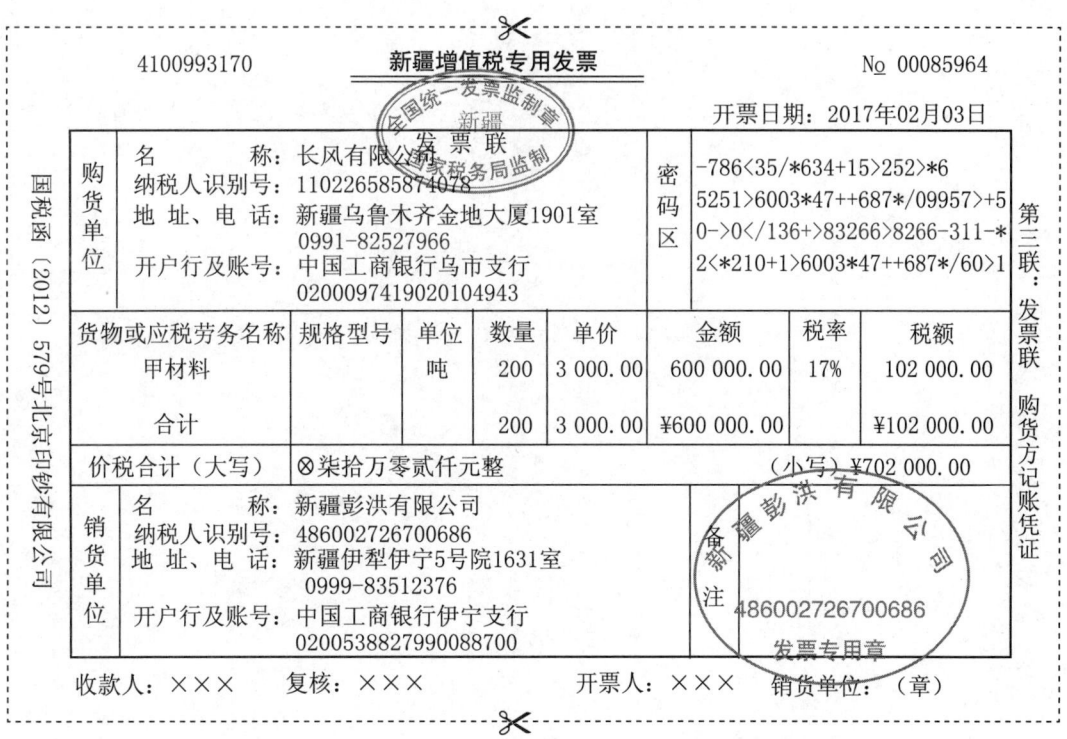

图 1-8-1

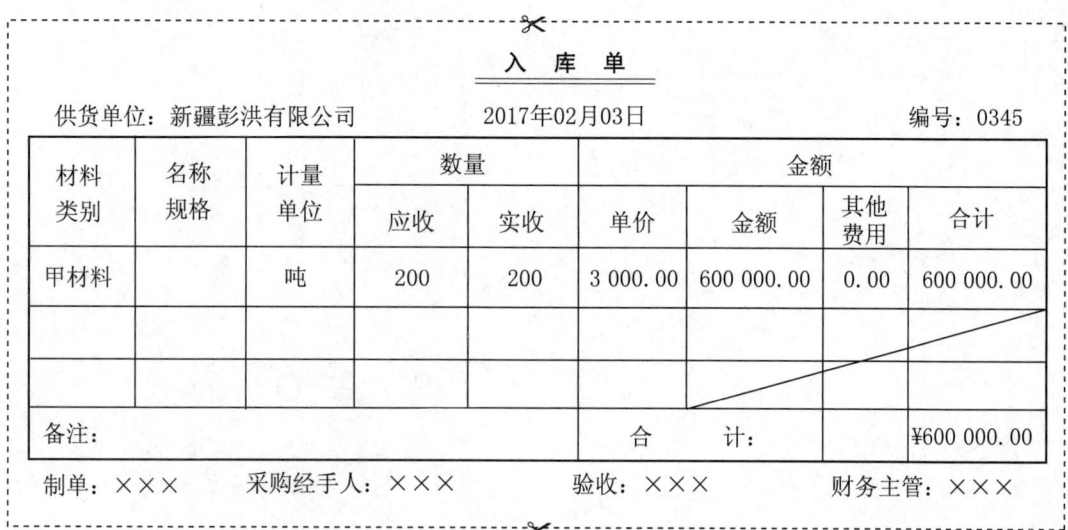

图 1-8-2

图 1-8-3

中国工商银行 电汇凭证（收账通知）

4

☑普通 □加急 委托日期 2017年02月13日

汇款人	全称	长风有限公司	收款人	全称	易安有限公司
	账号	0200097419020104643		账号	0200013309200008573
	汇出地点	新疆乌鲁木齐市/县		汇入地点	新疆哈密市/县
汇出行名称		中国工商银行乌市支行	汇入行名称		中国工商银行新市支行
金额	人民币（大写）	⊗壹拾捌万元整	千百十万千百十元角分		¥ 1 8 0 0 0 0 0 0
中国工商银行乌市支行 2017.02.13 转账 转讫 汇出行签章 2017年2月13日			支付密码		
			附加信息及用途： 复核： 记账：		

图 1-8-4

新疆增值税专用发票

4100993170 No 00085964

全国统一发票监制章 新疆 国家税务局监制

发 票 联

开票日期：2017年02月23日

购货单位	名称：长风有限公司 纳税人识别号：110226585874078 地址、电话：新疆乌鲁木齐金地大厦1901室 0991-82527966 开户行及账号：中国工商银行乌市支行 0200097419020104943				密码区	-786<35/*634+15>252>*6 5251>6003*47++687*/09957>+5 0->0</136+>83266>8266-311-* 2<*210+1>6003*47++687*/60>1	
货物或应税劳务名称	规格型号	单位	数量	单价	金额	税率	税额
建设加工设备	A型	台	1	180 000.00	180 000.00	17%	30 600.00
合计			1	180 000.00	¥180 000.00		¥30 600.00
价税合计（大写）	⊗贰拾壹万零陆佰元整				（小写）¥210 600.00		
销货单位	名称：易安有限公司 纳税人识别号：41010168098888 地址、电话：新疆哈密市新市金鹰大厦0812室 0902-72837094 开户行及账号：中国工商银行新市支行 0200013309200008573				备注	易安有限公司 41010168098888 发票专用章	

收款人：××× 复核：××× 开票人：××× 销货单位：（章）

第三联：发票联 购货方记账凭证

国税函〔2012〕579号北京印钞有限公司

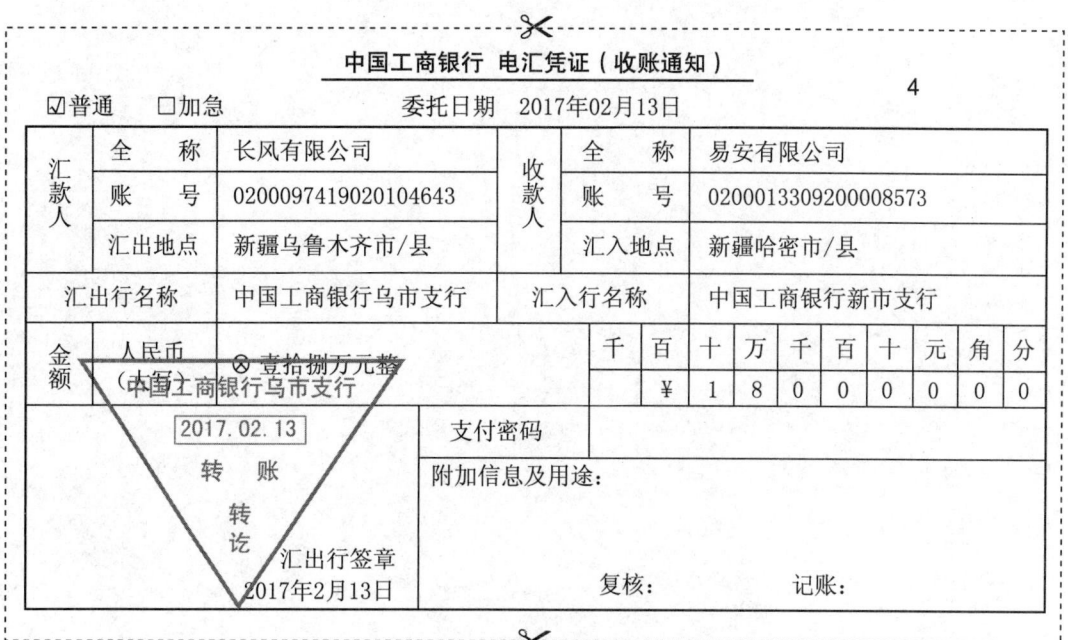

图 1-8-5

固定资产验收交接单

2017年02月23日

No. 20150128
单位：元

资产编号	资产名称	规格型号	计量单位	数量	设备价值	设备基础及安装费用	附加费用	合计
01	建材加工设备	A型	台	1	180 000.00			180 000.00
资产来源		购买	使用年限		10	主要附属内容	1	
制造厂名		易安有限公司	估计残值				2	
制造日期及编号		2017.2.10	基本折旧率		2%		3	
使用部门		三车间	复杂系数				4	

交验部门：物业部　　　点交人：×××　　　接管部门：三车间　　　接管人：×××

图 1-8-6

中国工商银行
支票存根

10201520

01173860

附加信息
_____
_____

出票日期：2017年2月25日
收　款　人：易安有限公司

金　　额：¥30 600.00
用　　途：设备款及运杂费

单位主管：×××　会计：×××

图 1-8-7

购销合同（简表）

购货方	长风有限公司	地址：新疆乌鲁木齐金地大厦1901室		开户行：中国工商银行	
		电话：010-82527966		账号：0200538827990088700	
销售商品	品　名	单　位	数　量	单位（含税）	金额（含税）
	木板	千克	5 000	35.10	175 500.00
货款结算方式	预付货款40%的定金，发货结清款项				

图 1-8-17

银行支票存根

44470906

13531000

附加信息

＿＿＿＿＿＿＿＿＿＿＿＿＿＿＿＿＿
＿＿＿＿＿＿＿＿＿＿＿＿＿＿＿＿＿

出票日期：2017年3月1日
收款人：和平集团有限公司
金额：¥70 200.00
用途：支付木板货款
单位主管：××× 会计：×××

图 1-8-18

购销合同（简表）

购货方	长风有限公司	地址：新疆乌鲁木齐金地大厦1901室		开户行：中国工商银行	
		电话：010-82527966		账号：0200538827990088700	
销售商品	品　名	单　位	数　量	单位（含税）	金额（含税）
	钢材	kg	4 000	58.5	234 000
货款结算方式	预付货款85%				

图 1-8-19

银行支票存根

44470670

13531000

附加信息
_____
_____

出票日期：2017年3月4日
收款人：和平集团有限公司
金额：¥198 900.00
用途：预付采购钢材定金
单位主管：××× 会计：×××

图 1-8-20

入 库 单

编制单位：长风有限公司　　　　2017年03月10日　　　　　　　　编号：0001

产品编号	产品名称	计量单位	数量	
			应收数量	实收数量
0350	木板	千克	5 000	5 000
合计			5 000	5 000

主管：×××　　　　　会计：×××　　　　　仓管员：×××

图 1-8-21

图 1-8-22

图 1-8-23

入 库 单

编制单位：长风有限公司　　2017年03月18日　　编号：0002

产品编号	产品名称	计量单位	数量	
			应收数量	实收数量
0351	钢材	千克	4 000	4 000
合计			4 000	4 000

主管：×××　　会计：×××　　仓管员：×××

图 1-8-24

图 1-8-25

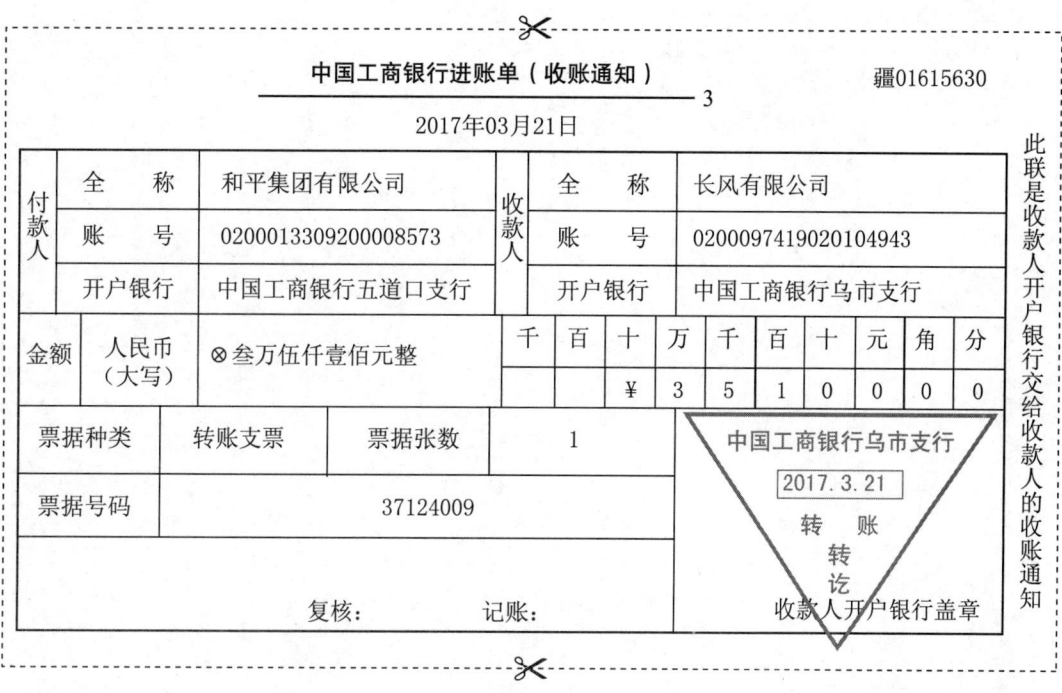

图 1-8-26

任务九 核算其他应付款

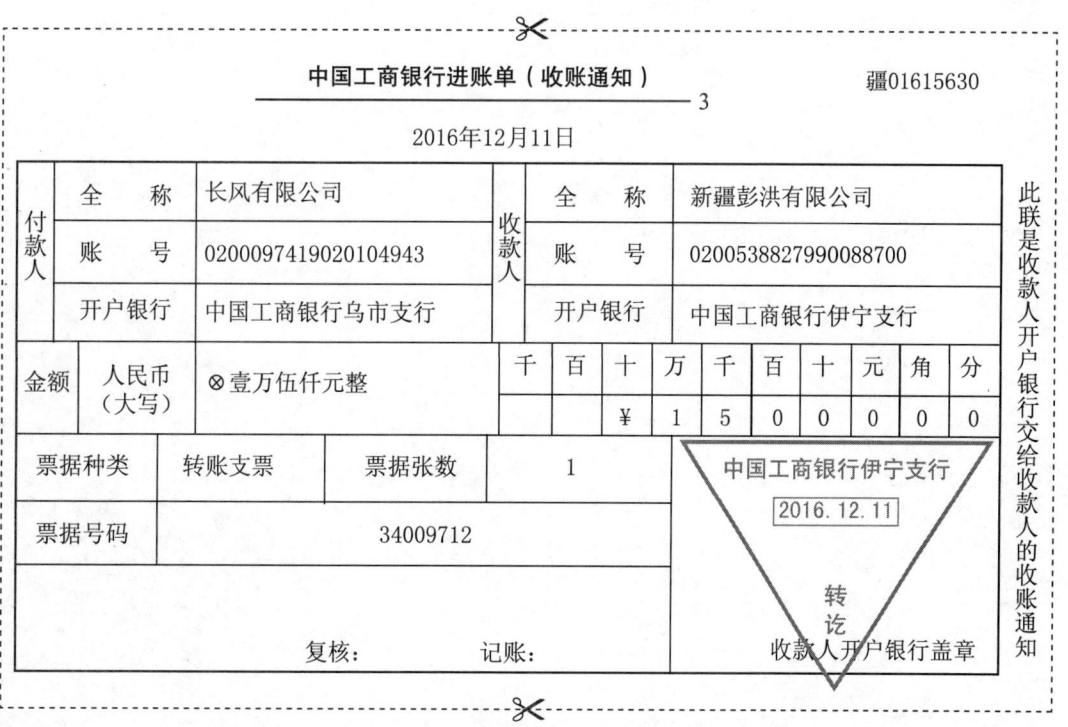

图 1-9-1

图 1-9-2

图 1-9-3

收 据

2017年02月01日 No.0508640

今收到 长风有限公司1 000元押金。

金额（大写） 壹仟元整

单位盖单 （新疆彭洪有限公司 财务专用章）

负责人：××× 会计：××× 出纳：××× 记账：×××

第二联 财务

图 1-9-9

设备租赁合同
（节选）

出租方（甲方）：新疆彭洪有限公司
承租方（乙方）：长风有限公司

二、服务内容：

设备名称	设备价值/台	出租价值/台	出租数量	设备价值总额	出租价值总额/月	押金
缝纫机	2 000.00	350.00	10	20 000.00	3 500.00	100.00

四、服务期限：2017年02月01日至2017年04月01日。

五、合同价款：本次租赁项目总价为7 000元人民币（即人民币柒仟元整），如有增减设备或制作按实际发生额结算。

六、付款方式：
　　合同签字后乙方向甲方支付1 000元（即人民币壹仟元整）押金，服务结束后若设备检查完好，甲方会全额退还押金给乙方。

十、违约责任：
　　1.甲方所提供的器材与《现场布置及所用设备项目及价格清单》不符或未达到本合同对设备、器材的质量要求，由乙方免费更换，如对乙方造成损失，甲方应负责赔偿。
　　2.如因乙方原因，造成租赁设备不正常的损耗，造成对甲方的损失，乙方应根据甲方的损失程度，支付相应的经济补偿。

图 1-9-10

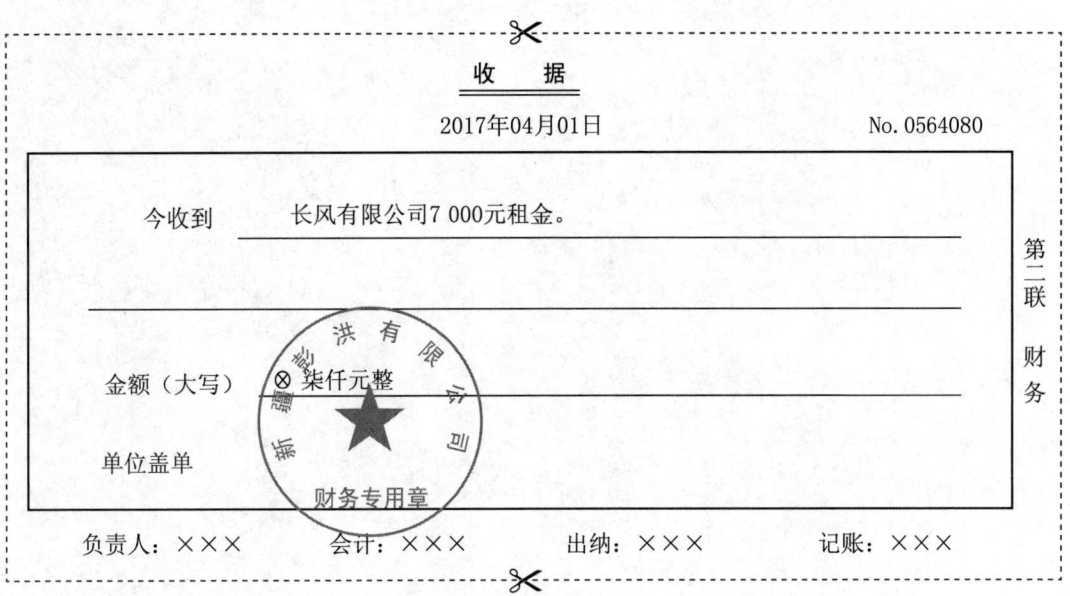

图 1-9-11

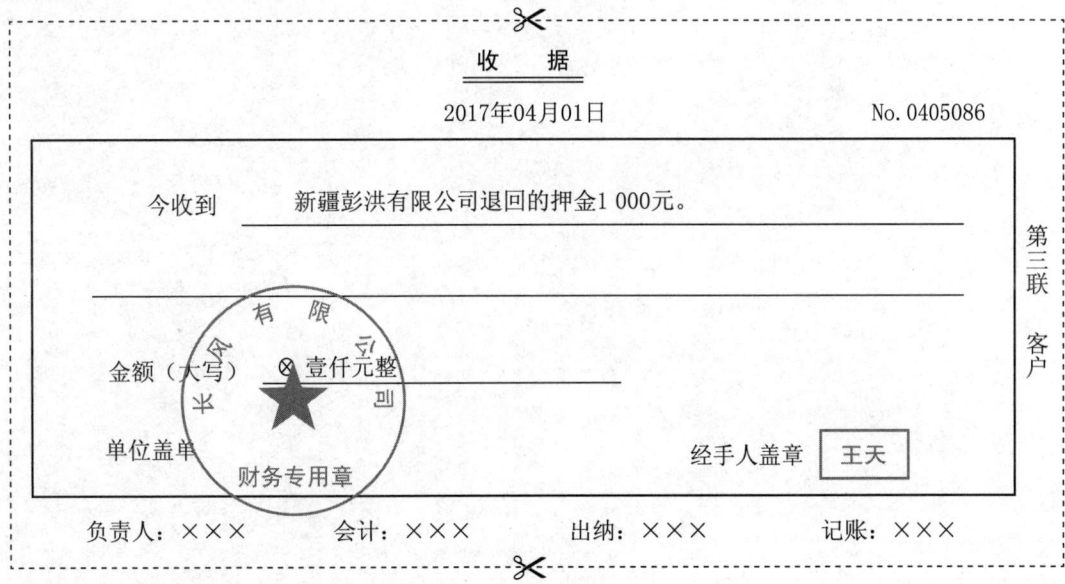

图 1-9-12

岗位二　存货核算岗位实务

任务二　按实际成本核算原材料

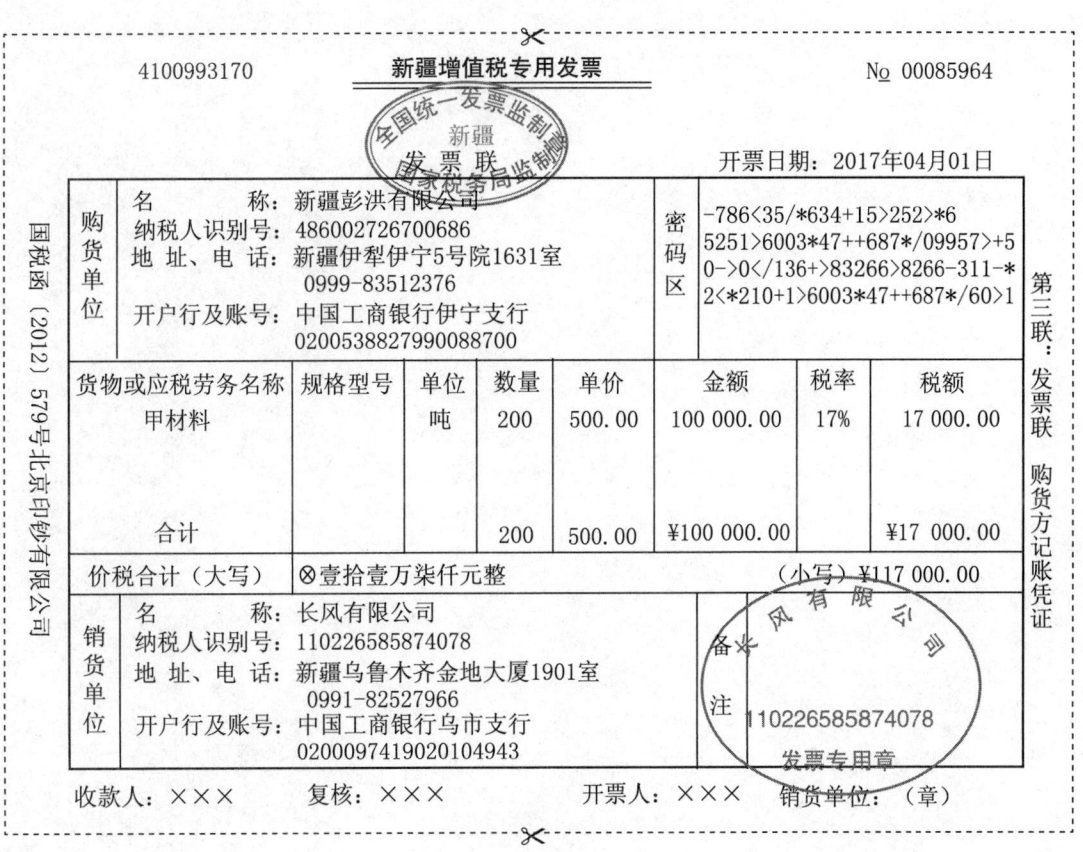

图 2-2-1

图 2-2-2

入 库 单

2017年04月01日

供货单位：长风有限公司　　　　　　　　　　　　　　　　编号：0301

材料类别	材料编号	材料名称	规格	计量单位	数量 应收	数量 实收	单价	金额
	00031	甲材料		吨	200	200	500.00	100 000.00
合　计							¥500.00	¥100 000.00

制单：×××　　采购经手人：×××　　验收：×××　　财务主管：×××

图 2-2-3

· 55 ·

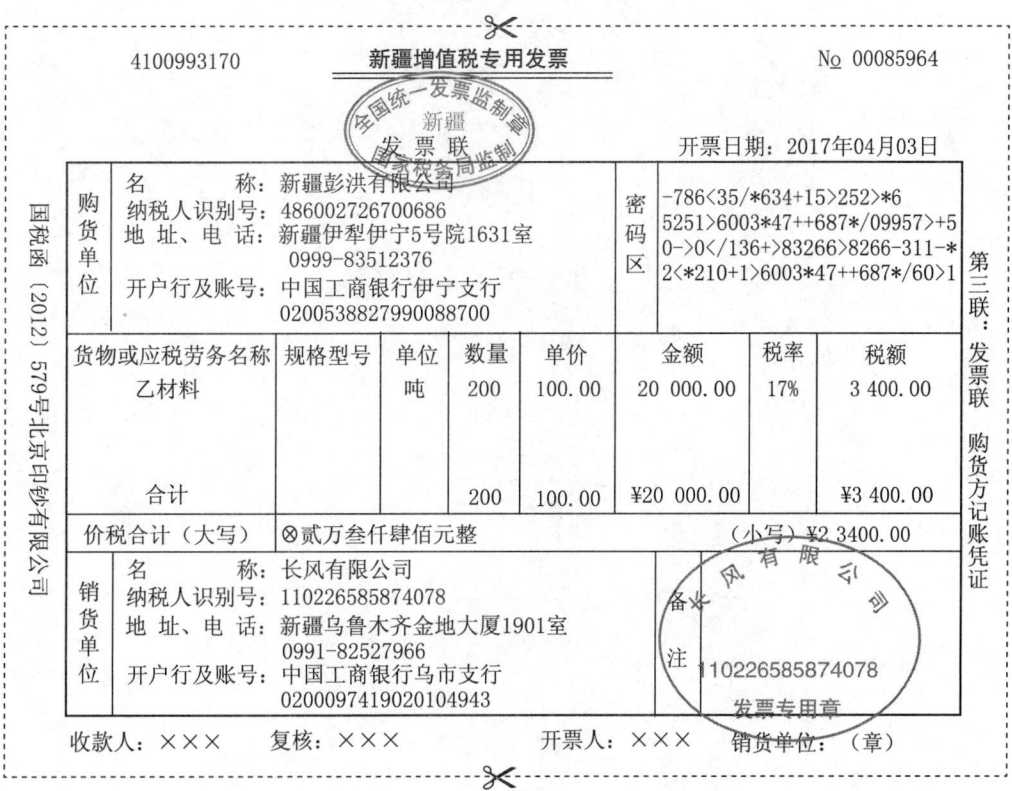

图 2-2-4

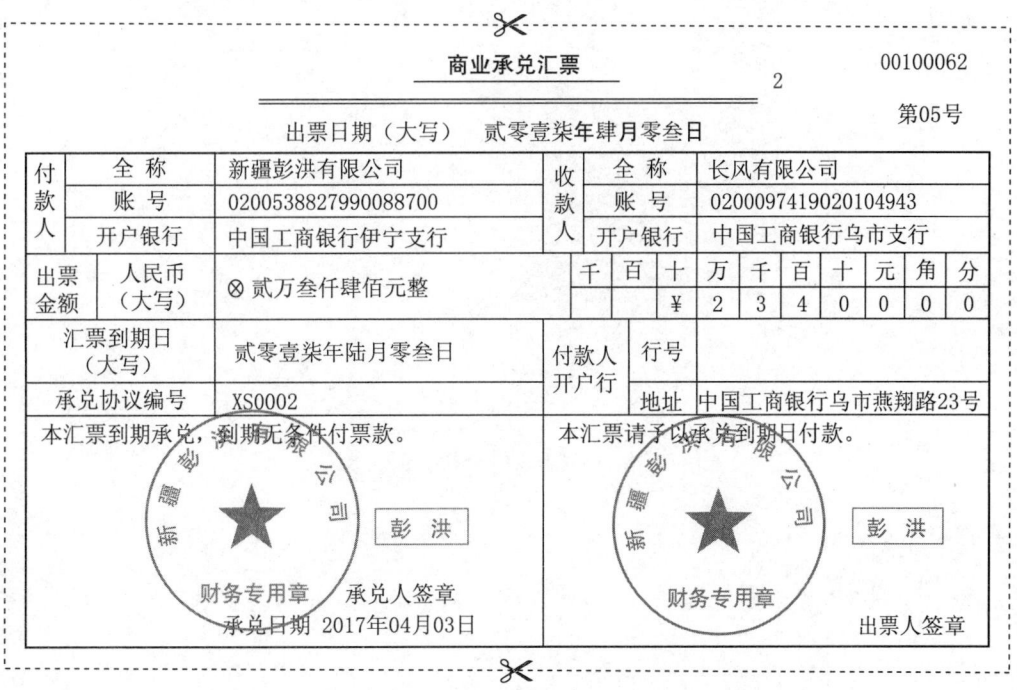

图 2-2-5

入 库 单

2017年04月05日

供货单位：长风有限公司　　　　　　　　　　　　　　　　　　　　编号：0302

材料类别	材料编号	材料名称	规格	计量单位	数量		单价	金额
					应收	实收		
	00032	乙材料		吨	200	200	100.00	20 000.00
合　　　计							¥100.00	¥20 000.00

制单：×××　　采购经手人：×××　　验收：×××　　财务主管：×××

图 2-2-6

领 料 单

2017年04月15日

领料单位：基本生产车间　　　　　　　　　　　　　　　　　　　　凭证编号：0010
用　　途：生产A产品　　　　　　　　　　　　　　　　　　　　　　仓　　库：1号

材料类别	材料编号	材料名称	规格	计量单位	数量		单价	金额
					请领	实领		
	00031	甲材料		吨	100	100		
合　　　计								

发料：×××　　领料：×××　　领料部门负责人：×××　　领料审核：×××　　财务记账：×××

图 2-2-7

领 料 单

2017年04月18日

领料单位：车间管理部门　　　　　　　　　　　　凭证编号：0011
用　　途：　　　　　　　　　　　　　　　　　　仓　　库：2号

材料类别	材料编号	材料名称	规格	计量单位	数量		单价	金额
					请领	实领		
	00032	乙材料		吨	50	50		
合　　计								

发料：×××　领料：×××　领料部门负责人：×××　领料审核：×××　财务记账：×××

图 2-2-8

领 料 单

2017年04月15日

领料单位：基本生产车间　　　　　　　　　　　　凭证编号：0010
用　　途：生产A产品　　　　　　　　　　　　　仓　　库：1号

材料类别	材料编号	材料名称	规格	计量单位	数量		单价	金额
					请领	实领		
	00031	甲材料		吨	100	100	440	44 000.00
合　　计							¥440	¥44 000.00

发料：×××　领料：×××　领料部门负责人：×××　领料审核：×××　财务记账：×××

图 2-2-12

领料单

领料单位：车间管理部门　　　2017年04月18日　　　凭证编号：0011
用　途：　　　　　　　　　　　　　　　　　　　　　仓　库：2号

材料类别	材料编号	材料名称	规格	计量单位	数量 请领	数量 实领	单价	金额
	00032	乙材料		吨	50	50	150.00	7 500.00
合　　计							¥150.00	¥7 500.00

发料：×××　领料：×××　领料部门负责人：×××　领料审核：×××　财务记账：×××

图 2-2-14

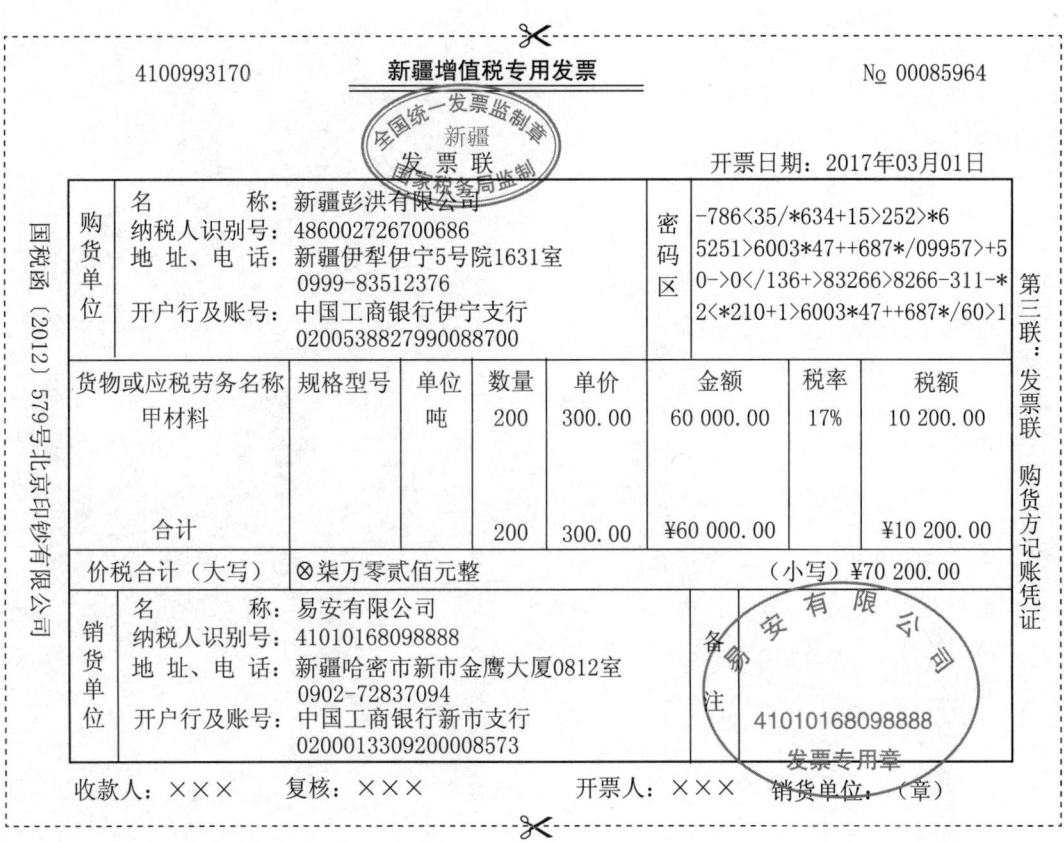

图 2-2-21

```
┌─────────────────────────────┐      ┌─────────────────────────────┐
│      中国工商银行            │      │      中国工商银行            │
│      转账支票存根            │      │      转账支票存根            │
│        10201520              │      │        10201521              │
│        01173860              │      │        01173861              │
│  附加信息                    │      │  附加信息                    │
│  _____         │      │  _____         │
│                              │      │                              │
│  出票日期：2017年03月01日    │      │  出票日期：2017年03月01日    │
│  收款人：易安有限公司         │      │  收款人：易安有限公司         │
│  金　额：¥70 200.00          │      │  金　额：¥5 000.00           │
│  用　途：支付购入甲材料款    │      │  用　途：支付材料包装费      │
│  单位主管：×××  会计：×××  │      │  单位主管：×××  会计：×××  │
└─────────────────────────────┘      └─────────────────────────────┘
          图 2-2-22                              图 2-2-23
```

入 库 单

供货单位：易安有限公司　　2017年03月01日　　　　　　　编号：0001

材料类别	材料编号	材料名称	规格	计量单位	数量		单价	金额
					应收	实收		
	00031	甲材料		吨	200	200		
合　　　计								

制单：×××　　采购经手人：×××　　　验收：×××　　　财务主管：×××

图 2-2-24

领 料 单

领料单位：基本生产车间　　2017年03月10日　　　　　　凭证编号：0208
用　　途：生产A产品　　　　　　　　　　　　　　　　　仓　　库：1号

材料类别	材料编号	材料名称	规格	计量单位	数量		单价	金额
					请领	实领		
	00031	甲材料		吨	100	100		
合　　　计								

发料：×××　　领料：×××　　领料部门负责人：×××　　领料审核：×××　　财务记账：×××

图 2-2-25

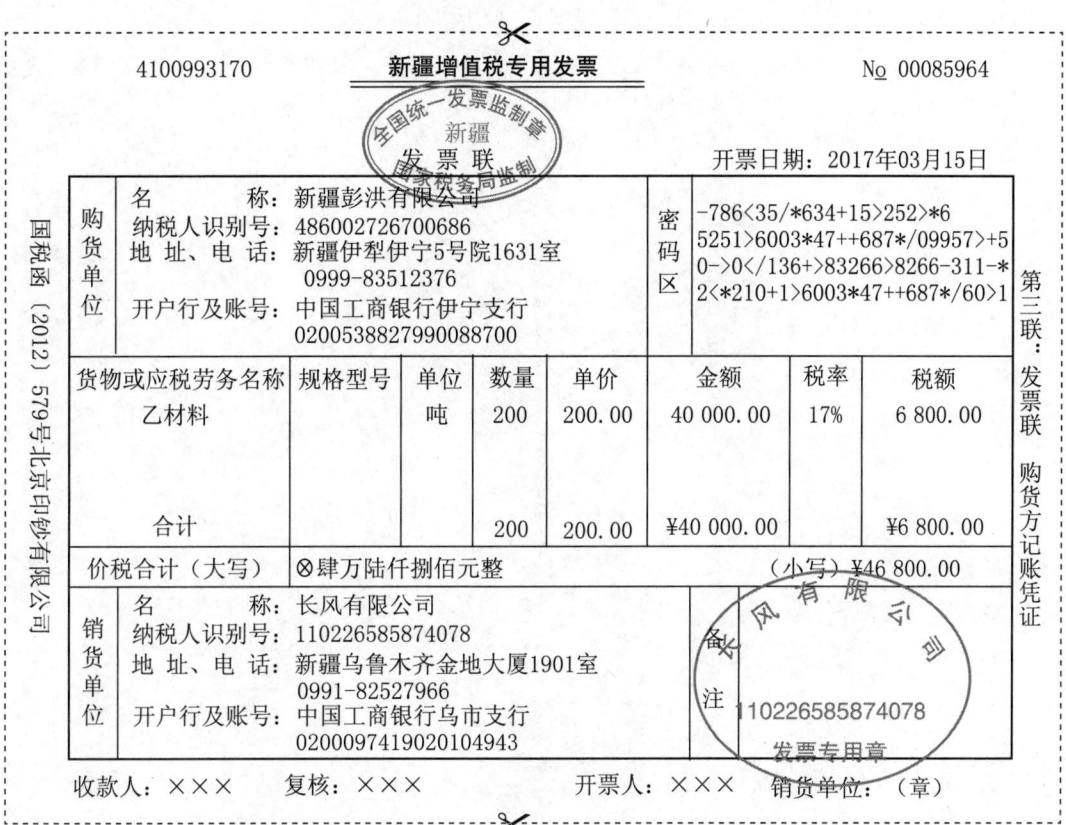

图 2-2-26

图 2-2-27

入 库 单

2017年03月15日

供货单位：长风有限公司　　　　　　　　　　　　　　　　　　编号：0001

材料类别	材料编号	材料名称	规格	计量单位	数量		单价	金额
					应收	实收		
	00031	乙材料		吨	200	200		
合　　　计								

制单：×××　　采购经手人：×××　　　　验收：×××　　　　财务主管：×××

图 2-2-28

领 料 单

2017年03月20日

领料单位：基本生产车间　　　　　　　　　　　　　　　凭证编号：0011
用　　途：生产A产品　　　　　　　　　　　　　　　　仓　　库：1号

材料类别	材料编号	材料名称	规格	计量单位	数量		单价	金额
					请领	实领		
	00032	乙材料		吨	200	200		
合　　　计								

发料：×××　　领料：×××　　领料部门负责人：×××　　领料审核：×××　　财务记账：×××

图 2-2-29

任务三 按计划成本核算原材料

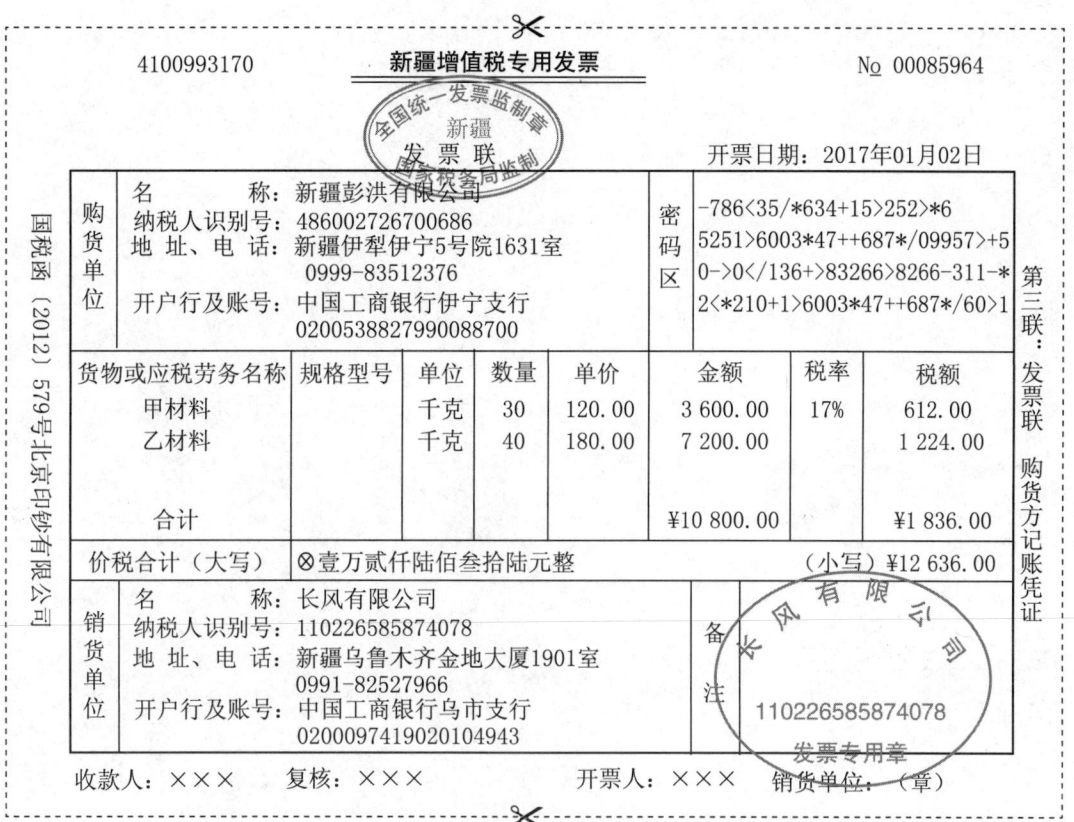

图 2-3-1

图 2-3-2

入 库 单

2017年01月02日

供货单位：长风有限公司　　　　　　　　　　　　　　　　　　　编号：0331

材料类别	材料编号	材料名称	规格	计量单位	数量 应收	数量 实收	单价	金额
	0031	甲材料		千克	30	30	120.00	3 600.00
	0032	乙材料		千克	40	40	180.00	7 200.00
	合　　　计							¥10 800.00

制单：×××　　采购经手人：×××　　验收：×××　　财务主管：×××

图 2-3-3

图 2-3-4

图 2-3-5

领　料　单

2017年01月10日

领料单位：机修车间　　　　　　　　　　　　　　凭证编号：0032
用　　途：修理生产车间的机器设备　　　　　　　仓　　库：1号

材料类别	材料编号	材料名称	规格	计量单位	数量 请领	数量 实领	单价	金额
	0032	乙材料		千克	20	20	200	4 000
合　　计					20	20	¥200	¥4 000

发料：×××　　领料：×××　　领料部门负责人：×××　　领料审核：×××　　财务记账：×××

图 2-3-6

领 料 单

2017年01月30日

领料单位：生产车间　　　　　　　　　　　　　　　凭证编号：0042
用　　途：生产　　　　　　　　　　　　　　　　　仓　　库：1号

材料类别	材料编号	材料名称	规格	计量单位	数量		单价	金额
					请领	实领		
	0031	甲材料		千克	200	200	150.00	30 000.00
	0032	乙材料		千克	350	350	200.00	70 000.00
合　　　计					550	550	—	¥100 000.00

发料：×××　　领料：×××　　领料部门负责人：×××　　领料审核：×××　　财务记账：×××

图 2-3-7

领 料 单

2017年01月30日

领料单位：管理部门　　　　　　　　　　　　　　　凭证编号：0043
用　　途：耗材　　　　　　　　　　　　　　　　　仓　　库：1号

材料类别	材料编号	材料名称	规格	计量单位	数量		单价	金额
					请领	实领		
	0031	乙材料		千克	30	30	200.00	6 000.00
合　　　计					30	30	—	¥6 000.00

发料：×××　　领料：×××　　领料部门负责人：×××　　领料审核：×××　　财务记账：×××

图 2-3-8

领　料　单

2017年01月30日

领料单位：机修车间　　　　　　　　　　　　　　　　　　凭证编号：00444
用　　途：修理生产车间的机器设备　　　　　　　　　　　仓　　库：1号

材料类别	材料编号	材料名称	规格	计量单位	数量		单价	金额
					请领	实领		
	0031	乙材料		千克	15	15	200.00	3 000.00
合　　　　计					15	15	—	¥3 000.00

发料：×××　　领料：×××　　领料部门负责人：×××　　领料审核：×××　　财务记账：×××

图 2-3-9

入　库　单

2017年01月30日

供货单位：长风有限公司　　　　　　　　　　　　　　　　　　　　　　　　编号：0036

材料类别	材料编号	材料名称	规格	计量单位	数量		单价	金额
					应收	实收		
	0032	乙材料		千克	100	100	180.00	18 000.00
合　　　　计					100	100	—	¥18 000.00

制单：×××　　采购经手人：×××　　　　验收：×××　　　　财务主管：×××

图 2-3-10

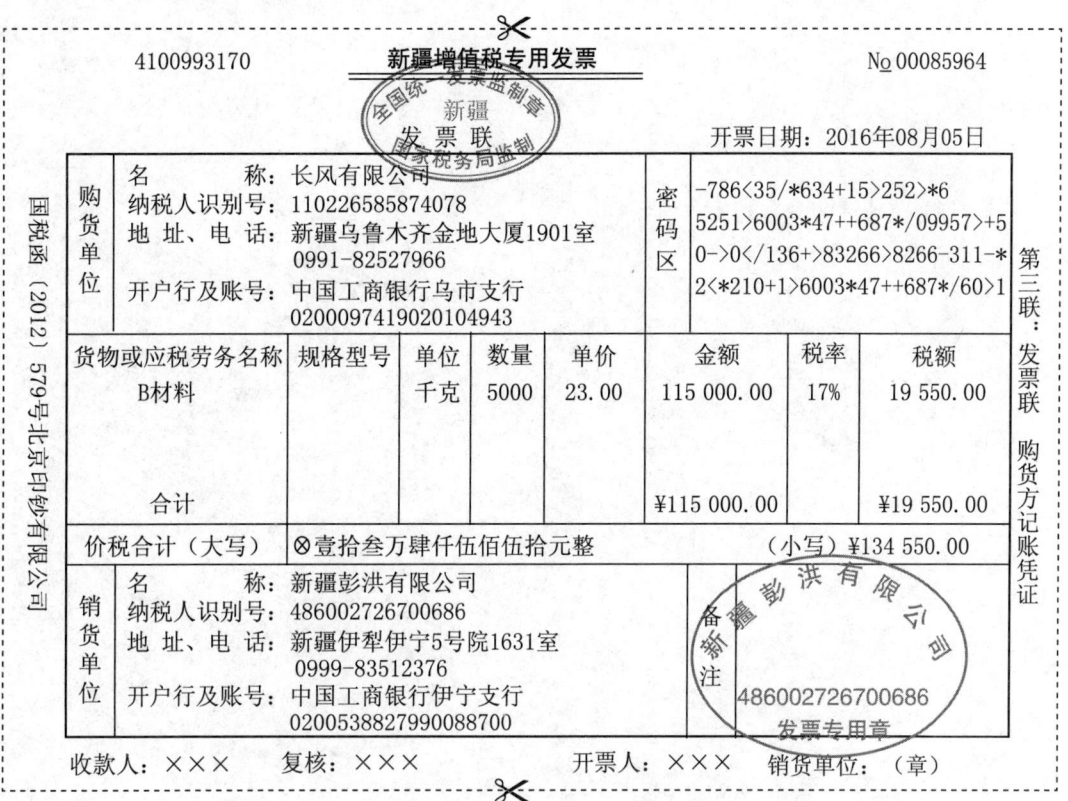

图 2-3-24

图 2-3-25

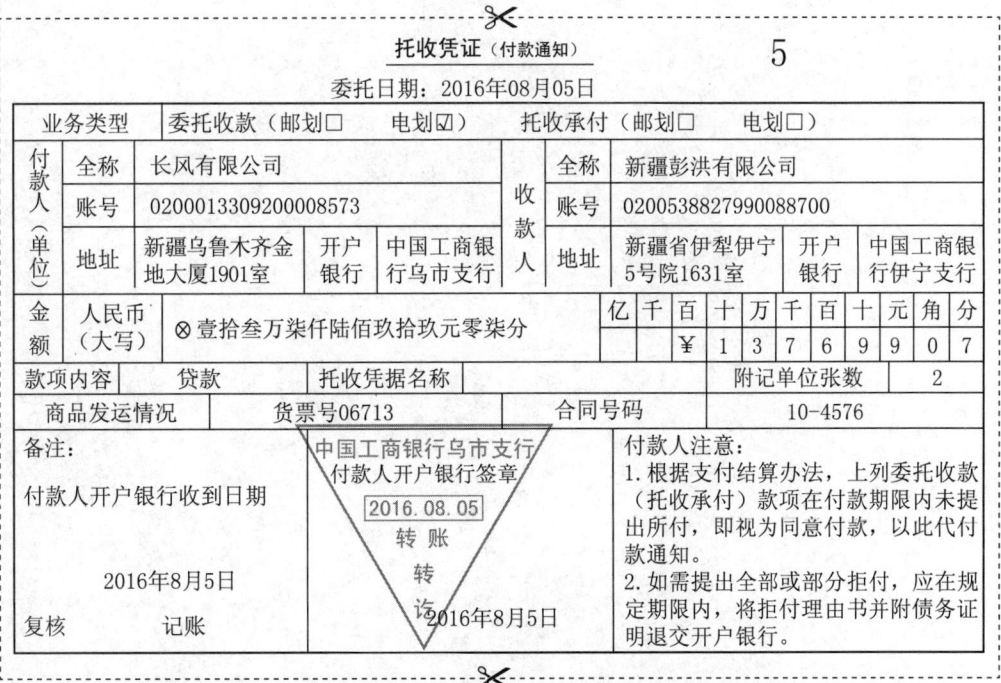

图 2-3-26

入 库 单

2016年08月08日

供货单位：新疆彭洪有限公司　　　　　　　　　　　　　　　　编号：0088

材料类别	材料编号	材料名称	规格	计量单位	数量		单价	金额
					应收	实收		
	0056	B材料		千克	5 000	5 000		
合　　　计					5 000	5 000		

制单：×××　　采购经手人：×××　　　　验收：×××　　　　财务主管：×××

图 2－3－27

领 料 单

2016年08月10日

领料单位：生产部门　　　　　　　　　　　　　　　　凭证编号：0043
用　　途：生产甲产品　　　　　　　　　　　　　　　　仓　　库：1号

材料类别	材料编号	材料名称	规格	计量单位	数量		单价	金额
					请领	实领		
	0056	B材料		千克	300	300		
合　　　计					300	300		

发料：×××　领料：×××　领料部门负责人：×××　领料审核：×××　财务记账：×××

图 2－3－28

任务四　核算库存商品

入　库　单

2017年03月05日

编制单位：新疆彭洪有限公司　　　　　　　　　　　　　　　　　　　　　编号：0001

产品编号	产品名称	计量单位	数量	
			应收数量	实收数量
0656	办公桌	台	35	35
合计			35	35

主管：×××　　　　　　　会计：×××　　　　　　　仓管员：×××

图 2-4-1

出　库　单

2017年03月10日

收货单位：长风有限公司　　　　　　　　　　　　　　　　　　　　　　　编号：0001

产品名称	单位	数量	单位成本	总成本
办公桌	台	20		
合计	—	20		

仓库负责人：×××　　　　　　　保管员：×××　　　　　　　提货人：×××

图 2-4-2

图 2-4-3

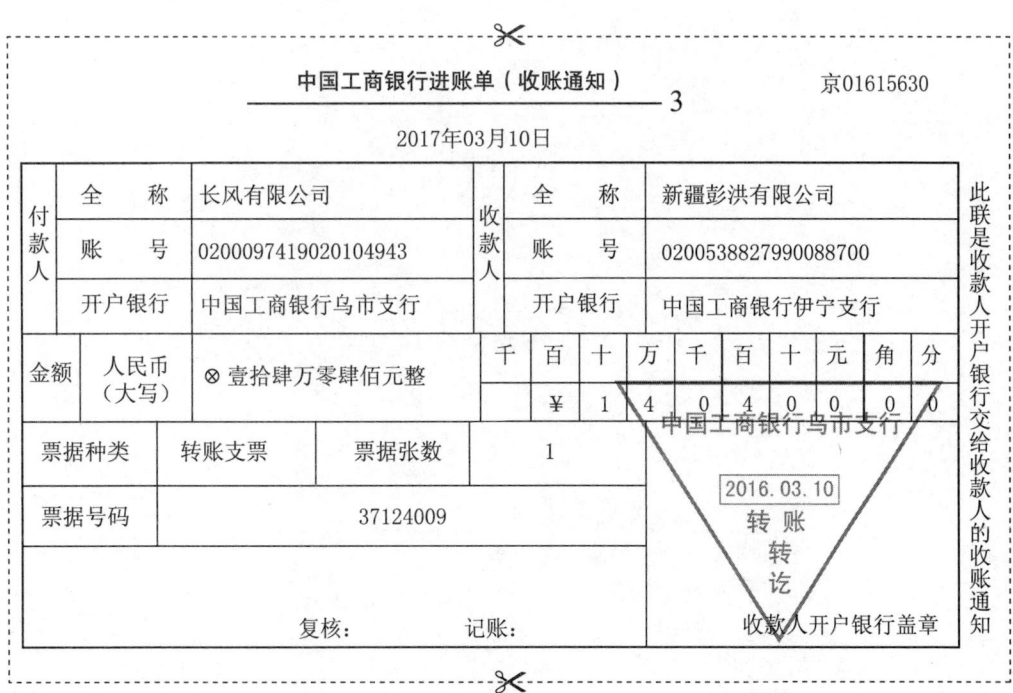

图 2-4-4

入 库 单

2017年01月13日

编制单位：新疆彭洪有限公司　　　　　　　　　　　　　　　　　　编号：0002

产品编号	产品名称	计量单位	数量	
			应收数量	实收数量
0063	运药车	辆	40	40
合计			40	40

主管：×××　　　　　　　会计：×××　　　　　　　仓管员：×××

图 2－4－10

出 库 单

2017年01月20日

收货单位：易安有限公司　　　　　　　　　　　　　　　　　　　编号：0002

产品名称	单位	数量	单位成本	总成本
不锈钢运药车	辆	30		
合计	—	30		

仓库负责人：×××　　　　　　保管员：×××　　　　　　提货人：×××

图 2－4－11

图 2-4-12

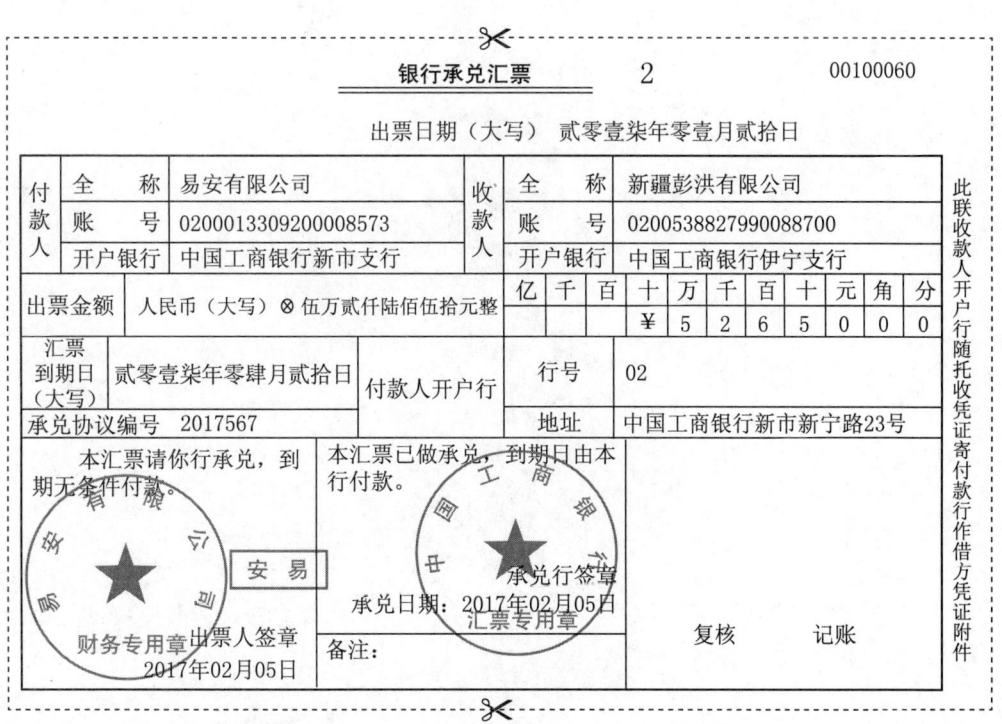

图 2-4-13

任务五 核算周转材料

领 料 单

2017年04月01日

领料单位：生产车间 凭证编号：011
用　　途：包装产品 仓　　库：5号

材料类别	材料编号	材料名称	规格	计量单位	数量		单价	金额
					请领	实领		
	00035	玻璃瓶		瓶	1 000	1 000	4.00	4 000.00
合　　　计					1 000	1 000	¥4.00	¥4 000.00

发料：×××　领料：×××　领料部门负责人：×××　领料审核：×××　财务记账：×××

图 2-5-1

领 料 单

2017年04月05日

领料单位：销售部门 凭证编号：032
用　　途：促销A产品 仓　　库：3号

材料类别	材料编号	材料名称	规格	计量单位	数量		单价	金额
					请领	实领		
	00036	包装袋		个	100	100	3.00	300.00
合　　　计					100	100	¥3.00	¥300.00

发料：×××　领料：×××　领料部门负责人：×××　领料审核：×××　财务记账：×××

图 2-5-2

领　料　单

2017年04月10日

领料单位：销售部门　　　　　　　　　　　　　　　　　　凭证编号：032
用　　途：销售A产品　　　　　　　　　　　　　　　　　　仓　　库：3号

材料类别	材料编号	材料名称	规格	计量单位	数量 请领	数量 实领	单价	金额
	00037	包装箱		只	200	200	50.00	10 000.00
合　　计					200	200	¥50.00	¥10 000.00

发料：×××　　领料：×××　　领料部门负责人：×××　　领料审核：×××　　财务记账：×××

图 2-5-3

图 2-5-4

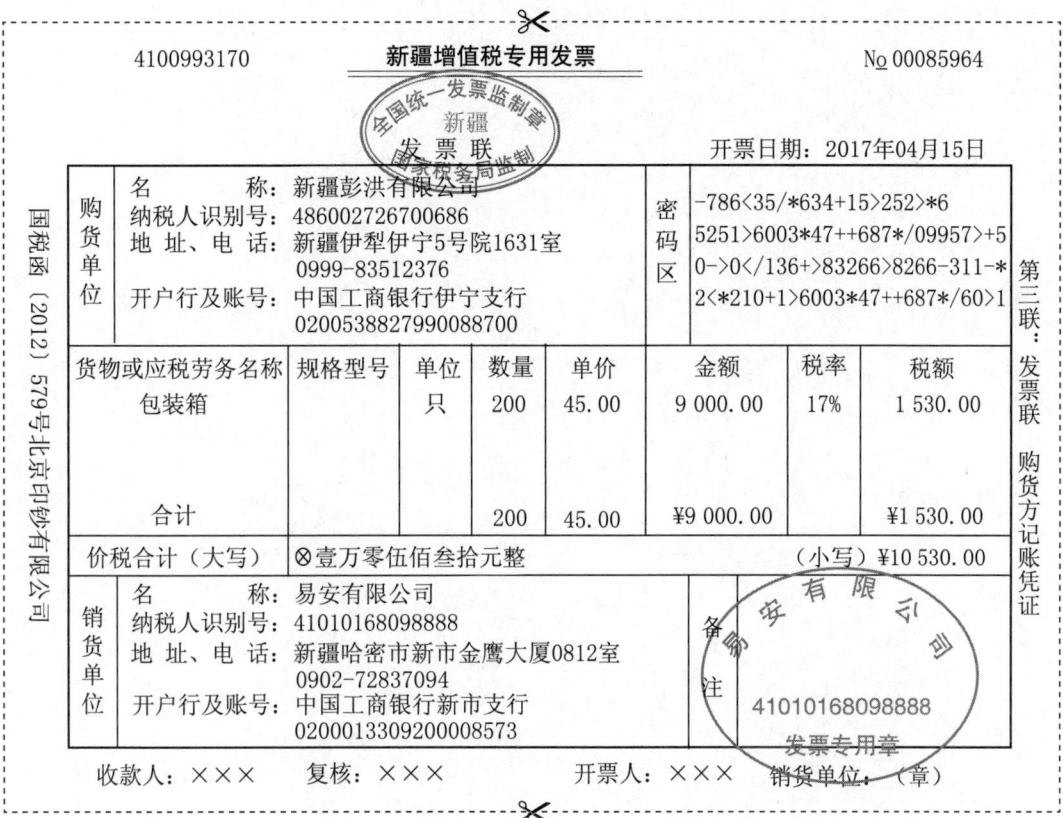

图 2-5-5

图 2-5-6

```
中国工商银行
转账支票存根

10201520

01173860

附加信息 _____
_____
_____

出票日期：2017年04月15日
| 收 款 人：易安有限公司 |
| 金　　额：¥10 530.00 |
| 用　　途：支付包装物货款 |

单位主管：×××　　会计：×××
```

图 2-5-7

领 料 单

2017年04月20日

领料单位：长风有限公司　　　　　　　　　　　　凭证编号：035
用　　途：出借　　　　　　　　　　　　　　　　仓　　库：3号

材料类别	材料编号	材料名称	规格	计量单位	数量		单价	金额
					请领	实领		
	00037	包装箱		只	300	300	50.00	15 000.00
合　　　　计					300	300	¥50.00	¥15 000.00

发料：×××　领料：×××　领料部门负责人：×××　领料审核：×××　财务记账：×××

图 2-5-8

收　据

2017年04月20日　　　　　　　　　　　No.0405086

今收到　　长风有限公司出借包装物押金10 000元。

金额（大写）　⊗壹万元整

单位盖单　　　　　　　　　　经手人盖章

负责人：×××　　会计：×××　　出纳：×××　　记账：

第二联　财务

图 2 - 5 - 9

出 租 协 议

租赁物：包装箱

数量：100个

租金：6 000元

租金：1个月（若承租金继续租用，需提前半个月（15天）告知出租方）

…………

出租方：新疆彭洪有限公司
2017年4月22日

承租方：万友有限公司
2017年4月22日

图 2 - 5 - 10

领 料 单

领料单位：万友有限公司　　　　2017年04月22日　　　　凭证编号：038
用　　途：出租　　　　　　　　　　　　　　　　　　　　仓　库：3号

材料类别	材料编号	材料名称	规格	计量单位	数量 请领	数量 实领	单价	金额
	00037	包装箱		只	100	100	50.00	5 000.00
		合　　　计			100	100	¥50.00	¥5 000.00

发料：×××　　领料：×××　　领料部门负责人：×××　　领料审核：×××　　财务记账：×××

图 2-5-11

收 据

2017年04月22日　　　　　　　　　　　　　　　　　　　　No.0405086

今收到　　万友有限公司出租包装物押金6 000元。

金额（大写）　⊗ 陆仟元整

单位盖单　　　　　　　　　　　　　　　　　　经手人盖章　财务专用章

负责人：×××　　会计：×××　　出纳：×××　　记账：

图 2-5-12

领 料 单

2017年04月01日

领料单位：生产车间 凭证编号：001
用　　途：包装产品 仓　　库：5号

材料类别	材料编号	材料名称	规格	计量单位	数量		单价	金额
					请领	实领		
	00037	包装箱		只	1 000	1 000	50.00	50 000.00
合　　计							¥50.00	¥50 000.00

发料：×××　领料：×××　领料部门负责人：×××　领料审核：×××　财务记账：×××

图 2-5-24

领 料 单

2017年04月05日

领料单位：销售部门 凭证编号：001
用　　途：销售 仓　　库：5号

材料类别	材料编号	材料名称	规格	计量单位	数量		单价	金额
					请领	实领		
	00036	包装袋		个	100	100	5.00	500.00
合　　计							¥5.00	¥500.00

发料：×××　领料：×××　领料部门负责人：×××　领料审核：×××　财务记账：×××

图 2-5-25

领 料 单

2017年04月10日

领料单位：销售部门　　　　　　　　　　　　　凭证编号：001
用　　途：销售　　　　　　　　　　　　　　　仓　　库：5号

材料类别	材料编号	材料名称	规格	计量单位	数量 请领	数量 实领	单价	金额
	00037	包装箱		只	100	100	50.00	5 000.00
	合　　计						￥50.00	￥5 000.00

发料：×××　　领料：×××　　领料部门负责人：×××　　领料审核：×××　　财务记账：×××

图 2-5-26

图 2-5-27

出租协议

租赁物：包装箱

数量：50个

租金：1 500元/月

租金：2个月（若承租金继续租用，需提前半个月（15天）告知出租方）

承租人自提货之日起，一次性支付2个月租金3000元。

……

出租方：新疆彭洪有限公司　　　　　　　　　　承租方：长风有限公司
2017年4月20日　　　　　　　　　　　　　　　2017年4月20日

图 2－5－28

领 料 单

2017年04月20日

领料单位：销售部门　　　　　　　　　　　　　　凭证编号：001
用　　途：销售　　　　　　　　　　　　　　　　仓　　库：5号

材料类别	材料编号	材料名称	规格	计量单位	数量		单价	金额
					请领	实领		
	00037	包装箱		只	50	50	50.00	2 500.00
合　　　计							¥50.00	¥2 500.00

发料：×××　领料：×××　领料部门负责人：×××　领料审核：×××　财务记账：×××

图 2－5－29

图 2-5-30

任务六 核算委托加工物资

领 料 单

2017年03月03日

领料单位：长风有限公司　　　　　　　　　　　　　凭证编号：015
用　　途：委托加工　　　　　　　　　　　　　　　仓　库：5号

材料类别	材料编号	材料名称	规格	计量单位	数量		单价	金额
					请领	实领		
	0008	材料A		吨	17	17	3 700	62 900
	0009	材料B		吨	15	15	4 000	60 000
合　　　计					32	32	—	¥122 900

发料：×××　领料：×××　领料部门负责人：×××　领料审核：×××　财务记账：×××

图 2-6-2

```
         中国工商银行
         转账支票存根
          10201533
          01173860
附加信息_____
       _____
       _____
出票日期：2017年03月03日
| 收 款 人：长风公司    |
| 金   额：¥17 500.00 |
| 用   途：委托加工    |

单位主管：×××   会计：×××
```

图 2-6-3

收　　据

2017年03月03日　　　　　　　　　　　　　　No.0405086

今收到　　新疆彭洪有限公司支付的委托加工费用17 500元。

金额（大写）　⊗壹万柒千伍佰元整

单位盖单 　　　　　经手人盖章　王　天

负责人：×××　　会计：×××　　出纳：×××　　记账：×××

第三联　客户

图 2-6-4

中国工商银行
转账支票存根

10201533

01173860

附加信息＿＿＿＿＿＿＿＿＿＿

出票日期：2017年03月28日

收 款 人：	长风公司
金 额：	￥41 000.00
用 途：	委托加工

单位主管：×××　　会计：×××

图 2-6-5

新疆增值税专用发票

4100993170　　　　　　　　　　　　　　No 00085964

发票联　　　　　　　　　　开票日期：2017年03月28日

购货单位	名　　　称：	新疆彭洪有限公司	密码区	-786<35/*634+15>252>*6 5251>6003*47++687*/09957>+5 0->0</136+>83266>8266-311-* 2<*210+1>6003*47++687*/60>1
	纳税人识别号：	486002726700686		
	地址、电话：	新疆伊犁伊宁5号院1631室 0999-83512376		
	开户行及账号：	中国工商银行伊宁支行 0200538827990088700		

货物或应税劳务名称	规格型号	单位	数量	单价	金额	税率	税额
加工费					50 000.00	17%	8 500.00
合计					￥50 000.00		￥8 500.00

价税合计（大写）	⊗伍万捌仟伍佰元整	（小写）￥58 500.00

销货单位	名　　　称：	长风有限公司	备注
	纳税人识别号：	110226585874078	
	地址、电话：	新疆乌鲁木齐金地大厦1901室 0991-82527966	
	开户行及账号：	中国工商银行乌市支行 0200097419020104943	

收款人：×××　　复核：×××　　开票人：×××　　销货单位：（章）

图 2-6-6

入 库 单

2017年03月28日

供货单位：长风有限公司　　　　　　　　　　　　　　　　　编号：0311

材料类别	材料编号	材料名称	规格	计量单位	数量		单价	金额
					应收	实收		
	0001	甲材料		吨	30	30		
合　　　计					30	30		

制单：×××　　采购经手人：×××　　　　验收：×××　　　　财务主管：×××

图 2－6－7

领 料 单

2017年04月02日

领料单位：新疆彭洪有限公司　　　　　　　　　　　　　凭证编号：063
用　　途：委托加工　　　　　　　　　　　　　　　　　仓　　库：3号

材料类别	材料编号	材料名称	规格	计量单位	数量		单价	金额
					请领	实领		
	0078	甲材料		千克	200	200	300	60 000
合　　　计					200	200	¥300	¥60 000

发料：×××　　领料：×××　　领料部门负责人：×××　　领料审核：×××　　财务记账：×××

图 2－6－14

中国工商银行
转账支票存根

10201533

01173860

附加信息 _____
_____
_____

出票日期：2017年04月16日

收　款　人：	彭洪公司
金　　　额：	￥1 200.00
用　　　途：	委托加工费

单位主管：×××　　会计：×××

图 2－6－15

收　据

2017年04月16日　　　　　　　　　　　No.0405086

今收到　　　长风有限公司支付的委托加工费用1 200元。

金额（大写）　⊗ 壹仟贰佰元整

单位盖章　　　　　　　　　　　经手人盖章　张　翰

负责人：×××　会计：×××　出纳：×××　记账：×××

第三联　客户

图 2－6－16

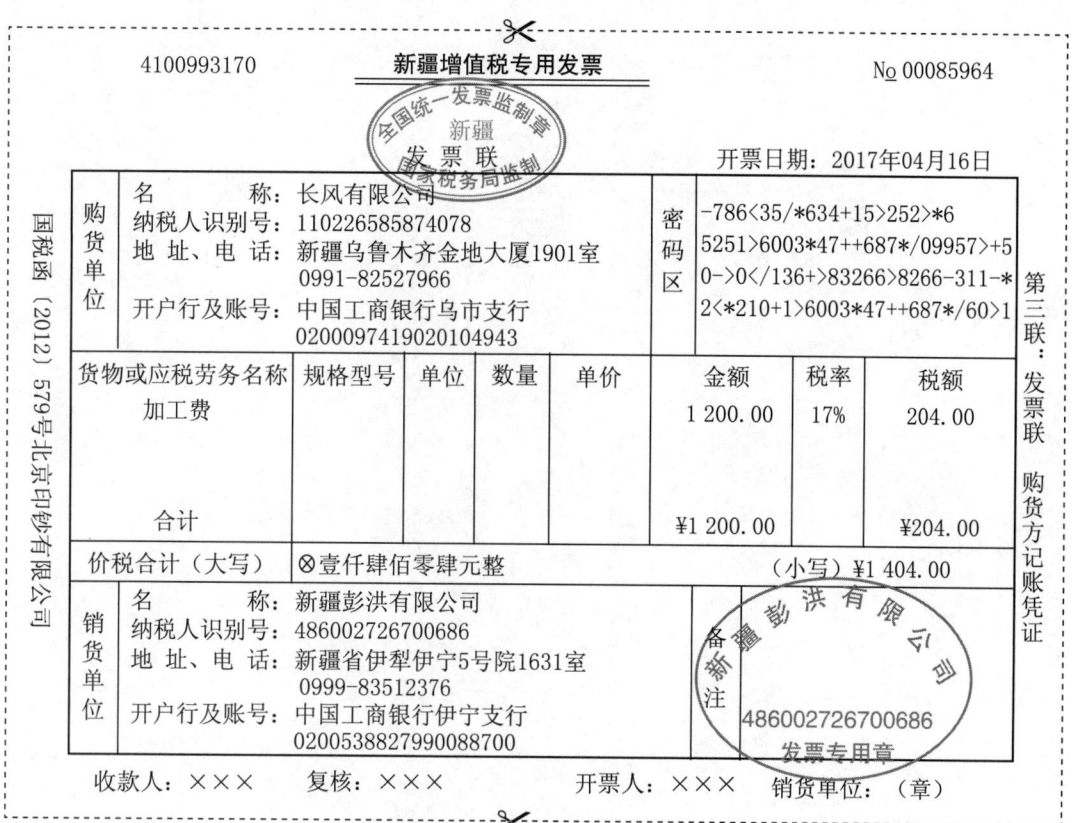

图 2-6-17

图 2-6-18

入库单

2017年04月25日

供货单位：新疆彭洪有限公司　　　　　　　　　　　　　　　　　　　　编号：0365

材料类别	材料编号	材料名称	规格	计量单位	数量		单价	金额
					应收	实收		
	0005	A商品		件	1 000	1 000	65.00	65 000.00
合　　计					1 000	1 000	¥65.00	¥65 000.00

制单：×××　　　采购经手人：×××　　　验收：×××　　　财务主管：×××

图 2-6-19

任务七　清查存货

存货盘点表

部门：材料仓库　　　　　　2016年12月31日

存货名称及规格	计量单位	数量		盘亏		盘盈		盘亏原因
		账存	实存	数量	金额	数量	金额	
A材料	千克	200	205			5	30	待查
B材料	千克	678	600	78	780			待查
C材料	千克	830	800	30	600			待查

盘点负责人：×××　　　　　　　　　　　　　　　　　　　　　制表人：×××

图 2-7-1

存货盘点表

部门：生产车间　　　　　　　2016年12月31日

存货名称及规格	计量单位	数量		盘亏		盘盈		盘亏原因
		账存	实存	数量	金额	数量	金额	
A材料	千克	50	45	5	30			待查

盘点负责人：×××　　　　　　　　　　　　　　　　制表人：×××

图 2-7-2

财产清查盘盈盘亏原材料处理决定

经查实确认：

1. 材料仓库盘盈A材料5千克是车间领用时已填列领料单，但未提取的原材料，无须再做账务调整；

2. 材料仓库盘亏的B材料是由于计量器皿不准确造成的，予以转账；

3. 材料仓库盘亏的C材料系铁路部门责任，应由铁路部门负责赔偿。

财务科长：×××　会计：×××

2016年12月31日

图 2-7-3

财产物资盘存单

单位名称：长风有限公司　　盘存时间：2016年12月31日　　编号：001

财产类别：　　　　　　　　存放地点：原料库/成品库　　　财产责任人：

序号	名称	规格型号	计量单位	实存数量	单价	金额	备注
1	A材料		公斤	9 980	100	998 000	
2	B材料		公斤	5 600	200	1 120 000	
3	C材料		公斤	2 000	800	1 600 000	
4							
5							

盘点人签章：×××　　　　　　　　　　　　　　　实物保管人签章：×××

图 2-7-10

存货盘点盈亏报告表

单位名称：长风有限公司　　　　2016年12月31日

名称	规格型号	计量单价	单位	账存		实存		账实对比				备注
								盘盈		盘亏		
				数量	金额	数量	金额	数量	金额	数量	金额	
A材料		公斤	100	8 980	100	9 980	100	1 000	100 000			
B材料		公斤	200	6 600	200	5 600	200			1 000	200 000	
C材料		公斤	800	2 500	800	2 000	800			500	400 000	

盘点人签章：×××　　　　　　　　　　　　　　　保管人签章：×××

图 2-7-11

岗位三　固定资产核算岗位实务

任务二　取得固定资产

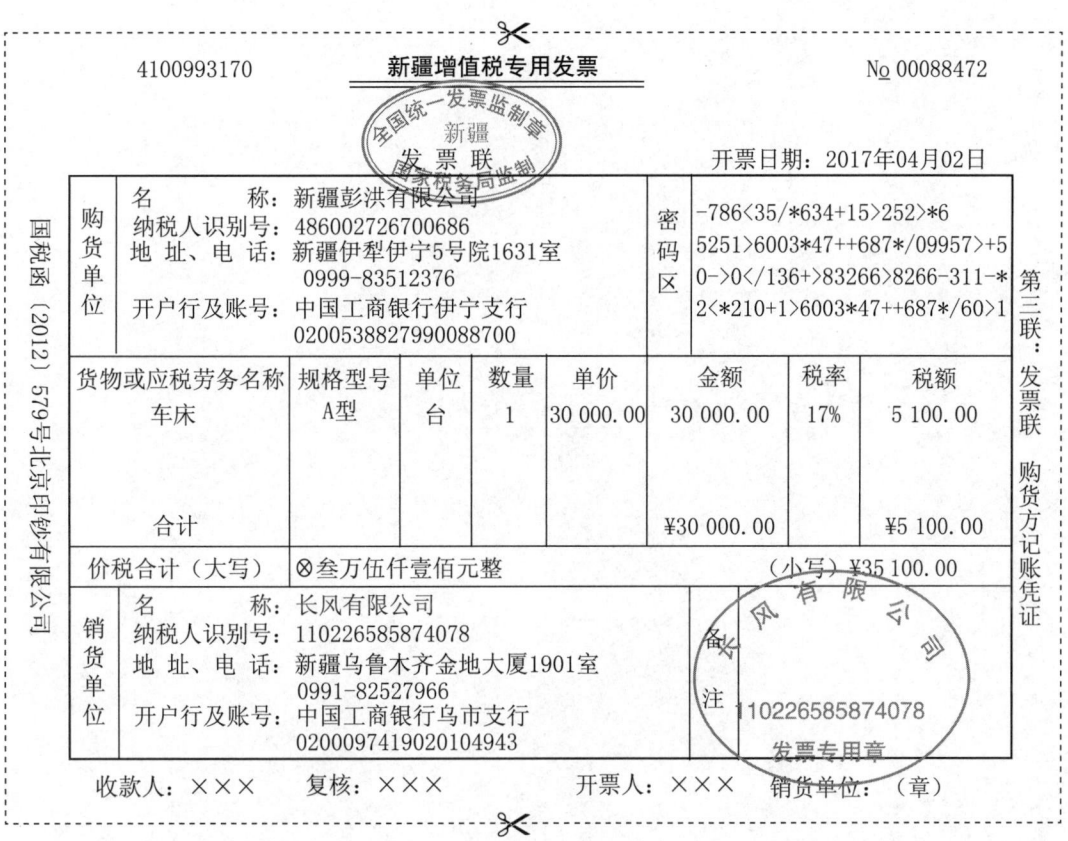

图 3-2-1

固定资产验收交接单

2017年04月02日

No.20150128
单位：元

资产编号	资产名称	规格型号	计量单位	数量	设备价值	设备基础及安装费用	附加费用	合计
01	车床	A型	台	1	30 000.00	600		30 600.00
资产来源		购买	使用年限		10	主要附属内容	1	
制造厂名		长风有限公司	估计残值				2	
制造日期及编号		2017.2.10	基本折旧率		2%		3	
使用部门		三车间	复杂系数				4	

交验部门：物业部　　　点交人：×××　　　接管部门：三车间　　　接管人：×××

图 3-2-2

中国工商银行
转账支票存根

10201520

01173860

附加信息 _____
_____

出票日期：2017年04月02日

收　款　人：	长风有限公司
金　　　额：	¥35 100.00
用　　　途：	支付购买车床款

单位主管：×××　　会计：×××

图 3-2-3

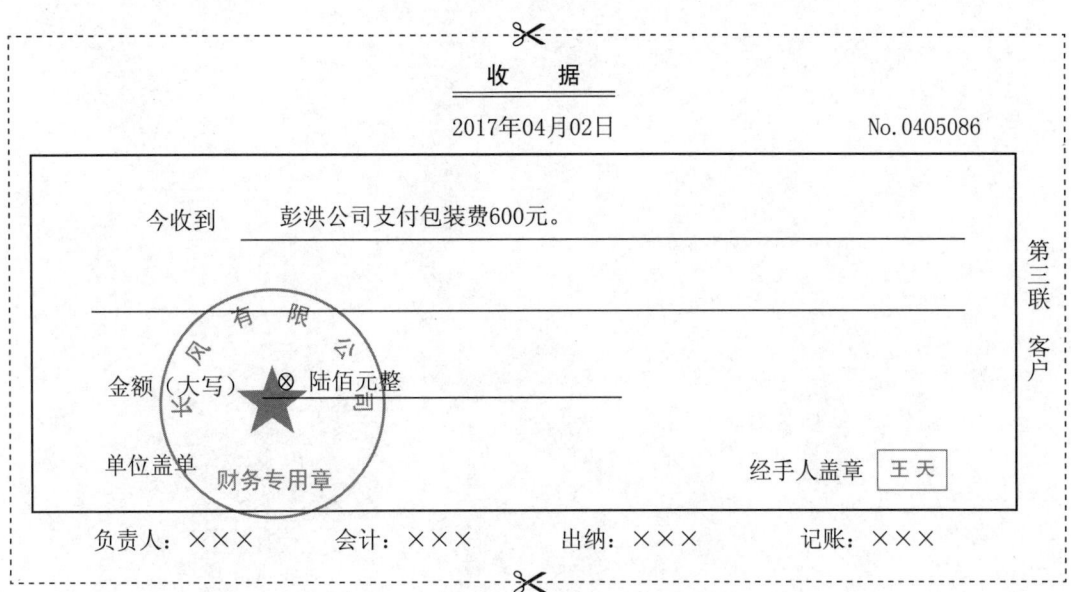

图 3-2-4

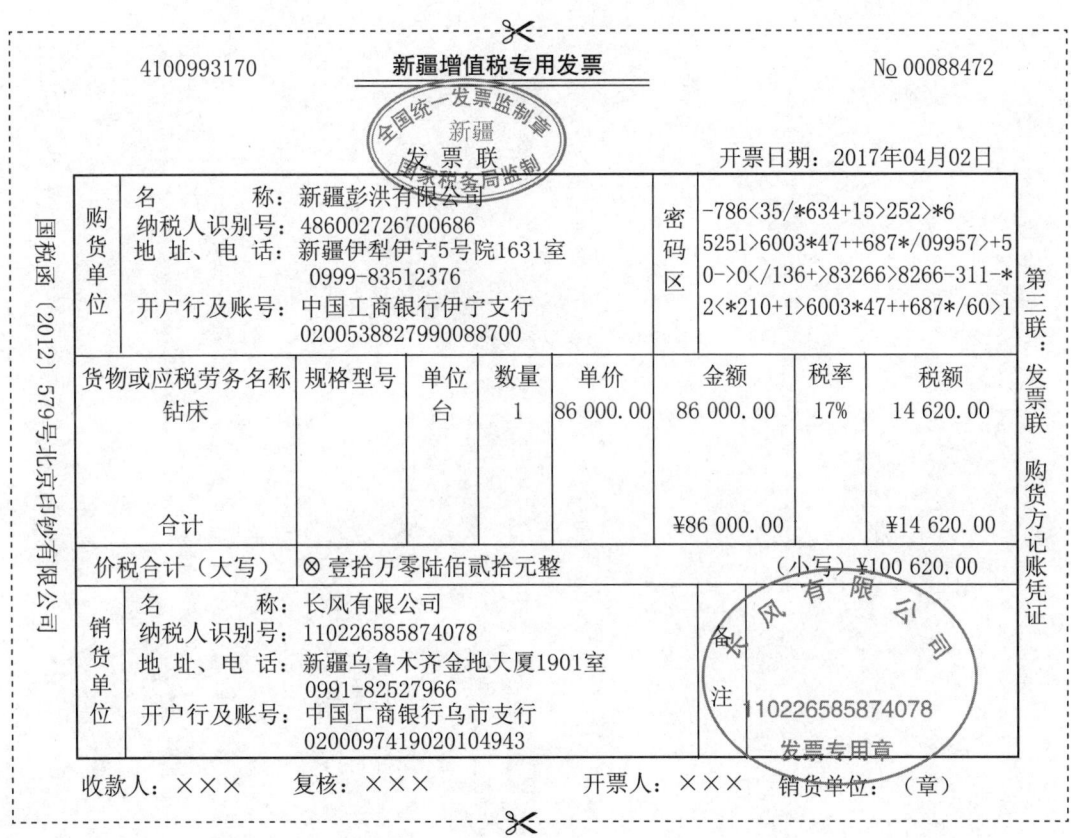

图 3-2-5

```
        中国工商银行
         转账支票存根
          10201520
          01173860
    附加信息_____
    _____
    出票日期：2017年04月02日
    收  款  人：长风有限公司
    金      额：¥100 620.00
    用      途：支付购买钻床费

    单位主管：×××  会计：×××
```

图 3-2-6

固定资产验收交接单

2017年04月05日　　　　　　　　　　No.20150128
　　　　　　　　　　　　　　　　　　单位：元

资产编号	资产名称	规格型号	计量单位	数量	设备价值	设备基础及安装费用	附加费用	合计
01	钻床		台	1	86 000.00	1 380		87 380.00
资产来源	购买	使用年限	10	主要附属内容	1
制造厂名	长风有限公司	估计残值			2
制造日期及编号	2017.1.10	基本折旧率	2%		3
使用部门	三车间	复杂系数	应说明采用的折旧方法		4

交验部门：物业部　　　点交人：×××　　　接管部门：三车间　　　接管人：×××

图 3-2-7

中国工商银行
转账支票存根

10201520

01173860

附加信息 _____

_____

_____

出票日期：2017年04月05日

收 款 人：	长风有限公司
金　　额：	¥1 380.00
用　　途：	支付钻床安装费

单位主管：×××　　会计：×××

图 3-2-8

4100993170	新疆增值税专用发票	No 00085460

发 票 联　　　　　　　　　开票日期：2017年04月08日

购货单位	名　　称：	新疆彭洪有限公司	密码区	-786<35/*634+15>252>*6 5251>6003*47++687*/09957>+5 0->0</136+>83266>8266-311-* 2<*210+1>6003*47++687*/60>1
	纳税人识别号：	486002726700686		
	地址、电话：	新疆省伊犁伊宁5号院1631室 0999-83512376		
	开户行及账号：	中国工商银行伊宁支行 0200538827990088700		

货物或应税劳务名称	规格型号	单位	数量	单价	金额	税率	税额
钢材		吨	50	3 000.00	150 000.00	17%	25 500.00
水泥		吨	60	300.00	18 000.00	17%	3 060.00
合计					¥168 000.00		¥28 560.00

价税合计（大写）	⊗壹拾玖万陆仟伍佰陆拾元整	（小写）¥196 560.00

销货单位	名　　称：	易安有限公司	备注	41010168098888
	纳税人识别号：	41010168098888		
	地址、电话：	新疆哈密市新市金鹰大厦0812室 0902-72837094		
	开户行及账号：	中国工商银行新市支行 0200013309200008573		

收款人：×××　复核：×××　开票人：×××　销货单位：（章）

图 3-2-9

入 库 单

2017年04月08日

编制单位：新疆彭洪有限公司　　　　　　　　　　　　　　　　　编号：0001

产品编号	产品名称	计量单位	数量	
			应收数量	实收数量
0348	钢材	吨	50	50
0352	水泥	吨	60	60
合计			110	110

主管：×××　　　　　会计：×××　　　　　仓管员：×××

图 3-2-10

中国工商银行
转账支票存根

10201520

01173860

附加信息

出票日期：2017年4月8日

收　款　人：	易安有限公司
金　　　额：	¥196 560.00
用　　　途：	支付工程物资款

单位主管：×××　会计：×××

图 3-2-11

出 库 单

2017年04月15日

收货单位：新疆彭洪有限公司　　　　　　　　　　　　　　　　编号：0001

产品名称	单位	数量	单位成本	总成本
钢材	吨	50	3 000.00	150 000.00
水泥	吨	60	300.00	18 000.00
合计	—	110	—	168 000.00

仓库负责人：×××　　　　　保管员：×××　　　　　提货人：×××

图 3-2-12

中国工商银行
转账支票存根

10201520

01173860

附加信息
＿＿＿＿＿＿＿＿＿＿＿＿＿＿＿＿
＿＿＿＿＿＿＿＿＿＿＿＿＿＿＿＿

出票日期：2017年04月15日

收　款　人：	万友有限公司
金　　　额：	¥6 000.00
用　　　途：	支付工程其他费用

单位主管：×××　　会计：×××

图 3-2-13

固定资产验收交接单

No.20150128

2017年12月03日　　　　　　　　　　　　　　　　　单位：元

资产编号	资产名称	规格型号	计量单位	数量	设备价值	设备基础及安装费用	附加费用	合计
01	房屋		栋	1	168 000.00	0	6 000.00	174 000.00
资产来源		自行建造	使用年限		60	主要附属内容	1	
制造厂名			估计残值				2	
制造日期及编号		2017.12.03	基本折旧率		2%		3	
使用部门			复杂系数				4	

交验部门：物业部　　　点交人：×××　　　接管部门：　　　接管人：×××

图3-2-14

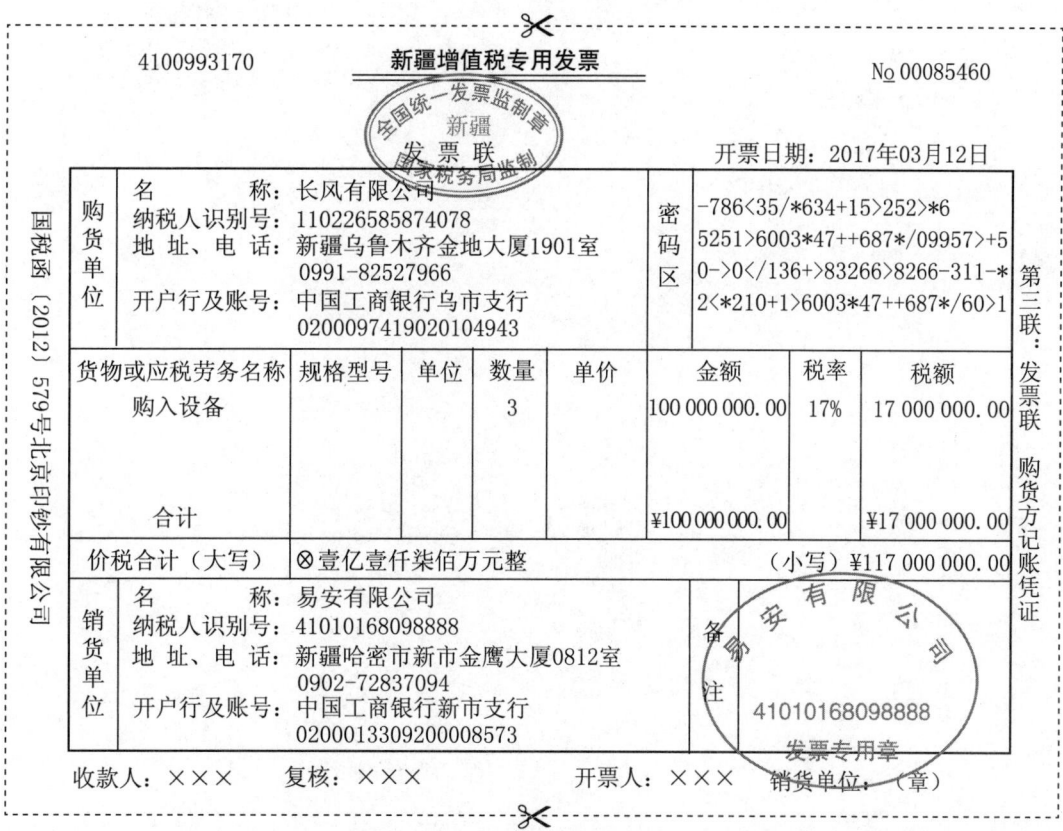

图3-2-30

```
中国工商银行           中国工商银行
转账支票存根          转账支票存根

10201520            10201520

01173860            01173860

附加信息              附加信息
_____         _____
_____         _____

出票日期：2017年04月02日   出票日期：2017年03月25日
收 款 人：易安有限公司    收 款 人：万友有限公司
金   额：¥750 000.00   金   额：¥600 000.00
用   途：支付包装费     用   途：支付工程款

单位主管：×××  会计：×××   单位主管：×××  会计：×××
```

图 3-2-31　　　　　　　图 3-2-32

项目竣工验收单

项目名称	出包承建厂房	批准日期	2017年3月
项目性质	自用	完成日期	2017年11月
承建部门	万友有限公司	承建负责人	
预算价	1 200 000元	决算价	1 000 000元
结构类型	砖混结构	建筑面积	600m²
验收意见	经检查质量达标，同意交付使用		
验收人员	使用部门：×××　外请专家：×××　企业主管：×××		
备注			
验收单位签字	×××	使用单位签字	×××

图 3-2-33

图 3-2-34

任务三 核算固定资产折旧

固定资产月折旧计算表

编制单位：新疆彭洪有限公司　　　　　　　　　　　　编制时间：2017年06月30日

项目内容 使用部门	上月计提的固定资产折旧额（元）	上月增加的固定资产折旧额（元）	上月减少的固定资产折旧额（元）	本月应提的固定资产折旧额（元）	应计入会计科目
生产车间	18 900	500	0		
行政管理部门	3 000	600	240		
专设销售机构	1 800	200	500		
出租设备	700	0	0		
合计	24 400	1 300	740		—

制单：×××　　　　　　复核：　　　　　　财务经理：

图 3-3-1

固定资产月折旧计算表

编制单位：新疆彭洪有限公司　　　　　　　　　　　编制时间：2017年06月30日

项目内容 / 使用部门	上月计提的固定资产折旧额（元）	上月增加的固定资产折旧额（元）	上月减少的固定资产折旧额（元）	本月应提的固定资产折旧额（元）	应计入会计科目
生产车间	18 900	500	0	19 400	制造费用
行政管理部门	3 000	600	240	3 360	管理费用
专设销售机构	1 800	200	500	1 500	销售费用
出租设备	700	0	0	700	其他业务成本
合计	24 400	1 300	740	24 960	

制单：×××　　　　　　　　复核：　　　　　　　　财务经理：

图 3-3-2

任务四　处置固定资产

固定资产处置申请书

申报单位：新疆彭洪有限公司		固定资产编号：A-056		
名称	办公大楼	出厂时间	出厂编号	
型号、规格		投产时间	单位	座
制造厂	万友有限公司	使用单位		
原值（元）	2 000 000.00	净值（元）	1 500 000.00	
已提折旧（元）	500 000.00	残值（元）		

处置原因：

　　因公司资金紧张且办公大楼利用率不高，故拟出售。

报告人：×××

2017年3月5日

图 3-4-1

固定资产出售申报清单

2017年03月11日

事由：

因公司资金紧张且办公大楼利用率不高，经批准2017年3月11日将大楼出售。该大楼原值200万元，已提折旧50万元，出售价款180万元已收到，该出售事宜已全部结束。

经办人：×××

图 3－4－2

中国工商银行进账单（收账通知） 3

京01615630

2017年03月11日

付款人	全称	长风有限公司	收款人	全称	新疆彭洪有限公司
	账号	0200097419020104943		账号	0200538827990088700
	开户银行	中国工商银行乌市支行		开户银行	中国工商银行伊宁支行

金额	人民币（大写）	⊗壹佰捌拾万元整	千	百	十	万	千	百	十	元	角	分
		¥			1	8	0	0	0	0	0	0

票据种类	转账支票	票据张数	1
票据号码		37124009	

中国工商银行伊宁支行
2017.03.11
转　账
收款人开户银行盖章

复核：×××　　记账：×××

此联是收款人开户银行交给收款人的收账通知

图 3－4－3

固定资产处置申请书

申报单位：新疆彭洪有限公司				固定资产编号：B-015	
名称	精密检测仪	出厂时间		出厂编号	
型号、规格		投产时间		单位	台
制造厂	易安有限公司	使用单位			
原值（元）	50 000.00	净值（元）	5 000.00		
已提折旧（元）	45 000.00	残值（元）			
处置原因： 精密检测仪因性能差，检测不够精确等原因，故拟报废。 报告人：××× 2017年5月20日					

图 3-4-4

固定资产报废清单
2017年05月31日

事由：

公司的一台精密检测仪因性能差，检测不够准确等原因，经批准于2017年5月31日报废。该设备原值50 000元，已提折旧45 000元，残料变价2 000元已收到，该报废事宜已全部结束。

经办人：×××

图 3-4-5

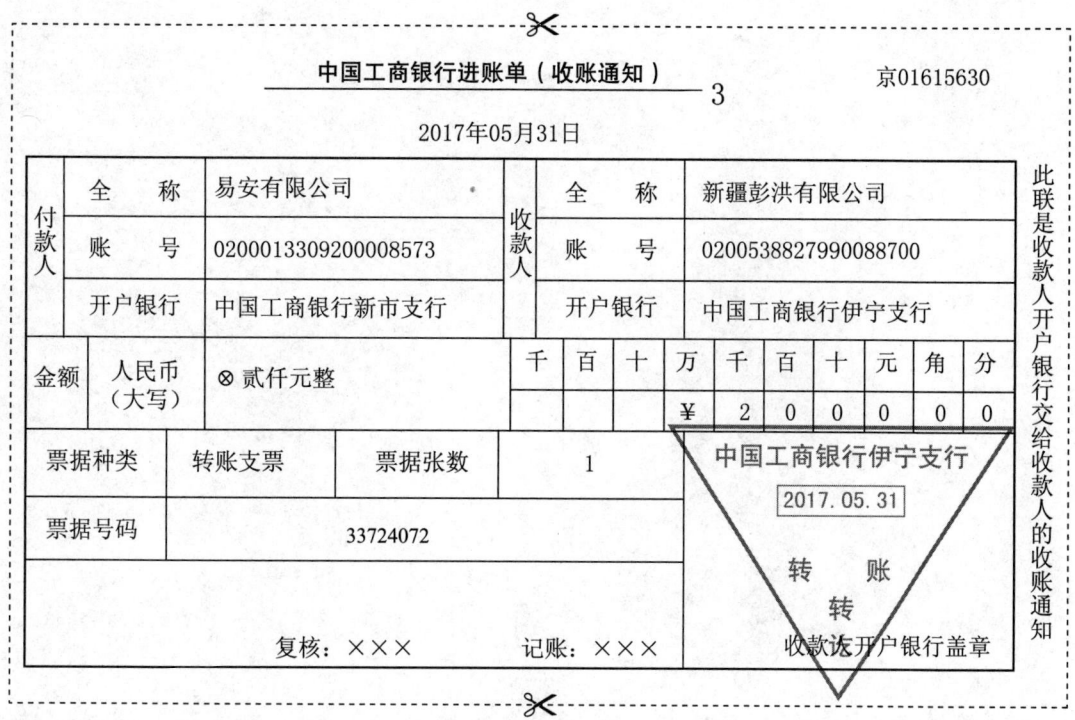

图 3-4-6

收 据

2017年05月31日　　　　　　　　　　　No.0405086

今收到　　彭洪公司支付清理费用500元。

金额（大写）　⊗伍佰元整

单位盖单（财务专用章）　　　　　　经手人盖章 王天

负责人：×××　　会计：×××　　出纳：×××　　记账：×××

图 3-4-7

火灾原因鉴定书

（市）公消监[2017]字135号

2017年9月4日，新疆彭洪有限公司1 000平方米的2号仓库发生火灾，经我方与该司职工奋力扑救，终因火势过猛仓库被毁。事后经现场勘察、技术鉴定等找出火灾是因为系统线路超载短路产生电弧高温，引起熔金击穿汽油所致。

特此鉴定
抄送：伊宁保险公司

2017年9月5日

图 3－4－8

固定资产处置申请书

申报单位：新疆彭洪有限公司				固定资产编号：A-226	
名称	2号仓库	出厂时间		出厂编号	
型号、规格		投产时间		单位	间
制造厂	润杰建筑公司	使用单位	新疆彭洪有限公司		
原值（元）	5 000 000.00	净值（元）	1 000 000.00		
已提折旧（元）	4 000 000.00	残值（元）			

处置原因：
2号仓库因火灾烧毁无法使用。

报告人：×××
2017年9月5日

图 3－4－9

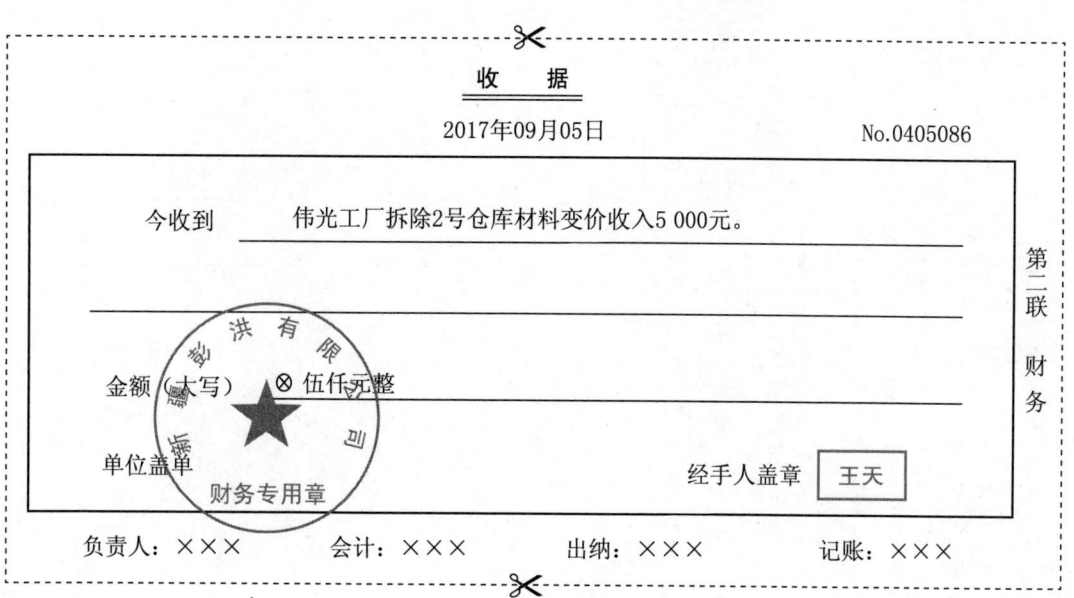

图 3-4-10

图 3-4-11

固定资产毁损清单

2017年09月05日

事由：
　　公司的2号仓库因火灾烧毁不能使用，经批准于2017年9月5日报废。该设备原值500万元，已提折旧400万元，残料变价5 000元已收到，收到保险赔偿费50万元，该清理事宜已全部结束。

经办人：×××

图 3－4－12

固定资产处置申请书

申报单位：长风有限公司				固定资产编号：CF-05	
名称	厂房	出厂时间		出厂编号	
型号、规格		投产时间		单位	座
制造厂	万友有限公司	使用单位			
原值（元）	500 000.00	净值（元）	400 000.00		
已提折旧（元）	100 000.00	残值（元）			

处置原因：
　　因公司资金紧张且办公大楼利用率不高，拟将其出售。

报告人：×××

2017年2月15日

图 3－4－30

固定资产出售申报清单

2017年02月25日

事由：
　　因公司资金紧张且办公大楼利用率不高，经批准2017年2月25日将大楼出售。该大楼原值500 000元，已提折旧100 000元，出售价款450 000元已收到，该出售事宜已全部结束。

经办人：×××

图 3－4－31

中国工商银行进账单（收账通知） 京01615630

2017年02月25日

付款人	全　称	万友有限公司	收款人	全　称	长风有限公司	此联是收款人开户银行交给收款人的收账通知
	账　号	0200538827990088711		账　号	0200097419020104943	
	开户银行	中国工商银行平宁分行		开户银行	中国工商银行乌市支行	

金额	人民币（大写）	⊗肆拾伍万元整	千	百	十	万	千	百	十	元	角	分
				¥	4	5	0	0	0	0	0	0

票据种类	转账支票	票据张数	1
票据号码		37124009	

中国工商银行乌市支行
2017.02.25
转　账
转
讫
收款人开户银行盖章

复核：　　　记账：

图 3－4－32

固定资产处置申请书

申报单位：长风有限公司				固定资产编号：CF-08	
名称	生产设备	出厂时间		出厂编号	
型号、规格		投产时间		单位	座
制造厂	易安有限公司	使用单位			
原值（元）	150 000.00	净值（元）	7 500.00		
已提折旧（元）	142 500.00	残值（元）			

处置原因：
因使用期满且已无法继续使用，拟报废。

报告人：×××

2017年2月15日

图 3-4-33

固定资产出售申报清单

2017年02月27日

事由：
　　该生产设备因使用期满且已无法继续使用，经批准2017年2月27日将生产设备报废。该设备原值150 000元，已提折旧142 500元，残料变价收入2 000元存入银行，另以银行存款支付清理费用1 500元，该事宜已全部结束。

经办人：×××

图 3-4-34

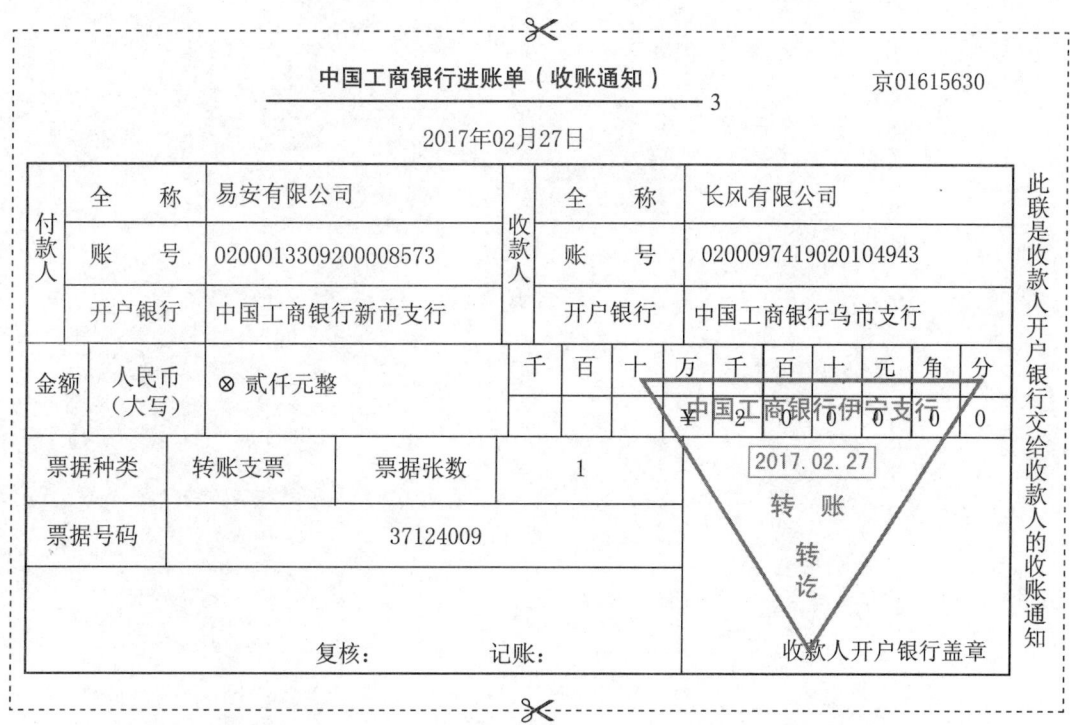

图 3-4-35

图 3-4-36

火灾原因鉴定书

(市)公消监[2017]字56号

　　2017年5月20日,长风有限公司一生产车间发生火灾,经我方与该司职工奋力扑救,终因火势过猛毁损设备一台。事后经现场勘察、技术鉴定等找出火灾是因为系统线路超载短路产生电弧高温,引起熔金击穿汽油所致。

　　特此鉴定

　　抄送:乌市保险公司

2017年5月20日

图3-4-37

固定资产处置申请书

申报单位:长风有限公司				固定资产编号:CF-26	
名称	设备	出厂时间		出厂编号	
型号、规格		投产时间		单位	台
制造厂	易安有限公司	使用单位		长风有限公司	
原值(元)	250 000.00	净值(元)	100 000.00		
已提折旧(元)	100 000.00	残值(元)			
处置原因: 　　生产设备因火灾烧毁无法使用。					

报告人:×××

2017年5月20日

图3-4-38

```
┌─────────────────────────────┐
│      中国工商银行            │
│      转账支票存根            │
│                             │
│        10201520             │
│                             │
│        01173860             │
│                             │
│  附加信息_____   │
│  _____    │
│                             │
│  出票日期：2017年05月20日   │
│  ┌─────────────────────┐   │
│  │ 收 款 人：易安有限公司│   │
│  │ 金   额：¥3 000.00  │   │
│  │ 用   途：支付清理费用│   │
│  └─────────────────────┘   │
│  单位主管：×××  会计：××× │
└─────────────────────────────┘
```

图 3－4－39

```
┌──────────────────────────────────────────────┐
│                   收  据                     │
│   2017年05月20日              No.0405086     │
│  ┌────────────────────────────────────────┐  │
│  │ 今收到   易安有限公司拆除生产设备材料变价收入1 000元。│  │
│  │                                        │  │
│  │ 金额（大写）  ⊗ 壹仟元整              │  │
│  │                                        │  │
│  │ 单位盖单              经手人盖章 │王天││  │
│  └────────────────────────────────────────┘  │
│  负责人：×××  会计：×××  出纳：×××  记账：  │
└──────────────────────────────────────────────┘
```
第二联 财务

图 3－4－40

固定资产毁损清单

2017年05月20日

事由：
公司的生产设备因火灾烧毁不能使用，经批准于2017年5月20日报废。该设备原值250 000元，已提折旧100 000万元，已提固定资产减值准备50 000元，企业以银行存款支付清理费用3 000元，残料作价2 000元作为原材料入库，另收到其他残料收入1 000元存入银行，应收保险赔偿费50 000元。

经办人：×××

图 3-4-41

任务五　清查固定资产

新疆彭洪有限公司固定资产清查明细表

填制单位：新疆彭洪有限公司

序号	资产名称	规格型号	购置日期	单位	数量	原值（元）	资产管理部门	资产使用部门	存放地点	资产质量	备注
1	广播系统		2009.12	政工部	1	68 000.00	生产部	政工部	政工部	完好	
2	传真机	理光388	2010.12	调度室	1	4 900.00	生产部	调度室	调度室	完好	
3	复印机	美达2030	2012.12	经营部	2	39 940.00	生产部	办公室	办公室	完好	
4	打字机	NPS16	2012.12	办公室	1	11 793.00	生产部	办公室	办公室	完好	
5	工业电视监控		2013.12	生产部	1	706 000.00	生产部	生产部	生产部	完好	
6	空调	大金K	2013.12	后勤部	7	30 100.00	后勤部	各部门	各部门	完好	
7	红外线火源探测仪	MST-6	2014.8	通防部	1	17 200.00	生产部	通防部	生产部	完好	
8	工业电视补套		2014.9	生产部	1	121 000.00	生产部	生产部	生产部	完好	
9	人员安全监测考勤系统		2014.11	生产部	1	363 260.00	生产部	生产部	生产部	完好	
10	商用纯平式电脑	联想M203	2014.12	生产部	20	110 800.00	生产部	生产部	生产部	完好	
11	矿井安全生产管理可视化信息系统	诚达	2015.1	生产部	1	75 600.00	生产部	生产部	生产部	完好	
12	打印机	惠普102	2015.12	生产部	3	4 800.00	生产部	生产部	生产部	完好	
	合计					1 553 393.00					

资产管理部门负责人：×××　　盘点人：×××　　制表：×××

图 3-5-1

新疆彭洪有限公司固定资产清查盘点表

填制单位：新疆彭洪有限公司

序号	资产名称	规格型号	购置日期	单位	数量	原值（元）	资产管理部门	资产使用部门	存放地点	资产质量	双方签字 管理部门	双方签字 使用部门	备注
1	广播系统		2009.12	政工部	1	68 000.00	生产部	政工部	政工部	完好			
2	传真机	理光388	2010.12	调度室	1	4 900.00	生产部	调度室	调度室	完好			
3	复印机	美达2030	2012.12	经营部	2	39 940.00	生产部	办公室	办公室	完好			
4	打字机	NPS16	2012.12	办公室	1	11 793.00	生产部	办公室	办公室	完好			
5	工业电视监控		2013.12	生产部	1	706 000.00	生产部	生产部	生产部	完好			
6	空调	大金K	2013.12	后勤部	8	34 400.00	后勤部	各部门	各部门	完好			
7	红外线火源探测仪	MST-6	2014.8	通防部	1	17 200.00	生产部	通防部	生产部	完好			
8	工业电视补套		2014.9	生产部	1	121 000.00	生产部	生产部	生产部	完好			
9	人员安全监测考勤系统		2014.11	生产部	1	363 260.00	生产部	生产部	生产部	完好			
10	商用纯平式电脑	联想M203	2014.12	生产部	19	1 052.60	生产部	生产部	生产部	完好			
11	矿井安全生产管理可视化信息系统	诚达	2015.1	生产部	1	75 600.00	生产部	生产部	生产部	完好			
12	打印机	惠普102	2015.12	生产部	3	4 800.00	生产部	生产部	生产部	完好			
	合计					1 552 153.00							

资产管理部门负责人：×××　　　　盘点人：×××　　　　制表：×××

图 3-5-2

固定资产清查结果的处理意见

2017年08月30日

在此次固定资产全面清查中，盘盈一台空调，盘亏一台商用纯平式电脑。经查核盘盈的空调为2015年12月购买后账面漏记，盘亏的电脑为保管不力丢失。

现对这两种结果的处理决定如下：

盘盈的空调按照重置成本，计入以前年度损益调整，并填制固定资产卡片入账。

盘亏的电脑已计提折旧1 080元，按其剩余的账面价值由保管员张平和公司各承担50%的损失费。

资产管理部经理：×××　　　　盘点人：×××　　　　财务经理：×××

图 3-5-3

固定资产盘点报告表

单位名称：新疆彭洪有限公司　　　　　　　　　　　　　　2017年08月30日

固定资产名称	实存数量	账存数量	对比结果		原值（重置价值）	累计折旧	备注
			盘盈	盘亏			
空调	8	7	1		4 300		账面漏记
商用纯平式电脑	19	20		1	5 540	1 080	丢失，张平和公司各承担50%

图 3－5－4

固定资产清查表

2016年12月30日

固定资产名称	单位	数量		原值	已提折旧	账面价值	盘亏		盘盈		盈亏原因
		账存	实存				数量	金额	数量	金额	
甲设备	台	0	1						1	3万	待查
A汽车	辆	2	0	12万	9万	3万	2	6万			待查

盘点人：×××　　　　　　　　　　　　　　　　　　　制表人：×××

图 3－5－13

任务六　核算无形资产

无形资产验收单
2017年05月01日

名称	单位	数量	单价	已摊销价值	账面价值（元）	评估确认价值（元）	备注
非专利技术	项	1	60 000.00		60 000.00	60 000.00	

图 3-6-1

中国工商银行
转账支票存根

10201520

01173860

附加信息 _____
_____

出票日期：2017年05月01日

收款人：	长风有限公司
金　额：	¥60 000.00
用　途：	支付购入非专利技术

单位主管：×××　会计：×××

图 3-6-2

专利权转让合同

转让方名称：新疆彭洪有限公司
受让方名称：长风有限公司
前言（鉴于条款）
——鉴于转让方新疆彭洪有限公司拥有非专利技术。
——鉴于受让方长风有限公司对上述专利权的了解，希望获得该专利权。
——鉴于转让方同意将其拥有的专利权转让给受让方。双方一致同意签订本合同。
转让方向受让方交付资料——非专利技术的全部相关资料。
第二条 交付资料的时间、地点及方式
1. 交付资料的时间
合同生效后，转让方收到受让方支付给转让方的转让费后2日内，转让方向受让方交付合同第一条所述的全部资料。
2. 交付资料的方式和地点
转让方将上述全部资料以面交方式递交给受让方。
转让费及支付方式
本合同涉及的专利权的转让费为（¥58 000.00，人民币伍万捌仟元整），采用一次付清方式，在合同生效之日起5日内，受让方将转让费全部汇至转让方的银行账户。
违约及索赔
对转让方：
转让方拒不交付合同规定的全部资料，办理专利权转让手续的，受让方有权解除合同，要求转让方返还转让费，并支付违约金32万。
对受让方：
受让方拒付转让费，转让方有权解除合同，要求返还全部资料，并要求赔偿其损失或支付违约金32万。
争议的解决处理办法
1. 双方在履行合同中发生争执的，应按本合同条款，友好协商，自行解决。
2. 双方不能协商解决争议的，提请受让方所在地或合同签约地专利管理机关调处，对调处结果不服的，向法院起诉。

甲方：新疆彭洪有限公司　　　　乙方：长风有限公司
法人代表：彭洪　　　　　　　　法人代表：李云
电话：010-82527966　　　　　　电话：010-67788202
签约日期：2017年11月30日　　　签约日期：2017年11月30日

图3-6-3

图 3-6-4

岗位四　职工薪酬核算岗位实务

任务二　核算货币性职工薪酬

职工薪酬分配表

2016年12月31日　　　　　　　　　　　　　　　　　　　　　单位：元

部门		职工工资	职工福利费	合计
车间	生产工人	110 000	2 200	112 200
	管理人员	20 000	400	20 400
行政部门		45 000	900	45 900
销售部门		15 000	300	15 300
建厂房人员		18 000	360	18 360
合计		208 000	4 160	212 160

制单：×××

图 4-2-1

社会保险、住房公积金计算表

2016年12月31日　　　　　　　　　　　　　　　　　　　　　单位：元

项目	计算基数	企业负担		个人负担		合计
		比例	金额	比例	金额	
养老保险	208 000	20%	41 600	8%	16 640	58 240
医疗保险	208 000	9%	18 720	2%	4 160	22 880
失业保险	208 000	2%	4 160	1%	2 080	6 240
生育保险	208 000	0.8%	1 664	无须缴纳		1 664
工伤保险	208 000	0.5%	1 040	无须缴纳		1 040
社保小计	—		67 184	—	22 880	90 064
住房公积金	208 000	12%	24 960	12%	24 960	49 920
合计	—		92 144	—	47 840	139 984

制单：×××

图 4-2-2

工会经费、职工教育经费计算表

2016年12月31日　　　　　　　　　　　　　　　　　　单位：元

项目	工会经费		职工教育经费		合计
	比例	金额	比例	金额	
计算基数	—	208 000	—	208 000	—
应付职工薪酬	2%	4 160	1.5%	3 120	7 280

图 4-2-3

职工薪酬分配表

2017年03月31日　　　　　　　　　　　　　　　　　　单位：元

部门		职工工资
车间	生产工人	480 000
	管理人员	105 000
行政管理人员		90 600
专设销售机构人员		17 400
合计		693 000

图 4-2-14

中国工商银行（贷方）

处 理 方 向：已入账
业 务 代 码：
收款人账号：0200090010039556786
收款人户名：长风有限公司
付款人账号：0200097419020104943
付款人户名：长风有限公司
金额（大写）：陆拾玖万叁仟元整
金额（小写）：¥693 000.00
提 回 行：　　　　　　　　　　　　　提 回 行：
收报行行号：　　　　　　　　　　　　汇出行行号：
用 　　　 途：发放工资　　　　　　　打印次数：1
开票日期：2017-03-31　　入账日期：2017-03-31　　打印日期：2017-03-31

收账通知

（中国工商银行乌市支行 2017.03.31 核算专用章（03） 王红）

记账：　　　　　　复核：

图 4－2－15

工会经费、职工教育经费计算表

2017年03月31日　　　　　　单位：元

项目	工会经费		职工教育经费		合计
	比例	金额	比例	金额	
计算基数	—	693 000	—	693 000	—
应付职工薪酬	2%	13 860	2.5%	17 325	31 185

图 4－2－16

餐饮费补贴分配表

2016年03月31日　　　　　　　　　　　　　　　　　　　　　　单位：元

部门		人数	每人每月贴补金额	合计
车间	生产工人	210	150	31 500
	管理人员	35	150	5 250
行政管理人员		21	150	3 150
合计		266	150	39 900

图 4-2-17

现金支出单

2017年03月31日

部门	姓名	摘要	金额							
			百	十	万	千	百	十	元	角	分
生产部		发放餐饮费补贴			3	1	5	0	0	0	0
车间管理		发放餐饮费补贴				5	2	5	0	0	0
行政管理		发放餐饮费补贴				3	1	5	0	0	0
合计金额	人民币⊗佰⊗拾叁万玖仟玖佰零拾零元零角零分							¥39 900.00			

领导审批：×××　　会计主管：×××　　审核：×××　　出纳：×××　　领款人：×××

图 4-2-18

任务三　核算非货币性职工薪酬

图 4-3-1

图 4-3-2

岗位五　资金核算岗位实务

任务二　核算资金筹集业务

合同编号：20170112-ZJG

短期借款合同（节选）

签订时间：2017年01月01日

借款人：新疆彭洪有限公司
贷款人：中国工商银行伊宁支行

为明确责任，恪守信用，双方遵照有关法律，协商一致，订立本合同。
第一条　借款金额：人民币贰万元整（大写）　RMB20 000.00（小写）。
第二条　贷款期限：自2017年01月01日至2017年03月31日止。
……

贷款利率和利息

第七条　本合同项下借款利率根据双方协商，采用优惠利率，确定为5%。
第八条　本合同项下借款，自贷款方放款之日起按实际借款时间计息，按实际借款天数结息，借款到期后一次还本付息。
……

第二十五条　本合同一式二份，借款人和贷款人各执一份。

借款人：新疆彭洪有限公司	贷款人：中国工商银行伊宁支行
基本账户开户行：中国工商银行伊宁支行	电话：0906-46728198
账号：02005388279000088700	传真：0906-46729098-802
借款人（公章）：	贷款人（公章）：
法定代表人：彭洪	法定代表人：张君
2017年01月01日	2017年01月01日

图 5-2-1

中国工商银行借款借据（收账通知）

2017年01月01日

借款人	新疆彭洪有限公司		账 户	0200538827990088700									
贷款金额	人民币（大写）贰万元整			百	亿	千	百	十	万	千	百	十	元	角	分
								¥	2	0	0	0	0	0	0
用 途	项目资金周转	期 限	约定还款日期		2017年03月31日
		3个月	贷款利率	5%	贷款合同	20170112-ZJG

上列借款已批准发放，已转入你单位存款账户，借款到期时应按期归还。

此致

（银行盖章）

复核：　　　　转讫　　　　　　　　　记账：

图 5-2-2

合同编号：201706812-HJZ

长期借款合同（节选）

签订时间：2017年06月01日

借款人：新疆彭洪有限公司

贷款人：中国工商银行伊宁支行

为明确责任，恪守信用，双方遵照有关法律，协商一致，订立本合同：

第一章　借款

第一条　借款金额：人民币壹佰万元整（大写）　　¥1 000 000.00（小写）。实际借款额以借据为准。

第二条　贷款用途：厂方建设。

第三条　借款期限：自2017年06月01日至2019年06月01日止。

第四条　借款利率：9%，每年年末计提利息，到期一次还本付息。

……

基本账户开户行：中国工商银行伊宁支行　　　　电话：0996-46728198

账户：0200538827990088700　　　　　　　　　传真：0996-46728198-802

借款人（公章）　　　　　　　　　　　　　　　贷款人（公章）

法定代表人：彭洪　　　　　　　　　　　　　　法定代表人：张君

2017年06月01日　　　　　　　　　　　　　　　2017年06月01日

图 5-2-3

中国工商银行借款借据（收账通知）

2017年06月01日

借款人	新疆彭洪有限公司		账　户	0200538827990088700									
贷款金额	人民币（大写）壹佰万元整			百	亿	千	百	十	万	千	百	十	元	角	分
						¥	1	0	0	0	0	0	0	0	0
用　途	厂方建设	期　限	约定还款日期			2019年06月01日							
		2 年	贷款利率	9%	贷款合同	201706812-HJZ							

上列借款已批准发放，已转入你单位存款账户，借款到期时应按期归还。

此致

（银行盖章）

复核： 记账：

（中国工商银行伊宁支行 2017.06.01 转讫）

图 5-2-4

图 5-2-5　　　　　　图 5-2-6

固定资产验收交接单

2018年06月30日

No. 20150128
单位：元

资产编号	资产名称	规格型号	计量单位	数量	设备价值	设备基础及安装费用	附加费用	合 计
01	厂方		栋	1	1 100 000.00			
资产来源		建造	使用年限		20	主要附属内容	1	
制造厂名		长风有限公司	估计残值				2	
制造日期及编号		2018.6.30	基本折旧率		2%		3	
使用部门			复杂系数				4	

交验部门：×××　　　点交人：×××　　　接管部门：×××　　　接管人：×××

图 5-2-7

长期借款利息计算表

2017年06月01日

本 金	利 率	计算期限	利 息
1 000 000	9%	2017年12月31日	45 000
1 000 000	9%	2018年12月31日	90 000
1 000 000	9%	2019年06月01日	45 000

图 5-2-8

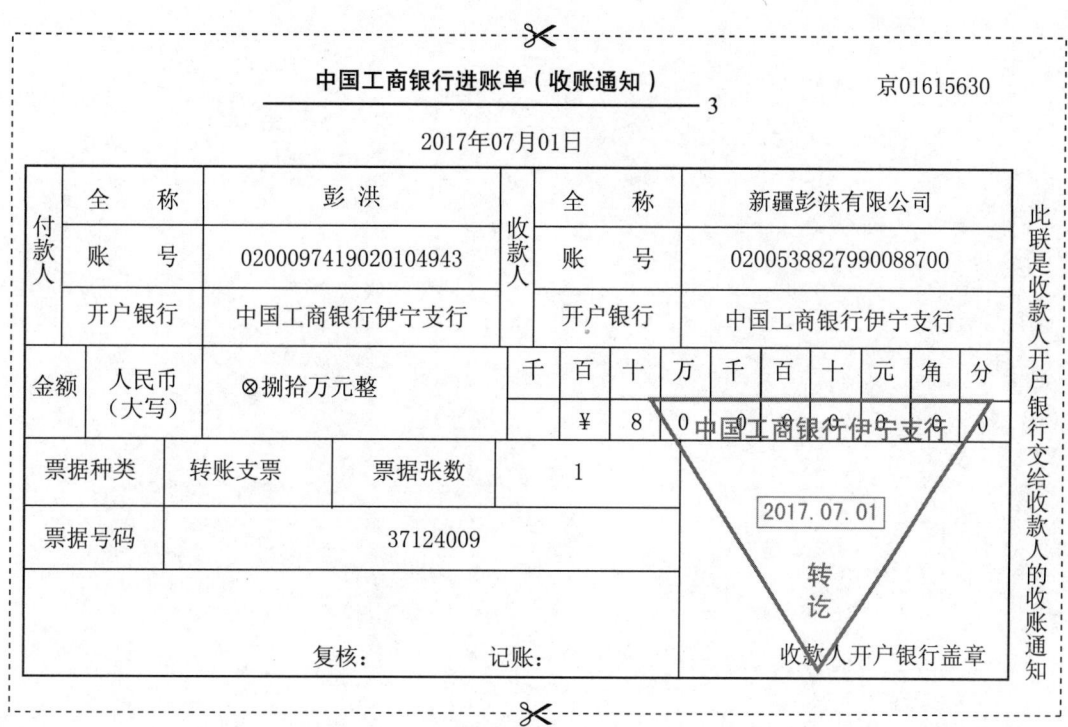

图 5-2-9

合同编号：201607590-CQJ

长期借款合同（节选）

签订时间：2016年07月01日
借款人：长风有限公司
贷款人：中国工商银行乌市支行

为明确责任，恪守信用，双方遵照有关法律，协商一致，订立本合同：
第一章　借款
第一条　借款金额：人民币伍拾万元整（大写）　¥500 000.00（小写）。实际借款额以借据为准。
第二条　贷款用途：扩大生产。
第三条　借款期限：自2016年07月01日至2019年07月01日止。
第四条　借款利率：8%，每年年末计提利息，到期一次还本付息。
……

基本账户开户行：中国工商银行乌市支行　　　电话：0906-46728198
账户：0200097419020104943　　　　　　　　传真：0906-46728198-802
借款人（公章）：　　　　　　　　　　　　　贷款人（公章）：
法定代表人：李云　　　　　　　　　　　　　法定代表人：章琳
2016年07月01日　　　　　　　　　　　　　　2016年07月01日

图 5－2－26

中国工商银行借款借据（收账通知）

2016年07月01日

借款人	长风有限公司		账户	0200097419020104943									
贷款金额	人民币（大写）伍拾万元整			百	亿	千	百	十	万	千	百	十	元	角	分
							¥	5	0	0	0	0	0	0	0
用途	扩大生产规模	期限	约定还款日期	2019年07月01日									
		3年	贷款利率	8%	借款合同	201607590-CQJ								

上列借款已批准发放，已转入你单位存款账户，借款到期时应按期归还。
此致
（银行盖章）
　　　　复核：　　　　　　　　　　　　　　　　　　记账：

图 5－2－27

长期借款利息计算表

2016年07月01日

本 金	利 率	计算期限	利 息
500 000	8%	2016年12月31日	20 000
500 000	8%	2017年12月31日	40 000
500 000	8%	2018年12月31日	40 000
500 000	8%	2019年07月01日	20 000

图 5-2-28

投资协议书（部分）

投资方：易安有限公司

被投资方：长风有限公司

　　投资方与被投资方经过充分协商，在平等自愿的基础上，投资方易安有限公司以固定资产1 170 000元投资长风有限公司，占被投资方10%的股份。

……

投资方签章

被投资方签章

法人代表： 安 易

法人代表： 李 云

签约日期：2016年11月5日

签约日期：2016年11月5日

图 5-2-29

固定资产验收单

2016年11月05日　　　　　　　　　　　　　　单位：元

名称	单位	数量	单价	已摊销价值	账面价值	评估确认价值	备注
机器设备	台	1	1 170 000		1 170 000	1 170 000	易安公司投资

图 5-2-30

任务三 核算对外投资业务

中国工商银行
转账支票存根

10201520

01173860

附加信息 _____
_____

出票日期：2017年01月01日
| 收 款 人：易安有限公司 |
| 金　　额：¥1 040 000.00 |
| 用　　途：投资 |

单位主管：××× 会计：×××

图 5-3-1

中国工商银行
转账支票存根

10204892

01173867

附加信息 _____
_____

出票日期：2017年01月01日
| 收 款 人：易安有限公司 |
| 金　　额：¥20 000.00 |
| 用　　途：支付交易费用 |

单位主管：××× 会计：×××

图 5-3-2

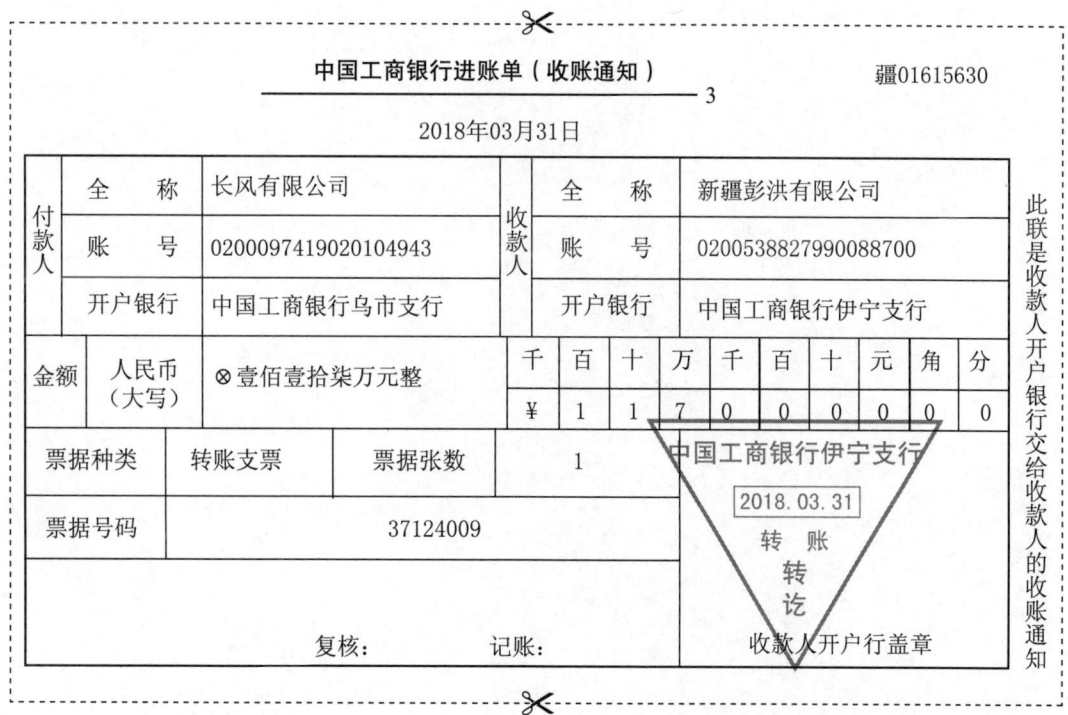

图 5-3-3

岗位六　财务成果核算岗位实务

任务二　核算收入

新疆增值税专用发票							
4100993170						No 00085964	
						开票日期：2017年01月01日	
购货单位	名　　　称：	长风有限公司			密码区	-786<35/*634+15/252>*6 5251>6003*47++687*/09957>+5 0->0</136+83266>8266-311-* 2<*210+1>6003*47++687*/60>1	
	纳税人识别号：	110226585874078					
	地 址、电话：	新疆乌鲁木齐金地大厦1901室 0991-82527966					
	开户行及账号：	中国工商银行乌市支行 0200097419020104943					
货物或应税劳务名称	规格型号	单位	数量	单价	金额	税率	税额
PH电脑		台	200	3 000.00	600 000.00	17%	102 000.00
合计			200	3 000.00	¥600 000.00		¥102 000.00
价税合计（大写）	⊗柒拾万零贰仟元整					（小写）¥702 000.00	
销货单位	名　　　称：	新疆彭洪有限公司			备注	新疆彭洪有限公司 486002726700686 发票专用章	
	纳税人识别号：	486002726700686					
	地 址、电话：	新疆伊犁伊宁5号院1631室 0999-83512376					
	开户行及账号：	中国工商银行伊宁支行 0200538827990088700					
收款人：×××		复核：×××		开票人：×××		销货单位：（章）	

图 6-2-1

出 库 单

收货单位：长风有限公司　　　　　2017年02月01日　　　　　　　　编号：0001

产品名称	单位	数量	单位成本	总成本
PH电脑	台	200	1 000.00	200 000.00
合计	—	200	1 000.00	200 000.00

仓库负责人：×××　　　　　保管员：×××　　　　　提货人：×××

图 6-2-2

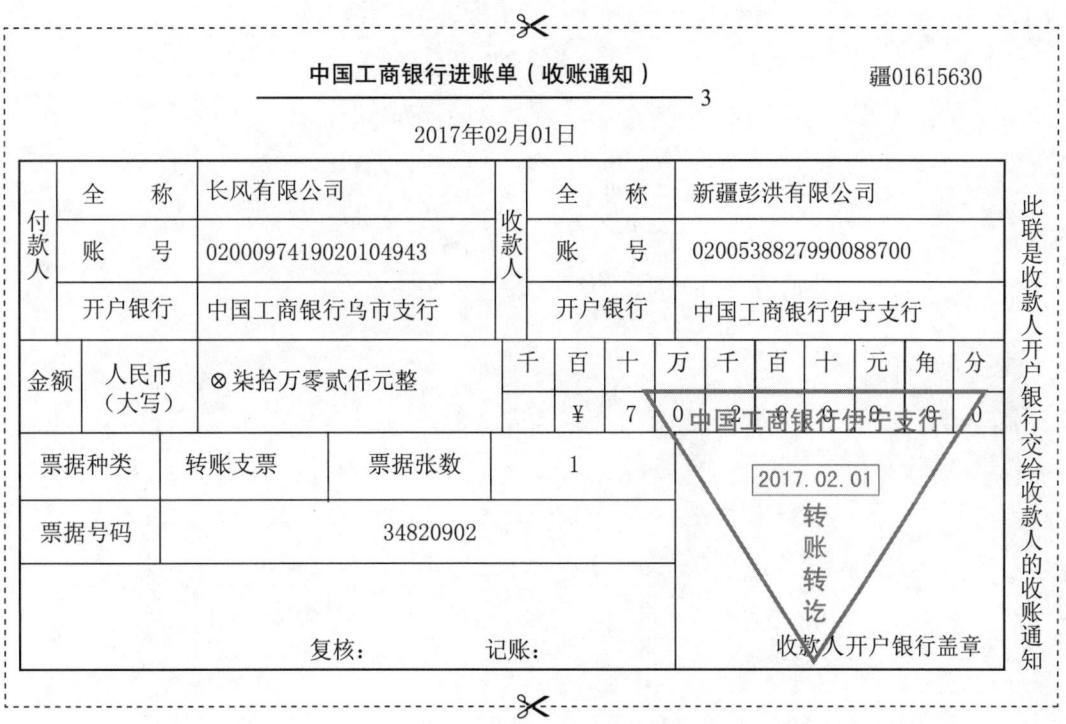

图 6-2-3

劳务合同（节选）

甲方：有爱有限公司

乙方：新疆彭洪有限公司

甲乙双方根据《中华人民共和国劳动法》及有关法律、法规，遵循平等自愿、协商一致、诚实信用的原则，订立本协议。

一、劳务协议期限

第一条 甲、乙双方确定本协议期限：

本协议于2017年4月1日生效，到2017年7月1日终止。

……

四、工作时间及劳动报酬

第八条 甲方安排乙方采用不定时工时制度。

第九条 甲方按照乙方完成工作任务的进度向其支付薪酬，约定合同总价款为500 000.00元。

……

甲方（公章）：有爱有限公司
代表人：高晖
签字日期：2017年4月1日

乙方：新疆彭洪有限公司
代表人：彭洪
签字日期：2017年4月1日

图 6-2-4

图 6-2-5

软件使用权转让协议（节选）

甲方：新疆彭洪有限公司
乙方：易安有限公司

经甲乙双方协商一致，就《彭洪财务通V3.0》之软件使用权转让事宜达成本协议。
一、软件的名称及版本号：
软件全称：彭洪财务通V3.0
软件简称：PH财务通
软件版本：V3.0
……

甲方：新疆彭洪有限公司
代表人：彭洪
签字日期：2017年06月01日

乙方：易安有限公司
代表人：安易
签字日期：2017年06月01日

图 6－2－6

中国工商银行进账单（收账通知）

疆01615630

2017年06月01日

付款人	全称	易安有限公司	收款人	全称	新疆彭洪有限公司
	账号	0200013309200008573		账号	0200538827990088700
	开户银行	中国工商银行新市支行		开户银行	中国工商银行伊宁支行

金额	人民币（大写）	⊗捌万元整	千	百	十	万	千	百	十	元	角	分
		¥				8	0	0	0	0	0	0

票据种类	转账支票	票据张数	1
票据号码		37124009	

复核：　　记账：

收款人开户银行盖章（中国工商银行伊宁支行 2017.06.01 转讫）

此联是收款人开户银行交给收款人的收账通知

图 6－2－7

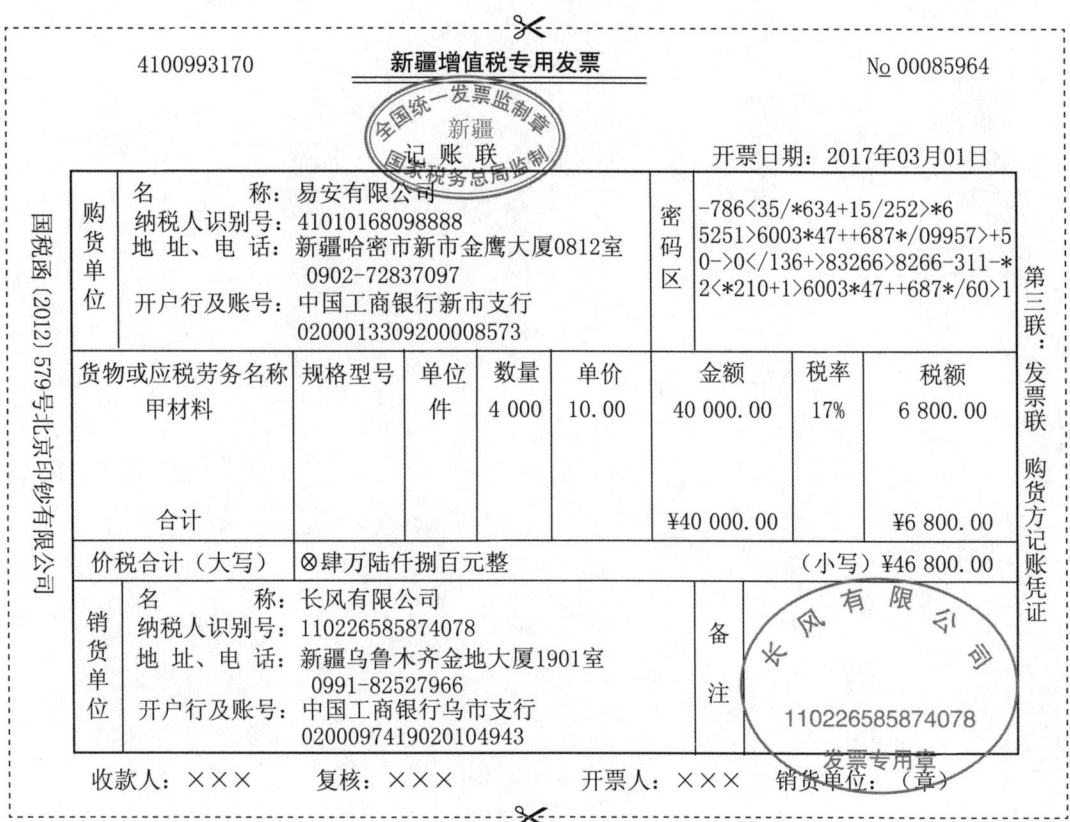

图 6-2-16

出 库 单

收货单位：易安有限公司　　2017年03月01日　　编号：0001

产品名称	单位	数量	单位成本	总成本
甲产品	件	4 000	6.00	24 000.00
合计	—	4 000	6.00	24 000.00

仓库负责人：×××　　保管员：×××　　提货人：×××

图 6-2-17

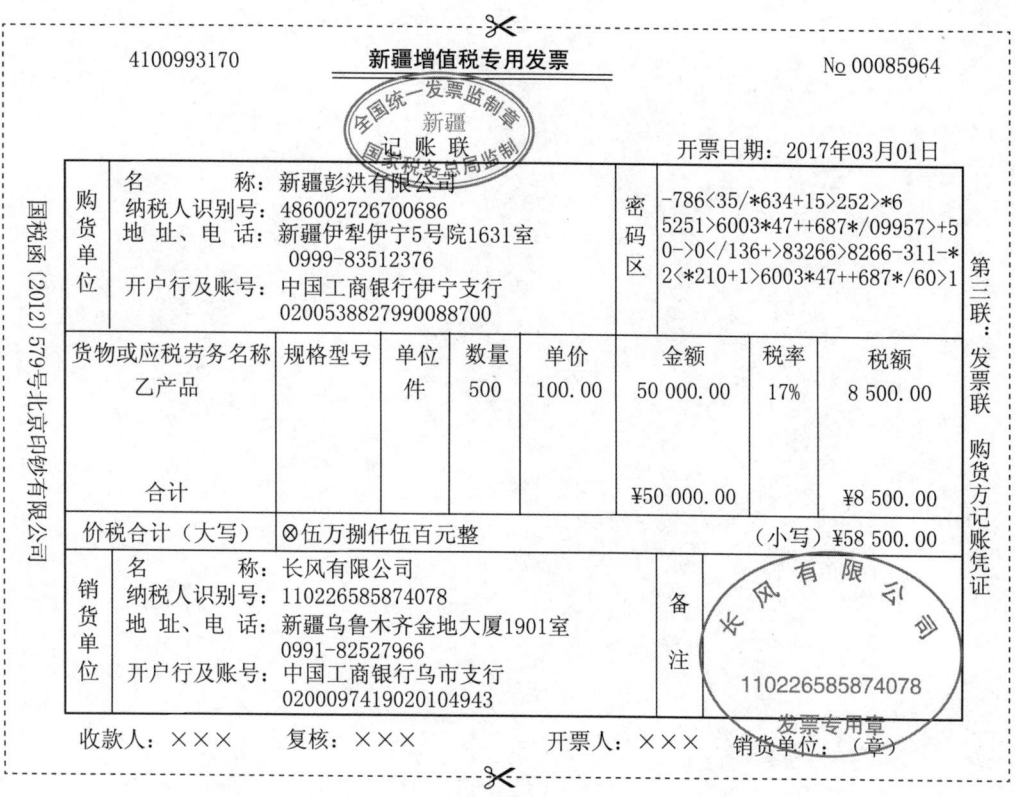

图 6-2-18

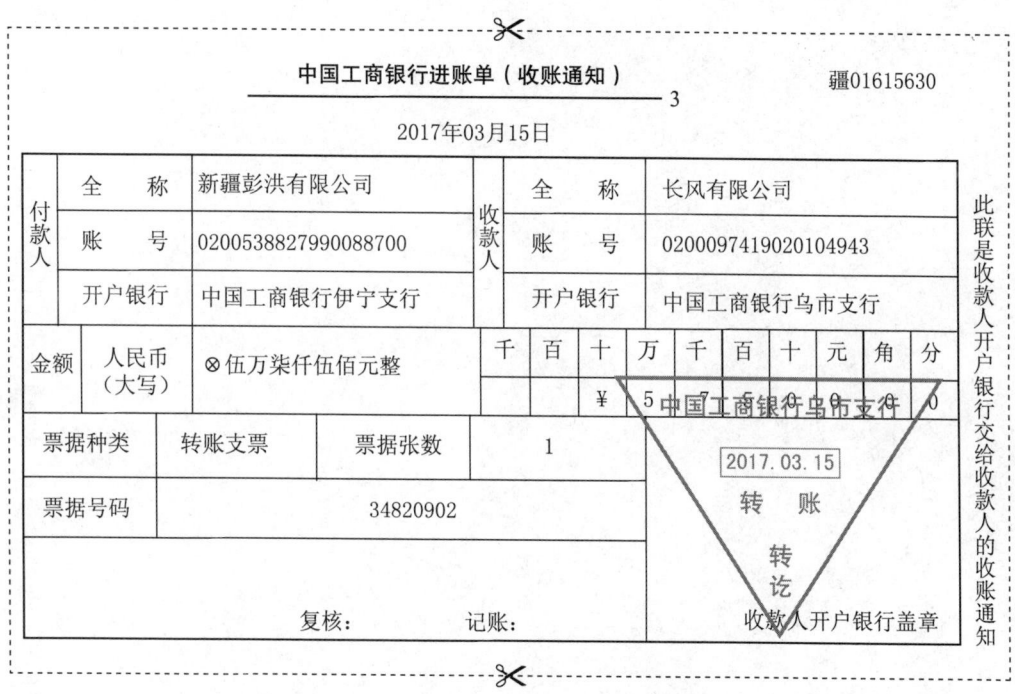

图 6-2-19

劳务合同（节选）

甲方：有爱有限公司
乙方：长风有限公司
甲乙双方根据《中华人民共和国劳动法》及有关法律、法规，遵循平等自愿、协商一致、诚实信用的原则，订立本协议。

一、劳务协议期限
第一条　甲、乙双方确定本协议期限：
本协议于2017年4月1日生效，到2017年7月1日终止。
……

四、工作时间及劳动报酬
第八条　甲方安排乙方采用不定时工时制度。
第九条　甲方按照实际发生的成本占估计总成本的比例确定劳务的完工进度。
第九条　甲方按照乙方完成工作任务的进度向其支付薪酬，约定合同总价款为400 000.00元。
……

甲方（公章）：有爱有限公司
代表人：高晖
签字日期：2017年4月1日

乙方：长风有限公司
代表人：张可
签字日期：2017年4月1日

图6-2-20

图6-2-21

任务三　核算费用

出 库 单

收货单位：长风有限公司　　　　2017年02月01日　　　　　　　　编号：0001

产品名称	单位	数量	单位成本	总成本
PH电脑	台	200	1000.00	200 000.00
合计	—	200	1000.00	200 000.00

仓库负责人：×××　　　　　　　保管员：×××　　　　　　　　提货人：×××

图 6-3-1

出 库 单

收货单位：易安有限公司　　　　2017年02月05日　　　　　　　　编号：0005

产品名称	单位	数量	单位成本	总成本
A材料	吨	200	400.00	80 000.00
合计	—	200	400.00	80 000.00

仓库负责人：×××　　　　　　　保管员：×××　　　　　　　　提货人：×××

图 6-3-2

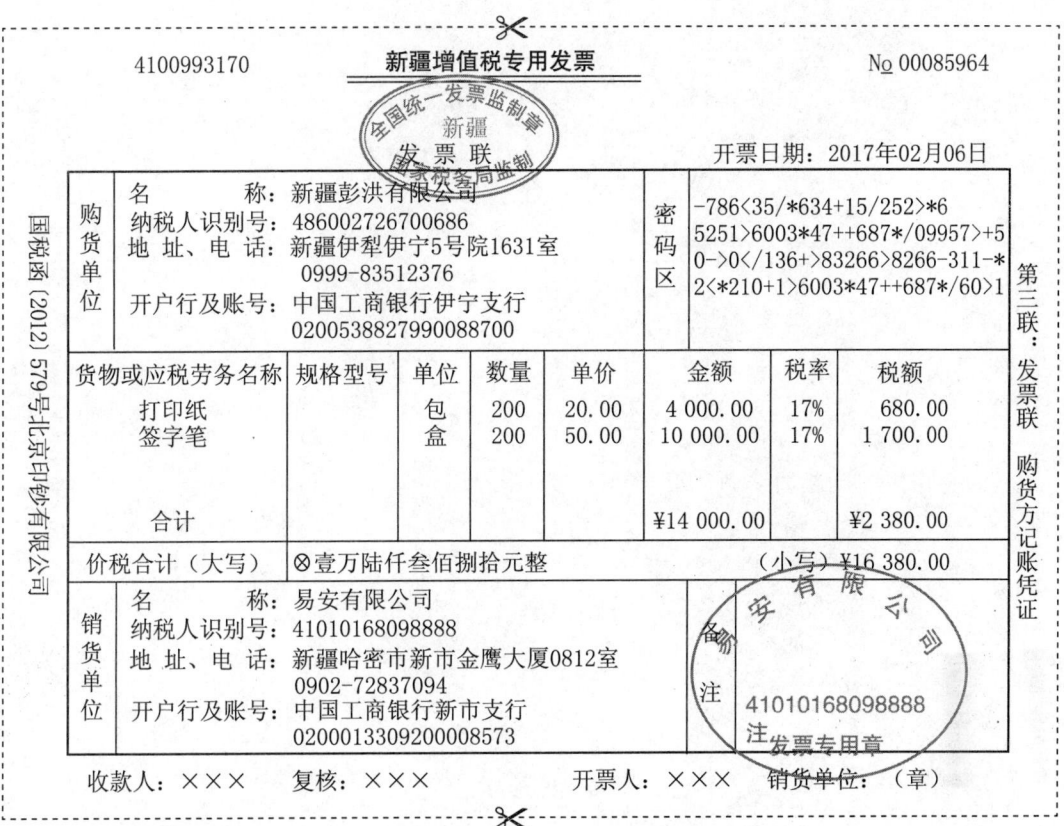

图 6-3-3

图 6-3-4

专设销售部门职工工资汇总表

单位：新疆彭洪有限公司　　　　　　2017年02月10日　　　　　　　　　　单位：元

部门	基本工资	绩效/资金	应付工资	代扣款合计	实发工资
专设销售部门	30 000	52 000	82 000	18 000	64 000
合计	30 000	52 000	82 000	18 000	64 000

主管：×××　　　　　　　　　审核：×××　　　　　　　　　制表：×××

图 6-3-5

中国工商银行借款利息通知单

2017年02月22日

账号	0200538827990088700	户名	新疆彭洪有限公司
计息期	2017年1月1日至2017年1月31日		
本金	100 000.00	利率（率）	6%	利息	500.00
大写金额	人民币伍佰元整		
上列款项已从你单位往来户如数支付。 中国工商银行伊宁支行 2017.02.22 转 账 银行盖章 讫		备注：	

图 6-3-6

图 6-3-20

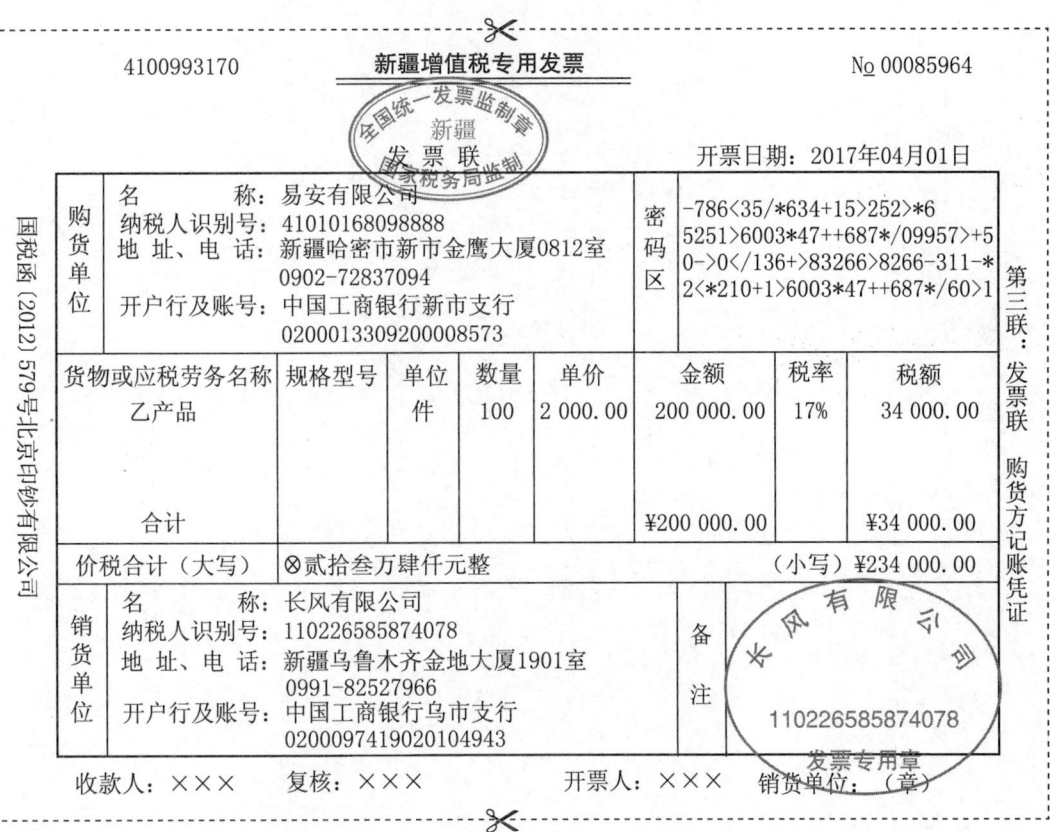

图 6-3-21

图 6-3-22

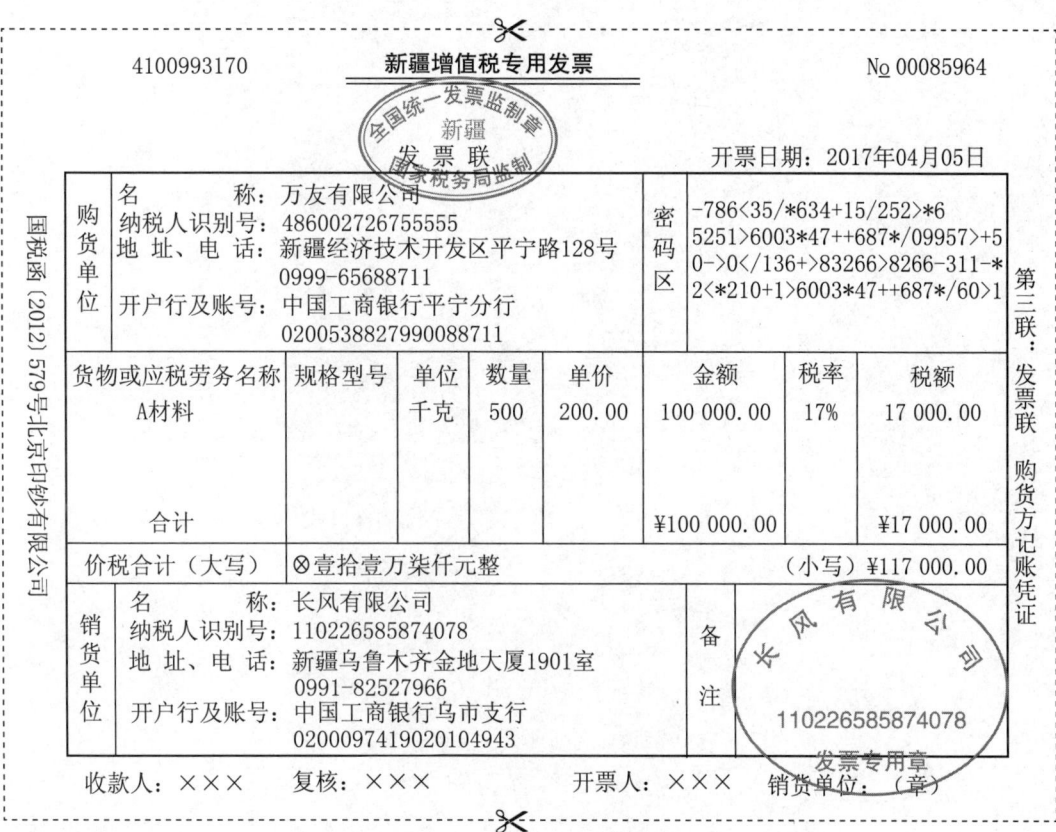

图 6-3-23

出 库 单

收货单位：财务部门　　　　　2017年04月08日　　　　　编号：0009

产品名称	单位	数量	单位成本	总成本
计算器	台	10	800.00	8 000.00
合计	—	10	800.00	8 000.00

仓库负责人：×××　　　　　保管员：×××　　　　　提货人：×××

图 6-3-24

图 6-3-25

中国工商银行借款利息通知单
2017年04月12日

账　号	0200097419020104943	户　名		长风有限公司	
计息期	2017年3月1日至2017年3月31日				
本　金	163 200.00	利率（率）	5%	利　息	680.00
大写金额	人民币陆佰捌拾元整				
上列款项已从你单位往来户如数支付。			备注：		

中国工商银行乌市支行
2017.04.12
转　账
银行盖章讫

图 6－3－26

领 款 收 据
2017年04月15日

领款部门	专设销售机构	付款方式							
款项内容	办公费	现　金							
金额（大写）	⊗陆佰元整	百	十	万	千	百	十	元	角	分
					¥	6	0	0	0	0
备　注										

现金付讫

财务主管：××× 　　复核：××× 　　出纳：××× 　　经办人：×××

图 6－3－27

```
中国工商银行                    中国工商银行
转账支票存根                    转账支票存根

10201903                      10201084
01173602                      01170982

附加信息_____              附加信息_____
_____             _____

出票日期：2017年04月18日        出票日期：2017年04月20日
收 款 人：行政部门              收 款 人：伊宁地税局
金   额：¥6 200.00            金   额：¥300.00
用   途：支付业务招待费         用   途：购买印花税

单位主管：×××  会计：×××    单位主管：×××  会计：×××
```

图 6－3－28　　　　　　　　　　图 6－3－29

中国工商银行　手续费凭证　　No.00466

手续费	承兑银行	中国工商银行乌市支行
	凭证名称	银行承兑汇票　0010063
	付款人	长风有限公司

金额	人民币（大写）	⊗叁佰元	亿	千	百	十	万	千	百	十	元	角	分
										¥	3	0	0	0	0

| 备注 | |

财务签字：×××　　　　出纳：×××　　　　制单：×××

图 6－3－30

职工工资汇总表

单位：新疆彭洪有限公司　　　2017年02月10日　　　　　　　单位：元

部门	基本工资	绩效/资金	应付工资	代扣款合计	实发工资
管理部门	18 000	6 000	24 000	4 000	20 000
专设销售部门	15 000	2 200	37 000	7 000	30 000
合计					50 000

主管：×××　　　　　　审核：×××　　　　　　制表：×××

图 6－3－31

任务四 核算利润

损溢类科目本期发生额汇总表

2017年04月   单位：元

科　目	借或贷	余　额
主营业务收入	贷	1 000 000
其他业务收入	贷	450 000
主营业务成本	借	700 000
其他业务成本	借	200 000
税金及附加	借	27 000
销售费用	借	49 000
管理费用	借	30 000
财务费用	借	5 040
公允价值变动收益	贷	500
投资收益	贷	50 000
营业外收入	贷	2 400
营业外支出	借	6 200

图6-4-1

损益类科目期末余额汇总表

2017年12月　　　　　　　　　　　　　　　　　　单位：元

科　目	借或贷	余　额
主营业务收入	贷	6 000 000
其他业务收入	贷	700 000
公允价值变动损溢	贷	150 000
投资收益	贷	600 000
营业外收入	贷	50 000
主营业务成本	借	4 000 000
其他业务成本	借	400 000
税金及附加	借	80 000
销售费用	借	500 000
管理费用	借	770 000
财务费用	借	200 000
资产减值损失	借	100 000
营业外支出	借	250 000

图 6-4-12